金陵全書

丙編·檔案類

南京近代教育檔案

國立社會教育學院附屬中學

南京市檔案館 編

南京出版社
南京出版傳媒集團

圖書在版編目（CIP）數據

南京近代教育檔案. 國立社會教育學院附屬中學 / 南京市檔案館編
. -- 南京：南京出版社, 2021.4
（金陵全書）
ISBN 978-7-5533-3224-6

Ⅰ. ①南… Ⅱ. ①南… Ⅲ. ①地方教育—教育史—史料—南京—近代②國立社會教育學院附屬中學—校史—史料 Ⅳ. ①G527.531②G649.285.31

中國版本圖書館CIP數據核字（2021）第055092號

書　　名　**【金陵全書】（丙編・檔案類）**
　　　　　　南京近代教育檔案・國立社會教育學院附屬中學
編　　者　南京市檔案館
出版發行　南京出版傳媒集團
　　　　　　南　京　出　版　社
社址：南京市太平門街53號　　郵編：210016
網址：http://www.njcbs.cn　　電子信箱：njcbs1988@163.com
聯系電話：025-83283893、83283864（營銷）　025-83112257（編務）

出 版 人　項曉寧
出 品 人　盧海鳴
策　　劃　盧海鳴　朱天樂
責任編輯　舒之儀　朱天樂
裝幀設計　王　俊
責任印製　楊福彬

製　　版　上海雅昌藝術印刷有限公司
印　　刷　上海雅昌藝術印刷有限公司
開　　本　889毫米 × 1194毫米　1/16
印　　張　31.25
版　　次　2021年4月第1版
印　　次　2021年4月第1次印刷
書　　號　ISBN 978-7-5533-3224-6
定　　價　1000.00 元

目録

壹　學校概況及調查

貳 教師任用及名册

關于奉諭介請李葆華女士任教的往來公函

肆 綜合

關于一九四二年度兼辦社會教育的一組文件

關于一九四三年度兼辦社會教育計劃及申請核撥補助費的一組文件

國立社會教育學院附屬中學

壹 學校概況及調查

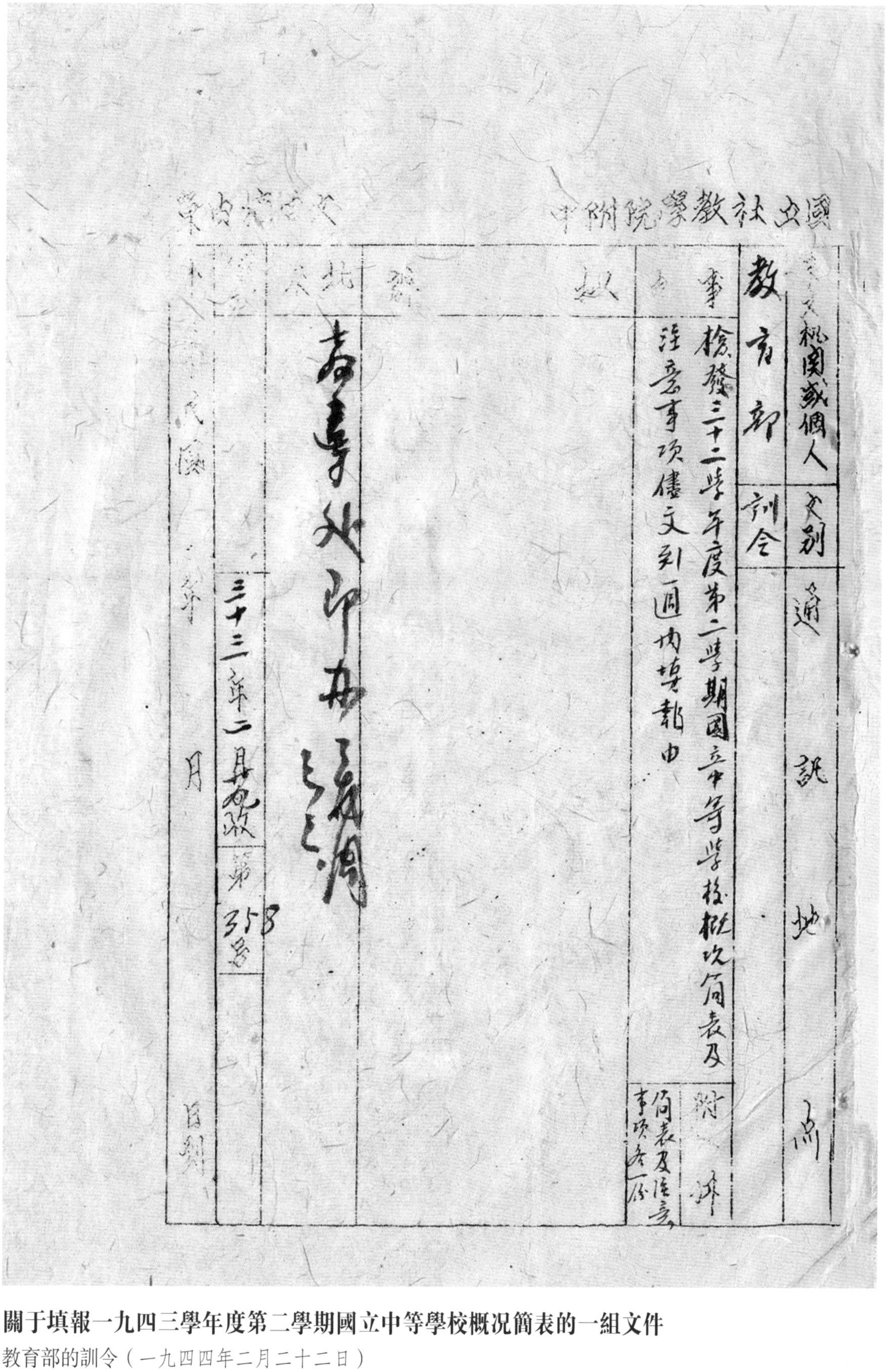

國立社教學院附中

來文機關或個人：教育部

文別：訓令

事由：檢發三十二學年度第二學期國立中等學校概況簡表及注意事項仰遵文到一週內填報由

附件：簡表及注意事項各一份

三十三年二月九日收

第358號

關于填報一九四三學年度第二學期國立中等學校概況簡表的一組文件

教育部的訓令（一九四四年二月二十二日）

附：注意事項

檔號：1009-1-181

事由：頒發三十二學年度第二學期國立中等學校概況調查表及
自然應會實議文到一週內填報由

教育部訓令

中華民國三十三年二月　日發

統　字第　號

令國立社會教育學院附設初級中學

查三十二學年度第一學期，業經通令各校填報在案，
查明。除關於經常呈報事項，仍照規定準期報部外，特頒發三十
二學年度第二學期國立中等學校概況調查表及研究實驗事項
各一份，仰即按式填製，議文到一週內報部。其關於學術研究一覽表應
於上課後一週內填報，並以各該時期內實驗研究為準。如有二三數
項目之數學，一時尚未能完全結束者，仍須分項填，並註明將於
經常呈報表冊內再行詳具為要。此令。

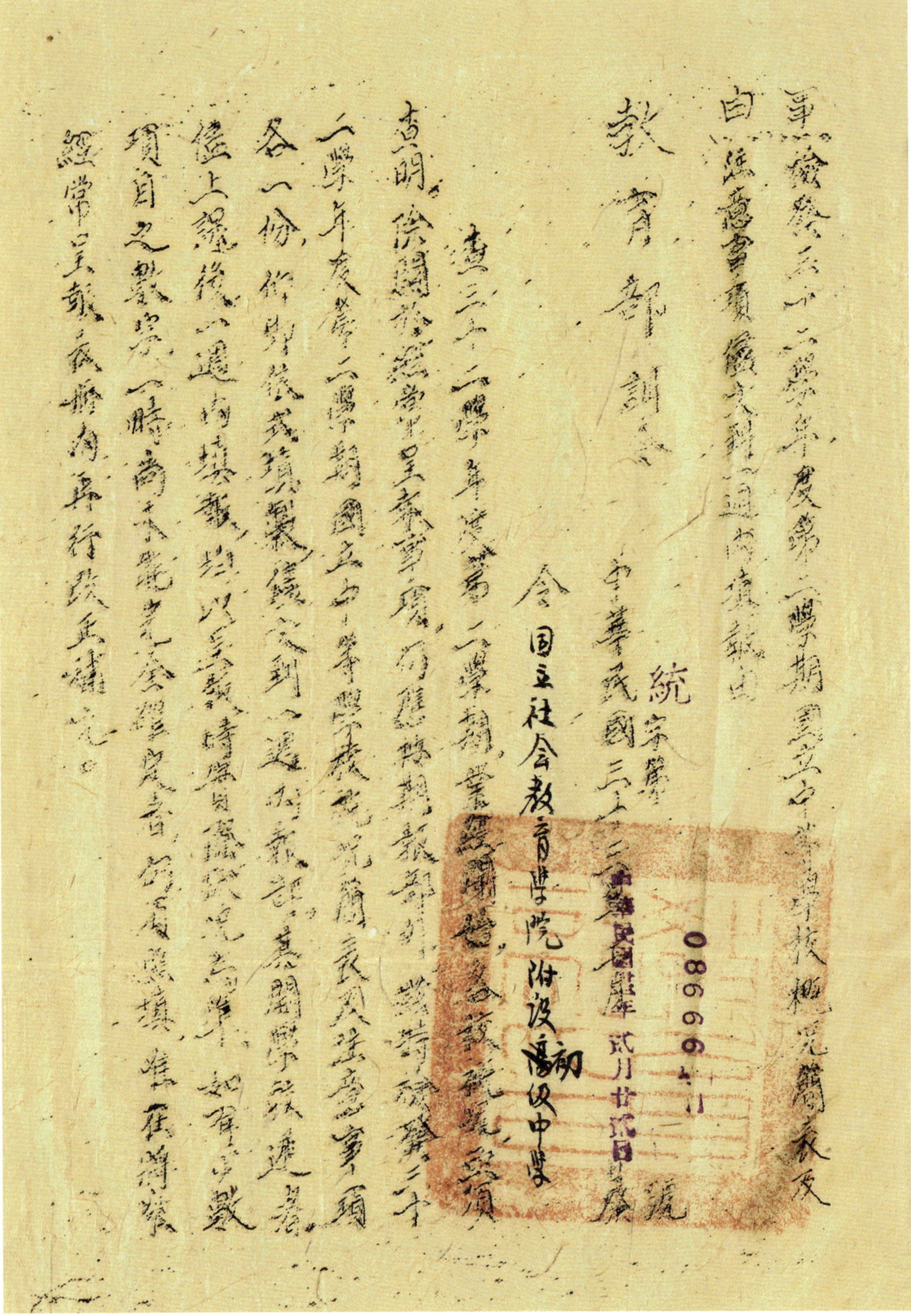

此令 口二

附抄發二十八學年度第二學[illegible]教規程

簡表及注意事項各一份

部長 陳立夫

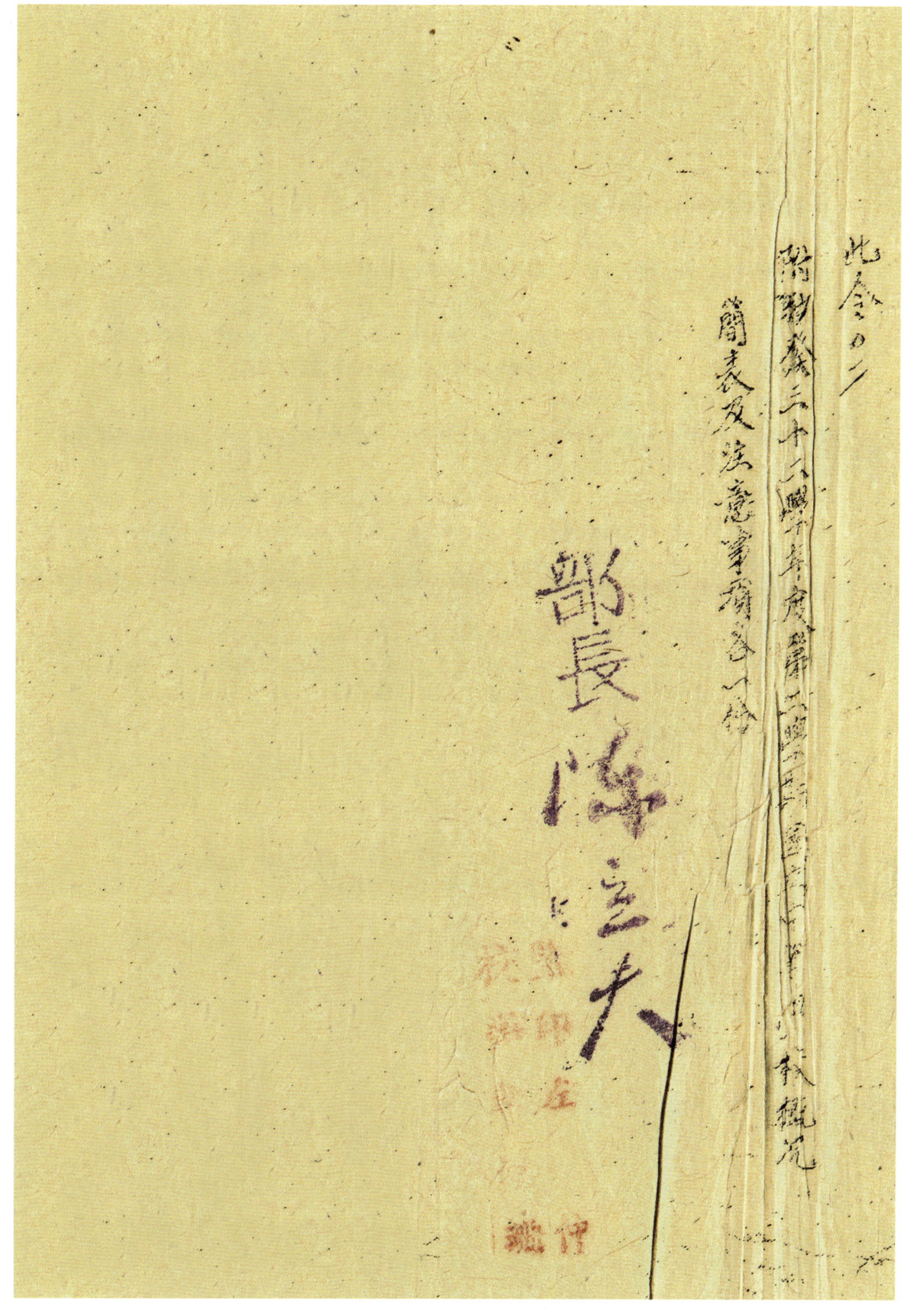

三十二學年度第二學期國立中等學校概况簡表

注意事項

1，本表各項數字，須依據三十二学年度第二学期數字填報。

2，普通中学、師範学校、職業学校之班級數、学生數，應在班級數、学生數高級、初級項内填明。高中、師範、鄉師、高級職業填列於高級部份，初中、簡師、簡鄉師、及短期師資訓練班、初級職業填列於初級部份。高級職業、初級職業，并須詳細填明科別。

3，各年級上学期及下学期之班級數及学生數、入学年月、應屆畢業年月，均應分别填列，不得將上下期合併計算。

4，各類中等学校設有附設他類中等学校或班級者，其所屬学區欄内，除將各該校所屬之学區填列外，其附設之他類中等学校或班級之学區，亦應填列。

5，教員「兼任」一項，係指由他校教員兼任者而言（即不能專在本校服務之教員），其在本校兼任職務者，以專任教員計算。

6，職員係專指辦理事務人員而言（如会計、醫士、文書、繕寫），其兼任課務及導師者，均作教員計算。

7，普通中学、師範学校、職業学校之應屆畢業生數，應在應屆畢業生數高級、初級項内分别填明。高中、師範、鄉師、高級職業，填列於高級部份；初中、簡師、簡鄉師、及短期師資訓練班、初級職業，填列於初級部份。高級職業、初級職業，并須詳細填明科别。

8，本表應屆畢業生數，係指三十二学年度第二学期之應屆畢業生數。

9，新生入学資格，係指各類中等学校一年級上期新生之入学資格，其他各年級插班生，不得計入。

10，經費收入支出欄内，應根據本学期預算數或概算數填列，均以國幣元為單位。

11，支出欄「經常費」[illegible]「辦公費」包括文具、郵電、消耗、租賦、旅運、雜支，「特別費」包括特別办公費及員工[illegible]補助、煤水消耗、醫药衛生等費，「特殊門支出費」包括土地建築物、器具、圖書、儀器、服裝、械彈、及舍車飲膳等費。

12，各項數字，務須[illegible]實填報，否則發还重填。

13，所有數字一律用亞拉伯數字書寫，由左而右，數字如有更改，校長須就更改處加蓋名章。

14，本表須于到一週内報部，其開学較遲者，得于上課後一週内填報。

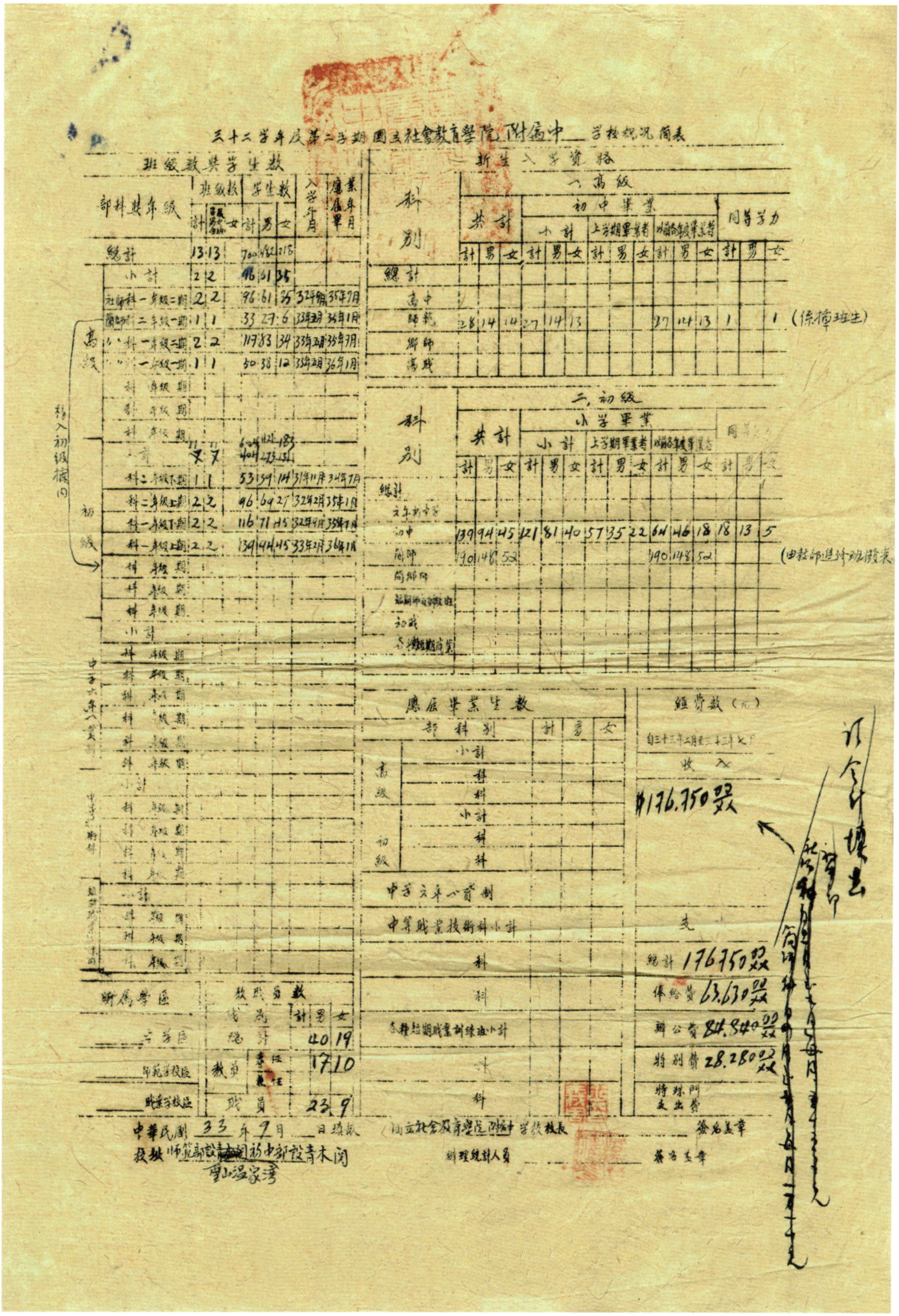

三十二学年度第二学期國立社會教育學院附屬中学学校概況簡表

班級數與学生數

部科與年級	班級數 計	班級數	学生數 計	男	女	入学年月	應届畢業年月
總計	13	13	700	482	218		
高級 小計	2	2	96	61	35		
社師科一年級二期	2	2	96	61	35	32年9月	35年7月
簡師科二年級一期	1	1	33	27	6	33年2月	34年1月
〃〃科一年級二期	2	2	117	83	34	33年2月	35年7月
〃〃一年級一期	1	1	50	38	12	33年2月	36年1月
初級 小計	7	7	604 / 404	421 / 273	183 / 131		
科二年級下期	1	1	53	39	14	31年11月	34年7月
科二年級上期	2	2	96	69	27	32年2月	35年1月
科一年級下期	2	2	116	71	45	32年9月	35年7月
科一年級上期	2	2	139	94	45	33年2月	36年1月

（移入初級欄內）

新生入学資格

一、高級

科別	共計 計	男	女	初中畢業 小計 計	男	女	上学期畢業者 計	男	女	以前各年度畢業者 計	男	女	同等学力 計	男	女
總計															
高中															
師範	28	14	14	27	14	13				27	14	13	1		1
鄉師															
高職															

（係借讀班生）

二、初級

科別	共計 計	男	女	小学畢業 小計 計	男	女	上学期畢業者 計	男	女	以前各年度畢業者 計	男	女	同等学力 計	男	女
總計															
六年制中学															
初中	139	94	45	121	81	40	57	35	22	64	46	18	18	13	5
簡師	190	148	52							190	148	52			
簡鄉師															
特別師範科															
初職															
各種短期職業															

（由教部進修班撥來）

應届畢業生數

部科別	計	男	女
高級 小計			
初級 小計			
中学六年制			
中等職業技術科小計			
各種短期職業訓練班小計			

經費數（元）

自三十三年二月至三十三年七月	
收入	#176,350
支 總計	176,350
俸給費	63,630
辦公費	84,840
特別費	28,280
特殊門支出費	

所屬學區	教職員數		計	男	女
学區	總計			40	19
師範学校區	教員	專任		17	10
		兼任			
職業学校區	職員			23	9

中華民國 33 年 9 月 日填報　國立社會教育學院附屬中學校校長 簽名蓋章

校址 師範部設青木關 初中部設青木關 璧山溫家灣　辦理統計人員 簽名蓋章

請會計填出

國立社會教育學院附屬中學概況簡表（一九四四年九月）

檔號：1009-1-181

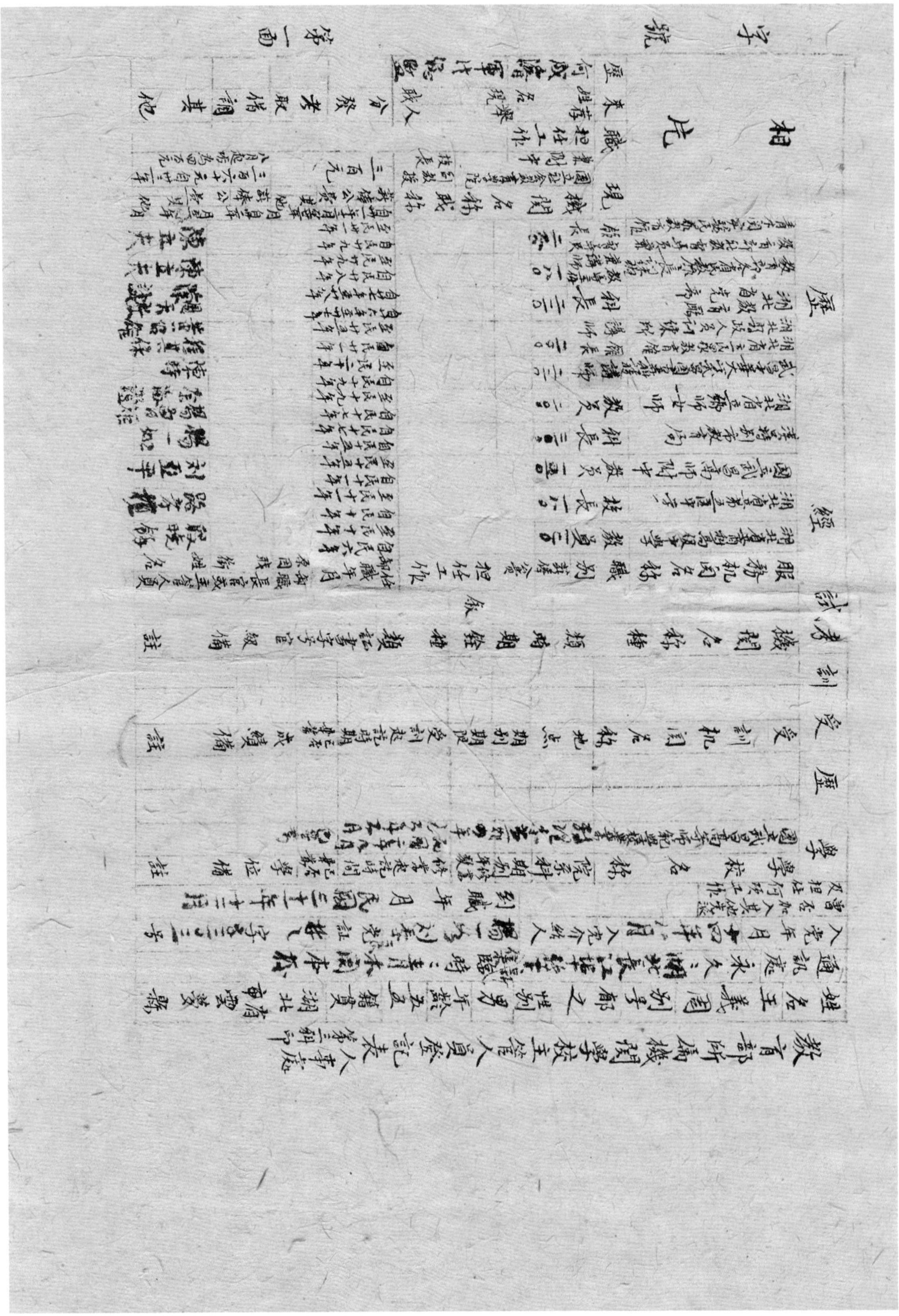

教育部所屬機關學校主管人員登記表（一九四四年十月）

檔號：1009-1-192

教育部所屬機關學校主管人員登記表 人事處第三科印

第二面

著作與譯述

書名或文題	字數	出版處或年月
地方自治新論	十万	
民教組事務簡說	二万	
休閒教育	五万	

專門研究或技術發明：社會教育

家庭組織

稱謂	名氏	年齡	職業（或學校）	住址
妻	楊素蓮	三五	理家	
子	王安邦	二九	商界	
	王安國	一六	中大附中高中肄業	
女	王金曾	一四	社大附中初中肄業	
孫	王殿武	九	讀小學	

經濟狀況

動產約 元　不動產約 元

全家月入約四千元　全家月出約一万二千元

全家月存約 元　全家月數約 元

個人月入約八千元　個人月不出約 元

個人月存約 元　個人月不數約 元

個人對家庭每月負担數約一万二千元

家庭希望個人能負担數約

大家庭或小家庭

現時同住親屬 五人

共財產或分財產 共

服務志趣

歷次任事之經驗與感想：歷任中等高等社教機關及教育主管行政共二十七年，忠誠相處，事必躬親，越做越覺任大，時上級授意未能予以完全[illegible]，指示或解答[illegible]

對現任工作有何意見：本校設施與其他國立中等學校不甚相同，可定上[illegible]，[illegible]

本人之興趣與志願：願在社會教育方面努力

備註

主管人員職銜姓名　簽章

填表人　簽章

三十二年十月　日

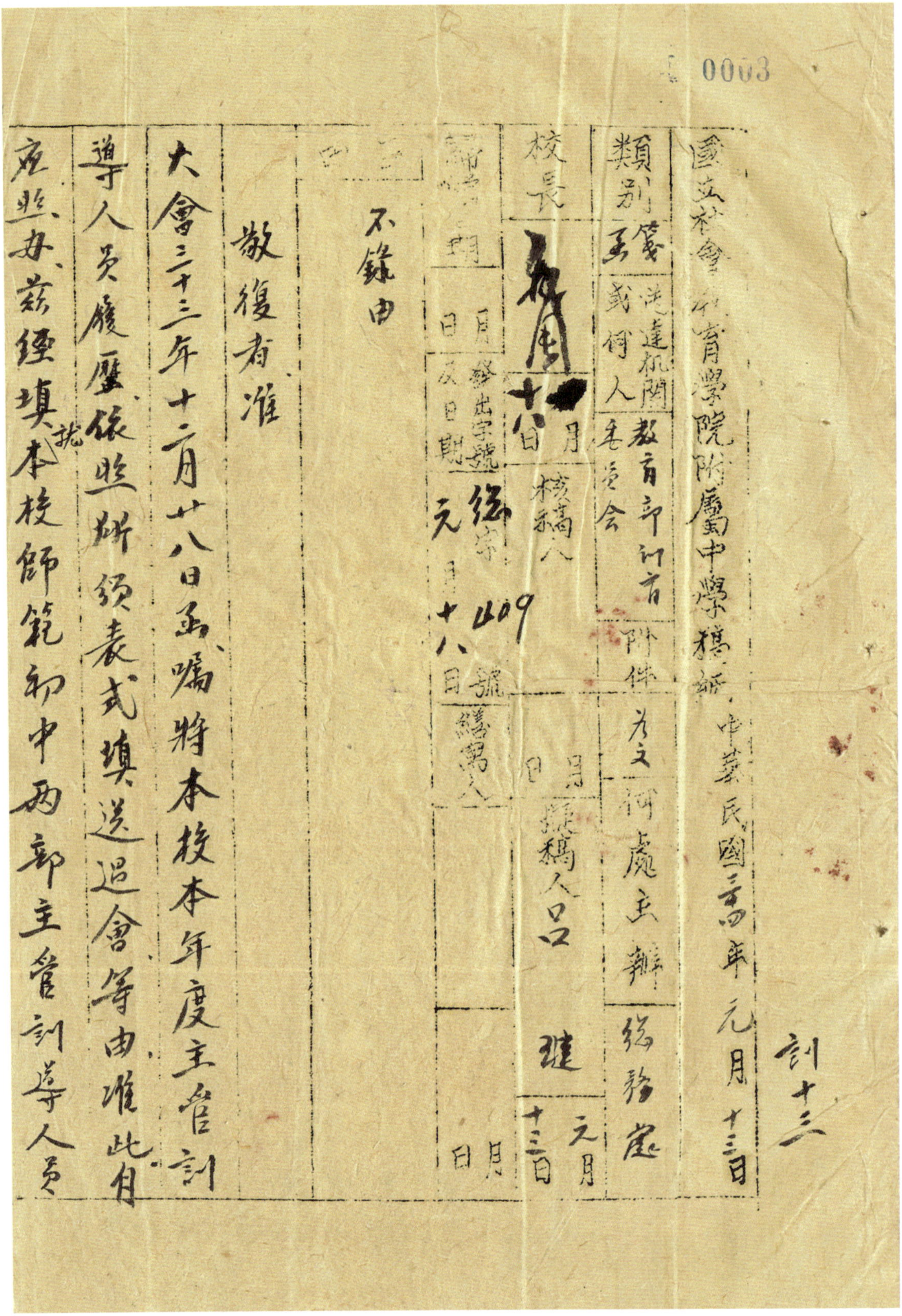
0003

國立社會教育學院附屬中學稿紙

中華民國三十四年元月十三日

訓十三

類別	箋函
送達機關或個人	教育部訓育委員會
附件	表
承辦處主辦	總務處
校長	（簽名）十六日 月
核稿人	
擬稿人	呂璉 元月十三日
繕寫人	月 日
發出字號及日期	總字409號 元月十八日
歸檔日期	月 日

事由：不錄由

敬復者：准

大會三十三年十二月廿八日函，囑將本校本年度主管訓導人員履歷依照所頒表式填送過會等由，准此，自應照辦。茲經填就本校師範初中兩部主管訓導人員

國立社會教育學院附屬中學爲填送一九四四年度主管訓導人員履歷表給教育部訓育委員會的箋函

（一九四五年一月十八日）

附：調查表

檔號：1009-1-192

履歷一份，相應隨文復請

查照核轉為荷！

此致

教育部訓育委員會

附本校師範初中兩部主管訓導人員履歷表一份

校長韓[illegible]啟

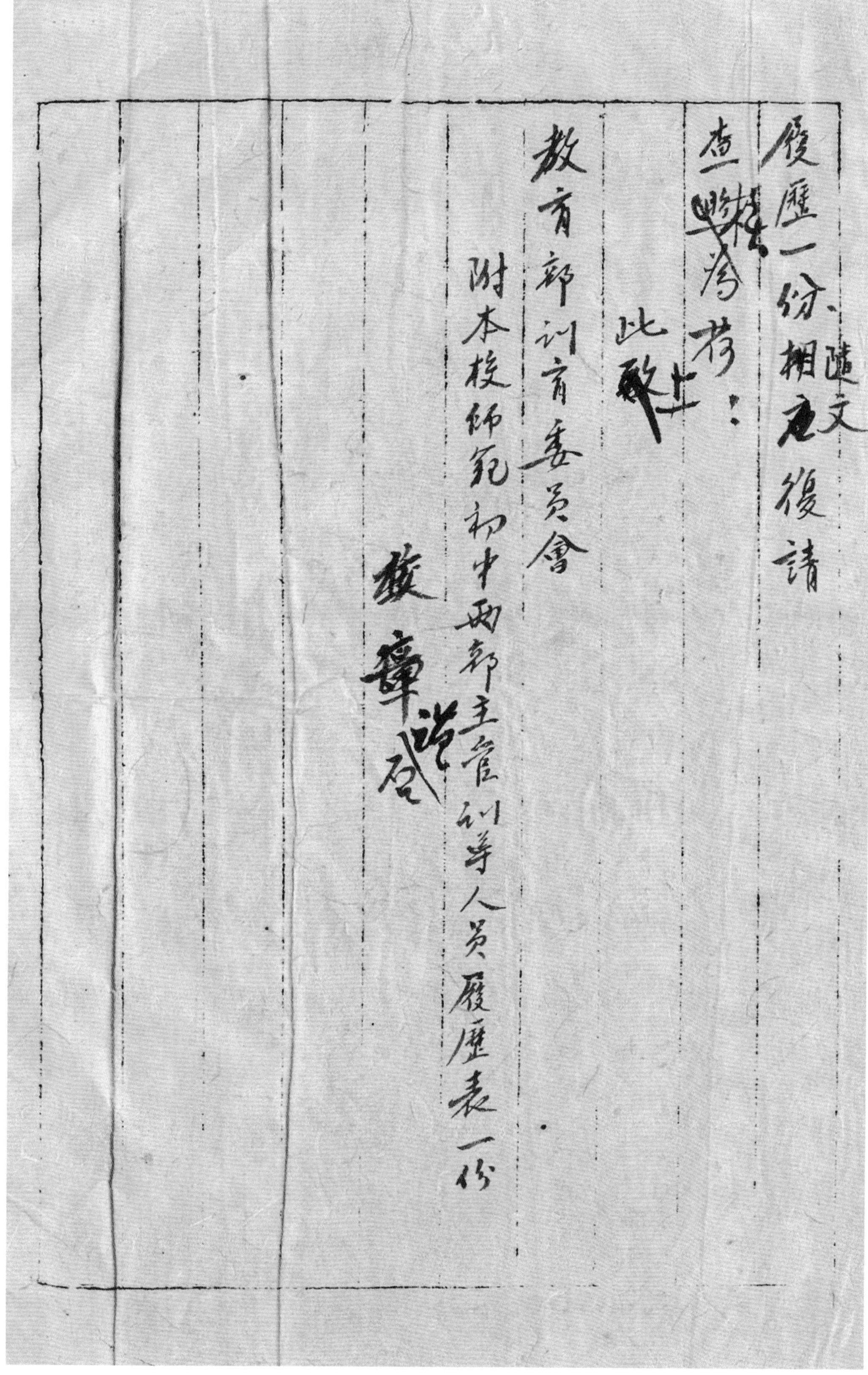

國立社會教育學院附屬中學三十三學年度主管訓導人員調查表

三十四年元月　日

姓名	職別	年齡	籍貫	學歷	經歷	到職年月	黨證字號	團證字號	備註
江子麟	師範部訓導主任	五八	漢口	國立武昌高等師範畢業	曾任湖北省立師範[illegible]	三十三年四月	鄂09866		民國十三年入党之党證遺失號碼忘記
許可久	初中部訓導主任	五二	湖北應城	私立武昌中華大学畢業	湖北教育廳督学秘书科長盧山雜訓班教官應城西河中学校長等職	三十三年八月			

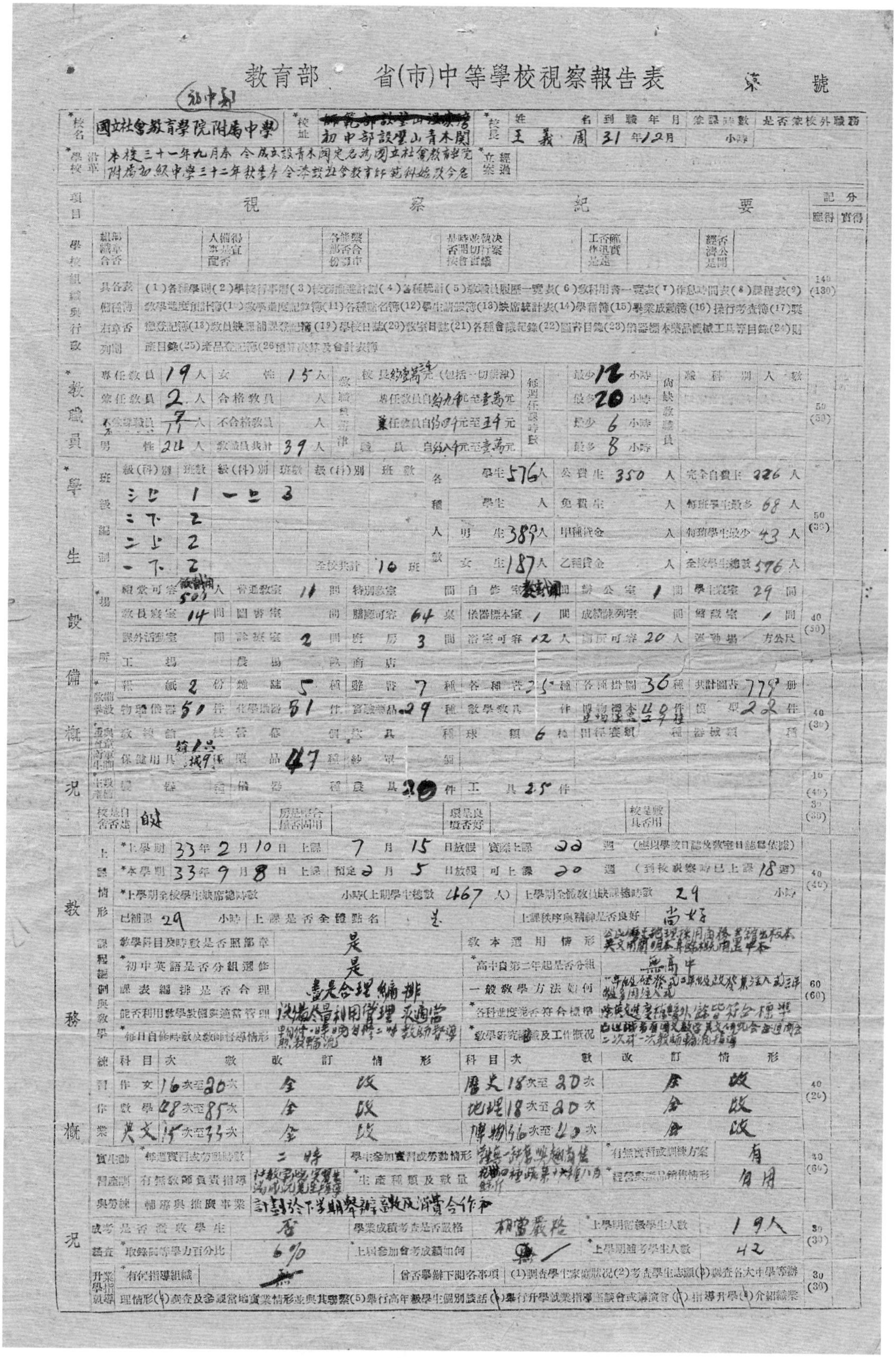

教育部　　省(市)中等學校視察報告表　　案　　號

（初中部）

項目		視　　察　　紀　　要		記分（應得／實得）
校名	國立社會教育學院附屬中學	校址 師範部故臺山溫家橋　初中部設墨山青木關　校長 王義周　到職年月 31年12月　兼課時數　小時　是否兼校外職務		

學校沿革：本校三十一年九月奉令成立設青木關定名為國立社會教育學院附屬初級中學三十二年秋季奉令添設社會教育師範科始改今名　立案經過

學校組織與行政

部組織章合否	人備得事宜配否	各部能否合份諸市	是時並執決否周切行察按會實議	工否確作迅實速遠	否公開經濟是開		記分
具各表	（1）各種學則（2）學校行事曆（3）校務推進計劃（4）各種統計（5）教職員履歷一覽表（6）教科用書一覽表（7）作息時間表（8）課程表（9）						140（130）
備各簿	教學進度計劃簿（10）教學進度記載簿（11）各種點名簿（12）學生調查簿（13）缺席統計表（14）學籍簿（15）學業成績簿（16）操行考查簿（17）聘						
有章否	憑登記簿（18）教員缺課補課登記簿（19）學校日誌（20）教室日誌（21）各種會議紀錄（22）圖書目錄（23）儀器標本藥品機械工具等目錄（24）財						
列問	產目錄（25）產品登記簿（26）預算決算及會計表簿						

教職員

						記分
專任教員 19人	女性 15人	校長約壹萬元（包括一切薪津）	每週任課時數	最少 12 小時	僱缺教職員　職科別人數	50（50）
兼任教員 2人	合格教員　人	專任教員自約九百元至壹萬元		最多 20 小時		
不兼課職員 7／11人	不合格教員　人	兼任教員自約四千元至五千元		最少 6 小時		
男性 24人	教職員共計 39人	職員自約八百元至壹萬元		最多 8 小時		

學生

級(科)別	班數	級(科)別	班數	表(科)別	班數			記分
三上	1	一上	3			學生 576人	公費生 350人　完全自費生 226人	50（50）
三下	2					學生　人	免費生　人　每班學生最多 68人
二上	2					男生 389人	甲種貸金　人　每班學生最少 43人
一下	2			全校共計 16班		女生 187人	乙種貸金　人　全校學生總數 576人

設備概況

						記分
禮堂可容 500人	普通教室 11間	特別教室　間	自修室 教員室	辦公室 1間	學生室 29間	40（30）
教員寢室 14間	圖書室　間	膳廳可容 64桌	儀器標本室 1間	成績陳列室　間	寄宿室 1間	
課外活動室　間	訓導室 2間	廚房　間	浴室可容 12人	閱書室可容 20人	運動場　方公尺	
工場　農場　商店	紙 2份　雜誌 5種　種類 7　各種書 25種　各種掛圖 36種　共計圖書 779冊					40（30）
物理儀器 51件　化學儀器 51件　實驗藥品 29種　數學教具　星橋測查 49　價值 22						
保健用具　電品 47			6			10（10）
儀器　運動器　種良具 20件　工具 25件						

| 校產自有否 | 既 | 房屋合適否適用 | | 環境良否良好 | | 校是否適其否用 | 30（30） |

教課情形

上學期 33年2月10日上課 7月15日放假　實際上課 22週	
本學期 33年9月8日上課 預定2月5日放假　可上課 20週　到校視察時已上課 18週	
上學期全校學生缺席總時數　小時（上期學生總數 467人）上學期全校教員缺課總時數 29 小時	
已補課 29 小時　上課是否全體點名 是　上課秩序與精神是否良好 尚好	
教學科目與時數是否照部章 是　教本選用情形	
初中英語是否分組選作 是　高中自第三年起是否分組 無高中	
課表編排是否合理 尚是合理編排　一般教學方法如何	
能否利用學校設備適應管理　能自治取締時數及缺課時情形	教學研究與工作概況

科目	次數	改訂情形	科目	次數	改訂情形
國文 16次至20次		全改	歷史 18次至20次		屢改
數學 28次至85次		全改	地理 18次至20次		全改
英文 17次至33次		全改	博物 46次至40次		全改

生產概況

報理實習每次約時數 二時　學生參加實習或勞動情形		有無實習或生產方案 有	40（40）
有無教師負責指導	生產種類及數量	經營農業或銷售情形 自用	
福利與推廣事業　計劃於下學期舉辦教員及消費合作社			

成績概況

成績是否嚴格獎學生 否	學業成績考查是否嚴格 相當嚴格	上學期記過學生人數 19人	30（30）
升學考試取錄同等學力百分比 6%	上屆參加會考成績如何 乙	上學期記過學生人數 42	30（30）
有個別指導組織 無　是否舉辦下開各事項（1）調查學生家庭狀況（2）考查學生志願（3）調查各大中學學額			

升學指導理情形（4）調查及參觀當地實業情形並與其聯繫（5）舉行高年級學生個別談話（6）舉行升學就業指導講演會或演講（7）指導升學（8）介紹職業

國立社會教育學院附屬中學初中部視察報告表（一九四五年一月）
檔號：1009–1–184

訓育概況

						分數
導師制	*採小組導師制抑級任導師制	級任導師制	*全校導師 10 人	確能切實負責之導師姓名		40 (40)
	*本學期各班已舉行個別談話自 一 次至 次		小組討論自 八 次至 廿 次		團體活動自 十五 次至 廿 次	
	*按期舉行訓導會議否	一月一次	*有無生活週記並按期批閱	按期批閱	導師是否與學生共同生活 是	
軍訓	教官人數及其能力與服務精神					20 (20)
訓訓	教練員人數及其能力與服務精神					

	一般訓導設施		一般校風		分數
	曾否佈置適當訓育環境	教室內外張貼標語懸掛圖表[illegible]	讀書空氣是否濃厚	[illegible]	120 (120)
	舉行升降旗及紀念週情形	紀念週及升降旗均由全體教職員[illegible]	學生能否刻苦耐勞	[illegible]	
	*是否按月舉行國民月會	與民教館按月聯合舉行	紀律秩序是否良好	[illegible]	
	*曾否舉行新生入學訓練	開學時訓練一週	各種集合行動是否迅速	[illegible]	
	用膳是否依照軍事管理	[illegible]	學生精神是否飽滿	[illegible]	
	是否設置值日勤務輪流洒掃	各室均由學生輪流洒掃	學生有無社會惡習	[illegible]	
	學生服裝及容貌是否整潔	[illegible]	學生是否留長髮或燙髮	男生一律光頭女生一律短髮[illegible]	
	內務是否整潔並定期檢查	[illegible]	學生有無體罰	[illegible]	
	學生思想之考查與指導方法	[illegible]	師生感情是否融洽	[illegible]	
			*教官教練員能否與學校合作		

*課外活動			分數
組織		已成立話劇團，申隊会議，各種學科研究会，	30 (30)
活動項目	社教方面	利用課餘時間及各種紀念日發動学生組織宣傳隊下鄉宣傳，或举行話劇表演	
	後方服務方面	發動学生組織服務隊招待並慰勞過境國軍及難民	
	其他		

事務概況

經費	來源	數目	分配	數目	納費及待遇	種類	額數	種類	額數	種類	額數	分數
	公款	199,500.00	俸給費	62,160.00		書籍費	300元	[illegible]	360元			30 (30)
	款產生息		辦公費	129,372.00		抄本費	200					
	學生納費		設備費	7,968.00		雜費	60					
	另籌款項		共計(經常費)	199,500.00		本期每生全部負担自	900 元至 1,000 元					

學生膳食	種類				膳食情形		分數
餐別	種類	每人每月需米	2斗3升		管理	組織及負責管理人員	30 (30)
早	稀飯	每人每月副食費	500元			採購方法	
午	乾飯	平均每人每月約可食肉	12兩			師生校工是否平均負担膳費	
晚	乾飯	上月膳費共計	~~1668元4角~~ 1716元7角			稽核方法	

體育與衛生

						分數
體育教員人數及其能力與服務精神						100 (100)
*每週體育正課 二 小時	*每日早操或課間操 廿 分鐘	*上學期體育用費數 14526元	*專任或兼任校醫 1 人			
*每週課外運動 五 小時	*表演比賽及野外遠動 共十二次	體育實施普遍程度 学生均有興趣惟設備太差	護士 1 人			
學校環境是否清潔與衛生	是	*學生體格	全無缺點者 95 %	有心臟病者 0 %		
教室寢室光線空氣是否充足	教室充足寢室空氣人數比較多一大空氣不[illegible]		有砂眼者 0 %	有扁桃腺者 0 %		
健康檢查及缺點矯治情形	每学期檢查一次如有缺点除告誡学生外並通知其家庭		患皮膚病者 1 %	近視眼者 3 %		
預防接種及醫療工作情形	每期種痘一次校医每日到校一次重病隨請隨到		患肺病者 ·5 %	營養不良者 ·5 %		

*黨與團

部別	組織名稱	黨員團員人數 教職員	學生	共計	主要活動項目	分數
黨部		人	人	人		30 (30)
團部		人	人	人		

	1000
視察意見	
備註	

督學 簽名蓋章 年 月 日

填表須知

（一）表內有『★』記號之各欄，應由視導人員通知學校負責人，檢齊有關資料，當面詢明填註之。（或先由學校填好亦可，但須加以查核，再行簽正）。其餘各欄，均應由視導人員考核後，自行填註。
（二）關於學校章則表冊及升學就業指導兩欄所列事項，應分別查明情形，有者予以保留，缺者劃去。
（三）設備概況內之空欄，係留作伸縮之用，又教職員薪津欄內『專任教員』，學生人數欄內『學生』，每週任課時數欄內『最多』『最少』等字之前，均應斟酌實際情形，加填『高中』『初中』『師範』『簡師』『初職』『高職』等字樣。
（四）教職員薪津應將本薪，各項津貼及實物補助等估計在內，學生負担及膳費亦應包括各項費用。
（五）學校重要設施及特點等，表內所未備載者（如師範學校之附小，學校困難之點，及特殊優良教師等）均可註明備註欄內。
（六）本表係就視察報告表及量表兩種性質混合而成，給分時除參照該欄記載事實外並應注意各該欄整個情形估定其應得分數。
（七）中學師範及職業學校均以一千分為滿分，六百分為及格，六百分以下為不及格，惟應得分數欄內有括弧者適用於職業學校，無括弧者適用於中學及師範。
（八）填表數字須正確，以便視察完畢後，分別統計，倘該校無此項設施時，應記『〇』號。
（九）視察意見需審慎優點缺點及意見三項分別扼要填明，視察意見如須提前處理時，應另加簽呈，以便呈核。

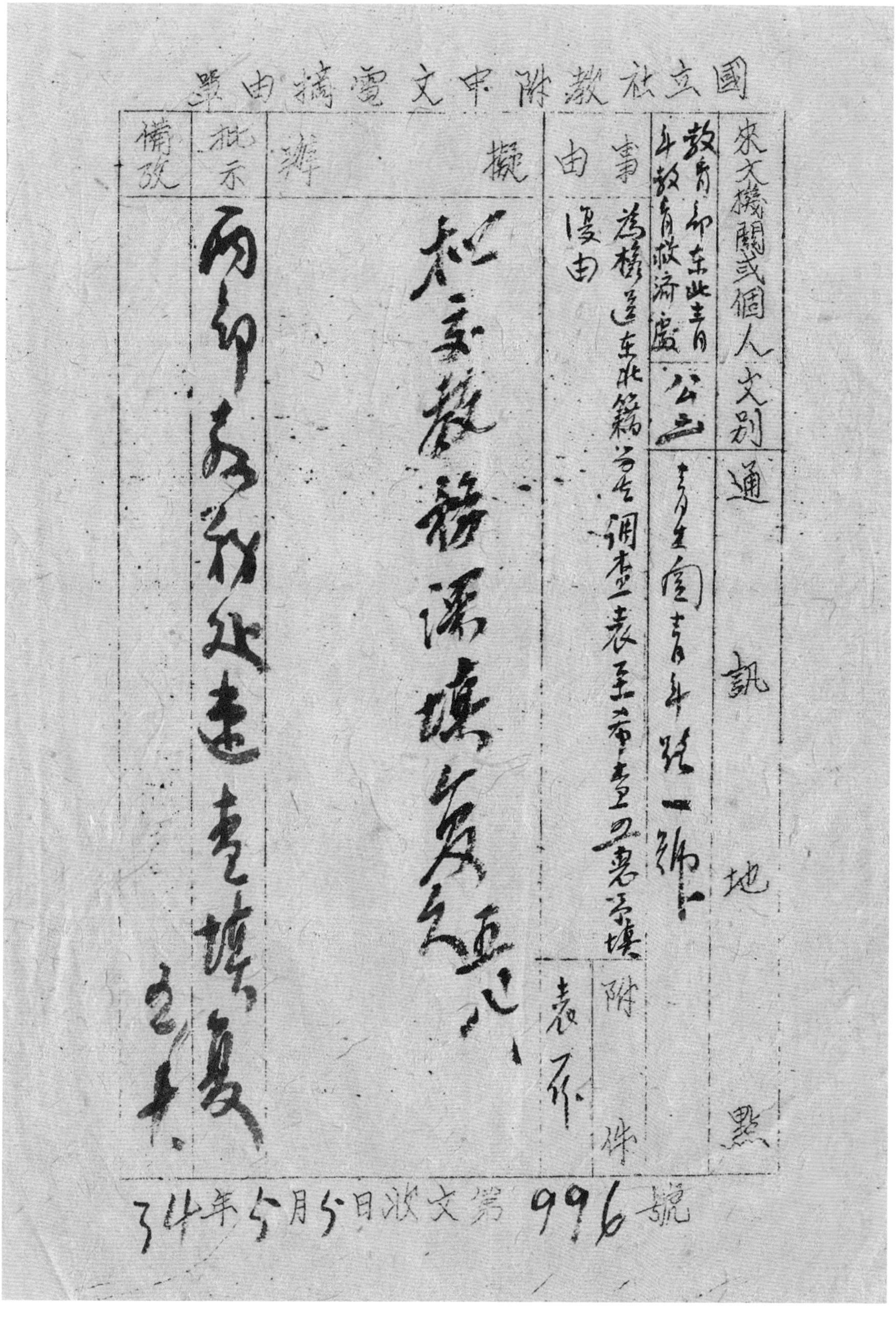

國立社教附中文書摘由單

來文機關或個人：教育部東北青年教育救濟處

文別：公函

事由：為檢送東北籍學生調查表至希查照填復由

附件：表一件

34年5月5日收文第996號

關于填送東北籍學生調查表的往來公函

教育部東北青年教育救濟處給國立社會教育學院附屬中學的公函（一九四五年五月四日）

附：東北籍學生調查表空表

檔號：1009-1-207

教育部東北青年教育救濟處公函

事由：為檢送東北籍學生調查表至希
查照惠予填覆由

指字第八五七四號
中華民國三十四年四月三十日

查三十四年度上學期各院校東北籍（遼吉黑熱）學生異動情形本處亟待明瞭以便籌施為核指導相應檢同調查表一份至希
查照惠予儘速填覆為荷
此致
國立社會教育學院附屬中學
附東北籍學生調查表一份

主任王[illegible]

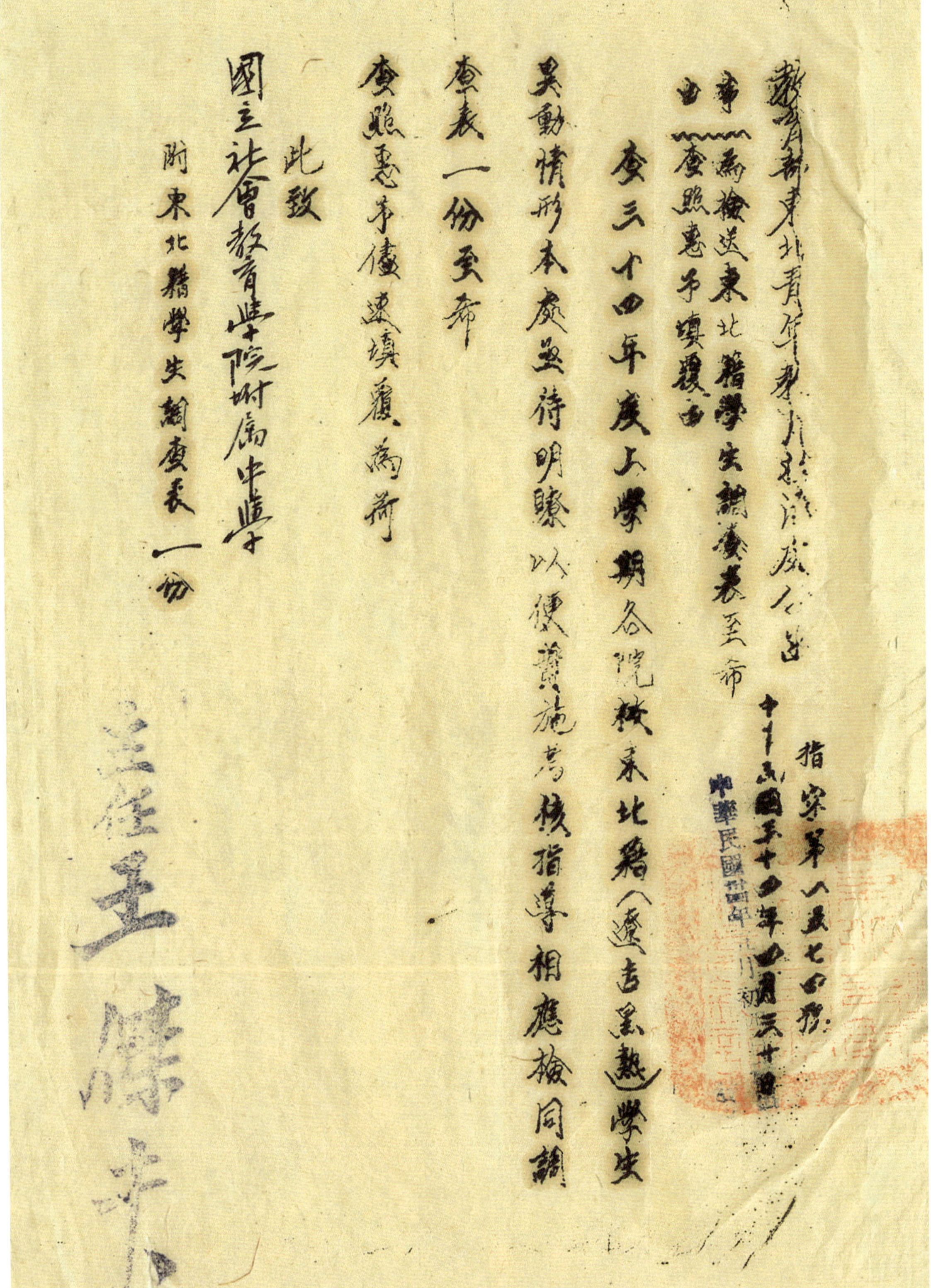

東北籍學生名冊

姓名	性別	年齡	籍貫	科系	年級	備攷
			省 縣	科 系	學年 學期	
			省 縣	科 系	學年 學期	
			省 縣	科 系	學年 學期	
			省 縣	科 系	學年 學期	
			省 縣	科 系	學年 學期	
			省 縣	科 系	學年 學期	
			省 縣	科 系	學年 學期	
			省 縣	科 系	學年 學期	

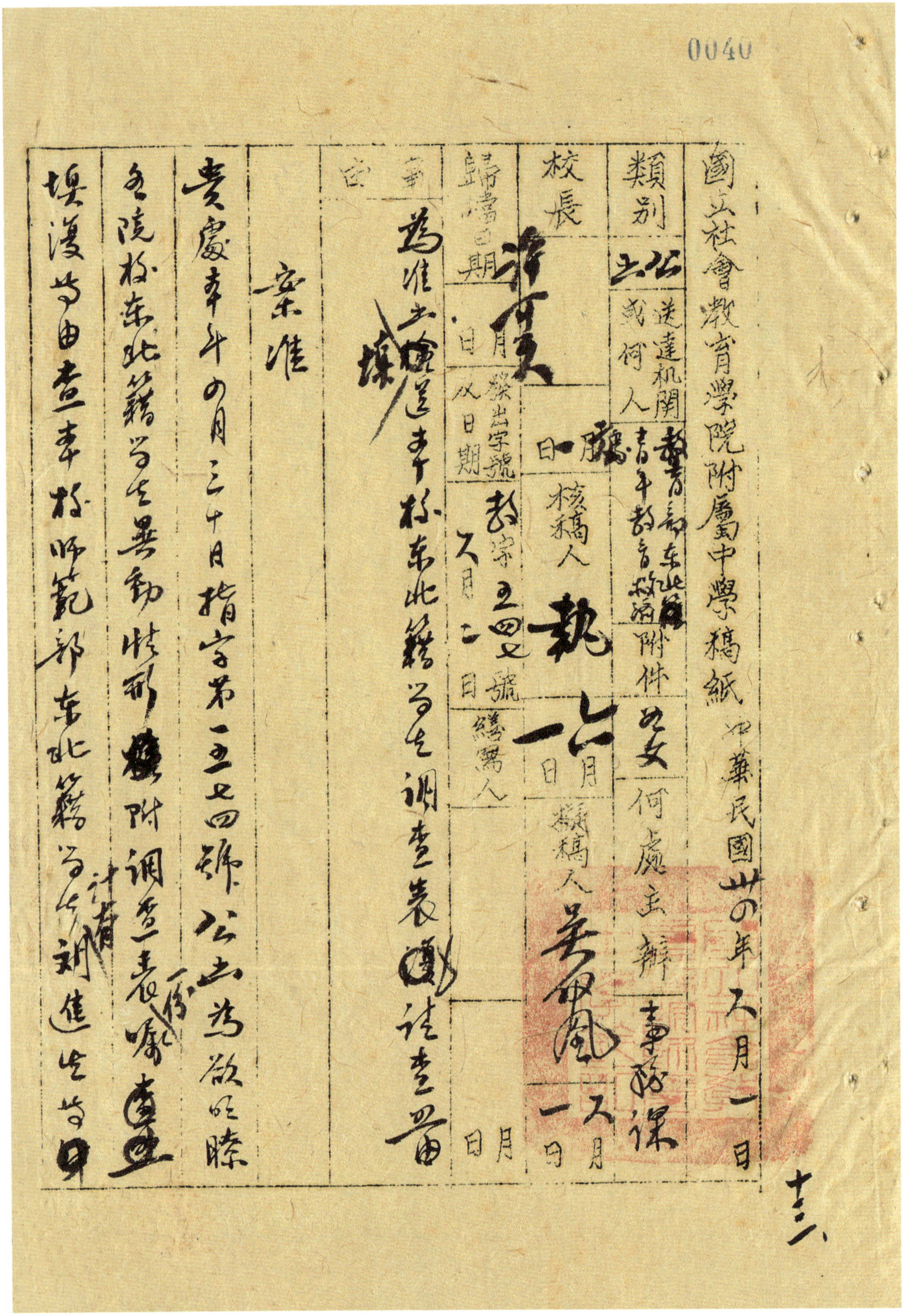
0040

國立社會教育學院附屬中學稿紙　中華民國卅四年六月一日

類別：公

送達機關或何人：教育部東北青年教育救濟處　附件：壹

何處主辦：事務課

校長：許

核稿人：

擬稿人：吳□風　六月一日

發出字號：教字五四□號

發出日期：六月二日

繕寫人：

歸檔日期：　月　日

事由：為准函送本校東北籍學生調查表請查照由

案准

貴處本年四月三十日指字第一五七四號公函為欲明瞭各院校東北籍學生異動情形檢附調查表囑查填復等由查本校師範部東北籍學生計有新進生等由

國立社會教育學院附屬中學給教育部東北青年教育救濟處的公函（一九四五年六月二日）

附：東北籍學生調查表

檔號：1009-1-207

達十一名，初中部計有學額當[illegible]五名，共計十六名，相應依式
填列名冊函送，請
查照為荷。此致
教育部東北青年教育救濟處
附本校東北籍學生調查表一份
校長 王

學號	姓名	性別	年齡	籍貫	科系	年級
93	劉進生	男	一八	遼寧省鐵嶺縣	社會教育科	二下甲
180	陳伯秋	女	一六	遼寧省鳳城縣	〃	一下乙
235	車惟錦	〃	一八	遼寧省瀋陽縣	〃	〃
236	劉占菊	〃	〃	遼寧省開源縣	〃	〃
58	王致中	男	一三	黑龍江	簡易師範科	二下甲
176	馬俊貞	女	一六	遼寧省本溪縣	〃	二上
246	李福元	男	〃	遼寧海城	〃	一下
255	孫良奎	〃	一六	遼寧省北鎮縣	〃	一上甲
266	傅寶環	〃	一五	遼寧海城	〃	〃
278	李雲生	男	一四	遼寧新民	〃	〃

	姓名	性別	年齡	籍貫	科系	年級
281	回先襄	〃	〃	遼寧遼陽	〃	〃
663	李艷	女	18	遼寧開原	新學部	二上乙
605	樊志華	女	15	遼寧瀋陽	〃	二上乙
962	石鈞	男	14	遼寧錦縣	〃	一下甲
1035	李潮海	男	14	遼寧錦西		一上甲
791	趙北年	男	15	遼寧遼陽		二下甲

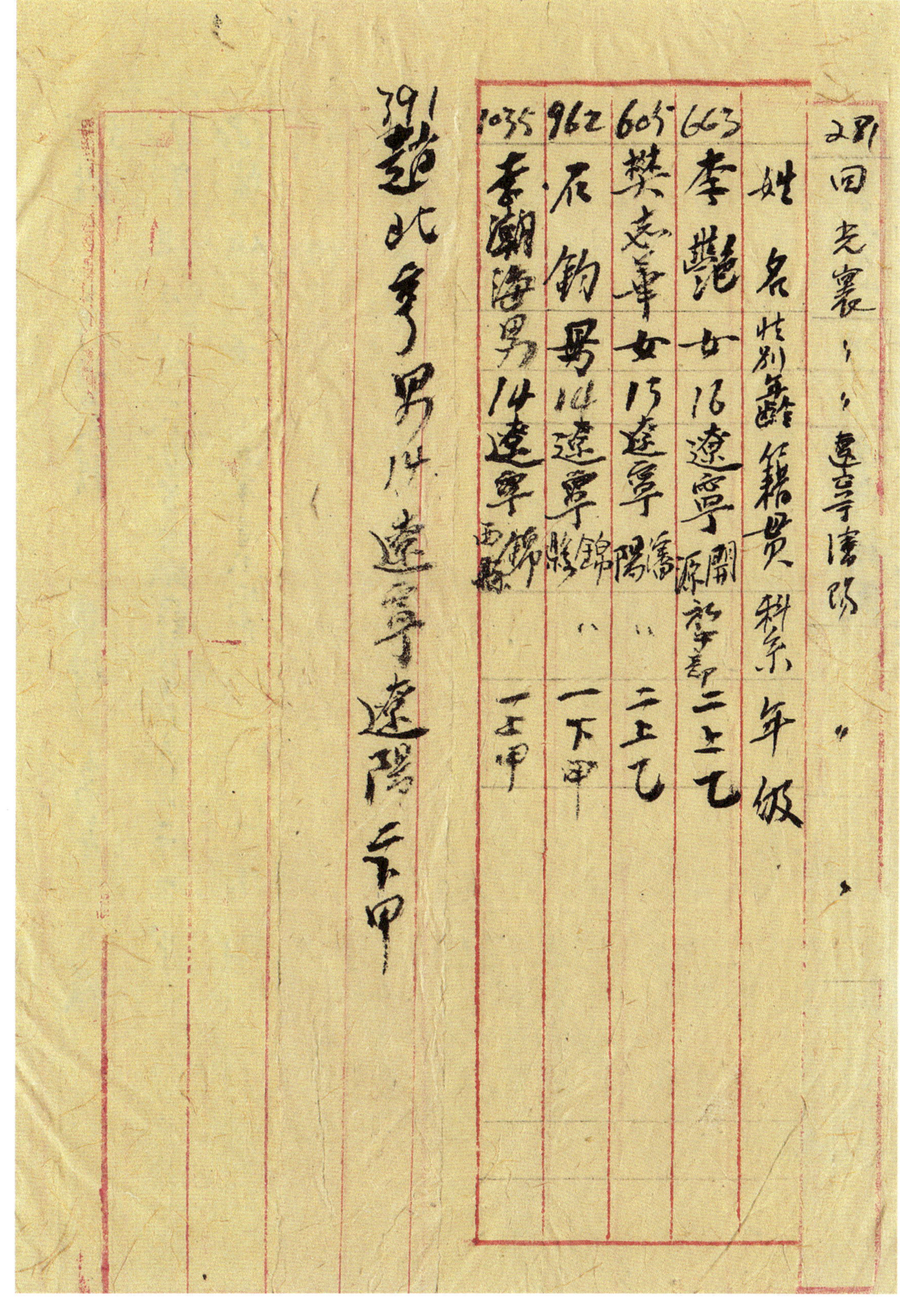

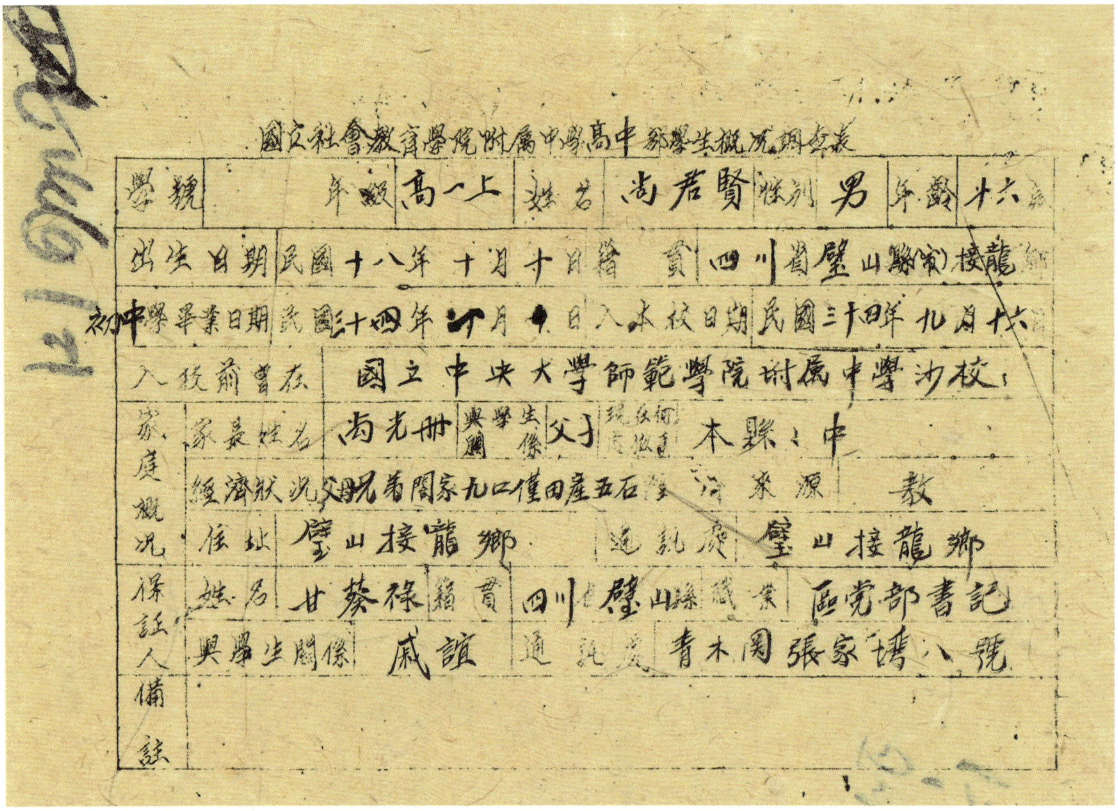

國立社會教育學院附屬中學高中部學生概況調查表

學號		年級	高一上	姓名	尚君賢	性別 男	年齡 十六歲
出生日期	民國十八年十月十日			籍貫	四川省璧山縣(市)接龍鄉		
初中畢業日期	民國三十四年七月十日			入本校日期	民國三十四年九月廿六日		
入校前曾在	國立中央大學師範學院附屬中學沙校						
家庭概況	家長姓名	尚光册	與學生關係	父子	現任何職	本縣縣中	
	經濟狀況	父兄有田家九口僅田產五石			經濟來源	教	
	住址	璧山接龍鄉			通訊處	璧山接龍鄉	
保證人	姓名	甘蔡祿	籍貫	四川璧山縣	職業	區黨部書記	
	與學生關係	戚誼		通訊處	青木關張家塆八號		
備註							

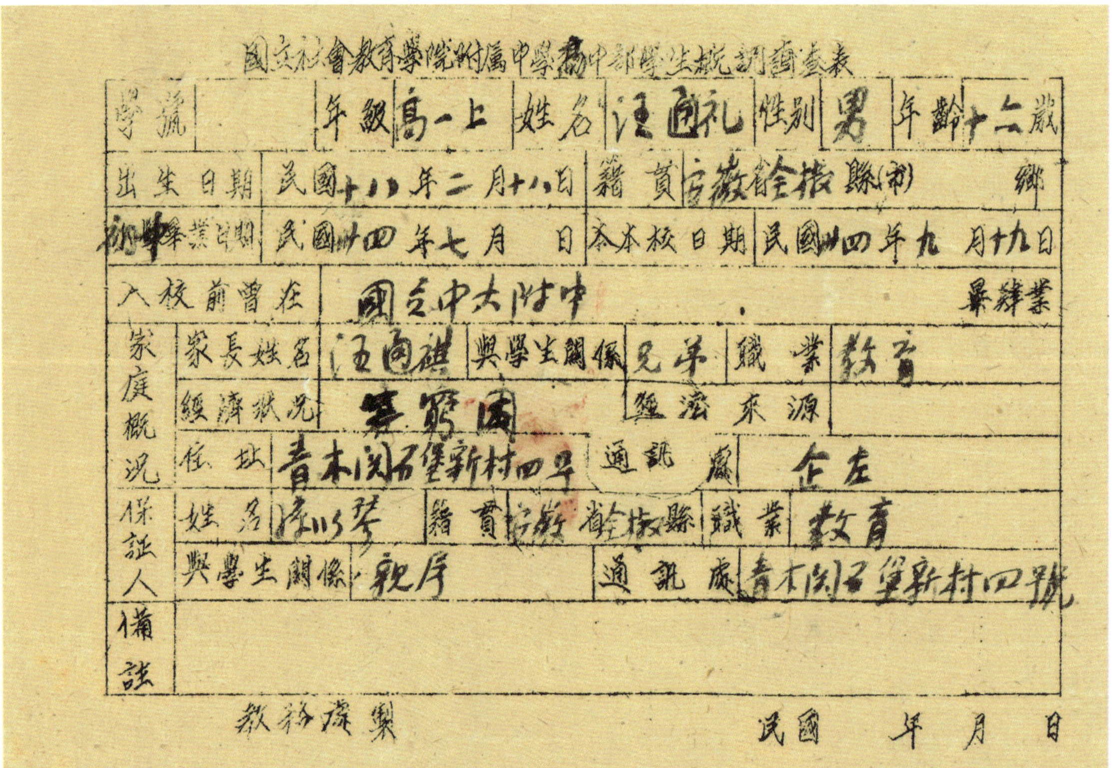

國立社會教育學院附屬中學高中部學生概況調查表

學號		年級	高一上	姓名	汪適礼	性別 男	年齡 十六歲
出生日期	民國十八年二月十八日			籍貫	安徽省全椒縣(市) 鄉		
初中畢業日期	民國卅四年七月 日			入本校日期	民國卅四年九月十九日		
入校前曾在	國立中大附中						畢肄業
家庭概況	家長姓名	汪適祺	與學生關係	兄弟	職業	教育	
	經濟狀況	甚窮困			經濟來源		
	住址	青木關石堡新村四號			通訊處	仝左	
保證人	姓名	徐以琴	籍貫	安徽省全椒縣	職業	教育	
	與學生關係	親戚		通訊處	青木關石堡新村四號		
備註							

教務處製　　民國　年　月　日

國立社會教育學院附屬中學高中部學生概況調查表（一九四五年九月）

檔號：1009-1-205

國立社會教育學院附屬中學　部學生概况調查表

學號	一	年級	高一上	姓名	周天祿	性別	男	年齡	十五歲
出生日期	民國十九年二月廿八日	籍貫	四川省巴縣（市）　鄉						
小學畢業日期	民國卅一年七月　日	入本校日期	民國卅二年　月　日						
入校前曾在	社教附中								
家庭概况	家長姓名	周炳成	與學生關係	叔侄	現在何處做事	農			
	經濟狀况	困難拮据	經濟來源	由叔父供給					
	住址	巴縣鳳凰場第九保蔣家壋	通訊處	鳳凰場郵局					
保證人	姓名	吳肇祿	籍貫	四川省巴縣	職業	政			
	與學生關係	親戚	通訊處	巴縣鳳凰場郵局					
備註									

國立社會教育學院附屬中學高中部學生概况調查表

學號		年級	高一上	姓名	吳盛榮	性別	男	年齡	十七歲
出生日期	民國十七年四月九日	籍貫	四川省巴縣（市）歇馬鄉						
初中畢業日期	民國卅四年六月廿日	入本校日期	民國叁肆年九月十七日						
入校前曾在	渝沙坪垻南開中學								
家庭概况	家長姓名	吳慎輝	與學生關係	父子	現在何處做事	家中務農			
	經濟狀况	佃農	經濟來源	父母供給					
	住址	歇馬场陳家塆	通訊處	歇馬場七十五號轉					
保證人	姓名	楊志軒	籍貫	四川省巴縣	職業	商			
	與學生關係	親戚	通訊處	歇馬場七十五號					
備註									

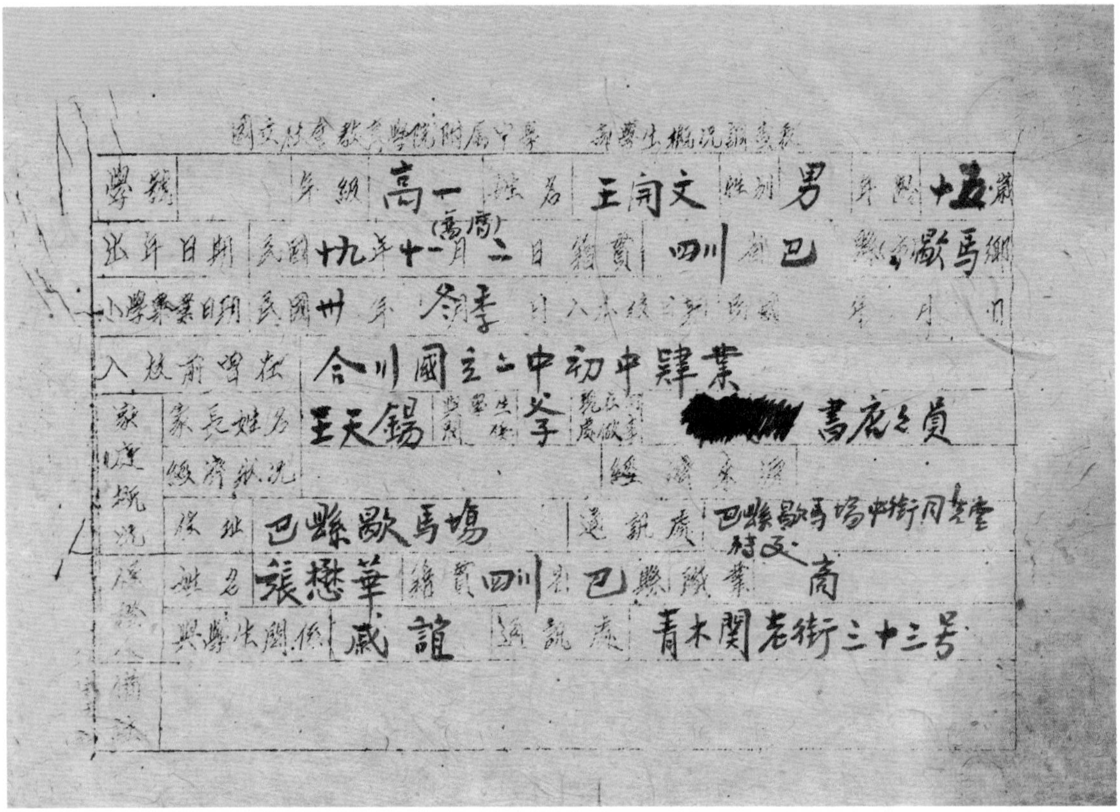

國立社會教育學院附屬中學 新學生概況調查表

學號		年級	高一	姓名	王同文	性別	男	年齡	十五歲
出生日期	民國十九年十一月二日（舊曆）			籍貫	四川省巴縣（市）歇馬鄉				
小學畢業日期	民國卅年冬季			入本校日期	民國 年 月 日				
入校前曾在	合川國立二中初中肄業								
家庭概況	家長姓名	王天錫	與學生關係	父子	現在何處做事	[redacted] 書店之員			
	經濟狀況				經濟來源				
	住址	巴縣歇馬場			通訊處	巴縣歇馬場中街同慶堂轉交			
保證人	姓名	張懋華	籍貫	四川省巴縣	職業	商			
	與學生關係	戚誼	通訊處	青木關老街三十三號					
備考									

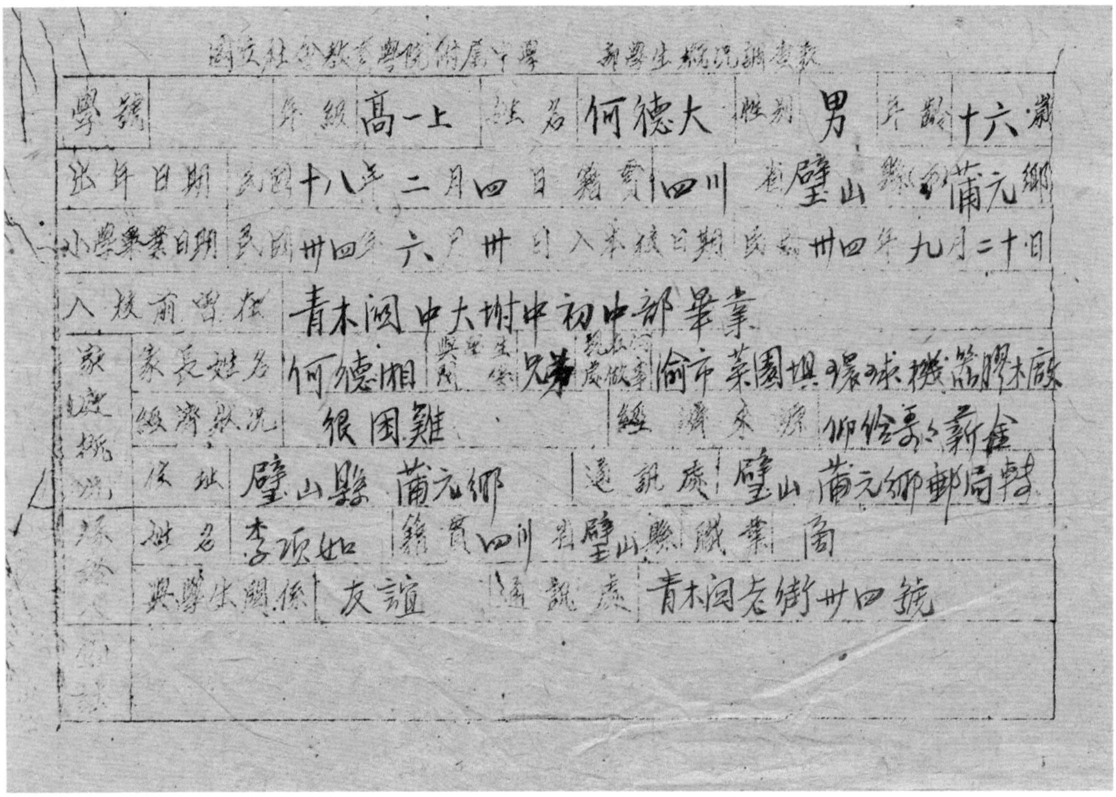

國立社會教育學院附屬中學 新學生概況調查表

學號		年級	高一上	姓名	何德大	性別	男	年齡	十六歲
出生日期	民國十八年二月四日			籍貫	四川省璧山縣（市）蒲元鄉				
小學畢業日期	民國卅四年六月卅日			入本校日期	民國卅四年九月二十日				
入校前曾在	青木關中大附中初中部畢業								
家庭概況	家長姓名	何德湘	與學生關係	兄弟	現在何處做事	渝市菜園壩張家機器膠木廠			
	經濟狀況	很困難			經濟來源	仰給家兄之薪金			
	住址	璧山縣蒲元鄉			通訊處	璧山蒲元鄉郵局轉			
保證人	姓名	李琢如	籍貫	四川省璧山縣	職業	商			
	與學生關係	友誼	通訊處	青木關老街廿四號					
備考									

國立社會教育學院附屬中學　新學生概況調查表

學號		年級	高一上	姓名	徐昌明	性別	男	年齡	十六歲
出生日期	民國十八年五月十七日			籍貫	四川省壁山縣(城)城東鄉				
中學畢業日期	民國三十四年一月　日			入本校日期	民國三十四年九月十八日				
入校前曾在	壁山縣立初級中學畢業								
家庭概況	家長姓名	徐自武	與學生關係	父子	現在何處做事	在家做手工業			
	經濟狀況	只能維持生活		經濟來源	以勞力而來				
	住址	四川壁山城東鄉高碑村中		通訊處	壁山民權路三十二號轉交				
保證人	姓名	黃靈九	籍貫	四川省壁山縣	職業	工業及公務			
	與學生關係	戚誼		通訊處	壁山縣南門外日新永工廠				
備註									

國立社會教育學院附屬中學高中部學生概況調查表

學號		年級	高一	姓名	譚紹遠	性別	男	年齡	十六歲
出生日期	民國十八年十一月　日			籍貫	四川省壁山縣(省)來鳳鄉				
小學畢業日期	民國卅一年七月　日			入本校日期	民國卅四年九月十七日				
入校前曾在	青木關蹇光中學校								
家庭概況	家長姓名	譚玉輝	與學生關係	叔侄	現在何處做事	教			
	經濟狀況	入不敷出		經濟來源	薪水				
	住址	壁山來鳳鄉		通訊處	壁山縣來鳳鄉復興路57号				
保證人	姓名	覃道忠	籍貫	湖南省石門縣	職業	教			
	與學生關係	師生		通訊處	青木關蹇光中学				
備註									

國立社會教育學院附屬中學　部學生概況調查表

學號		年級	高中一年級	姓名	鍾永清	性別	男	年齡	歲
出生日期	民國十七年四月十三日	籍貫	四川省璧山縣(市)城東鄉						
小學畢業日期	民國二十八年七月　日	入本校日期	民國三十四年九月　日						
入校前曾在	私立勉仁中學初中畢業并在高中修業一年								
家庭概況	家長姓名	鍾芳洲	與學生關係	父子	現在何處做事	璧山直接稅局供職			
	經濟狀況	田產五畝不敷食用	經濟來源	祖遺					
	住址	璧山城東鄉二保七甲	通訊處	璧山直接稅局					
保證人	姓名	1.鍾芳銘 2.江境天	籍貫	四川省璧山、富順縣	職業	教育 財政			
	與學生關係	1.伯侄 2.世誼	通訊處	1.璧山來鳳驛璧山簡易師範校 2.璧山直接稅局					
備註									

國立社會教育學院附屬中學　部學生概況調查表

學號		年級	高一上	姓名	劉本中	性別	男	年齡	16歲
出生日期	民國十八年三月三日	籍貫	四川省銅梁縣(市)班竹鄉						
小學畢業日期	民國三十年七月　日	入本校日期	民國三十四年九月　日						
入校前曾在	銅梁正誼中學畢業								
家庭概況	家長姓名	劉垂膏	與學生關係	父子	現在何處做事	銅梁縣班竹鄉中心校任教員			
	經濟狀況	困難	經濟來源	賴薪金維持					
	住址	銅梁縣班竹鄉中心校內	通訊處	銅梁班竹鄉交					
保證人	姓名	劉潤卿	籍貫	四川省巴縣	職業	工			
	與學生關係	族	通訊處	青木關劉潤卿木廠交					
備註									

国立社会教育学院附属中学新学生概况调查表

國立社會教育學院附屬中學　新學生概況調查表

學號		年級	高一上	姓名	盧道成	性別	男	年齡	十六歲
出生日期	民國十七年十月二日			籍貫	四川省墊江縣沙坪鄉				
小學畢業日期	民國三十年十二月			入本校日期	民國三十四年九月十九日				
入校前曾在	墊江縣縣立初級中学畢業								
家庭概況	家長姓名	盧鴻波	與學生關係	父子	現在何處做事	在本縣作工			
	經濟狀況	不裕			經濟來源	耕種和作工			
	住址	墊江縣沙坪鄉			通訊處	川東墊江縣沙坪鄉郵交			
保證人	姓名	陳哲生	籍貫	四川省巴縣	職業	農			
	與學生關係	間接朋友	通訊處	巴縣西里青木関八廟場郵轉					
備註	小學僅肄業三學期上填年月即非畢業日期								

國立社會教育學院附屬中學高中部學生概況調查表

學號		年級	高一上	姓名	吳荇倩	性別	女	年齡	十七歲
出生日期	民國十八年一月十四日			籍貫	安徽省涇縣（市）				
小學畢業日期	民國廿年七月一日			入本校日期	民國卅四年十月一日				
入校前曾在	~~金中初中畢業~~ 金陵中学初中畢業								
家庭概況	家長姓名	吳[illegible]	與學生關係	兄妹	現在何處做事	重慶市党部			
	經濟狀況	平凡			經濟來源	市党部			
	住址	重慶捍衛新村[illegible]			通訊處	重慶捍衛新村123号			
保證人	姓名	袁[illegible]堂	籍貫	湖南省新化縣	職業	教			
	與學生關係	師生	通訊處	本校					
備註									

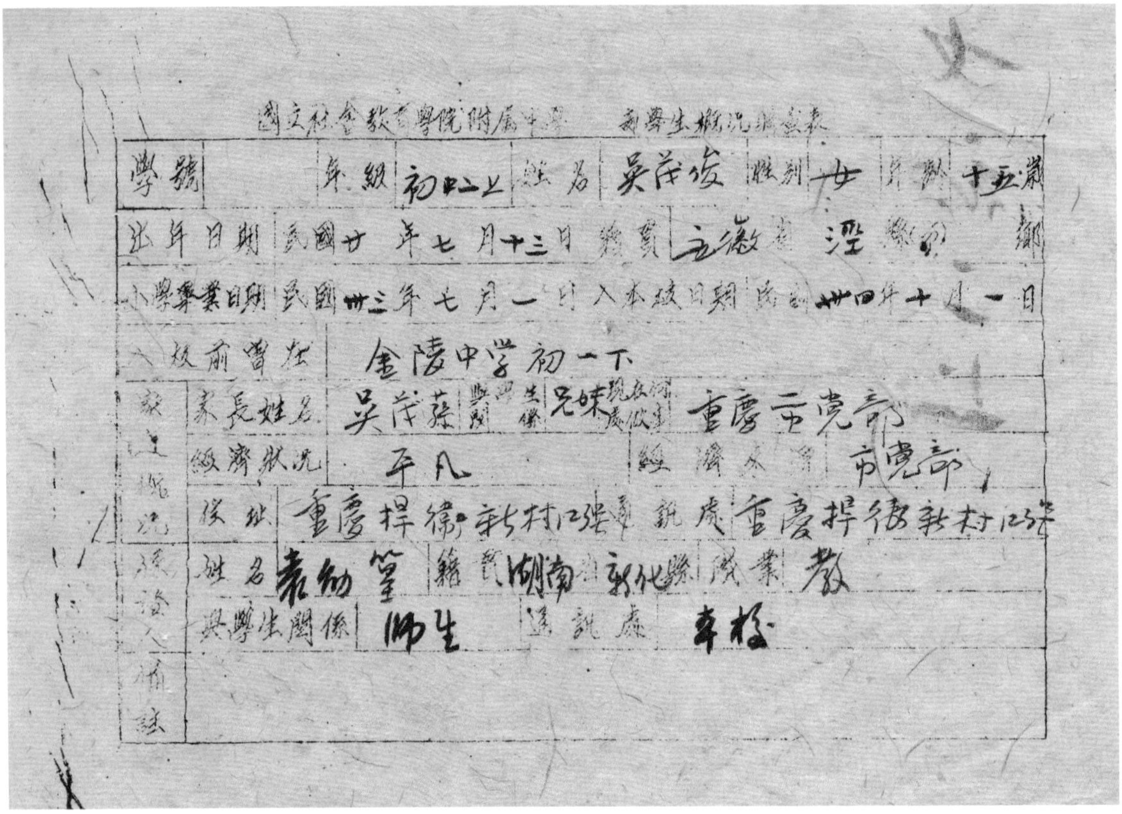

國立社會教育學院附屬中學　　部學生概況調查表

學號　　年級 初二上　姓名 吳萍俊　性別 女　年齡 十五歲

出生日期 民國廿年七月十三日　籍貫 安徽省涇縣（市）　鄉

小學畢業日期 民國卅三年七月一日　入本校日期 民國卅四年十月一日

入校前曾在 金陵中學初一下

家庭概況
家長姓名 吳萍蓀　與學生關係 兄妹　現在何處做事 重慶市黨部
經濟狀況 平凡　經濟來源 市黨部
住址 重慶桿衛新村12號　通訊處 重慶桿衛新村12號

保證人
姓名 袁幼箎　籍貫 湖南省新化縣　職業 教
與學生關係 師生　通訊處 本校

備註

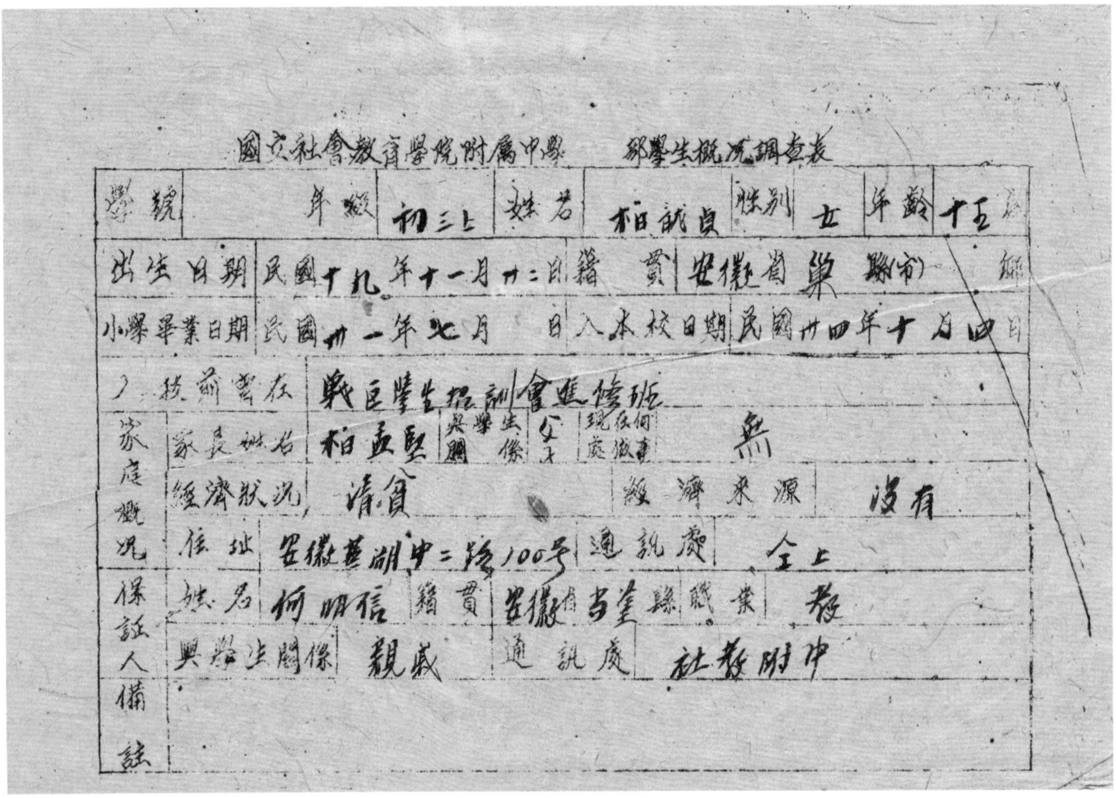

國立社會教育學院附屬中學　　部學生概況調查表

學號　　年級 初三上　姓名 柏就貞　性別 女　年齡 十五歲

出生日期 民國十九年十一月廿二日　籍貫 安徽省巢縣（市）　鄉

小學畢業日期 民國卅一年七月　日　入本校日期 民國卅四年十月四日

入校前曾在 戰區學生招訓會進修班

家庭概況
家長姓名 柏孟堅　與學生關係 父女　現在何處做事 無
經濟狀況 清貧　經濟來源 沒有
住址 安徽蕪湖中二路100號　通訊處 仝上

保證人
姓名 何明信　籍貫 安徽省當塗縣　職業 教
與學生關係 親戚　通訊處 社教附中

備註

國立社會教育學院附屬中學初中部學生概況調查表（一九四五年九月）

檔號：1009-1-206

國立社會教育學院附屬中學初中部學生概況調查表

學號		年級	初一上	姓名	李文鸞	性別	女	年齡	十二歲
出生日期	民國二十二年五月五日			籍貫	江蘇南京縣(市)				鄉
小學畢業日期	民國三十四年七月十日			入本校日期	民國三十四年九月二十日				
入校前曾在	柏溪中央大學附屬小學								畢肄業
家庭概況	家長姓名	李國鼎	與學生關係	叔姪	職業	政			
	經濟狀況	勉强支持			經濟來源	薪金			
	住址	渝牛角沱資委會工業處			通訊處	仝左			
保證人	姓名	夏澤蘭	籍貫	湖北黃岡縣	職業	學			
	與學生關係	親友			通訊處	青木關丁家壩特号			
備註									

教務處製　　民國34年9月19日

國立社會教育學院附屬中學初中部學生概況調查表

學號		年級	初中一上	姓名	錢國英	性別	女	年齡	十二歲
出生日期	民國　年　月　日			籍貫	浙江省紹興縣(市)				鄉
小學畢業日期	民國[illegible]年[illegible]月[illegible]日			入本校日期	民國卅四年九月廿五日				
入校前曾在	北碚小學六上肄業								畢肄業
家庭概況	家長姓名	錢炳燊	與學生關係	父女	職業	商			
	經濟狀況	所入僅足維持家用			經濟來源	經商所得			
	住址	北碚盧山路三十三号			通訊處	北碚盧山路卅三号			
保證人	姓名	沈能村	籍貫	浙江省寧波縣	職業	教員			
	與學生關係	親戚			通訊處	社院附中			
備註									

教務處製　　民國　年　月　日

國立社會教育學院附屬中學新學生概況調查表

學號		年級	初中一上	姓名	陳震玉	性別	女	年齡	十三歲
出生日期	民國21年7月22日	籍貫	四川省璧山縣(市)青木鄉						
小學畢業日期	民國34年7月十八日	入本校日期	民國34年九月十六日						
入校前曾在	教育部附設青木關國民教育實驗區第二中心國民學校肄業								
家庭概況	家長姓名	陳炳勳	與學生關係	父	現在何處做事	青木關工縫級業			
家庭概況	經濟狀況	困難	經濟來源	作工謀生					
家庭概況	住址	青木關老街九十九號	通訊處	青木關老街九十九號					
保證人	姓名	胡樹林	籍貫	四川省璧山縣	職業	鐵貨			
保證人	與學生關係	本保街鄰	通訊處	青木關建璧路30號					
備註									

國立社會教育學院附屬中學初中新學生概況調查表

學號		年級	一年一上	姓名	鄒之芸	性別	女	年齡	十五歲
出生日期	民國十九年五月卅一日	籍貫	江西省高安縣(市)鄉						
小學畢業日期	民國卅四年七月二日	入本校日期	民國卅四年十月一日						
入校前曾在	貴陽實驗小學								
家庭概況	家長姓名		與學生關係		現在何處做事				
家庭概況	經濟狀況		經濟來源						
家庭概況	住址		通訊處						
保證人	姓名	袁伯篁	籍貫	湖南省新化縣	職業	教			
保證人	與學生關係	師生	通訊處	本校					
備註									

國立社會教育學院附屬中學初中部學生概況調查表

學號		年級	一上	姓名	賀元健	性別	男	年齡	十四歲
出生日期	民國十九年二月五日			籍貫	四川省巴縣興隆鄉				
小學畢業日期	民國卅四年七月　日			入本校日期	民國卅四年九月廿四				
入校前曾在	四維小學　肄業								
家庭概況	家長姓名	賀公平	與學生關係	家叔	職業	農			
	經濟狀況	困難		經濟來源					
	住址	興隆場鄉下		通訊處	興隆場張吉生藥室轉				
保證人	姓名	鍾寅階	籍貫	四川省璧山縣	職業	政			
	與學生關係	親戚		通訊處	青木關老街五四號				
備註									

教務處製　　民國卅四年九月廿四日

國立社會教育學院附屬中學初中部學生概況調查表

學號		年級	初一上	姓名	文沛	性別	男	年齡	11歲
出生日期	民國22年12月21日			籍貫	江蘇省銅山縣　　鄉				
小學畢業日期	民國34年7月			入本校日期	民國34年9月　日				
入校前曾在	中大附小畢業								
家庭概況	家長姓名	文聚蒿	與學生關係	父子	現在何處做事	中大附中(青校)教員			
	經濟狀況	入不敷出		經濟來源	全依薪水度日				
	住址	中大附中分部		通訊處	青木関中大附中分部				
保證人	姓名	徐中幹	籍貫	江蘇省銅山縣	職業	教育			
	與學生關係	鄉誼		通訊處	中大附中分部				
備註									

國立社會教育學院附屬中學初中部學生概況調查表

學號		年級	初一上	姓名	況榮玉	性別	女
年齡	十四歲						
出生日期	民國二十年七月九日	籍貫	四川省壁山縣(市)青木關鄉				
小學畢業日期	民國卅四年七月　日	入本校日期	民國　年　月　日				
入校前曾在	青木關第一實校　肄業						
家庭概況	家長姓名	況源泰	與學生關係	父女	職業	商	
	經濟狀況			經濟來源			
	住址	青木關老街115號	通訊處				
保證人	姓名	況秉輝	籍貫	四川省巴縣	職業	商	
	與學生關係	族人	通訊處	青木關新街201號			
備註							

教務處製　　　　民國　年　月　日

國立社會教育學院附屬中學初中部學生概況調查表

學號		年級	一年級第二學期	姓名	嚴開健	性別	男
年齡	十四歲						
出生日期	民國二十年九月十八日	籍貫	湖北省武昌縣(市)　鄉				
小學畢業日期	民國　年　月　日	入本校日期	民國三十四年十月　日				
入校前曾在	青州清鎮縣聖公會鄂湘教區联合中學(武昌文華中華)肄業						
家庭概況	家長姓名	嚴家麟	與學生關係	父子	現在何處做事	國立童子軍師範學校	
	經濟狀況	收入有限支用浩繁	經濟來源	薪津收入			
	住址	青木關黑塘坎	通訊處	青木關三十三號信箱			
保證人	姓名	劉漢民	籍貫	江蘇省常熟縣	職業	學	
	與學生關係	師生	通訊處	青木關三十三號信箱			
備註							

國立社會教育學院附屬中學初中部學生概況調查表

學號		年級	初二上	姓名	司宗頤	性別	男	年齡	15歲
出生日期	民國廿年五月廿二日	籍貫	湖北省武昌縣(市) 鄉						
小學畢業日期	民國卅一年七月 日	來本校日期	民國卅四年九月十九日						
入校前曾在	貴陽國立第十四中學初一下 肄業								
家庭概況	家長姓名	周瑞芝	與學生關係	父子	職業	小本經商			
	經濟狀況	十分困难	經濟來源						
	住址	重庆巴縣衙門舊址十七	通訊處	仝右					
保証人	姓名	孫保如	籍貫	江西省九江縣	職業	商			
	與學生關係	世交	通訊處	青木関三重堂1号					
備註									

教務處製　　民國　年　月　日

國立社會教育學院附屬中學初中部學生概況調查表

學號		年級	二下	姓名	周紀溥	性別	男	年齡	十四歲
出生日期	民國二十年五月五日	籍貫	四川省巴縣(市)井口鄉						
小學畢業日期	民國三十二年二月 日	來本校日期	民國三十四年九月十九日						
入校前曾在	重慶市私立力行中學 肄業								
家庭概況	家長姓名	周有恒	與學生關係	父子	職業	農			
	經濟狀況	窘迫	經濟來源						
	住址	巴縣井口鄉(二公里)	通訊處	巴縣井口鄉郵轉					
保証人	姓名	程俊民	籍貫	四川省巴縣	職業	醫			
	與學生關係	親友	通訊處	青木関懷安堂文					
備註									

教務處製　　民國　年　月　日

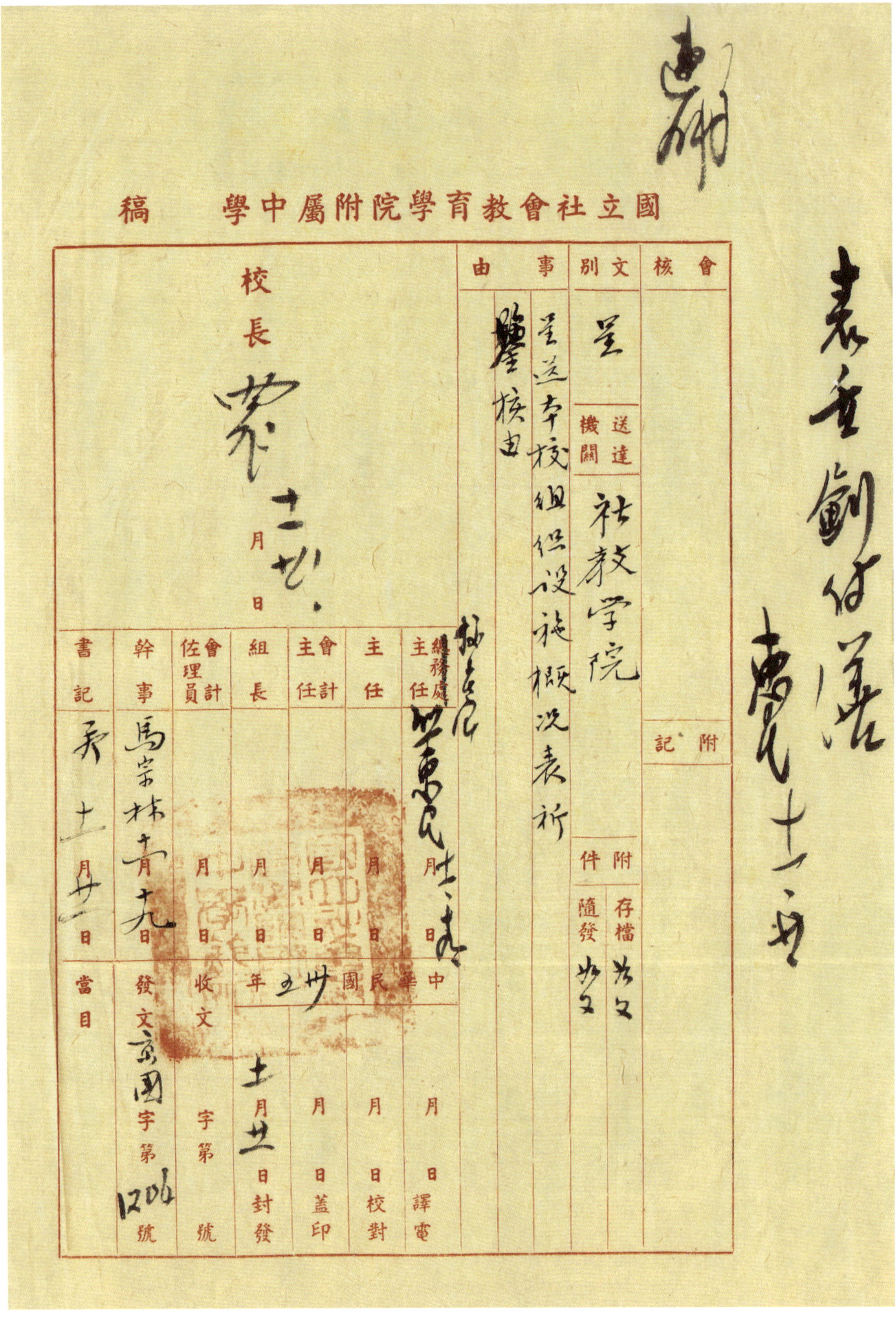

國立社會教育學院附屬中學稿

會核	
文別	呈
送達機關	社教学院
事由	呈送本校組織設施概況表祈鑒核由
附記	
附件	存檔 抄文　隨發 抄文
校長	[illegible] 十一月廿一日
總務處主任	[illegible] 十一月廿一日
幹事	馬宗林 十一月十九日
書記	[illegible] 十一月廿一日
中華民國	卅五年
發文	京國字第1206號
封發	十一月廿一日

國立社會教育學院附屬中學爲送本校組織設施概況表給國立社會教育學院的呈文

（一九四六年十一月二十一日）

附：概況表

檔號：1009-1-184

呈

敬呈者奉十一月六日函嘱将本校组织经费
教职员人数受教人数及毕业设施分别表呈报
以资出版纪念刊物前来等因奉此自应遵照
将本校设施概况表拟就一纸备文呈送敬祈
鉴核　谨呈
院长陈
附件如文
一全衔一校长南

國立社會教育學院附屬中學概况表

三十五年十一月　日

校名	國立社會教育學院附屬中學	臨時校址	南京石鼓路一〇七號 丹陽夫子廟
校長姓名	南國農		
教職員人數	81人		
學生人數	1263人		

組織

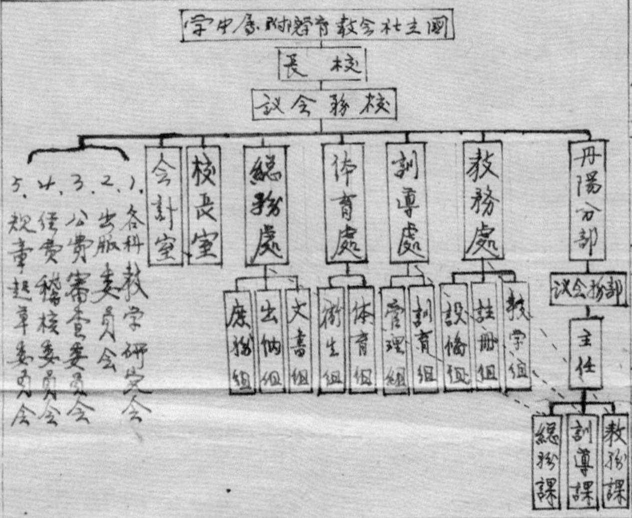

經費

科目		中學部本部經費	俸給費	辦公費	購置費	學術研究費	特別費
全年度分配數	原分配數	一、八〇六、六〇〇.〇〇	二〇四八〇.〇〇	一〇四七、七三三.〇〇	一三二、八六〇.〇〇	一八〇、六〇〇.〇〇	二三四五二.〇〇
	追加數	五、四二九、八〇〇.〇〇	一〇	三、四五〇、〇〇〇.〇〇	三九六、〇〇〇.〇〇	五四〇、〇〇〇.〇〇	一〇三三八〇〇.〇〇
	小計	七、二三六、四〇〇.〇〇	二一〇、四八〇.〇〇	四、四九七、七三三.〇〇	五二八、八六〇.〇〇	七二〇、六〇〇.〇〇	一、二六八、七一二.〇〇

設施

1. 總務方面：於校內環境力求整潔，於工作效率力求迅速確實。
2. 教務方面：施行嚴格之功課訓練。
3. 訓導方面：施行清潔秩序和努力等之生活訓練。

備註

本校普通中學部除各科一律認真施教外，對於畢業班次特別實施升學訓練，用符本校設立之本旨。

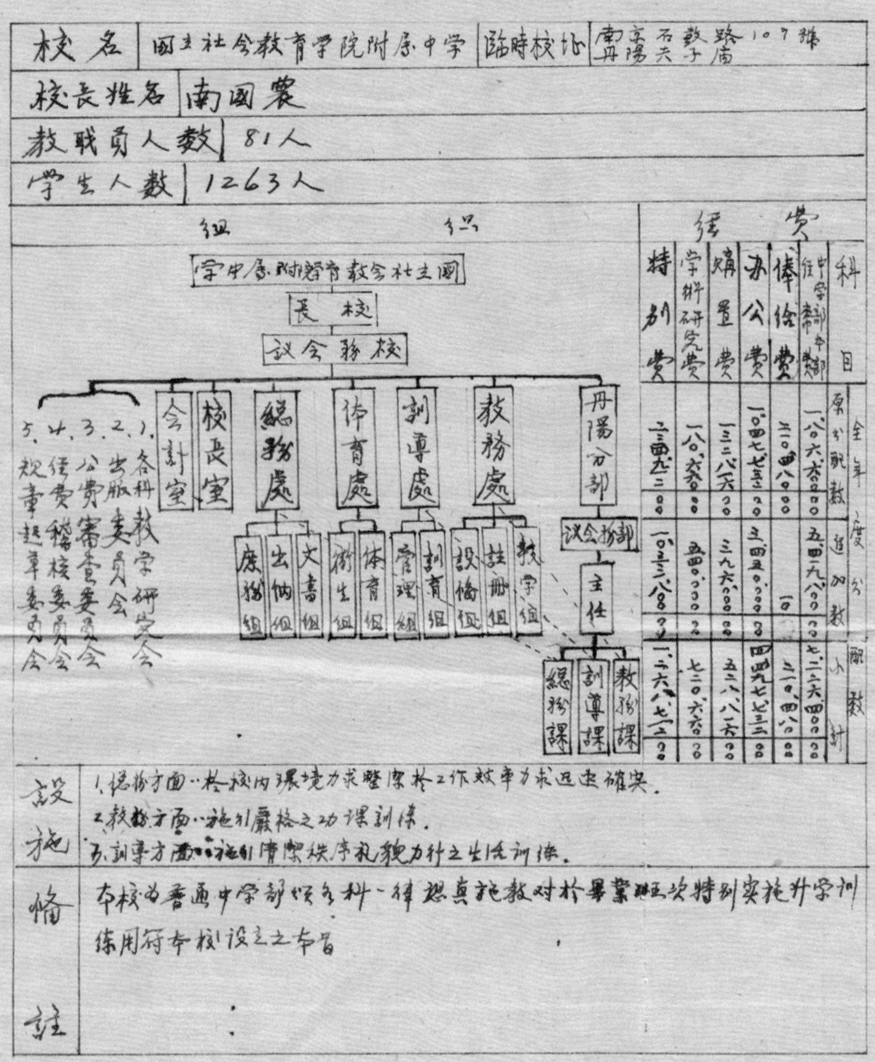

學校名稱：國立社會教育學院附屬中學

校址：京校：南京石鼓路169號；丹校：丹陽王公廟

校長：姓名 [illegible]；學歷 國立中山大學畢業；到校年月 34年9月

沿革：卅一年奉部令創辦于四川青木關，成立訂名為國立社會教育學院附屬中學，設初中部共三班，卅二年增設師範部，卅四年九月增設高中班共 班，卅五年八月奉令遷京，因校舍狹小暫分京丹二處。京校設初中一年級甲乙二班，二三年級各一班，高中一二三年級各一班；丹校設初中一三年級各二班，二年級三班，高中設一年級三班，二年級二班，三年級一班，以上共計二十班，均為普通科，師範部另遷常熟。

班級數：

	年級	班數
初中	一年級	共四班
	二年級	共四班
	三年級	共三班
高中	一年級	共四班
	二年級	共三班
	三年級	共二班

共計二十班

學生數：共計998名

		京	丹	
男	初一	64	93	共707
	初二	43	111	
	初三	31	68	
	高一	35	100	
	高二	31	80	
	高三	16	35	
女	初一	35	38	共291
	初二	28	44	
	初三	13	33	
	高一	19	43	
	高二	13	17	
	高三	[illegible]	6	

教職員數：

職別	計	男	女
總計	85	68	17
教員（專任）	55	46	14
職員	30	22	8

行政組織：載系統表

經費數：

收入	
支出	
總計	859,000
俸給費	16,600
辦公費	34,400
特別費	9,000
特殊臨時支出費	/

教學科目及時數：公民 1，國文 6，英語 6，數學 6，歷史 2，地理 2，博物 4（初一），生物 6（高一），理化（高6初4），生理衛生 1（初二、三），美術 1（高二三不設），勞作 1（〃），音樂 2（高二三，高一二每一小時），體育 2

各科成績考查：各科成績考查方法分五項：1.平時考查 2.抽考 3.季期考 4.期考 5.畢業考試—本期考及期考均採集中測驗制

導師制之實施：

勞動訓練：築路、開荒、修築等訓練，養成學生刻苦耐勞精神

一般課程進度：依照部頒課程標準進行

練習實驗及實習：國文每二週作文一篇，週記每週一篇；初中部每日抄習大小字，英語除初一習字、初二造句、初三以上習語法外，作數學每日一練習為原則，物理化學作筆記外，每一單元做練習題，理化生物以設備不全，就校中所具儀器做實驗

導師制：每級設導師一人，每週舉行級會及個別談話，隨時注意學生各別之性情予以指導及糾正

新生活：每日舉行升降旗，每週實行中心德目訓練，實施合理之生活

軍事訓練：除由教部派遣軍事訓練課程外，注意學生團體生活，以智仁勇三達德為體，以（愛國及）服從為團體用義

課外活動：1.開遊藝室指導學生正當娛樂及鍛鍊強健活潑之體魄，並於課外鼓勵學生球類運動 2.另闢學術方面開圖書室閱覽室以使學生流覽課外書籍，舉行各種比賽演說競賽及數學比賽，並由學生辦理壁報，本校出版設立課外活動及出版兩委員會指導學生生活之興趣。

設備：

校舍：京計有教室八間，宿舍八間，儀器書報室一間，實驗室二間，辦公室六間，會議室大小一間，禮堂一座，保健室、盥洗室、休息室、儲藏室、膳堂、工友宿舍、廚房、男女廁所各一間，共計三十五間；丹校總計校舍十幢

圖書：約二千餘冊

儀器：大部份由輔導會接用，仍有物理化學各二套，另由滬購置儀器為其補充

軍訓：

童軍：

播音：

衛生：

事務管理情形：(1)關於文書：處理求迅速確實 (2)關於庶務：執行庶務章則，辦理有關庶務一切事務 (3)關於出納：掌理款項收支保管，不虛公庫之現金及票據，登記出納暨其他有關出納事項

膳食管理狀況：由膳委會負責辦理，按所需量籌配製之

校工之名額及工作施行：校工計五十八名，每日晨間施以半小時訓練，分別負責其工作

備考：標本模型約百餘件

國立社會教育學院附屬中學概況表（一九四七年）

檔號：1009-1-184

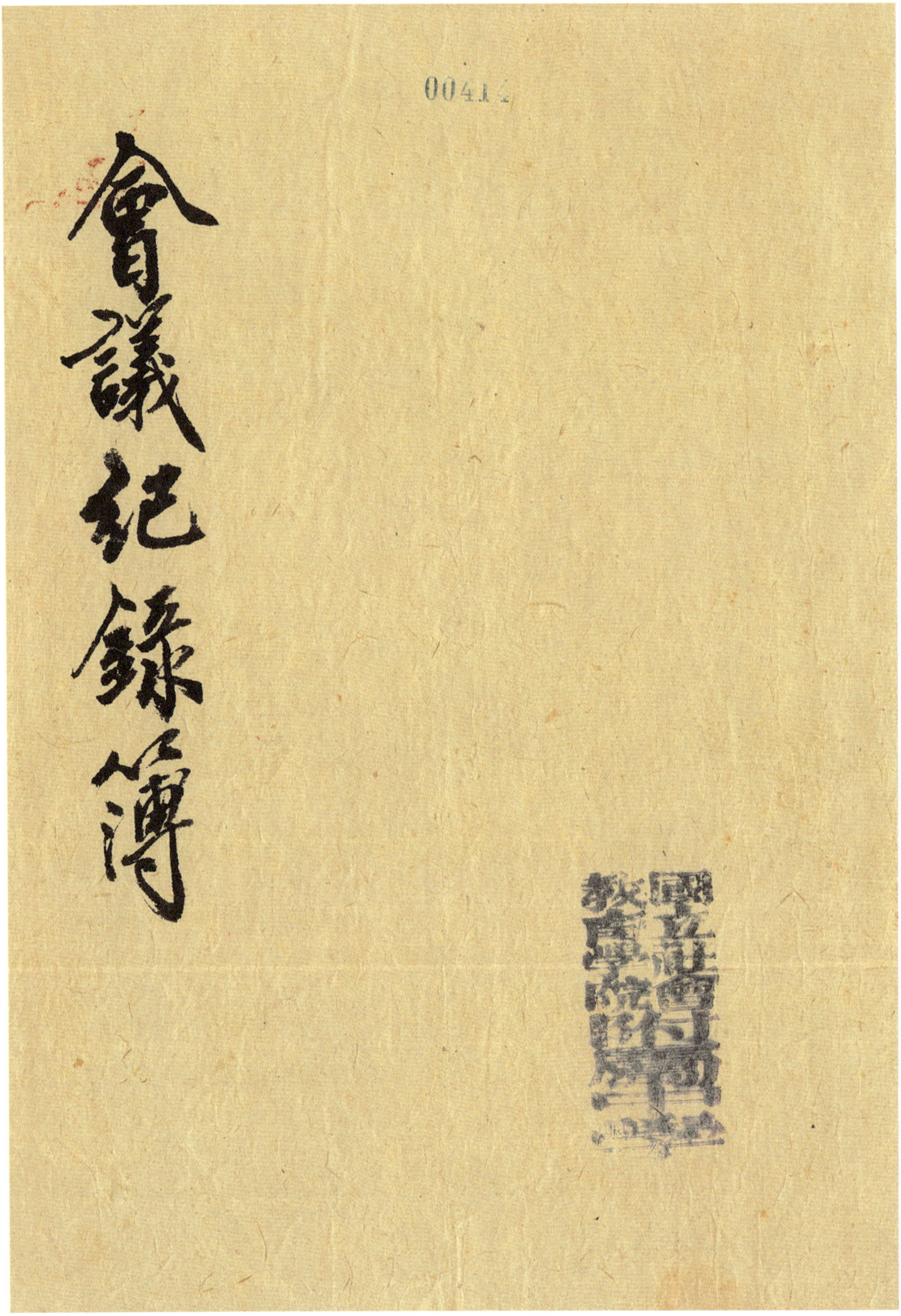

00414

會議紀錄簿

國立社會教育學院附屬中學

國立社會教育學院附屬中學一九四五年度上學期第二次校務會議記録（一九四六年一月三十一日）

檔號：1009-1-185

社教附中三十四年度上学期第二次校务会议纪录

时间　卅五年一月卅日下午四时

地点　本校会议室

出席人

曾传　杨宏谊　唐勇

葛毓滢　魏建明　周浩

陈兴龙　钟华兴　祁雪琴

郑崇谦　程玉琏　钟海英

夏桃中　王钟全　周孝希

吕道存　冯铎英　赵国宗

阎宝恭　王崇成　秦晓琴

柳李林　何明信　黄献华

唐益謙　吳仰戴　王世順
嚴裕才　楊積蕃　陳毅
南國農　徐明寬　徐展驥
沈紹杭　祁開雲　劉壽新
魏玉蘭　常福生

主席　南國農
紀錄　唐令友
開會如儀
甲　報告事項
主席報告：本學期現已告一段落，現在推
討過去半年來得的若干教訓，以了解本學
期各部份所辦事項缺點和聯繫之處表

面上看固然很好但实际上未得到密切联系（二）本校过去所办事项多未经计划所以难得达到理想今后对于所办事件要从大处着眼小处着手要有计划权衡就办法切实办理（三）做事要分职权明确各班各项应由导师负责如遇困难导师不能解决再会同训导处解决一面顾到情感作用一面顾到法治精神（四）我们做事要注重严正勤明四字盖能勤于课程对学业进步能守正不阿以身作则足以服人能勤于职务则万事易举能明

白事理制召致蔡先生慎念

教務處報告：本校第二學期現已結束，大致尚稱圓滿。本處對於下學期應辦之各項，正積極籌劃中。現已擬就新章程二十條，須關於開學日期、課程、分配、註冊、手續，業經分別計劃，準備按照次序辦理。

訓導處報告：本校對於過去已經辦了事項，須加以檢討，並着重改進。要點現正研究級任導師與訓導處工作如何聯繫，值日級任導師工作如何分配，均經擬定其項目，約有二十條，擬提本會議決議。

總務處報告：本處事務繁雜，工作較忙，在本

学期结束时赖各同仁协助推进一切事项尤其办理完竣后临时学生须费问题异常烦琐会同机将学生须费划归学生自管以清手续

乙 讨论事项

教务处提

1 下学期教课用书应如何确定案

办法：由各任课教师将所拟采用课本开列书名备挡出版书局交教务处汇集以便教务处见为宜

决议：照教务处意见通过

2 留级学生过多应如何补救案

者：兩主科不及格其中一科總成績在五十
分以上者准補考，二、一主科兩副科不及格其中二科
總成績在五十分以上者准補考
決議：照教務處意見通過
3.畢業生成績應如何補救案
辦法：博物在五十分以上者准作六十分計算
決議：照教務處意見通過
4.應如何選授勞動課程案
辦法：加鐘點星期六下午排課
決議：照教務處意見通過
訓導處提
5.級任導師工作提要是否可行請

公決案（提要另附）

決議：照訓導處意見通過

五、級任導師與訓導處工作聯繫辦法是否可行請 公決案（辦法另附）

決議：照訓導處意見通過

總務處提

一、本校奉令隨從遷返關於遷校建校各項工作應如何進行請 公決案

決議：設立復員委員會負責計劃各項工作委員會設委員十五人主任委員一人由校長兼任委員十四人由校長聘請之

二、經費稽核委員會委員請推選案

決議：推選郝開勇、夏曉平、金松之、趙國方、魏建明五先生為委員

臨時動議

少年教師應如何聯繫案

決議：設立少年課教學委員會，由教務處擬定委員，提交下次教務會議決定

散會

主席　南國農

紀錄　唐象

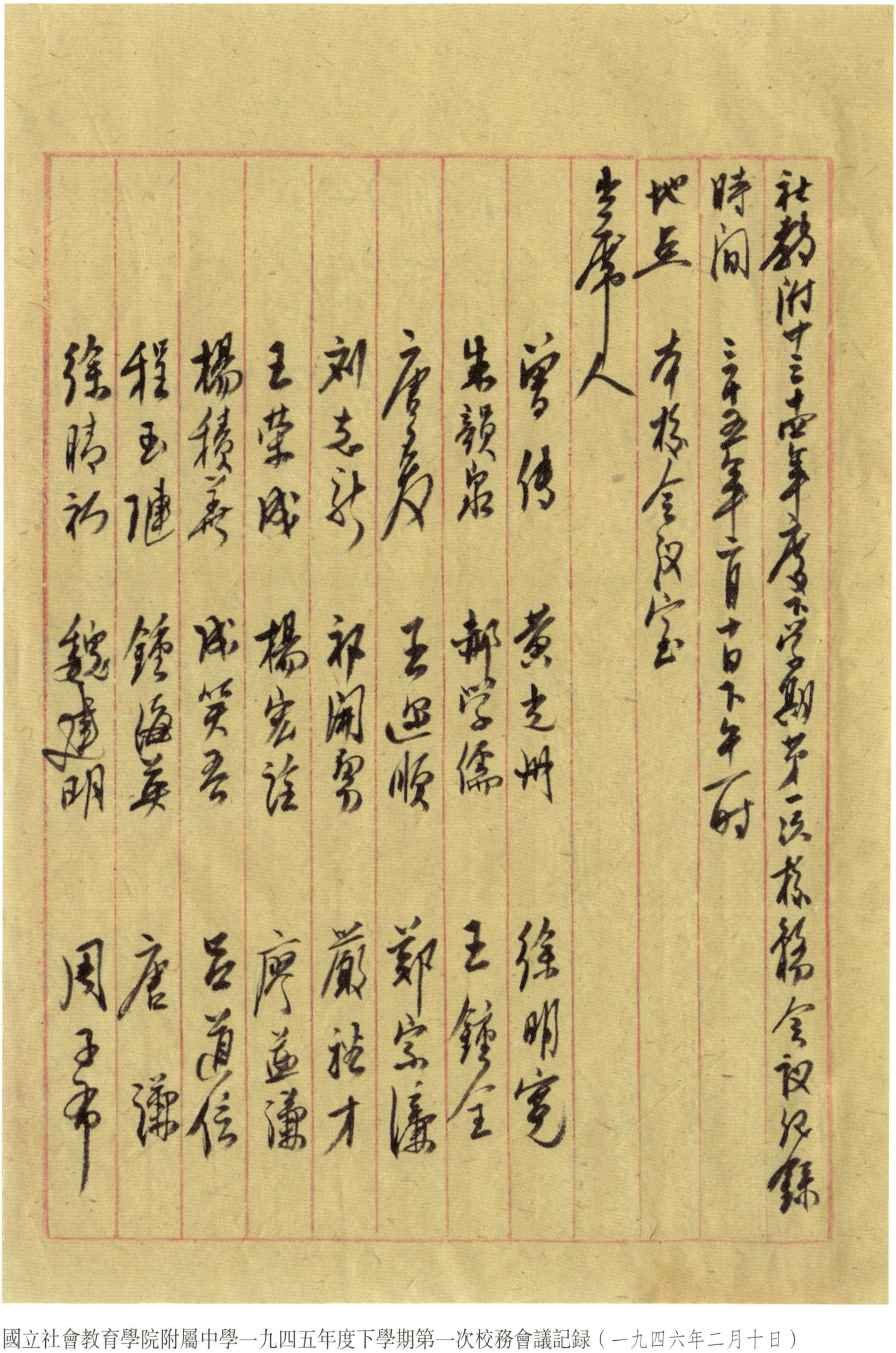

社教附中三十五年度下學期第一次校務會議紀錄

時間　三十五年二月十日下午時

地點　本校會議室

出席人

曾傳　黄光州　徐明寬

朱頴泉　鄭學儒　王鍾全

唐彥　王迎順　鄭宗濂

劉志新　祁開賢　蕭樹才

王崇成　楊宏詮　廖益濂

楊積義　成笑吾　呂道信

程玉璉　鍾海英　唐謙

徐時初　魏建明　周子弗

國立社會教育學院附屬中學一九四五年度下學期第一次校務會議記録（一九四六年二月十日）

檔號：1009-1-185

陳去乾　吳仰戡　李全儀
黃鳴岸　魏玉蘭　林澤雲
余揖之　鍾華非　羅企賢
陳毅　楊遜　陳冬如
主席　余揖之
紀錄　唐秀
開會如儀
甲　報告事項
主席報告：本學期現已開學，所有教務辦理各項，概係以前規定程序辦理。除本校一切教務上應興應革事項，仍請各位先生多多貢獻意見，以便採擇施行。

關於女生部之問題業經妥善
調整裁撤設女生部改由訓導處
設女生管理組並加強訓導作有效之
管理矣

教務處報告：（甲）本學級編製情形本學
期班級數目變動共有十九班限於經
費不能再增班級（乙）各種課程業經分
配完竣（丙）擬訂提案五項關於改進註
冊手續學生成績核定學生筆記簿
批閱皆有規定並組織各種教學委
員會以資聯繫推進教務

訓導處報告：一、本處本學期各項計劃除呈報主管之由

主管人拟就提出次会议报告最近为
加强训导起见拟就学生操行考核办
法专须对于学生操行态度种种作深
刻之考核

总务处报告：（1）修建校舍事项（2）校具
补充（3）调整自来水及学生膳食问
题（4）会同训导处办理学生膳食及
灯油管理事项（5）全体教职员薪
津按期照发（6）向花纱布局请领布
疋布即依照限期缴款（7）本校证章
业经制成候取来即分发佩带

乙讨论事项

教務處提

1.改定註冊上課日期案

決議：改訂本月十二日註冊十六日上課

2.請核選系學生標準如何確定案

決議：(1)操行七十分以上(2)學業總分七十分以上(3)志願還鄉者(4)川省學生自費者(5)品學兼優成績八十分經學系特許者准予請核選系

3.請推選各科教學研究委員會委員案

決議：(1)推呂道信先生為國文研究會主席(2)推劉志新先生為英文研究會主席(3)推祁澗寓先生為數理

研究會主席 (4)推馬執中先生為史地研究會主席 (5)推嚴恪之先生為藝術美學研究會主席 (6)推鄭宗海先生為體育軍事研究會主席 (7)推周子亞先生為公民研究會主席 (8)推章煥文先生為博物衛生研究會主席

4 擬制教員請假及補課辦法草案請公決案（辦法另附）

決議：：產假例外原辦法修正通過

5 各科練習本及筆記本應如何劃一案

決議：：由教務處指定一定格式，令由學生自

治会统辑

丙、请授权第一次教训联席会审核各项重要法规案

决议：由代理校长召集会商

训导处提

丁、拟订学生调查登记表是否可行请公决案（调查登记表另附）

决议：由训导处自行办理

总务处提

戊、查本校清寒学生虽经家乡光复但经济情况仍然困难而上学期因开学上课较迟功课不无影响现本校准备即对清寒学

生等受不貲待遇如因學行成績較差被
請設法補救案
決議：凡學業成績在丙等以上者得
享受不貲待遇

會計室提
9本室依照組織法擬出席委員會俾解
席會議報告經費情形可否請
公決案
決議：依照規定辦理

散會

主席 金樹芝
紀錄 唐秀勇

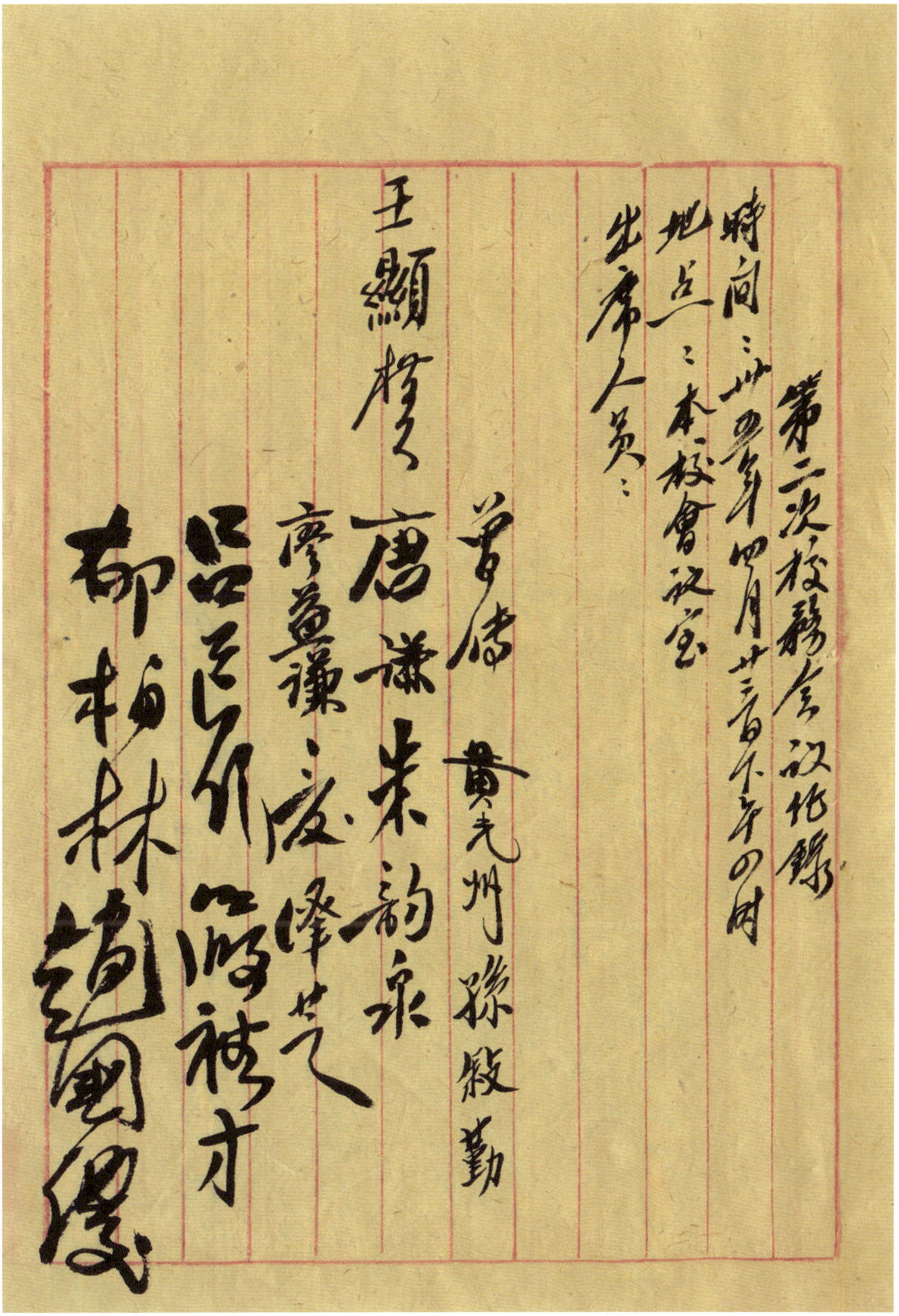

第二次校務會議紀錄

時間：卅五年四月廿三日下午四時

地點：本校會議室

出席人員：

王顯楷 曾儒 黃先州 孫毅勤

唐謙 朱韻泉

廖藴謙 宋澤芃

呂思穎 何際才

柳相林

趙國儀

國立社會教育學院附屬中學一九四五年度下學期第二次校務會議記録（一九四六年四月二十三日）

檔號：1009-1-185

何明德 黃猷第
各執事 鄒福保
楊家龍 高[illegible]懷
諸手續[illegible][illegible]
陳毅 十名呈
希閱爲 柳[illegible]拜

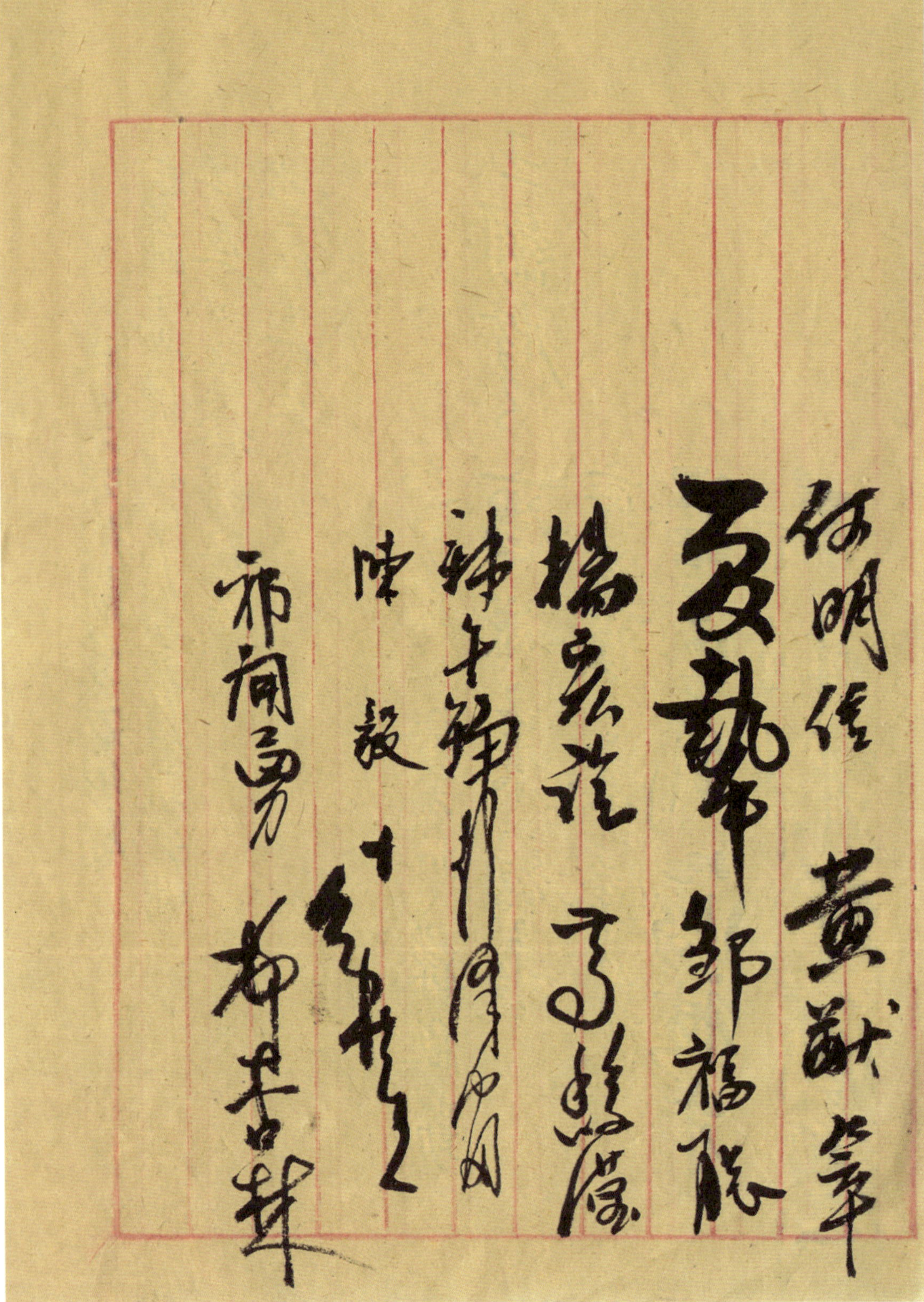

陈斠玄 吴瞿安
戚叔含 汪辟疆
罗[illegible]
胡翔冬 林[illegible]
吴[illegible] 刘[illegible] 吴徵[illegible]
张之[illegible]
柳翼谋 王伯沆

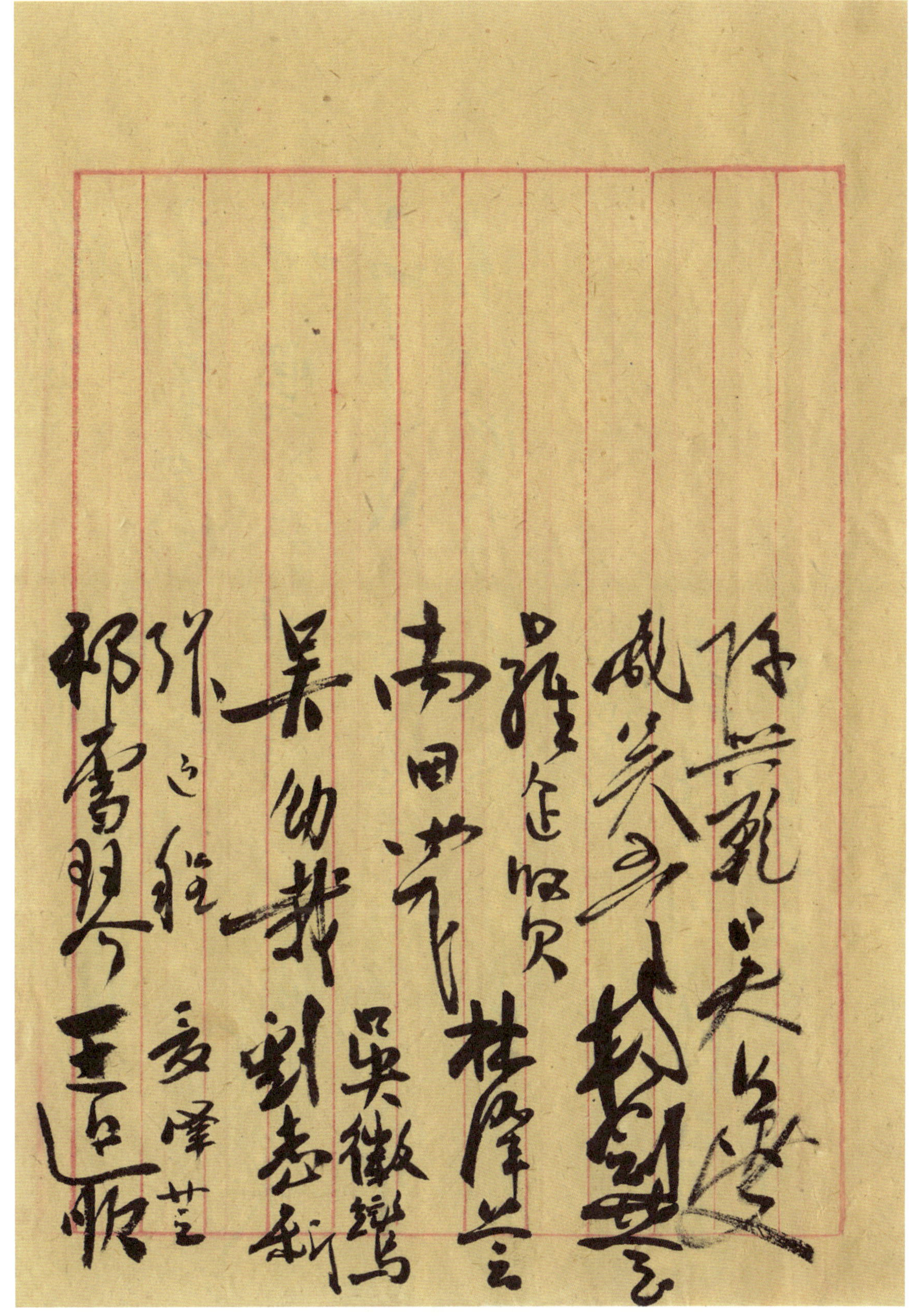

謹啟者，
部令會魏以下
黃鳴皋、鍾華新、鍾淮英
二人程小槤、周子鄉
先此深沈鍾華、呂時君
廖伯靜、周健
素佳力行館良教
集廿一八年宋小 王崇成

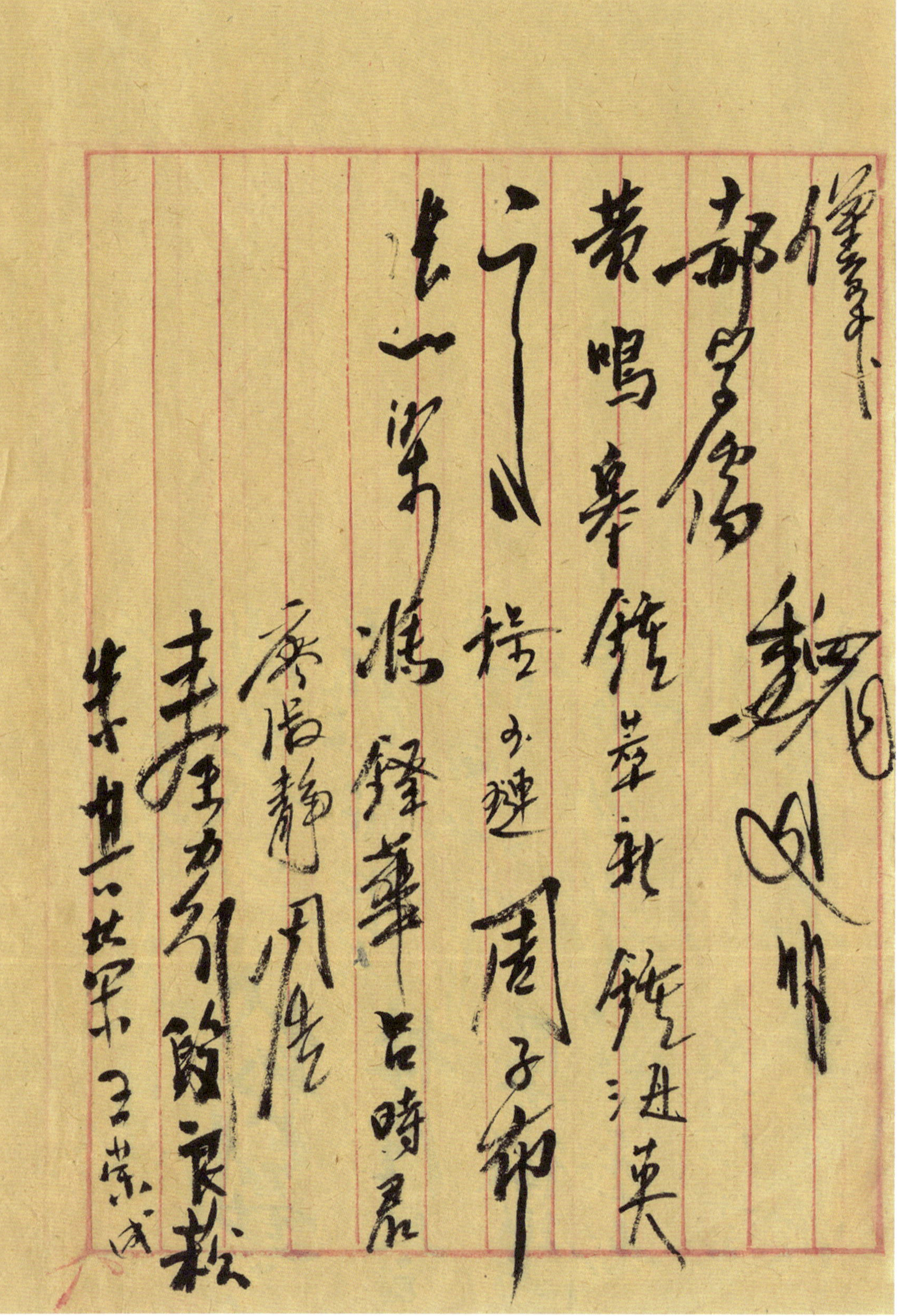

一 報告事項

(1) 主席報告 (1) 本校奉令遷校五月即將結束

本校復員工作，教部已頒發工作辦法，已於昨

召開復員會議 (2) 報告部頒各級學校遷校

辦法有關条文 (3) 報告部頒各校復員應注意

事項 (4) 報告復員委員会第三次會議記錄

(二) 討論問題

(1) 教職員眷屬旅費如何支給案

議決

(2)

事務處擬案

（1）為配合復員遷鄉辦法本期提前於五月二三四日舉行期考的本月廿五日補假停課案

議決　通過

（2）第三屆畢業考試於本月六七八假中山堂舉行

議決　照原案通過

（3）畢業考試因公因病因事請假未參加考試所缺各科成績擬請以期考成績一次計錄案

議決　通過

（4）各科學期成績請於五月七日以前送處

議決　通過

训导处提案

一、学生患有重病可以学生所缴膳费尽量少扣外并不得向任何先生募捐案

议决 通过

二、经此次校务会议通过之聘教员专属人数如有不实由职员委员会核减之但不得增加案

议决 照原案通过

三、以后员经费不能如数拨领而须由校方向外部借支由教部担保由各月份负担案

悬案

议决

照原案通过

以貴騎員七日條蘇律學校無法整件請
撥用保安留通信處於總務處以後由校
校士發案
謹呈
貴騎員七月條蘇律中學校借發設根子全
計存可轉教諮詢白
務會

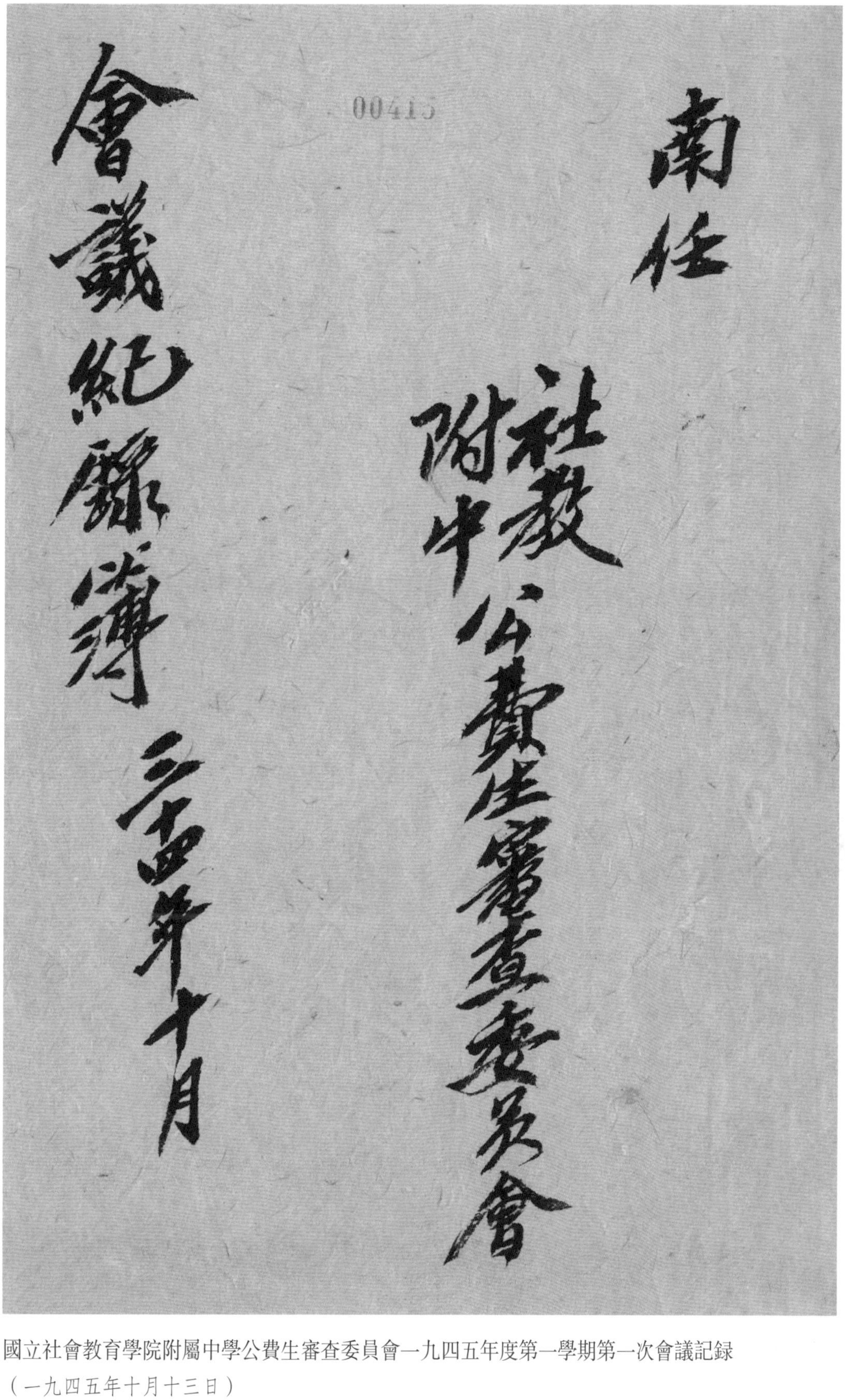
00415

南任

社教
附中公費生審查委員會

會議紀錄簿　三十四年十月

國立社會教育學院附屬中學公費生審查委員會一九四五年度第一學期第一次會議記録

（一九四五年十月十三日）

檔號：1009-1-185

第一次會議紀錄

時間：三十四年十月十二日下午四時

地點：本校會議室

出席委員：

[illegible]、[illegible]

[illegible]、周[illegible]

[illegible]、楊[illegible]

曾傳、[illegible]

[illegible]、張[illegible]（代）

主席　南國農

紀錄　曾傳

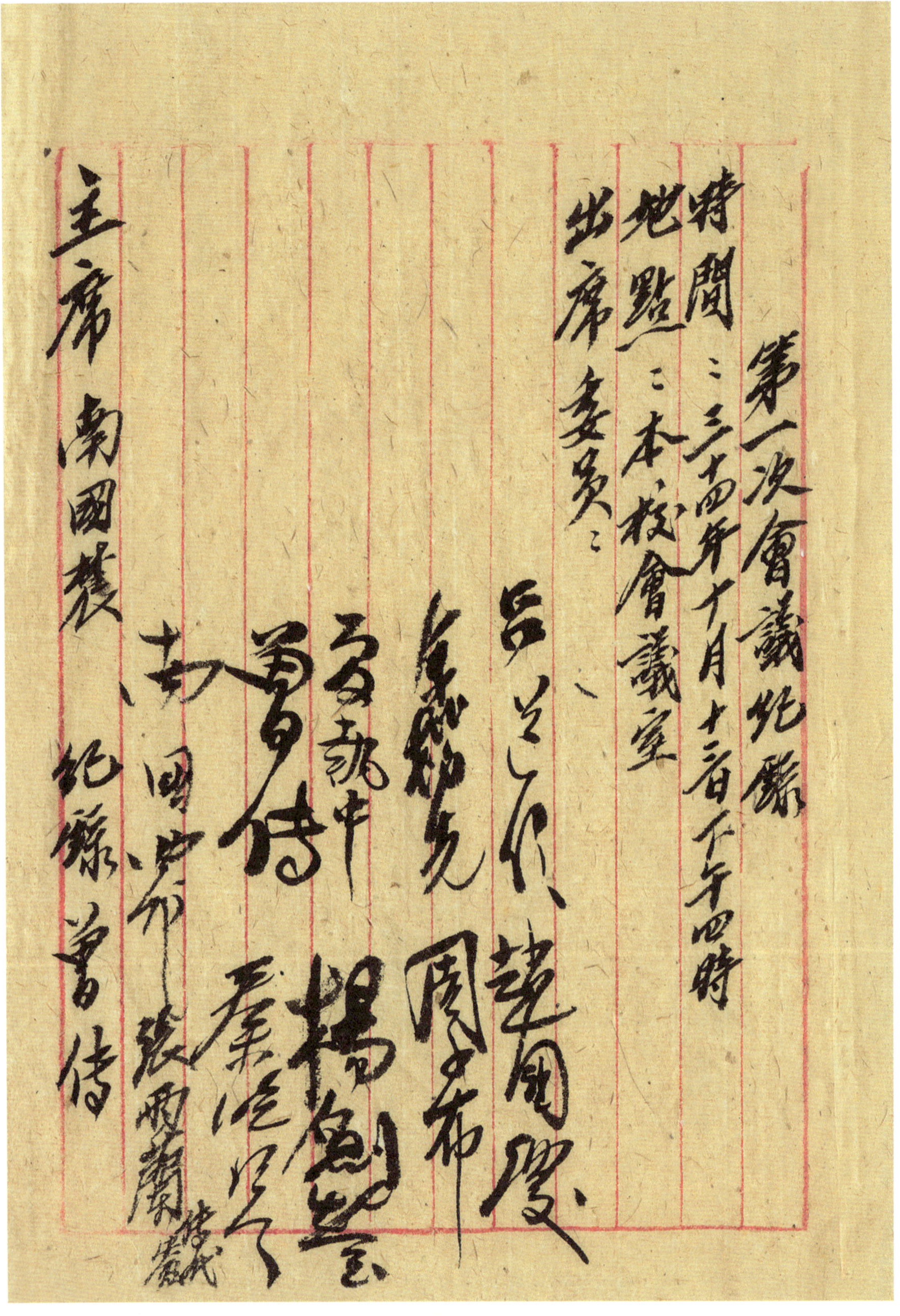

如儀開會

甲、報告事項

1、主席報告部頒給予公費辦法及其依審查標準程序。

2、夏委員提出對公費生審查提供意見三點。

乙、討論事項

1、新生公費應如何規定核給案

決議：1、全公費生核給標準如左：

①凡持有招訓會清寒證明書證明者。

②教養院及慈幼院學生有證明文件者。

③本校教職員子女，

④院本部教職員子女。

⑤蒙藏及其他邊疆生僑生。

⑥家境確屬清寒之學生持有其他機關學校證明文件由本校教職員二人證明者

乙、半公費生核給標準如左：

①凡持有招訓會清寒證明書註明者。

②本校教職員子女。

③院本部教職員子女。

④家境確屬清寒之學生持有其他機關學校證明文件由本校教職員

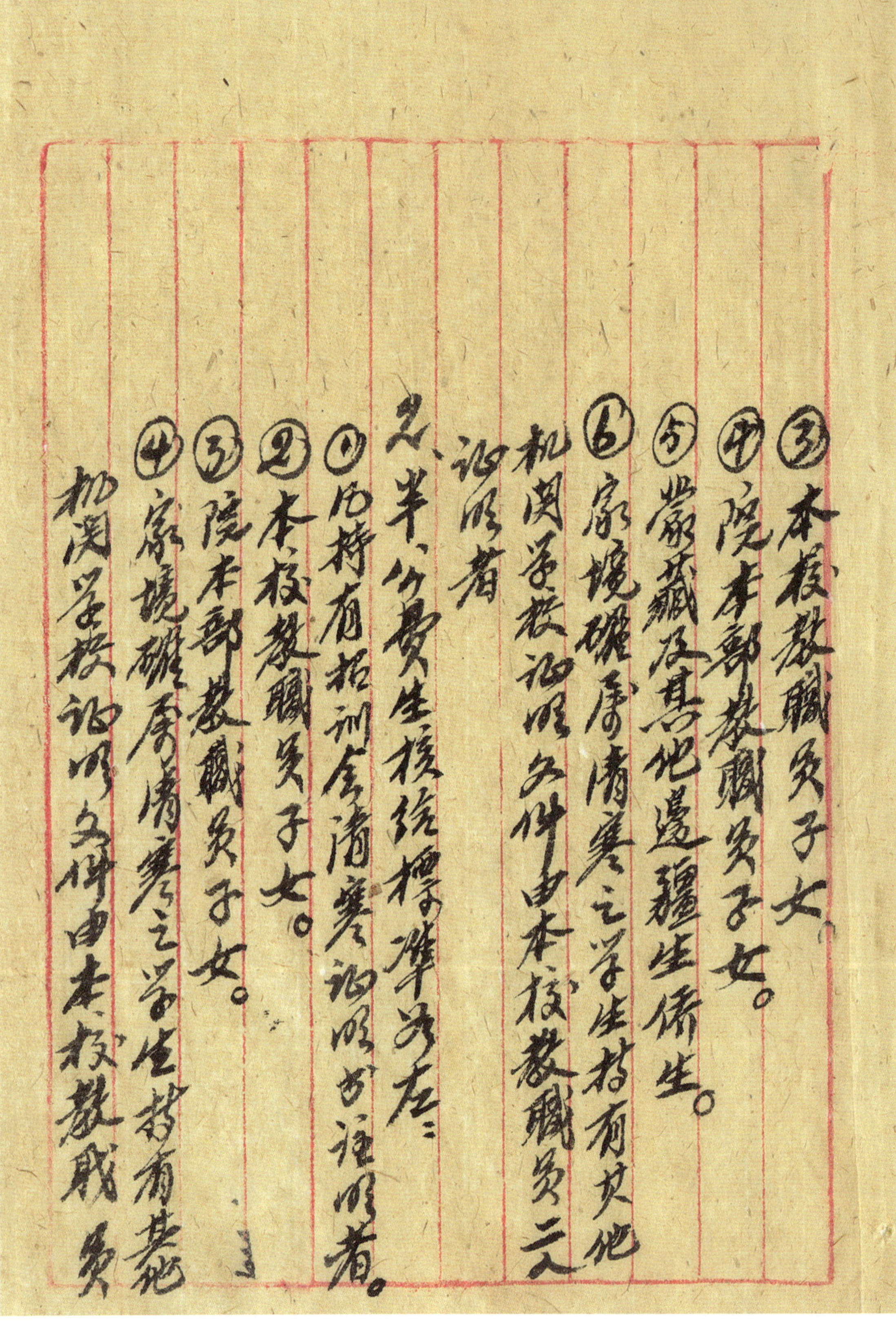

二人說明者。

二、舊生自費生可否申請公費案

決議：由校呈部核示再奪。

三、休學生原已請准公費經核退者致[illegible]

復學其公費可否恢復案

決議：准予恢復但以不超過原名額為限。

四、舊生原請准公費因留級而停止公費核

發成績及格可否恢復公費請公決案

決議：准予恢復但以不超過原名額為限。

五、公費生留校方法應如何規定案

決議：人、第二三四各案所列學生公費核

給由本校總務處根據三案決議

分别办理。

又新生分为三组审查，第一组审查初一上甲丙两班，推赵委员国庆、夏委员挽中、秦委员镜琴担任；第二组审查初一上乙丁两班，推张委员雨兰、杨委员剑莹、曾委员竹筠担任；第三组审查高一上甲乙两班及各级插班生，推余委员楷晃、周委员子布、翁委员道儒担任，统依照第一案决定标准，于即日下午四时起审查完毕，提出第二次会议决定之。

再、敬會

[illegible]

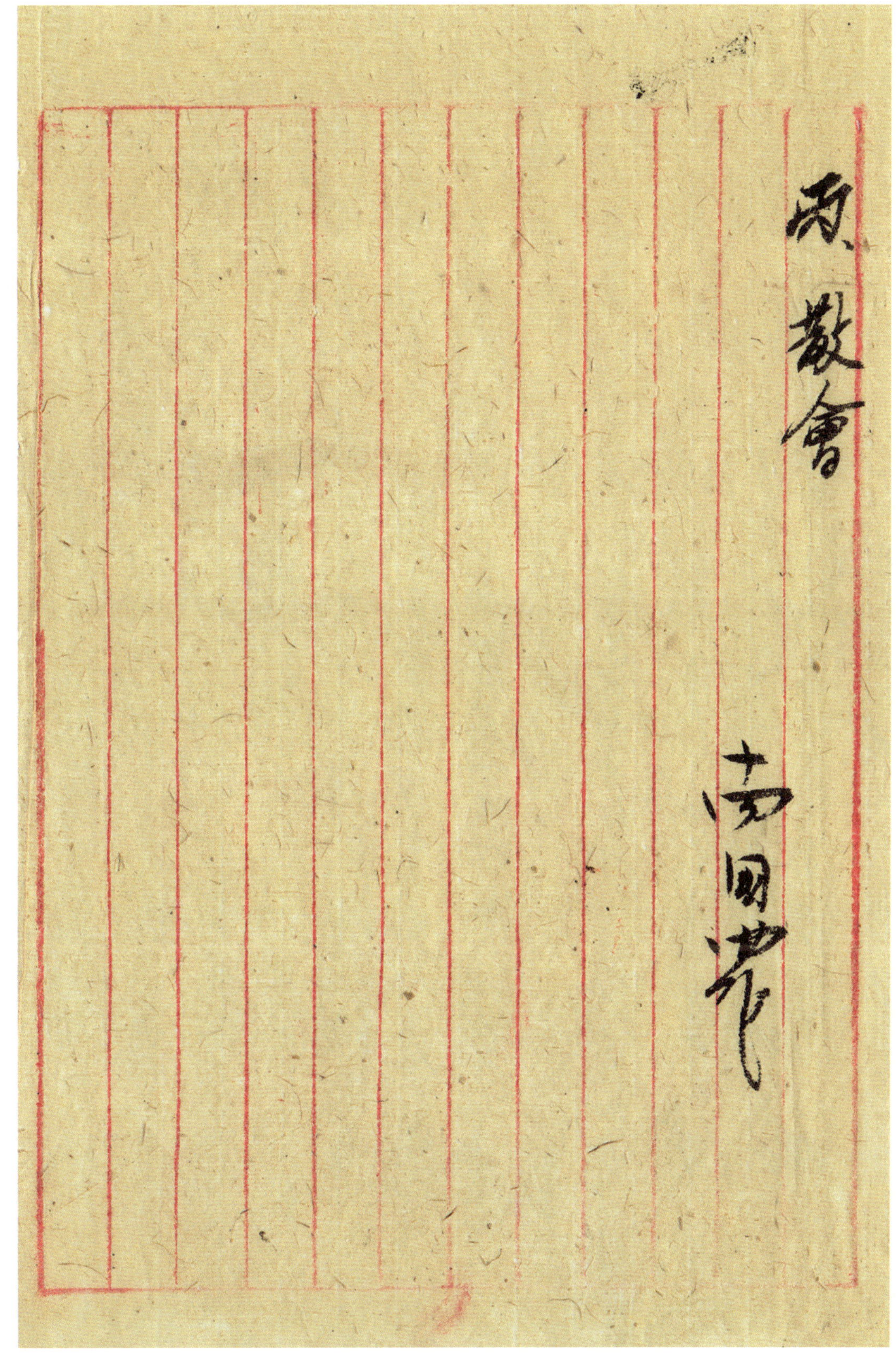

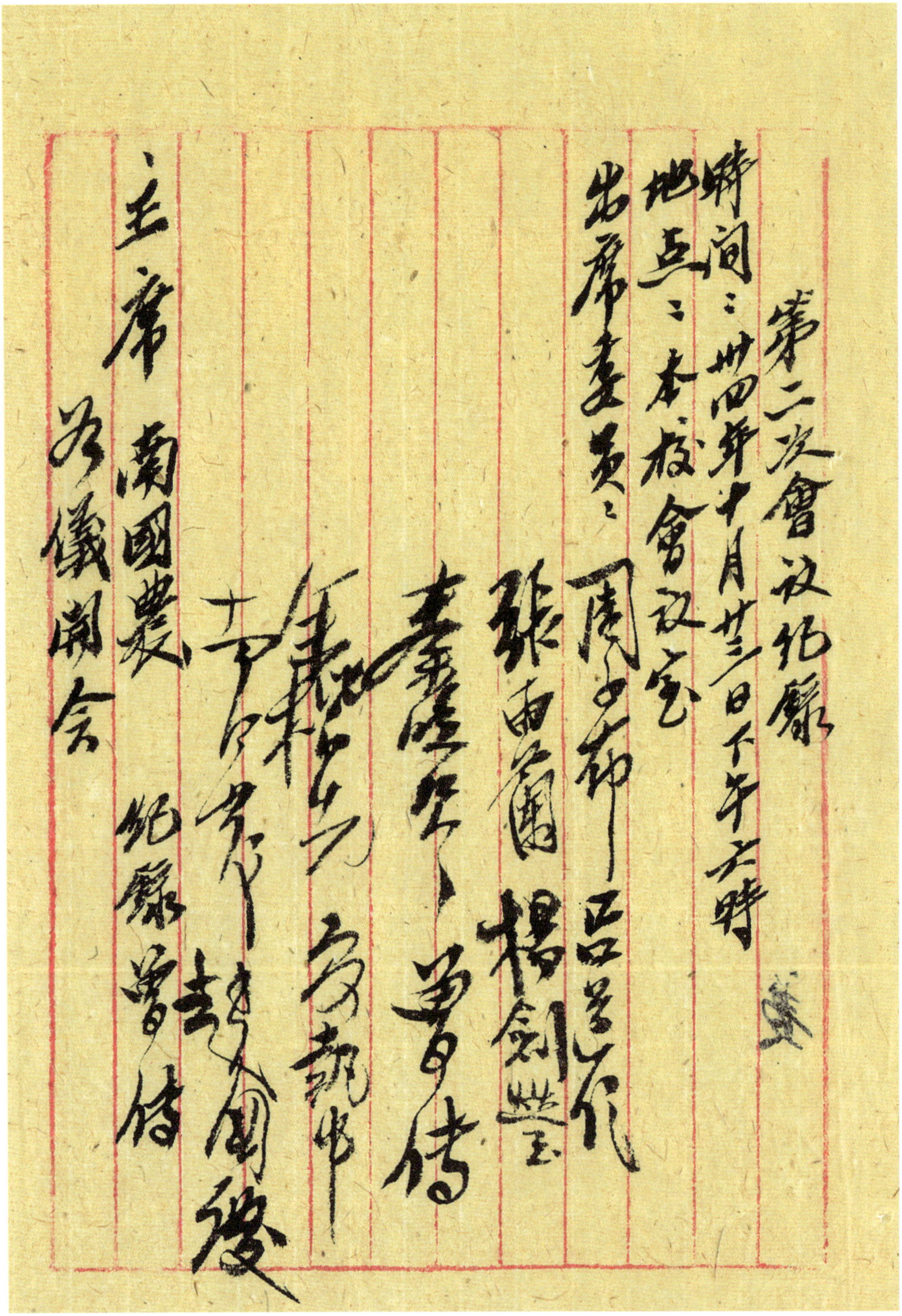

第二次會議紀錄

時間：卅四年十月廿三日下午六時

地點：本校會議室

出席委員：周[illegible] 吕[illegible]（代）

張雨[illegible] 楊劍[illegible]

秦[illegible] 曾傳

[illegible]

[illegible]

主席 蘭國農 紀錄 曾傳

召儀開會

國立社會教育學院附屬中學公費生審查委員會一九四五年度第一學期第二次會議記録

（一九四五年十月二十三日）

檔號：1009-1-185

甲、報告事項

主席報告審核新生公費名額須依規定辦理

乙、討論事項

1、本會分組審查結果計全公費生一二四名半公費生一〇五名請公決案

決議：照審查意見通過。

2、新生公費生初審名單公佈日期請決定案

決議：本會審查結果於卅四年十月廿六日下午公佈至呈部核准之名單俟奉令到校後再行公佈

3、本校卅四年度以前之乙種公[illegible]生依照奉

領由院撥一律改為全公費生請公決案

決議：除留級生學行成績總平均不及六十分者取消公費外一律改為全公費生并將名單公佈之

兩敬會

吉田[illegible]

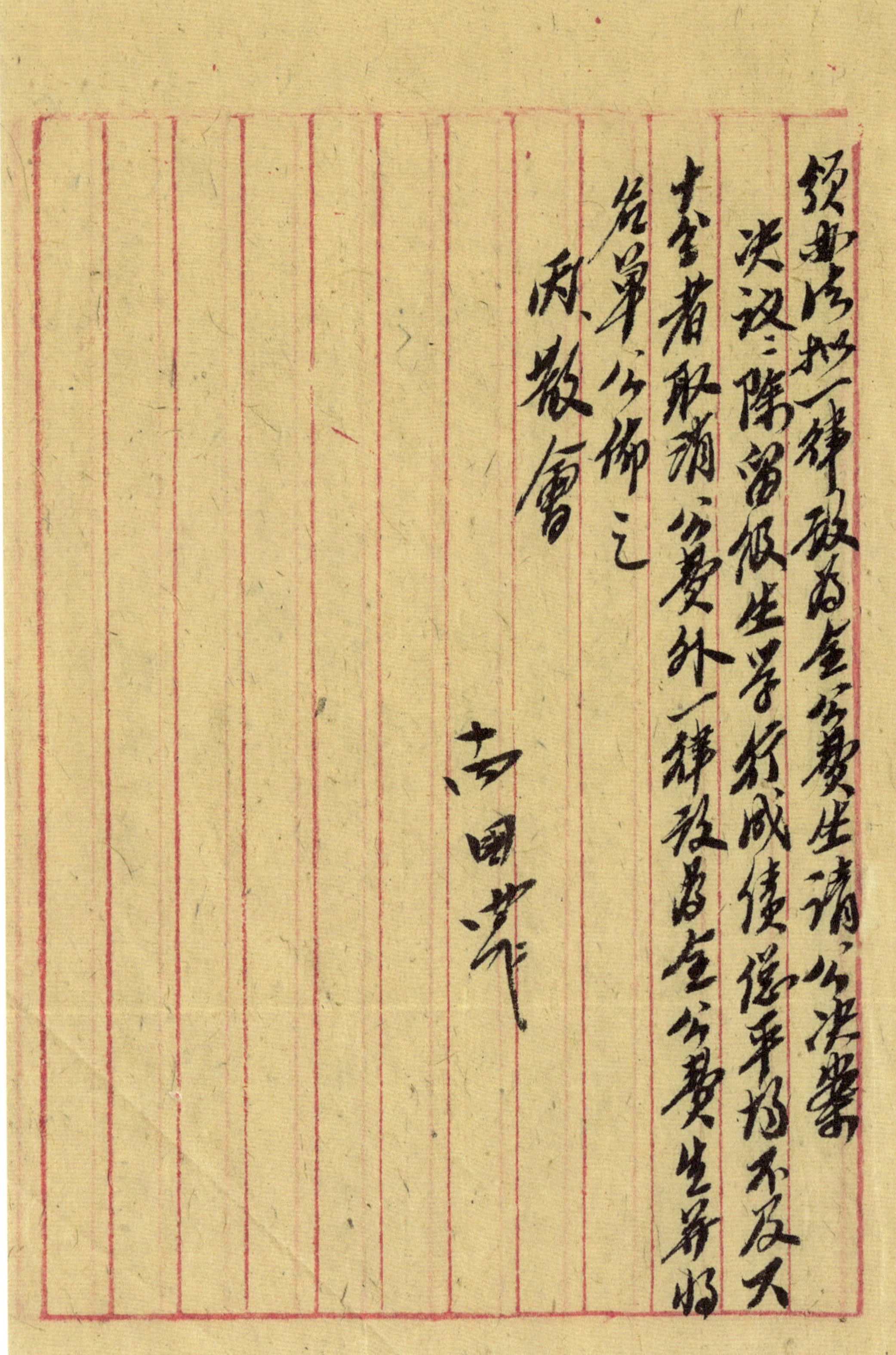

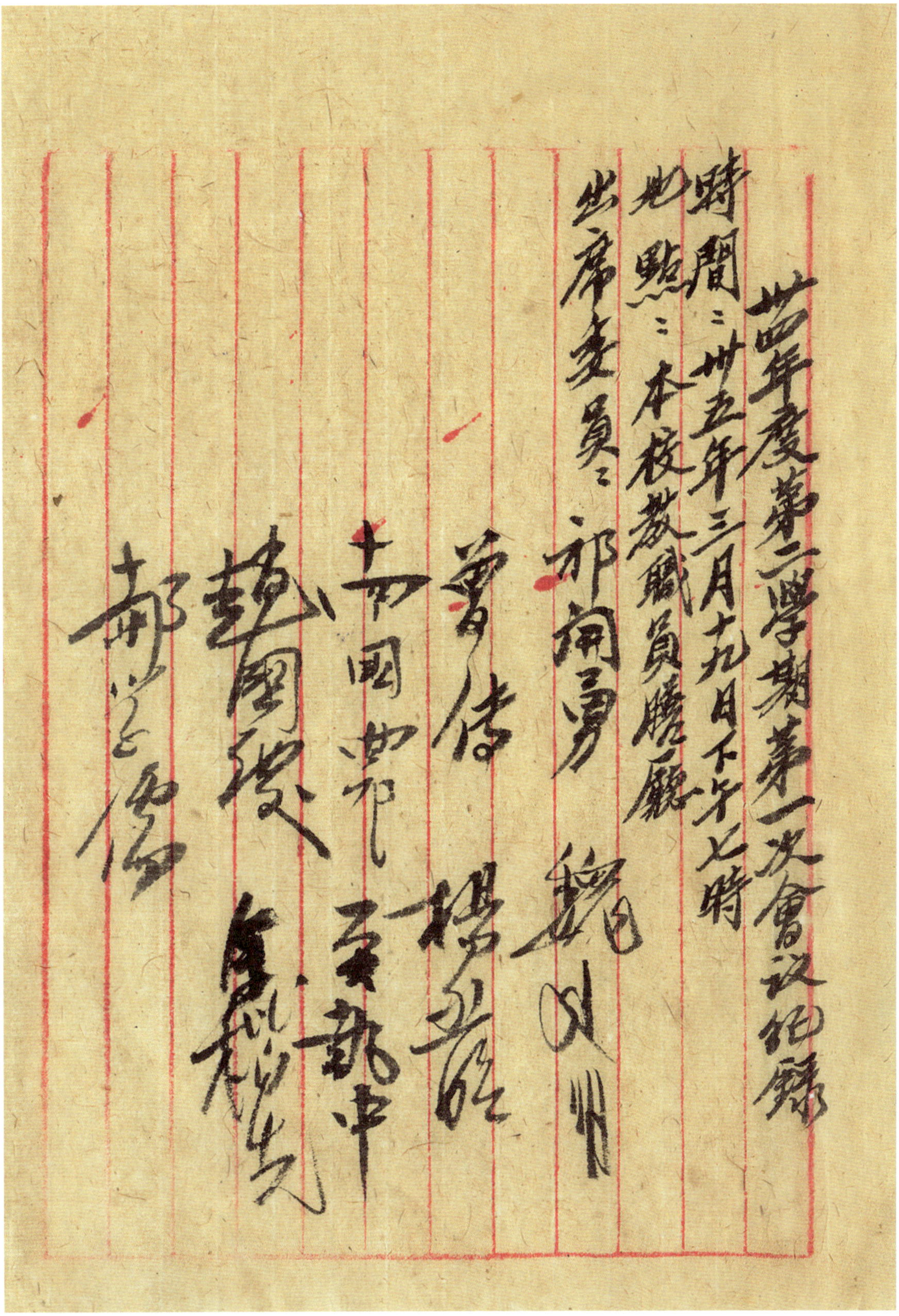
卅四年度第二學期第一次會議紀錄
時間：卅五年三月十九日下午七時
地點：本校教職員膳廳
出席委員：祁開勇 魏以忻
曾倩 楊亞農
韋國興 王毅中
趙國璣 朱煥章
郝光偉

國立社會教育學院附屬中學公費生審查委員會一九四五年度第二學期第一次會議記録
（一九四六年三月十九日）
檔號：1009-1-185

主席　南國農　　紀錄　曾傑

如儀開會

甲、報告事項

1、主席報告：公費給予辦法及補充辦法六項，請各委員依據審查本校新舊生公費。

2、曾委員報告：舊生公費審查，本學期第一次校務會議曾由總務處提出補救辦法，經決議凡操行成績在六十分以上、學業成績在五十分以上者，保留其公費，至五十分以下學生，不得享受公費，請本會審查時注意。再舊生是否准其申請公費以及新生應如何給予公費，均請各委員討論。

乙、討論事項

1、新生核给公费应如何规定案

决议：a、凡教育部分发来校学生无论部令或司函分发者一律作为正式生给予全公费。

b、旁听生一律不给予公费。

2、旧生申请公费应如何办理案

决议：如不超过本校上学期公费生名额，合於下列标准之一者，分别由本会核与全公费或半公费。

a、家庭发生剧变而学业操行成绩平均在七十五分以上者。

b、家境确属清寒持有机关证明文件并经导师及训导处证明者。

3、旧生申请公费期限请公决案

决议：自卅五年三月廿日起至三月廿六日止。

4、复学生申请公费应如何办理案

决议：复学生无论过去已否取得公费概依第二案决议办理之。

5、公费生家境好转经查确实或犯重大过失应否停止其公费享受案

决议：1、公费生家境好转经查确实者停止其公费。

2、一学期内记大过两次者停止其公费。

丙、散会

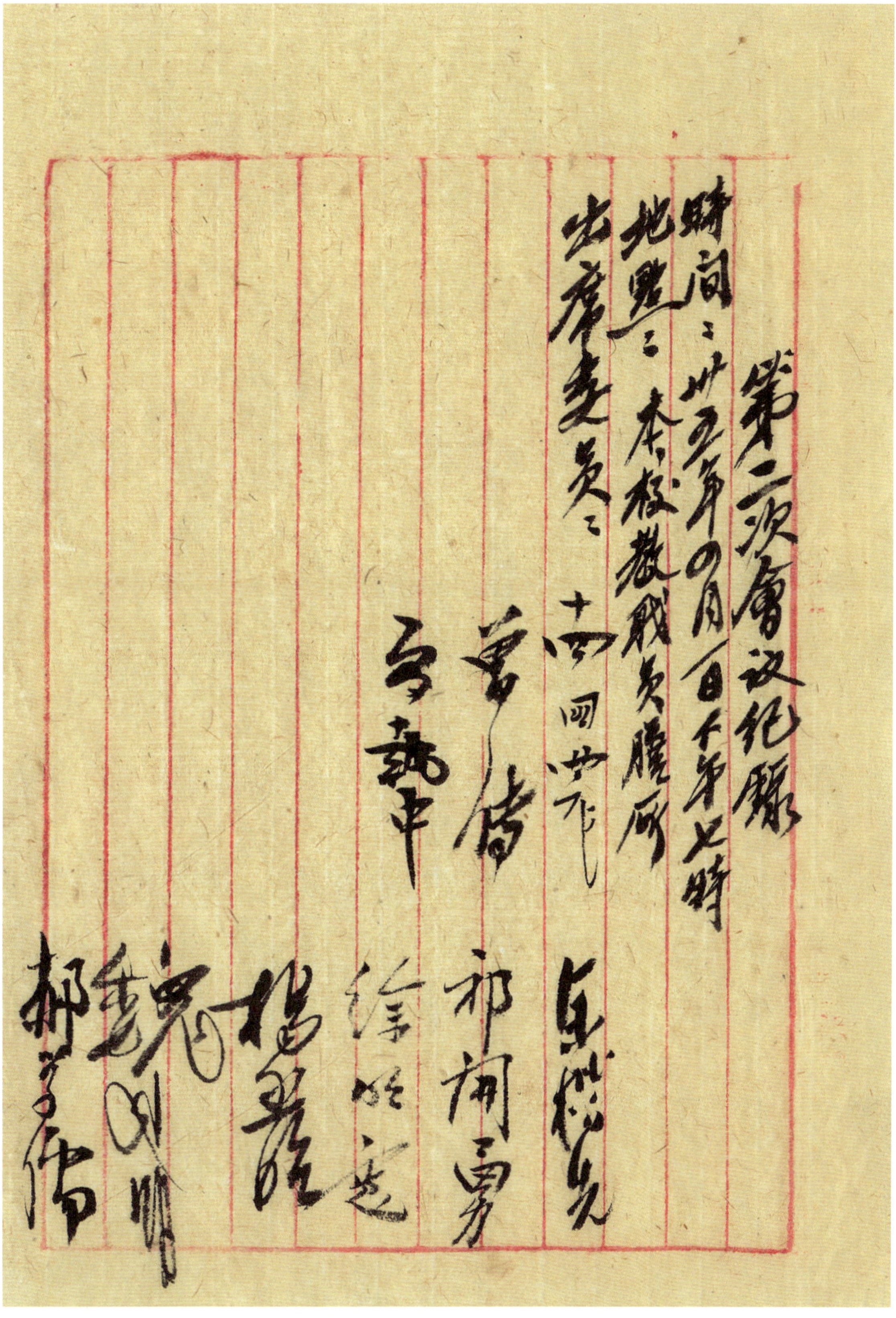

第二次會議紀録

時間：卅五年四月一日下午七時

地點：本校教職員膳廳

出席委員：十四 [illegible]

曹倩 馬毓中 [illegible] 祁開勇 徐婉之 楊龍 [illegible] [illegible]

國立社會教育學院附屬中學公費生審查委員會一九四五年度第二學期第二次會議記録

（一九四六年四月一日）

檔號：1009-1-185

主席：蘭國農　紀錄：萬傳

如儀開會

甲、報告事項

一、主席報告：公費生名額計全、公費生五十、補核生四十名，半、公費生卅五名，請各委員注意審查。

乙、討論事項

一、部令分發學生孫光才等十四名中，等司函有學生嚴小韓等八名依照前次會議討論子項第一案決議應予維與全、公費，請公決案。

決議：通過。

二、學生李遜林原為山科公費生，後因病輟學停止公費，現返假返校復學，應否維與全、公費，請公

決案

決議：准予優先續給全公費。

又舊生申請公費計四百六十名請分别核予全公費或半公費案

決議：1、何德大等卅七名准核予全公費

2、白富尊等廿三名准核予半公費

3、凡由本會審查請予公費經呈部核准者可否准其將應發之膳費發出回家用膳請公決案

決議：凡核准全半公費之學生其家庭在青木關居住經訓導處考查屬實者得將應發之膳費向校具領退膳。

[redacted]

5、本校師範部特考學生錄取第廿一名以後應繳原金、膳費案

決議：准予一律繳學雜、膳費。

丙、散會

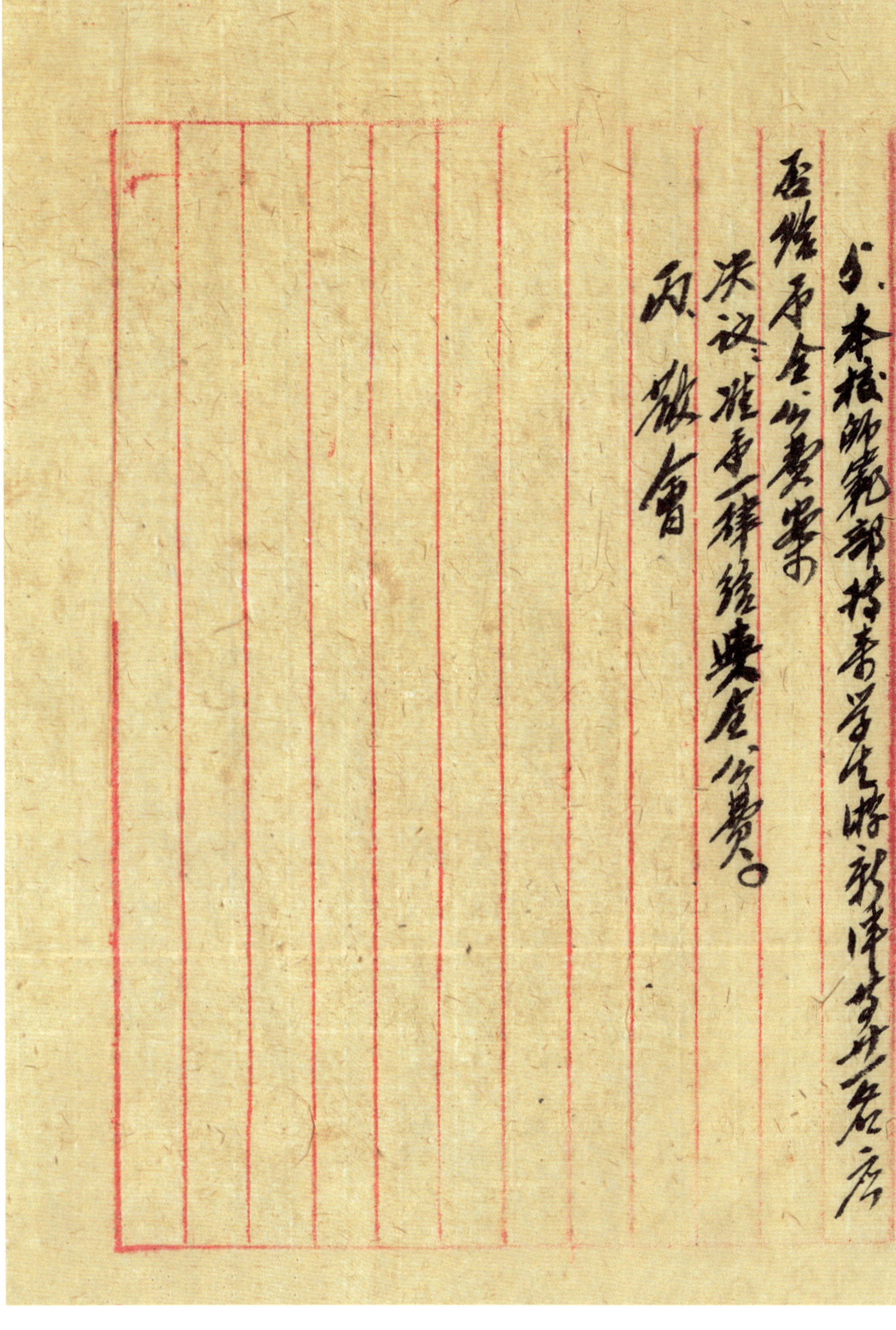

貳 教師任用及名册

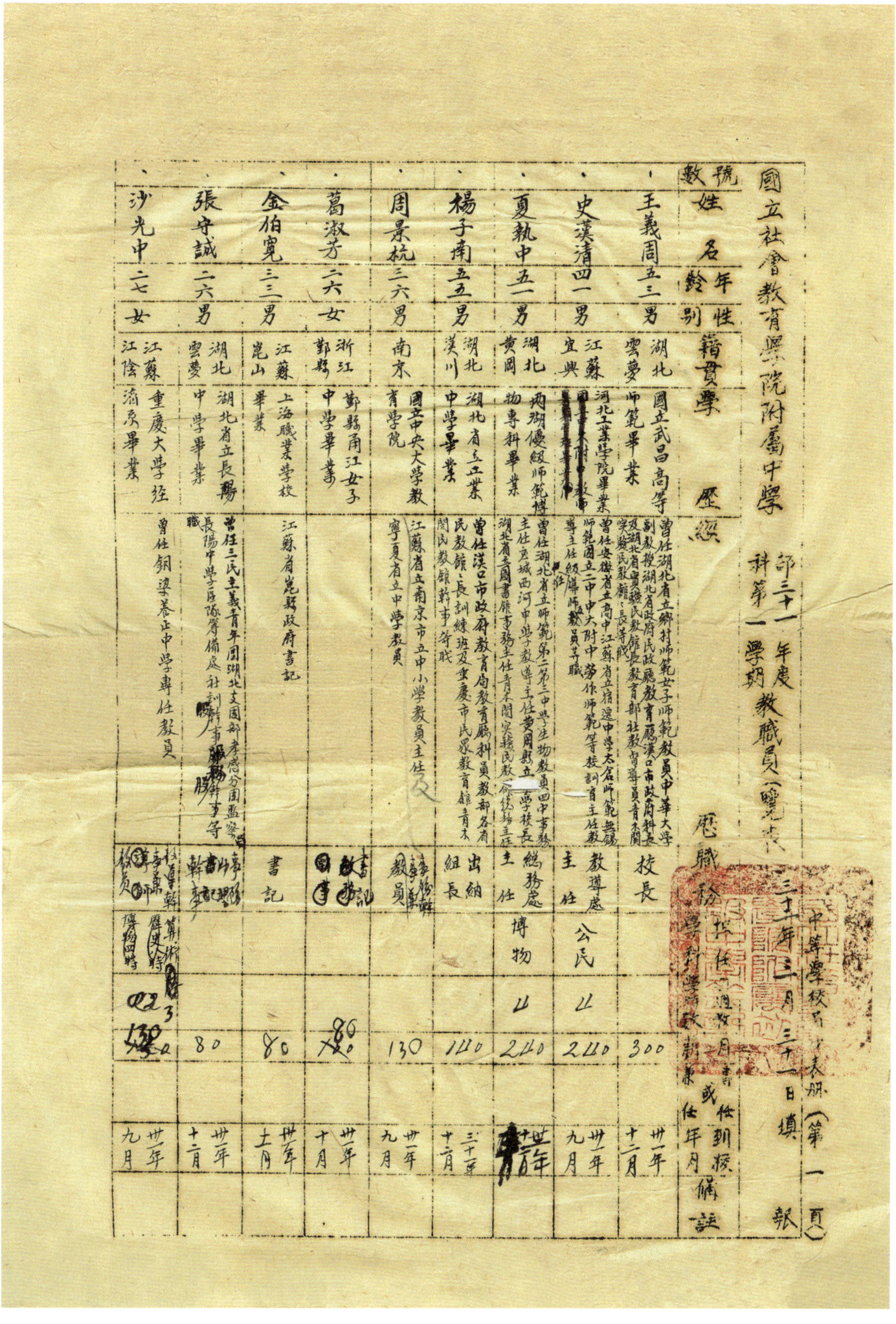

國立社會教育學院附屬中學三十一年度第一學期教職員一覽表

部
科

三十二年三月三十一日填報（第一頁）

號數	姓名	年齡	性別	籍貫	學歷	經歷	職務	擔任學科	每週教學時數	月薪	到校年月	備註
一	王義周	五三	男	湖北雲夢	國立武昌高等師範畢業	曾任湖北省立鄉村師範女子師範教員、中華大學副教授、湖北省政府民政廳教育廳、漢口市政府科長及湖北省實驗民教館館長、教育部社教司督導員、青木關實驗民教館館長等職	校長			300	卅一年十二月	
二	史漢清	四一	男	江蘇宜興	[illegible] 河北工業學院畢業	曾任安徽省立高中、江蘇省立宿遷中學、太倉師範、無錫師範、國立二中、中大附中、勞作師範等校訓育主任、教導主任、級任導師、教員等職	教導處主任	公民	4	240	卅一年九月	
三	夏執中	五一	男	湖北黃岡	兩湖優級師範博物專科畢業	曾任湖北省立師範第二第三中學生物教員、四中事務主任、應城西河中學教導主任、黃岡縣立[illegible]學校長、湖北省立圖書館事務主任、青木關實驗民教館總務主任	總務處主任	博物	4	240	卅[illegible]年	
四	楊子南	五五	男	湖北漢川	湖北省立工業中學畢業	曾任漢口市政府教育局教育廳科員、教部各省民教館館長、訓練班及重慶市民眾教育館、青木關民教館幹事等職	出納組長			140	三十年十二月	
五	周景杭	三六	男	南京	國立中央大學教育學院	江蘇省立南京市立中小學教員主任及寧夏省立中學教員	事務幹事、教員			130	卅一年九月	
六	葛淑芳	二六	女	浙江鄞縣	鄞縣甬江女子中學畢業		書記、教務			80	卅一年十月	
七	金伯寬	三三	男	江蘇崑山	上海職業學校畢業	江蘇省崑縣政府書記	書記			80	卅年十一月	
八	張守誠	二六	男	湖北雲夢	湖北省立長陽中學畢業	曾任三民主義青年團湖北支團部孝感分團監察、長陽中學三民主義青年團分隊籌備處社訓幹事、股幹事等職	事務、書記幹事			80	卅年十二月	
九	沙光中	二七	女	江蘇江陰	重慶大學經濟系畢業	曾任銅梁養正中學專任教員	校醫、導師、教導幹事、教員	算術、歷史、博物	[illegible]	[illegible]	卅一年九月	

國立社會教育學院附屬中學一九四二年度第一學期教職員一覽表（一九四三年三月三十一日）

檔號：1009-1-192

國立社會教育學院附屬中學初中部三十一年度第一學期教職員一覽表

號數	姓名	年齡	性別	籍貫	學歷	經歷	職務	擔任學科	每週教學時數	月薪	專任或兼任	到校年月	備註
	謝克強	二七	男	浙江象山	國立中央大學畢業	曾任國民政府經濟部科員	級任 [illegible]	地理 歷史	6 6	140		卅一年九月	
	丁淑蓉	三六	女	綏遠薩縣	北平大學女子文理學院文史系畢業	曾任綏遠省立女子師範國文教員、省立女子一小校長、山西友仁中學國文史地教員、漢口聖若瑟女中地理教員	級任導師兼級任	國文	12	150		卅一年九月	
	劉競亞	二七	女	廣東梅縣	國立江蘇[illegible]醫學院肄業	曾任重慶市社會局會計員	兼教員 級任導師	英文	12	130		卅一年九月	
	劉天啟	二八	男	江蘇阜寧	上海東亞體育專門學校畢業、中訓團童軍班畢業	曾任江北縣立國民師資訓練班大隊長、私立建川中學體育主任、青木關實驗民眾教育館體育幹事	體育教員兼童子軍教練員	體育 童軍	6 6	130		卅一年九月	
	包景彭	四五	男	浙江吳興	國立西北師範學院畢業	曾任浙江省立寧波中學國文教員	兼任教員	國文	7	84		卅一年九月	
	戴治綱	三二	男	湖北雲夢	國立武漢大學畢業	曾任湖北荊門中學、國立十四中、中大附中教員	兼任教員	博物	8	80		卅一年九月	[illegible]
	王應群	三二	男	湖北黃陂	國立復旦大學畢業	正中書局青木關分局經理	兼任教員	簿記	3	30		卅一年九月	[illegible]
	夏亞彝	二六	女	浙江象山	國立藝術專科學校畢業	曾任重慶私立淑德女中美勞教員、初三級導師，國立勞作師範圖畫教員	兼任圖畫美術教員	圖畫	6	60		卅一年九月	[illegible]

中等學校[illegible]表冊（第二頁）

年 月 日填報

二

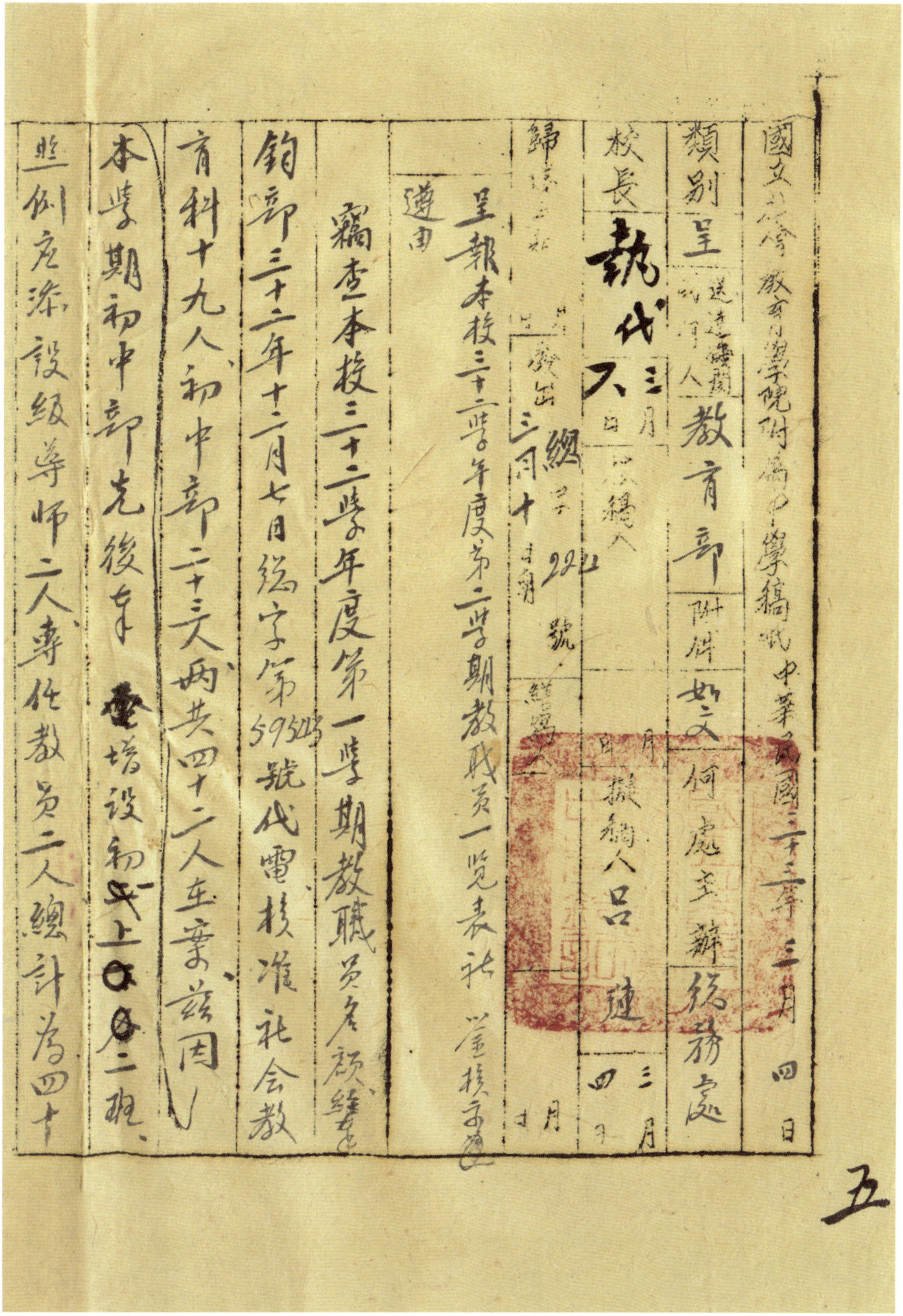
國立社會教育學院附屬中學稿紙　中華民國三十三年三月四日
類別　呈　送達機關　教育部　附件　如文　何處主辦　総務處
校長　執代
遵由
呈報本校三十二學年度第二學期教職員一覽表祈　鑒核示遵
竊查本校三十二學年度第一學期教職員名額業經
鈞部三十二年十二月七日総字第59503號代電核准社會教
育科十九人、初中部二十三人、兩共四十二人在案。茲因
本學期初中部先後奉　令增設初中上下各二班、
照例應添設級導師二人、專任教員二人，總計為四十
五

國立社會教育學院附屬中學爲送一九四三年度第二學期教職員一覽表給教育部的呈文及附件

（一九四四年三月四日）

檔號：1009-1-192

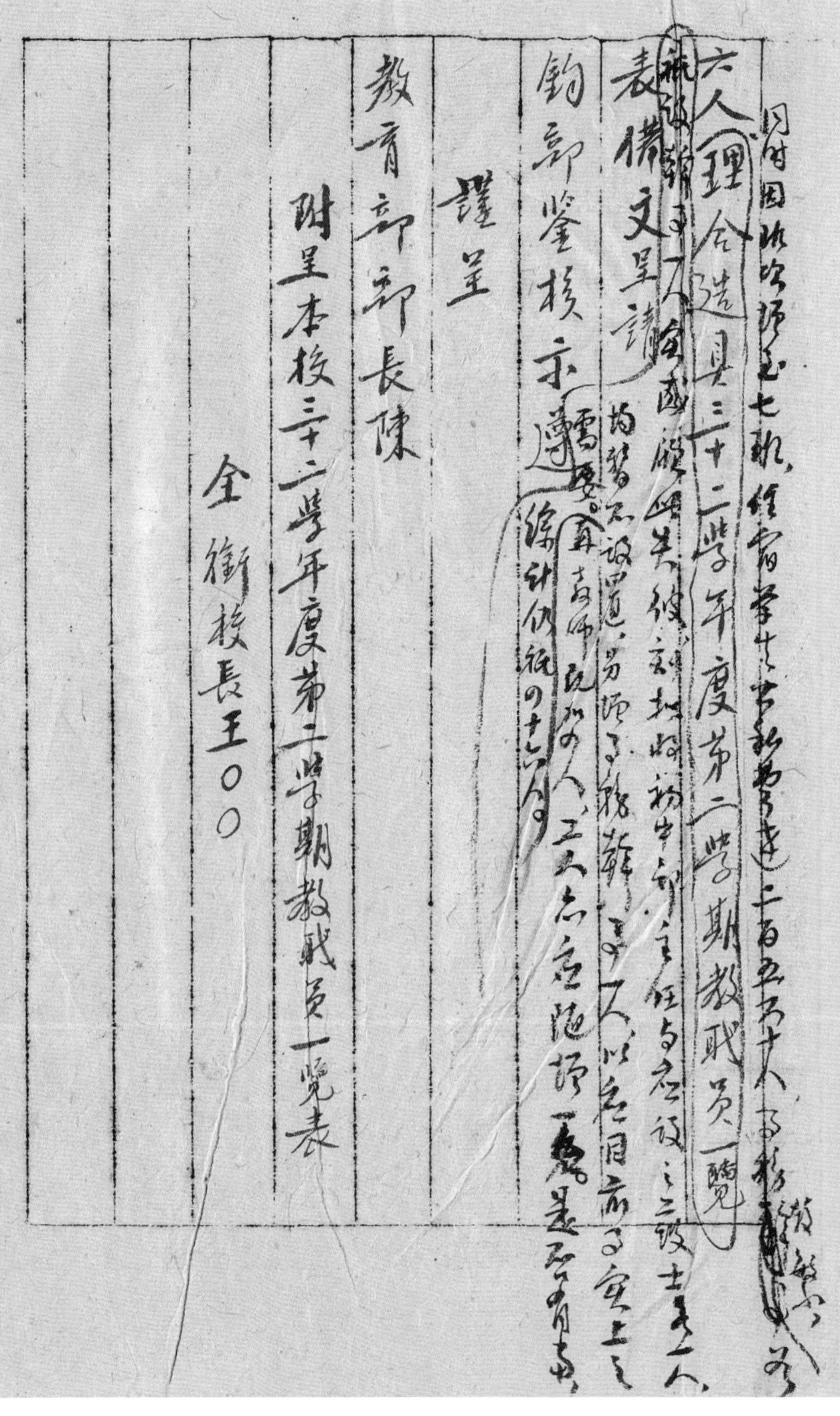

[illegible]七執，經[illegible]二百五十八人[illegible]

六人，理合造具三十二學年度第二學期教職員一覽表，備文呈請

[illegible]

鈞部鑒核示遵。

謹呈

教育部部長陳

附呈本校三十二學年度第二學期教職員一覽表

全衔校長王〇〇

國立社會教育學院附屬中學初中部三十二年度第二學期教職員一覽表

三十三年二月廿四日填報

中等學校員生表冊（第一頁）

號數	姓名	年齡	性別	籍貫	學歷	經歷	現任職務	擔任學科	授課時數	月薪數	專任或兼任	到校年月	備註
	王義周	五四	男	湖北雲夢	國立武昌高等師範學校畢業	曾任武昌高師附中湖北省立鄉師女師教員湖北省政府民政廳教育廳漢口市政府科長武昌中華大學武昌文華圖書[illegible]	校長	[illegible]	6		專任	卅年十二月	
19	莫國瞻	四五	男	四川廣漢	國立武昌高等師範學校畢業	曾任四川省縣中學校職教員二十年	教導課主任	代數	5	280	專任	卅二年八月	任教二十年以上
20	夏敷中	五二	男	湖北黃岡	西湖優級師範博物專科畢業	曾任湖北省師第二第三中學教員四中事務主任應城西河中學教導主任黃岡縣立中學校長湖北省立圖書館事務股長青木關民教館總務主任	事務課主任		4	300	〃	卅二年一月	任教二十五年以上
21	呂璉	三六	女	江蘇武進	湖北省立女子高級中學畢業	曾任湖北天門縣立第五小學教員重慶市立民教館幹事國立社教學院[illegible]文書員	文書幹事			120	〃	卅二年三月	
23	秦曉琴	三九	男	湖北漢陽	湖北私立法政專門學校畢業	曾任省立民教館會計主任湖北省宜昌[illegible]國民兵團事務組主任會計主任	會計員			180	〃	卅二年三月	
24	楊子南	五六	男	湖北漢川	湖北省立工業中學畢業	曾任漢口市政府教育局湖北省政府教育廳科員[illegible]青木關民教館幹事	出納幹事			140	〃	卅二年一月	
26	章瑛	三三	女	安徽來安	安徽省立滁州中學畢業	四川新都縣立農村中學校圖書管理員	教務幹事			100	〃	卅二年八月	
28	史俊賢	三三	女	江蘇武進	漢口市立第二女子中學畢業	國立北平大學法學院事務員湖北省電政管理局書記	書記			90	〃	卅二年六月	
30	黃重和	五五	男	湖北谷城	從師習醫二十年	曾在武昌開設診所[illegible]校醫 振善會醫師	醫師			160	〃	卅二年八月	
31	丁[illegible]	三八	女	綏遠薩縣	北平大學女子文理學院文史系畢業	曾任綏遠省立女師國文教員省立女子一小校長 山西省立友仁中學國文史地教員 漢口聖若瑟女中地理教員	教員兼導師	國文 地理	13	180		卅二年九月	

附（一）本校初中部教職員一覽表

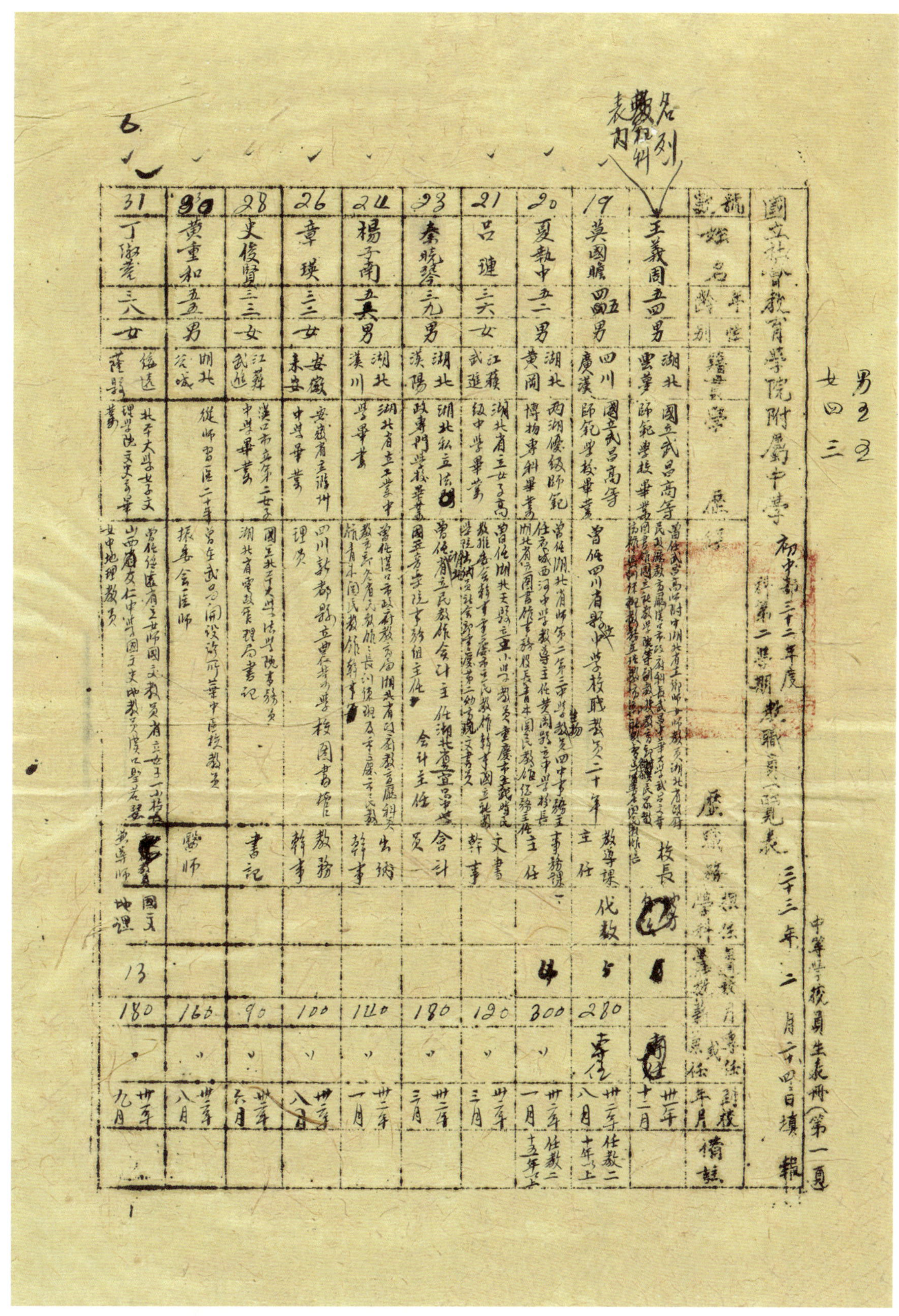

男六
女四

國立社會教育學院附屬中學初中部三十二年度第二學期教職員一覽表

號數	姓名	年齡	性別	籍貫	學歷	經歷	職務	擔任學科	每週教學時數	月薪	專任或兼任	到職年月
36	馮崇德	三二	男	湖北黃陂	國立武漢大學畢業	曾任湖北省立小學教員、樂山縣政府秘書	專任教員兼導師	國文、地理、歷史	15	140	專任	三十二年八月
39	李國揆	三二	女	湖北武昌	軍委會戰時工作幹訓團第四團畢業	浙江平陽小學校長、戰幹團女生隊區隊長兼童訓班隊長、國立西北農學院圖書管理員兼附中女生指導	專任教員兼女生指導	[illegible]	8	140	〃	〃
41	龍碧波	三一	女	湖南常德	國立社會教育學院畢業	湖南省立四師附小教員、湖南沅澧小學教員	專任教員兼導師	音樂、圖畫	17	140	〃	〃
42	王文良	三四	男	湖北漢川	重慶衛戍總部幹部訓練班畢業	財政部鹽務總二五隊分隊長、衛戍部上尉服務員、社會部重慶社會服務處業務幹事、軍委會中央電影製片廠業務員	事務幹事	[illegible]	14	120	〃	三十三年二月
43	程玉建	三九	女	安徽蕪湖	國立武昌師範大學肄業	安徽省立五中學教務主任、學生指導處進修班等校教員	專任教員兼導師	算術、歷史、公民	13	140	〃	〃
44	呂道信	四五	男	湖北武昌	武昌中華大學畢業	武昌縣立中學、鐵道部、鄭州扶輪中學、私立武昌初級中學教員	專任教員兼導師	國文、歷史	14	160	〃	〃
45	趙韻清	三三	男	河南開封	國立北平師範大學畢業	曾任陝西省立南鄭中學教員	專任教員兼導師	英語	16	140	〃	〃
46	周子布	三二	男	湖北黃梅	四川省立教育學院畢業	曾任私立立行中學、建川中學公民教員	專任教員兼訓育幹事	公民	5	140	〃	〃
47	鍾海英	三三	女	江蘇無錫	江蘇省立教育學院畢業	江蘇無錫私立競志女中、江蘇私立復興中學、正則女子職業學校等教員	專任教員兼導師	博物	16	160	〃	〃
48	周沛昌	三二	男	雲南鶴慶	國立社會教育學院畢業	江蘇正則中學英文美術教員	專任教員兼導師	圖畫、勞作	16	140		〃

三十三年二月　日

國立社會教育學院附屬中學初中部三十二年度第二學期教職員一覽表

三十三年二月　日填

編號	姓名	年齡	性別	籍貫	學歷	經歷	職務	擔任學科	每週教學時數	月薪	專任或兼任	到校年月	備考
49	蕭建我	三二	女	安徽望江	國立中央大學農學士	曾任西康省農業改進所技士、進修班中大附中教員	專任化數兼導師	代數、化學	16	160	〃	卅二年八月	
50	陳鴻猷	三二	男	江蘇興化	國立河南大學畢業	曾任國立三中、中大附中、邊疆學校等校教員	專任教員兼導師	代數、算術	13	160	〃	〃	
51	吳儀鳳	三二	女	江蘇如皋	上海女中畢業	曾任江蘇如皋縣立車馬湖小學教員、中國童軍總會助理幹事	書記			100	〃	〃	
52	王伯屏	三三	男	湖北黃岡	湖北省立第六高級中學畢業	曾任國立十二中合作社營業主任、十六中教務處庶務幹事	庶務幹事			120	〃	〃	
53	陳朝禎	三三	男	湖北廣濟	湖北省立武昌師範畢業	曾任中小學教員六年	教務幹事			120	〃	〃	
54	章瑞珍	三七	女	浙江紹興	國立北平師範大學畢業	曾任北平師大附中訓導主任、專任教員，河北省教育廳視察員，師大研究所編輯，北平民國大學講師，[illegible]	專任教員兼導師	國文、公民	12	160	〃	〃	
55	李鑄雄	三三	男	廣東東莞	廣東童子軍領袖訓練所畢業	曾任廣東童子軍主任、廣東省立聯中[illegible]、中學童軍團長	[illegible]	體育、童軍	18	160	〃	〃	
56	吳其章	三四	男	湖南耒陽	國立湖南大學畢業	曾任湖北省立聯中建始高中英文教員	專任教員	英文、生理衛生、歷史	15	160	〃	〃	
57	張銘謨	三六	男	四川綿竹	武昌藝術專科學校畢業	曾任國立十二中圖畫勞作公民教員	專任教員	體育、圖畫、勞作、[illegible]	17	160	〃	〃	

10　11　12　13　14　15

男　六二
女　三一

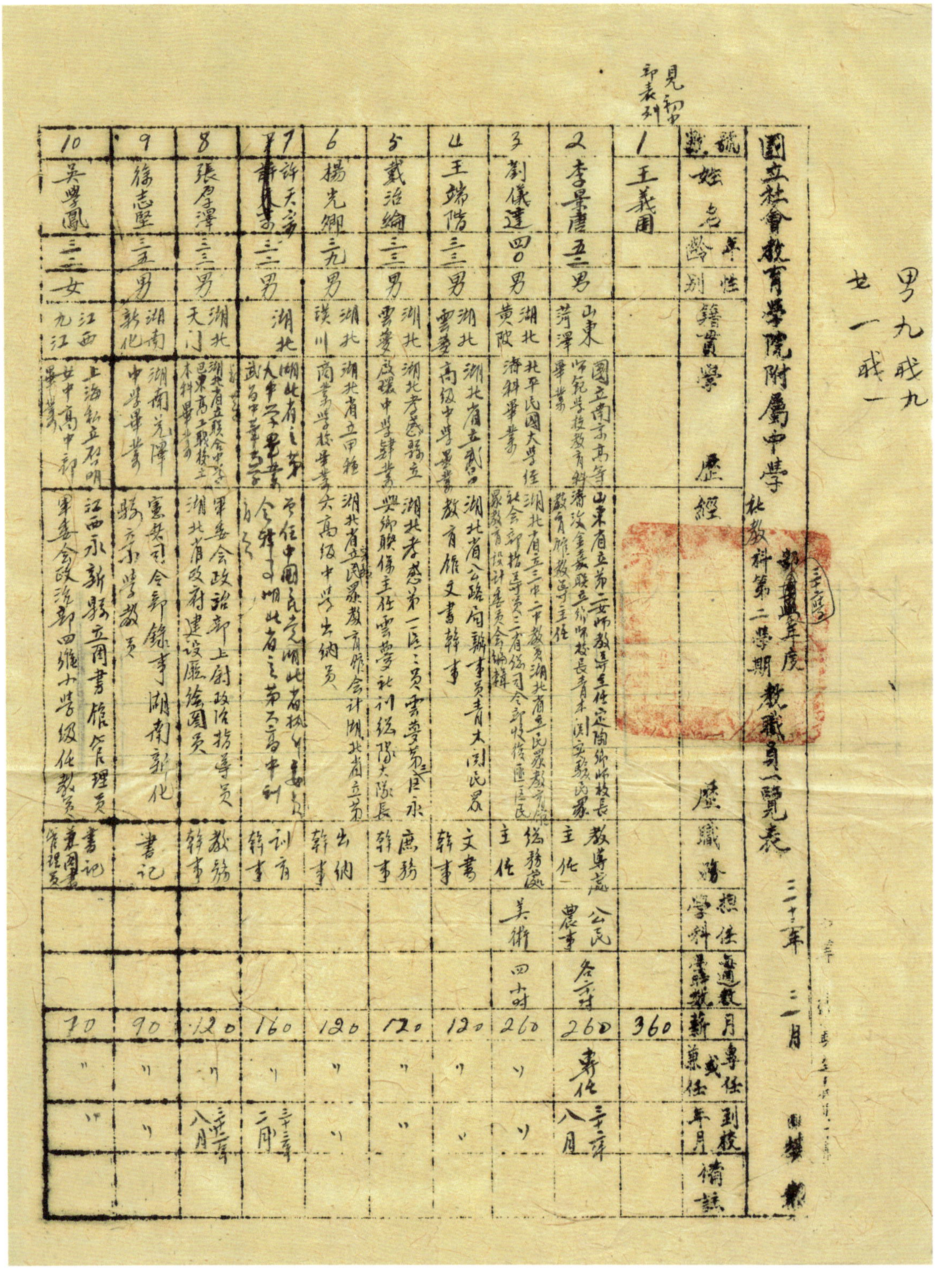

國立社會教育學院附屬中學社教科三十二年度第二學期教職員一覽表

三十三年二月 日製

號數	姓名	年齡	性別	籍貫	學歷	經歷	職務	擔任學科	每週教學時數	月薪	專任或兼任	到校年月	備註
1	王義周									360			
2	李景唐	五二	男	山東菏澤	國立南京高等師範學校教育科畢業	山東省立第二女師教導主任、定陶鄉師校長、青木關實驗民眾教育館教導主任	教導處主任	公民、農事	各六時	260	專任	三十二年八月	
3	劉儀達	四〇	男	湖北黃陂	北平民國大學經濟科畢業	湖北省立三中二中教員、湖北省立民眾教育館社會部指導員、[illegible]司令部收復區民眾教育設計委員會編輯	總務處主任	美術	四小時	260	〃	〃	
4	王端階	三三	男	湖北雲夢	湖北省立武昌高級中學畢業	湖北省公路局辦事員、青木關民眾教育館文書幹事	文書幹事			120	〃	〃	
5	戴治綸	三三	男	湖北雲夢	湖北孝感縣立啟環中學肄業	湖北孝感第一區區員、雲夢第三區承發聯保主任、雲夢秋訓總隊大隊長	庶務幹事			120	〃	〃	
6	楊光卿	三九	男	湖北漢川	湖北省立甲種商業學校畢業	湖北省立民眾教育館會計、湖北省立第六高級中學出納員	出納幹事			120	〃	〃	
7	許天秀	三二	男	湖北	湖北省立第一中學畢業、武昌中華大學[illegible]	曾任中國民党湖北省執行委員會幹事、湖北省立第五高中[illegible]	訓育幹事			160	〃	三十三年二月	
8	張厚澤	三三	男	湖北天門	湖北省立聯合中學、湖北高工職校土木科畢業	軍委會政治部上尉政治指導員、湖北省政府建設廳繪圖員	教務幹事			120	〃	三十二年八月	
9	徐志堅	三五	男	湖南新化	湖南光華中學畢業	憲兵司令部錄事、湖南新化縣立小學教員	書記			90	〃	〃	
10	吳學鳳	三二	女	江西九江	上海私立啟明女中高中部畢業	江西永新縣立圖書館管理員、軍委會政治部四維小學級任教員	書記兼圖書管理員			70	〃	〃	

見教部列表

男九 女一

附（二）本校社教科教職員一覽表

男三一
女之二

國立社會教育學院附屬中學　年度第　學期教職員一覽表

號數	姓名	年齡	性別	籍貫	學歷	經歷	現職務	擔任學科	每週教學時數	月薪	專任或兼任	到校年月	備註
11	李永生	二八	女	江蘇蕭縣	江蘇醫學院護士班畢業	江蘇醫學院附設醫院鎣山衛生所護士				140	專任	卅二年九月	
12	鄒淑利	二二	女	湖北武昌	教育部特設會計訓練班畢業	教育部戰區學生指導處合作社出納員 農戰區工作人員講習班出納員				120	〃	卅二年八月	
13	魏成山	三五	男	湖北巴東	中央軍校第二分校軍官班第一期畢業 軍校特訓班畢業	河南保安處軍官教育隊少校中隊長 陸軍第四十七軍二五〇團少校營長 鄂東游擊總指揮部中校參謀				170	〃	卅二年九月	薪津由軍訓部發給
14	汪滄湜	三三	男	湖北武昌	國立武漢大學畢業	私立漢口武漢女中教員 湖北省聯中教員 國立十二六中教員 湖北省民教館長 教育廳視察員	法制 地理 國文	六 一四小時		220	〃	卅二年八月	
15	胡道珂	三三	女	江西南昌	安徽大學教育系畢業	安徽省立中學教員 江西永新師範教員 江西實驗民教館幹事 南昌女中教員 國立女師學院訓導員	教育心理 教育概論	廿二小時		220	〃	〃	
16	安齊家	二一	女	湖南	國立湖南大學畢業	復旦大學附中國文教員 漢口市政府科員 湖北省立二中級任教員	國文 歷史	十二 四小時		200	〃	三十二年二月	
17	鍾華新	二三	女	江西	國立國體專校畢業	江蘇正則學校教員 青木關民教館幹事 中大附中 國立二十中教員	體育 家事 音樂	2 3 4 小時		180	〃	三十二年八月	
18	徐靖泰	二一	男	江蘇南通	國立交通大學畢業	曾任私立建川中學專任教員	數學	八小時		200	〃	卅二年二月	

年　月　日填報

[illegible]

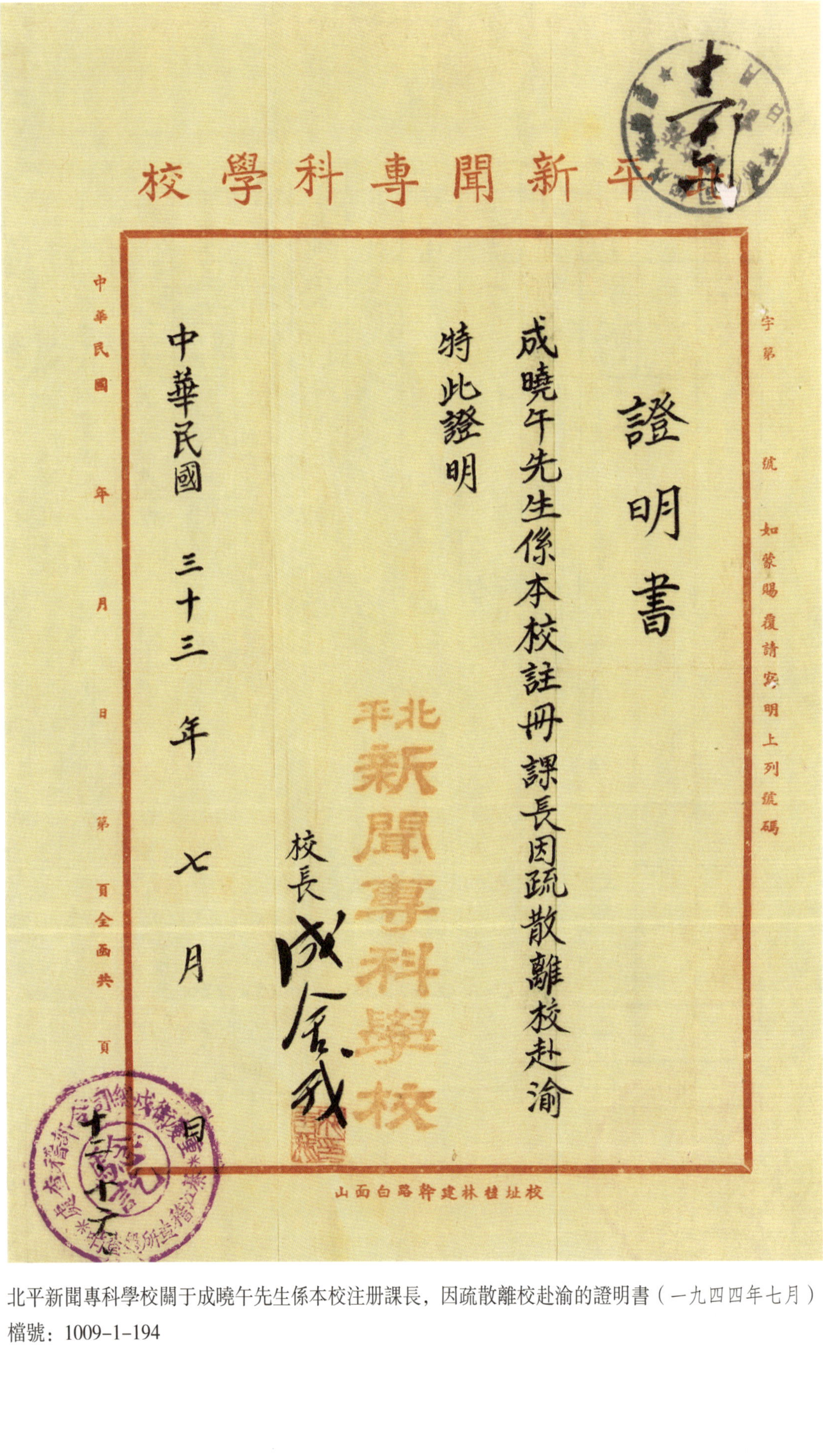
北平新聞專科學校

字第　　號　如蒙賜覆請註明上列號碼

證明書

成曉午先生係本校註冊課長因疏散離校赴渝

特此證明

校長　成舍我

北平新聞專科學校

中華民國三十三年七月　日

中華民國　年　月　日　第　頁　全函共　頁

校址桂林建幹路白面山

北平新聞專科學校關于成曉午先生係本校注册課長，因疏散離校赴渝的證明書（一九四四年七月）

檔號：1009-1-194

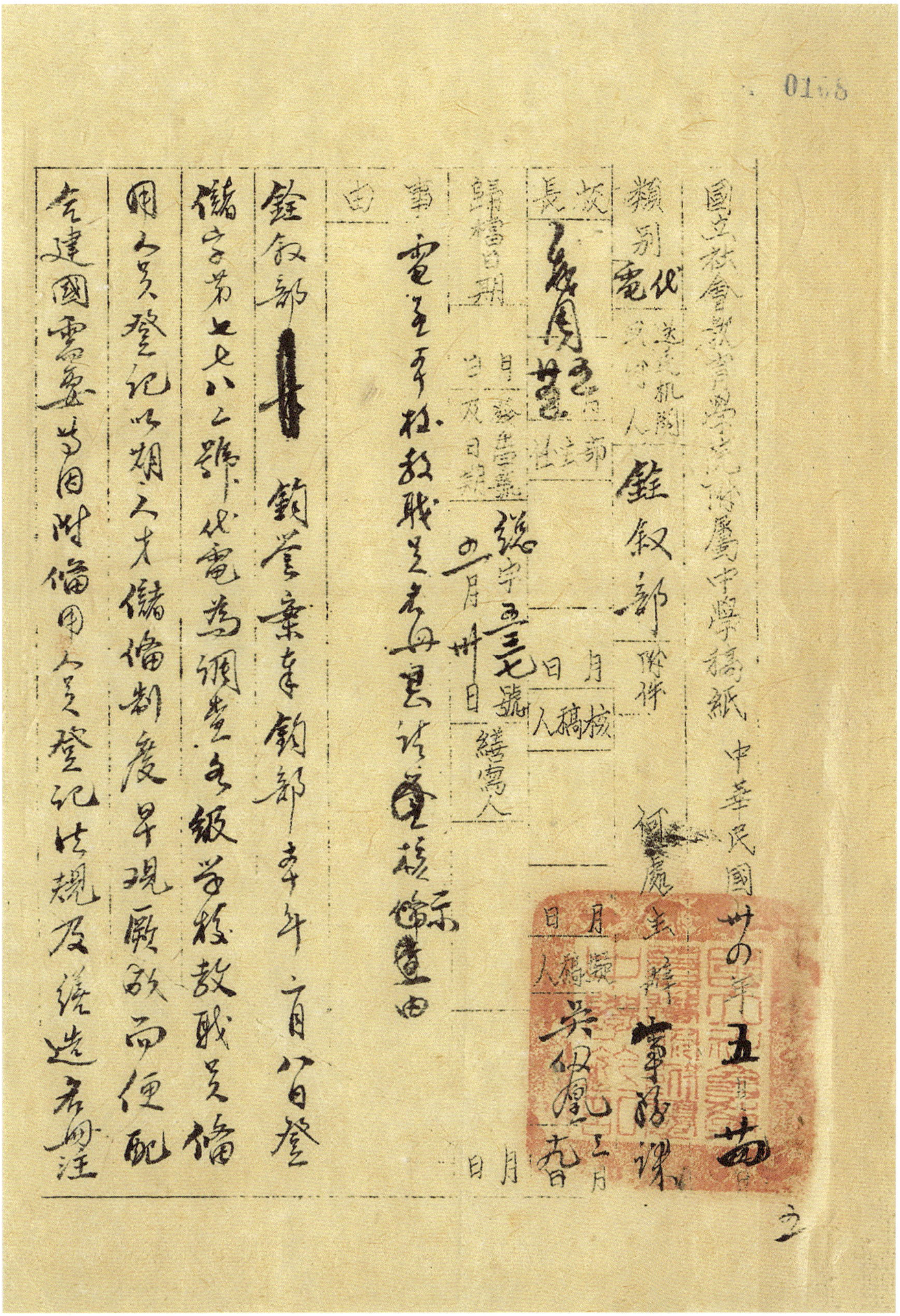

國立社會教育學院附屬中學稿紙

類別：代電　送達機關：銓敘部　附件

中華民國卅四年五月

事由：電呈本校教職員名冊請查核備案由

銓敘部鈞鑒：案奉鈞部本年　月　日登備字第七七八二號代電爲須查各級學校教職員備用人員登記以期人才儲備制度早現厥效而便配合建國需要等因附備用人員登記法規及繕造名冊注

國立社會教育學院附屬中學爲報本校教職員名冊給銓敘部的代電（一九四五年五月三十日）

附：教職員名册

檔號：1009-1-191

竟可填入原本。此查本校專任教員二十二人，職員

四十四人，共計一百人，謹將教職員履歷編造，遵教育部令頒表式編造

成冊，理合電請鑒核示遵。謹呈國立中大之教育學院附屬

中學校長王〇〇 [illegible] 印

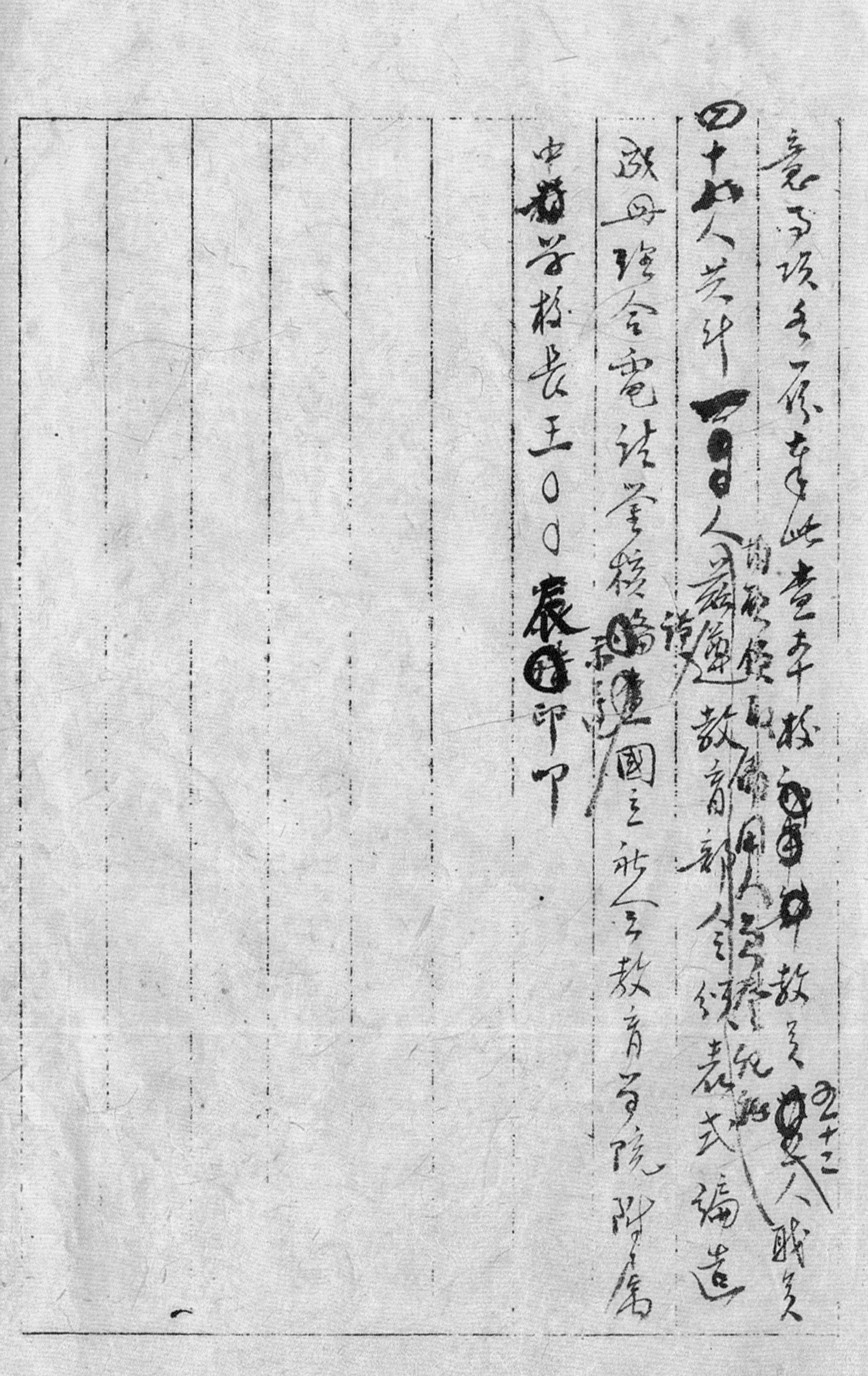

國立社會教育學院附屬中學初中部教職員名冊

中華民國三十四年五月　日造報

本校教職員人數統計

一、教員 ………… 52 人
二、職員 ………… 48 人
三、總計 ………… 100 人

教職員名冊填寫說明

（甲）關於封面者

1. 於"學校"教職員名冊"之上應填明某學校全名
2. 造報年月日填記後應加蓋校印
3. 封面後頁教職員人數統計應分別查明填入
4. 教員兼任職員或職員兼任教員者應斟酌主副擇一計入教員或職員人數中

（乙）關於冊頁者

1. 姓名欄必填寫姓名並用清楷其餘各欄亦請繕寫清楚
2. 性別欄應填寫男或女
3. 年齡欄應填明造冊時之年齡
4. 籍貫欄應填明某省某縣或某市
5. 職別欄應填明担任職務名稱如校長某系教授某科教員總務長事務主任訓導員等
6. 月薪欄應填明每月薪金數目
7. 到校年月欄應填明某年某月到校
8. 教職員到校後所任職務及月薪偶有變更者例如卅年一月至六月任書記月薪五十元同年七月改任事務員月薪七十元應於備註欄內註明之
9. 繕寫如有錯誤改正後請加蓋校對章各頁騎縫處請加蓋校印
10. 如學校教職員人數過多不敷填寫時可用十行紙照式劃分橫格續於本頁之後

國立社會教育學院附屬中學教職員名冊

中華民國卅四年五月　日造報

姓名	性別	年齡	籍貫	職別	月薪	到職年月	備註
王義周	男	五六	湖北雲夢	校長	四〇〇元	三一、三、	
李景唐	〃	五五	山東荷澤	師範部教務主任	二八〇	三二、八、	
王亞岷	〃	四〇	安徽合肥	〃〃訓導主任	二八〇	三三、八、	
劉儀達	〃	四二	湖北黃陂	〃〃總務主任	二八〇	三二、八、	
汪滄溟	〃	三二	湖北漢口	〃〃教務組長	二二〇	三四、六、	
鄔淑利	女	三二	湖北武昌	〃〃教務幹事	一二〇	三二、八、	
孫一萍	男	三一	山東歷城	〃〃〃〃	一〇〇	三四、六、	
牟宗弘	〃	三三	湖北宜昌	〃〃訓導組長兼教員	二〇〇	三四、六、	

孟芳麟	男	三七	湖北	〃〃訓導幹事	一四〇	三三、八、
姜玉清	女	三三	湖北棗陽	〃〃訓導幹事兼教員	一六〇	三四、六
王端階	男	三三	湖北雲夢	〃〃文书幹事	一四〇	三二、十、
戴治綸	〃	三二	湖北	〃〃事務幹事	一四〇	三二、八、
樊鈞	〃	三四	湖北當陽	〃〃〃	一二〇	三四、六
楊光卿	〃	四二	湖北漢川	〃〃出納幹事	一三〇	三二、八、
孟雲龍	〃	三六	湖北雲夢	〃〃主任軍事教官	一五〇	三三、二
税國山	〃	三六	湖北	〃〃軍事教官	一七〇	三二、一〇、
陳鎮平	〃	三二	湖北雲夢	〃〃会计佐理員	一二〇	三三、八、
黄有貴	〃	三二	湖北	〃〃保管幹事	一〇〇	三四、六、

楊煥新	〃	四二	湖北荊門	〃 校醫 〃	二〇〇	三四、二
唐文鳳	女	三五	湖北	〃 護士 〃	一四〇	三二、八
吴学鳳	〃	三三	江西九江	〃 圖書管理兼書記 〃	八〇	三二、八
周懷德	男	三二	安徽主河	〃 書記 〃	九〇	三四、二
虞孝貽	女	三三	安徽合肥	〃 專任教員兼女生指導 〃	一八〇	三三、八
李國偉	男	三五	廣东	〃 專任教員兼事務管理 〃	一八〇	三四、二
熊貴林	〃	三三	湖北漢陽	〃 專任教員兼級導師 〃	二〇〇	三四、二
朱文宣	〃	三一	遼寧鐵嶺	〃	二〇〇	三四、二
段良蕙	女	四〇	湖北漢川	〃	二〇〇	三四、二
胡穎傑	〃	三二	湖北枝江	〃	二〇〇	三四、二

范濼	男	三八	河北元氏	〃	二〇〇	三四.二
陈安漢	〃	三三	江西九江	〃	二〇〇	三四.二
馮鐸華	女	四	湖北武昌	〃	一八〇	三四.二
范秉之	〃	二九	山东臨淄	〃	一八〇	三四.二
徐金銘	男	三三	江西玉山	〃	一八〇	三四.二
喻可益	〃	三二	湖北	〃	一六〇	三三.八
胡宗洸	〃	三一	湖北江陵	〃	一六〇	三四.三
張乃重	〃	三八	湖南安化	〃〃〃兼任教員	二〇〇	三三.五
楊履武	〃	三一	江蘇武進	〃	一八〇	三四.二
王謨	〃	三三	安徽蕪湖	〃	一八〇	三四.六

馮錫慈	男	三三	湖北漢口	〃	一八〇	三三、八、
張顯卿	〃	三一	黑龍江	〃	一八〇	三四、二、
畢心一	〃	三九	湖北江陵	〃	二〇〇	三四、二、
陈大舞	〃	三一	四川	〃	一八〇	三三、八、
汪鐵影	〃	三一	湖北武昌	〃	一八〇	三三、八、
蔡義林	女	三六	江西	〃	二〇〇	三四、二、
陈維珍	〃	三一	湖北廣濟	〃	一八〇	三四、六、
張敬之	男	四九	湖北當陽	（专任教员兼新設民教館館長）	六〇	三四、六、
蔣祿弘	〃	五一	安徽懷寧	（〃〃专任教员兼民教館主任幹事）	一四〇	三四、二、
鄧樹鑾	女	三四	山东菏澤	（〃〃附設民教館幹事）	一二〇	三三、八、

魏忠慎	男	三四	湖北武昌	音樂主任、教員	一六〇	三三、四、	從軍
張紹田	〃	三三	河南	藝術專任教員	一四〇	三三、八、	〃
徐繼環	〃	三二	湖北黃岡	會計佐理員	一〇〇	三三、四、	〃
許可久	〃	五二	湖北麻城	初中部部主任	三〇〇	三四、六、	
莫國瞻	〃	四四	四川廣漢	教務主任	二八〇	三二、八、	
周子布	〃	三三	湖北黃梅	訓導主任	二〇〇	三三、二、	
夏執中	〃	五四	湖北黃岡	事務主任	三〇〇	三二、一、	
陳朝楨	〃	三四	湖北廣濟	教員兼教務幹事	一五〇	三三、六、	
潘保嘉	女	四〇	江蘇嘉定	教務幹事	一一〇	三四、二、	
黎自強	男	三一	四川資陽	訓導幹事兼主事管理	一四〇	三四、二、	

楊蔭立	男	三二	湖北漢川	〃〃訓導幹事	一二〇	三三、四
秦曉琴	〃	四三	湖北漢陽	〃〃會計	二〇〇	三二、四
吳儀鳳	女	三三	江蘇如皋	〃〃文書幹事	一四〇	三三、二
楊子南	男	五七	湖北漢川	〃〃出納幹事	一六〇	三六、十二
王伯屏	〃	三三	湖北黃岡	〃〃庶務幹事	一二〇	三三、二
王文良	〃	三五	湖北漢川	〃〃〃	一二〇	三二、八
黃時平	〃	二九	湖北穀城	〃〃校醫	一八〇	三二、八
閔浩	女	三二	湖北	〃〃護士	一四〇	三四、六
桑萍	〃	三三	湖北漢口	〃〃圖書館員兼書記	九〇	三三、八
王佐資	男	三五	四川璧山	〃〃書記	九〇	三四、四

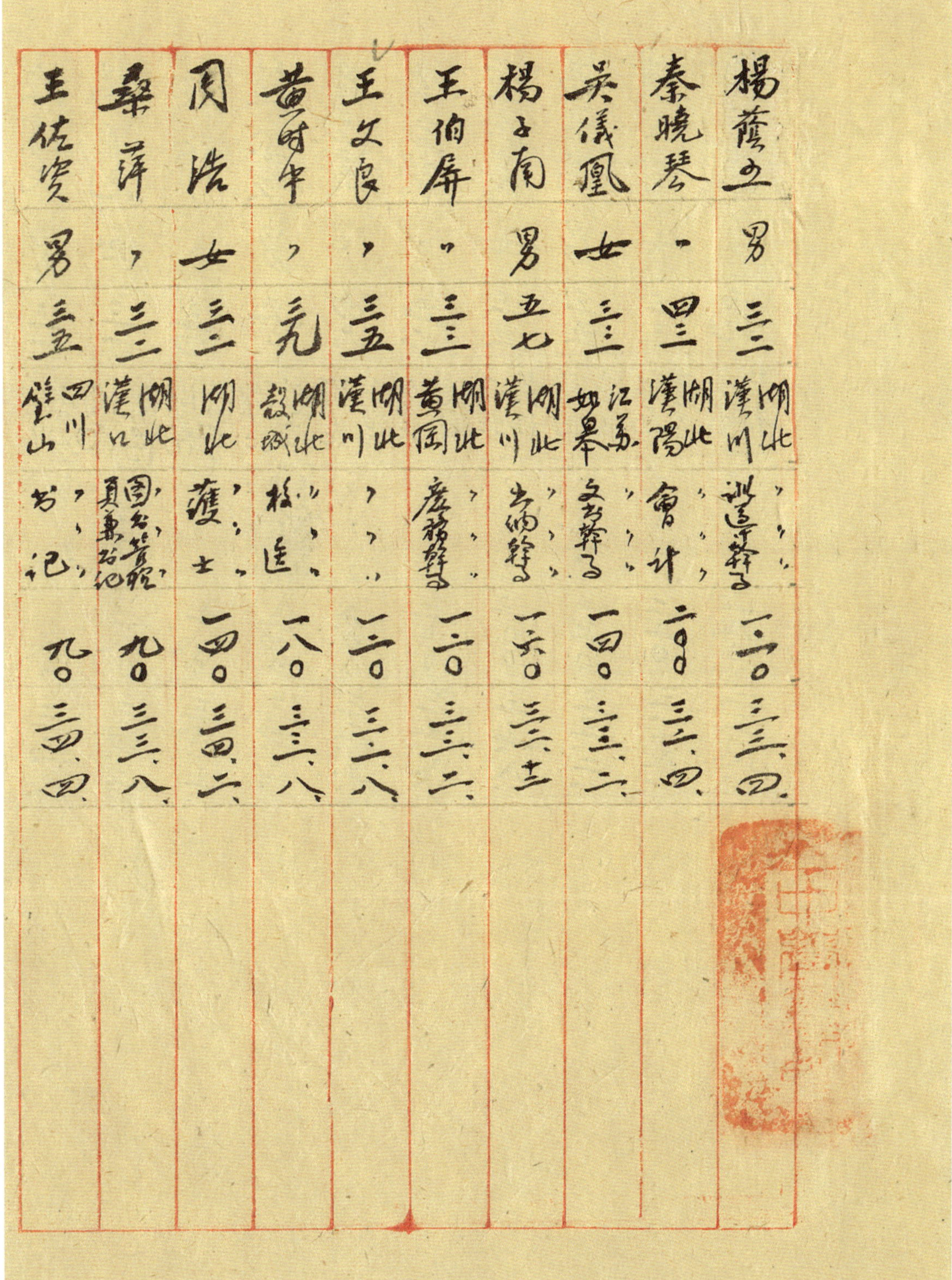

陈靖民	男	三二	四川[illegible]	〃 书记 〃	一八〇	三三、八
杨育元	女	三二	湖南衡阳	〃〃〃 专任教员兼女生指导	一八〇	三四、二
戴珍	〃	三四	湖南长沙	〃〃〃	一八〇	三四、二
赵人骥	男	五〇	湖北黄安	〃〃〃 专任教员兼级导师	二四〇	三四、二
吕道信	〃	四六	湖北武昌	〃〃〃	二〇〇	三三、二
李希平	〃	五七	湖北黄冈	〃〃〃	二〇〇	三三、八
黄在襄	女	三五	湖北钟祥	〃〃〃	二〇〇	三三、八
杨雁鸣	男	三五	湖北应城	〃〃〃	一六〇	三三、二
胡道珂	女	三三	江西南昌	〃〃〃	二二〇	三一、八
黄珍席	〃	三九	安徽和县	〃〃〃	一八〇	三三、八

程大昕	女	三二	湖北黄梅	〃〃〃	一六〇	三三、八、
程玉瑾	〃	四三	安徽芜湖	〃〃〃	二〇〇	三三、九
谭佩兰	〃	三二	安徽	〃〃〃	一八〇	三四、二、
彭泽富	男	三三	湖北天门	〃〃〃	一八〇	〃
丁瑛	女	三四	浙江	〃〃〃	一八〇	〃
沈能杨	男	三二	〃	〃〃〃	一八〇	〃
戴成龙	〃	四六	湖北荆门	〃〃〃	二二〇	〃
江子麟	〃	五八	汉口	〃〃 名誉教员	二六〇	三三、四、
徐晨骧	〃	六一	湖北黄梅	〃〃〃	二二〇	三三、八、
崔允菊	女	三八	江苏	〃〃〃	一八〇	〃

錢海英	女	三四	江蘇無錫	〃	〃	〃	一八〇	三三、八
朱經蘭	〃	三二	山東莘縣	〃	〃	〃	一八〇	三四、二
安佑	〃	三三	河北	〃	〃	〃	一六〇	三三、八
蕭璉莪	〃	三二	安徽望江	〃	〃	〃	一六〇	三五、六
張平	〃	三二	山東菏澤	〃	〃	〃	一六〇	三四、二
李熙唐	男	三二	皖滁	〃	〃	〃	一六〇	三三、八
呂時凡	女	三二	湖北漢陽	〃	〃	〃	一六〇	〃
陳友琟	男	三一	江西	〃	〃	〃	一四〇	三四、六
錢華新	女	三二	〃	〃	〃	〃	一八〇	三二、八
龍瑞波	〃	三二	湖南	〃	〃	〃	一六〇	三二、八

錢華英	〃	三二	江西遂川	〃〃〃	一六〇	三四、二	
陳夢雲	男	三三	廣東番禺	〃〃〃	一六〇	三三、八	[illegible]畢

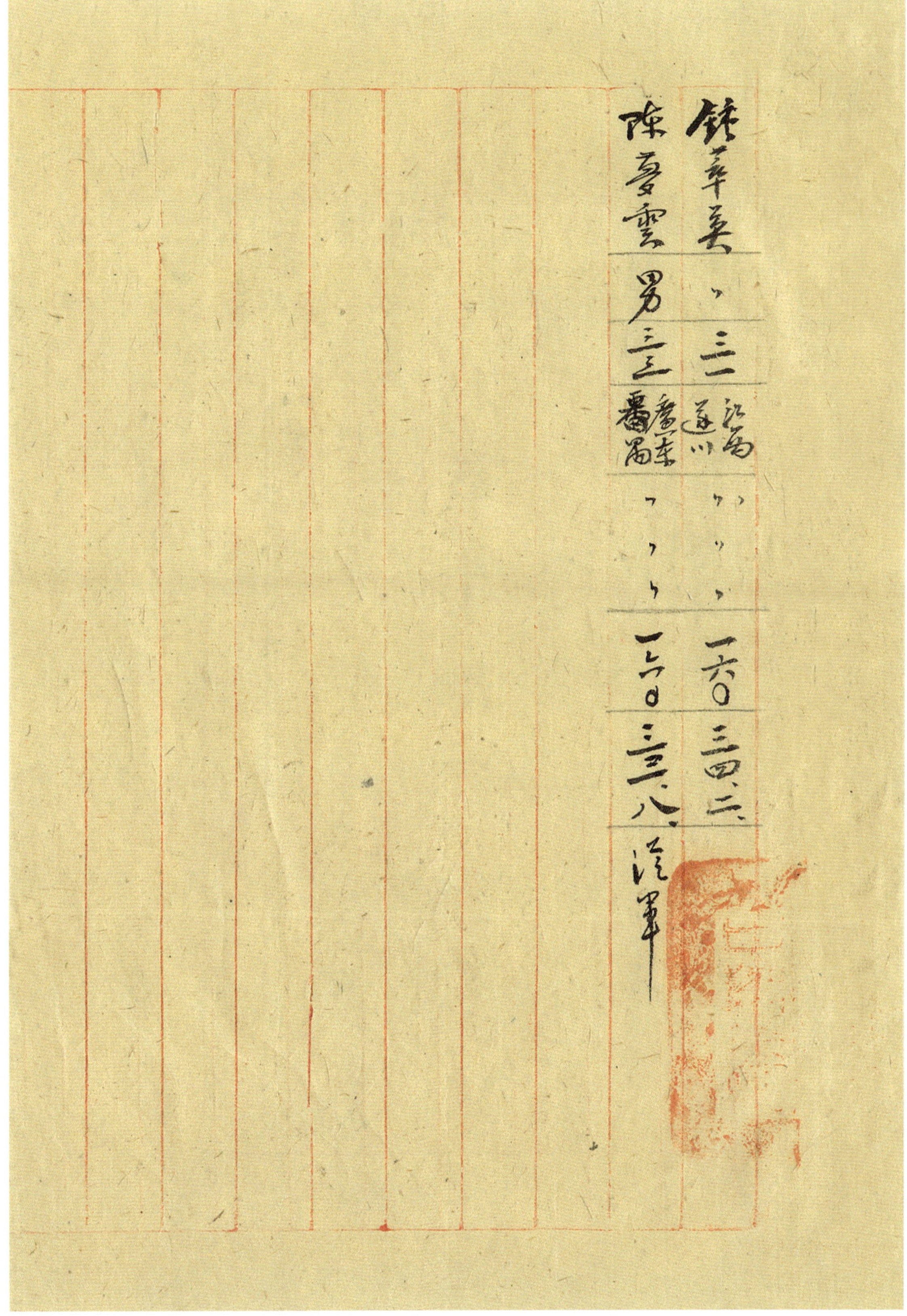

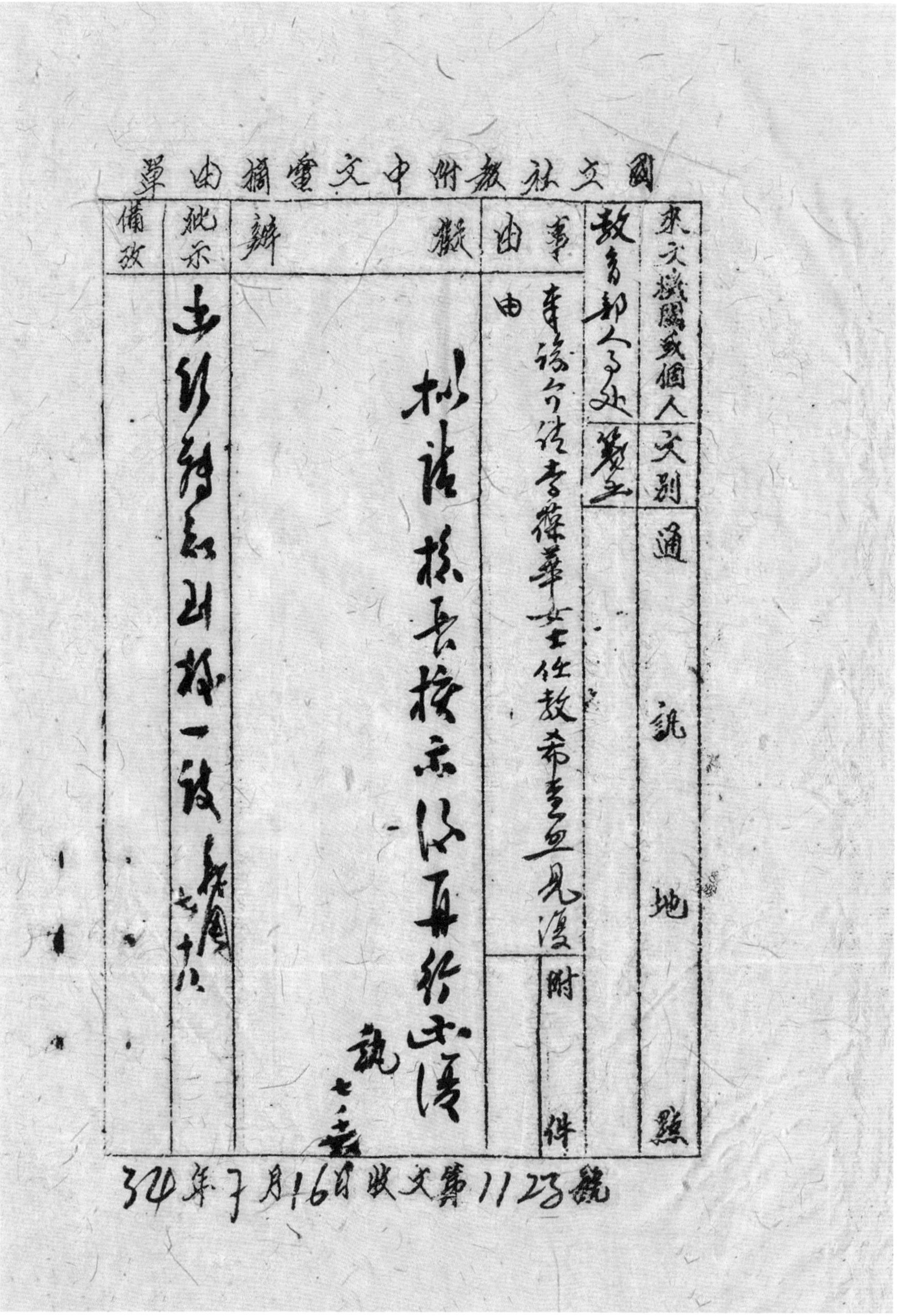
國立社教附中文電摘由單

來文機關或個人	教育部人事處
文別	箋函
通訊地點	
事由	奉諭介請李葆華女士任教希查照見復
附件	

擬
辦
批示
備考

34年7月16日收文第1123號

關于奉諭介請李葆華女士任教的往來公函

教育部人事處給國立社會教育學院附屬中學的箋函（一九四五年七月十三日）

檔號：1009-1-194

教育部用箋

字第　號第　頁

查李葆華女士，民國十七年北京女子師範大學畢業，任湖北省立及國立女子中學訓育主任，英文教員等職、歷十餘年、工作負責任、辦事經驗豐富，奉

諭介請

貴校担任教職即希

查照見復為荷。

此致

中華民國　年　月　日

丁4（142×272公厘）一局印

教育部用箋

字第　　號第　　頁

國立社會教育學院附屬中學

教育部人事處啓

三十四年七月十三日

中華民國　　年　　月　　日

丁4（1[illegible]2×272公厘）一局印

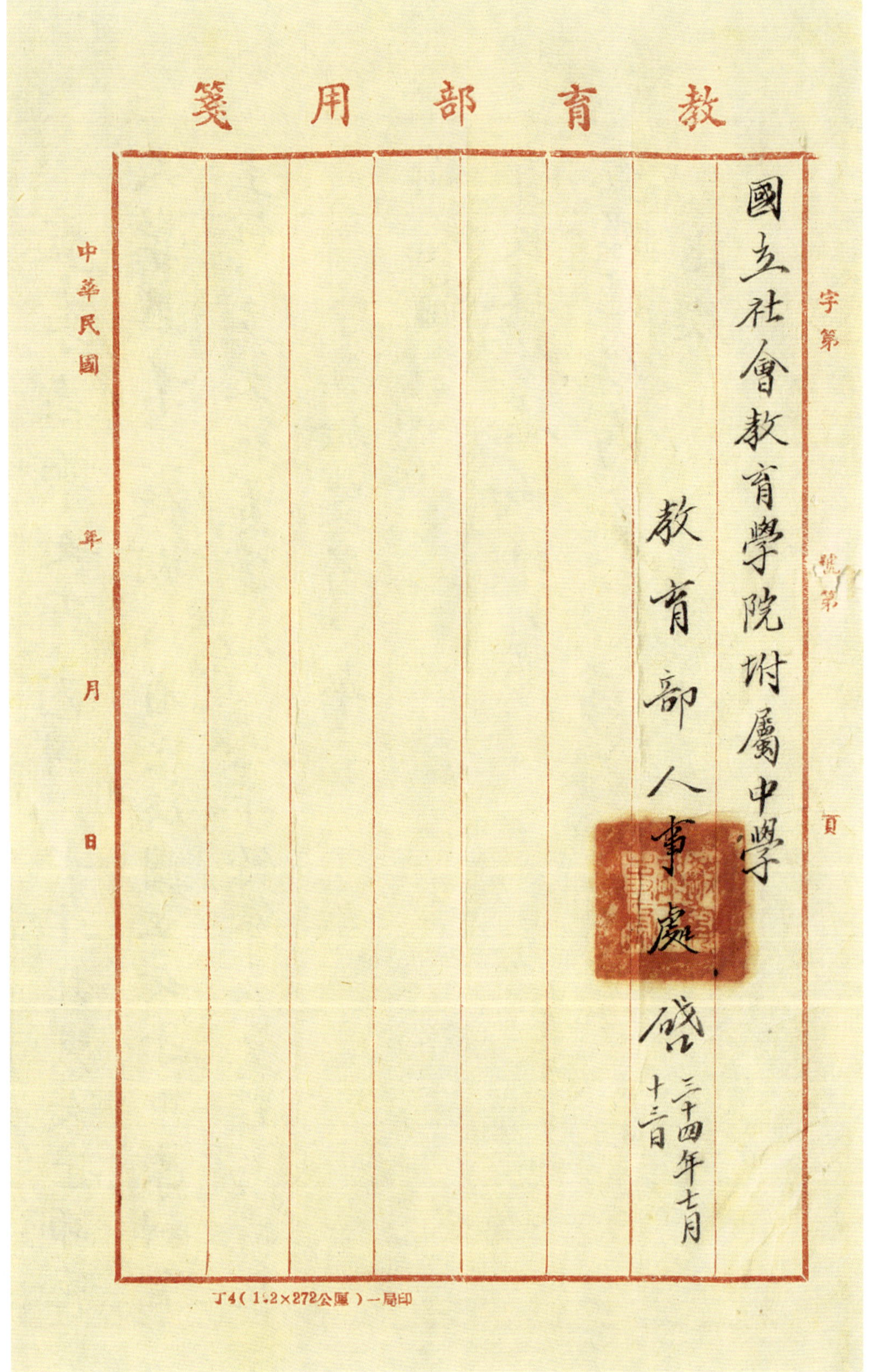

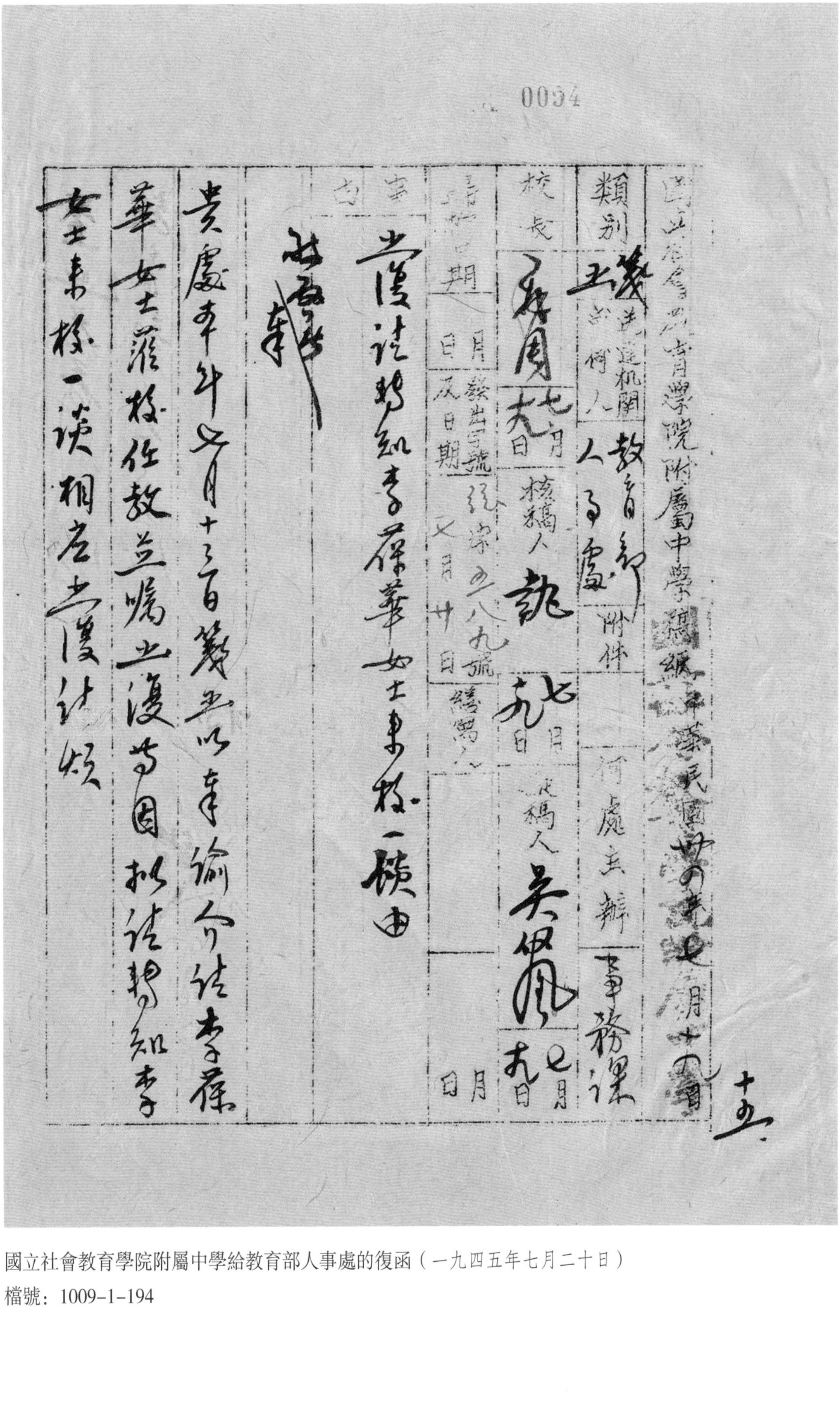
0094

國立社會教育學院附屬中學稿紙 中華民國卅四年七月十八日

類別：函
送達機關：教育部人事處
附件：
何處主辦：事務課
校長
核稿人
擬稿人：吳
發出字號及日期：總字第五八九號 七月廿日
繕寫人
事由：復請聘孔李蘇華女士來校一談由

貴處本年七月十二日箋函以本諭介紹李蘇華女士來校任教並囑出復等因 擬請聘孔李女士來校一談相應出復 計頌

十五

國立社會教育學院附屬中學給教育部人事處的復函（一九四五年七月二十日）

檔號：1009-1-194

查照為荷　此致

教育部人事處

(校長)謹啓　○月○日

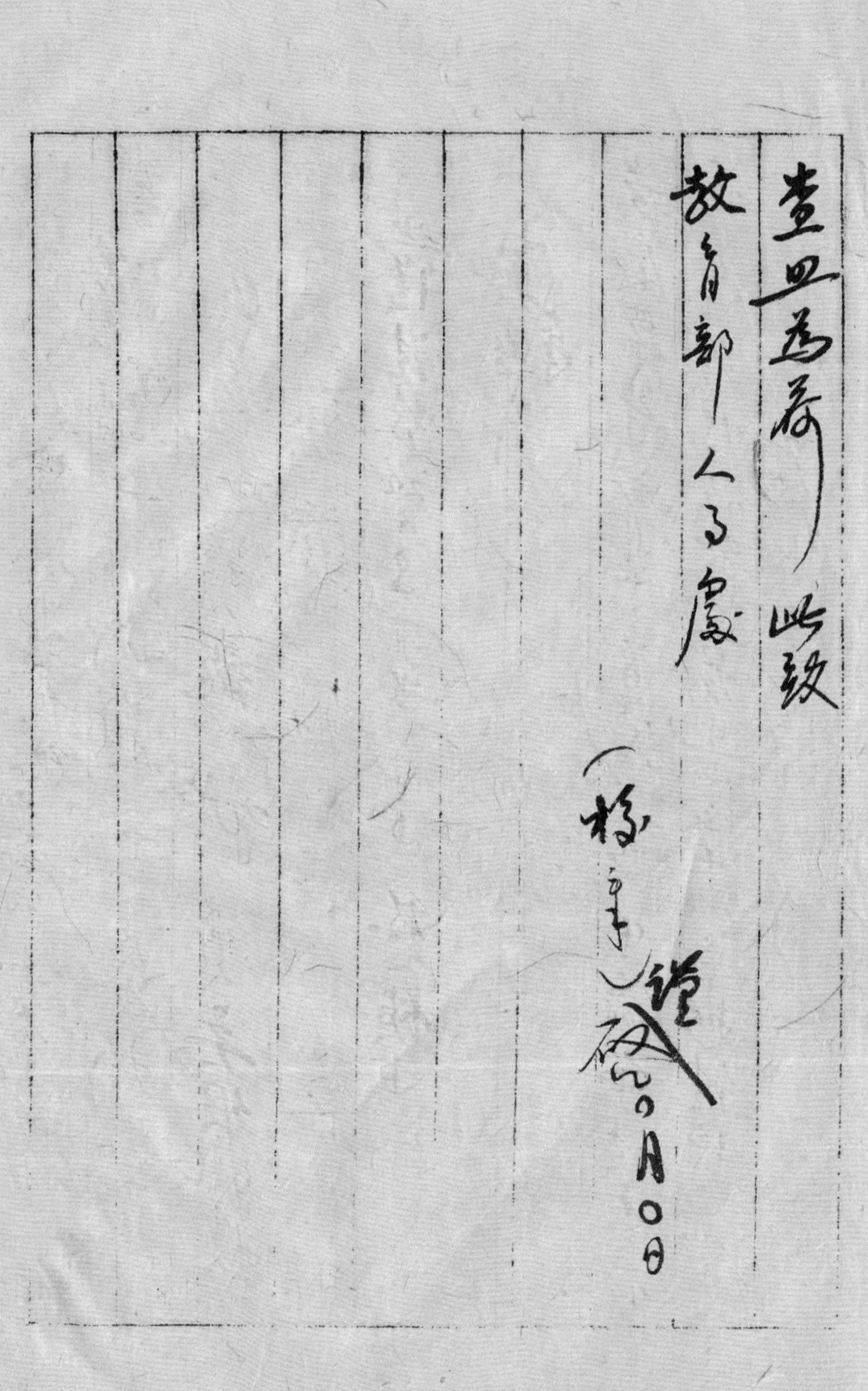

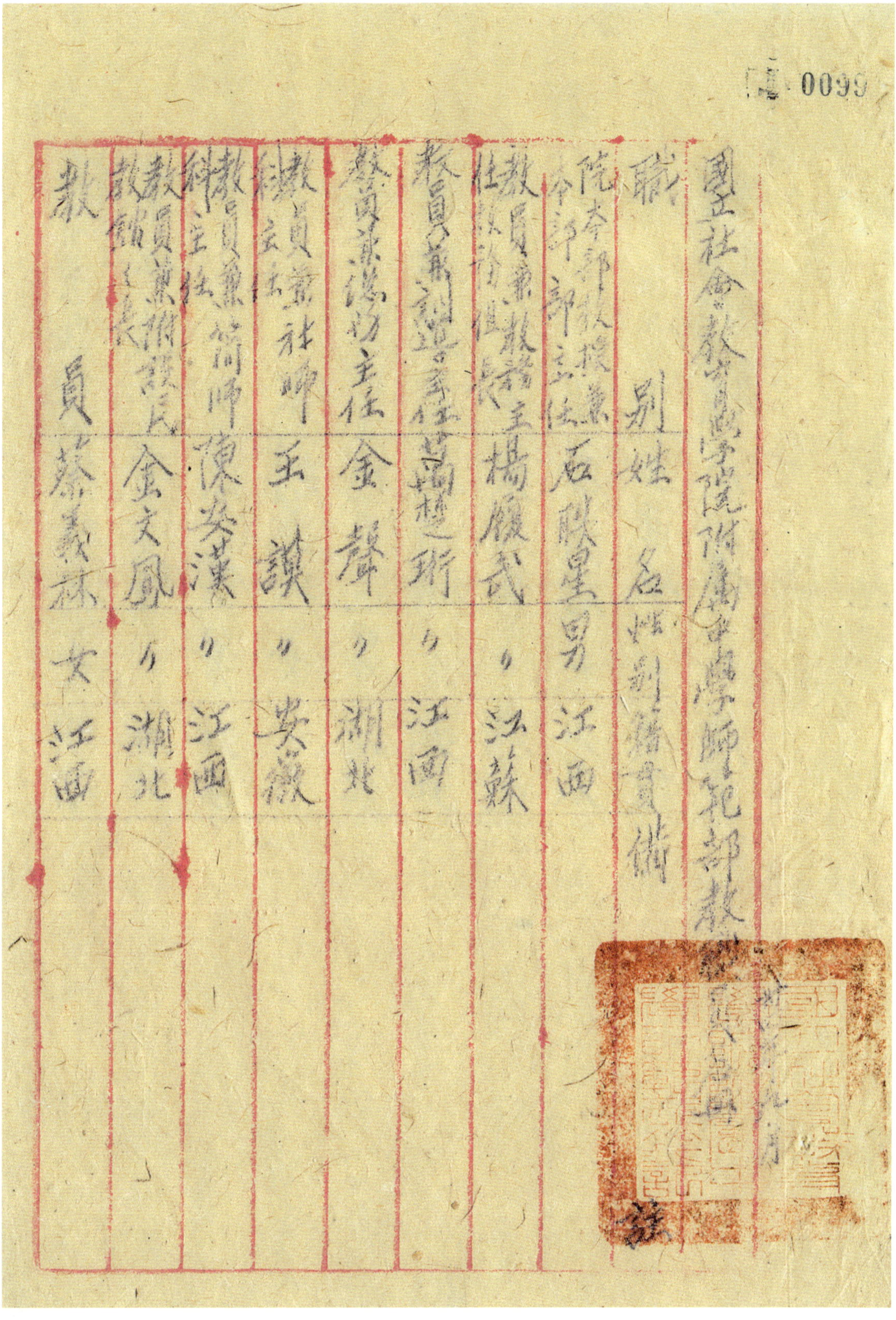

國立社會教育學院附屬中學師範部教職員名冊

職別	姓名	性別	籍貫	備考
院本部教授兼本部部主任	石毓星	男	江西	
教員兼教務主任教務組組長	楊履武	〃	江蘇	
教員兼訓導主任	葛楚琦	〃	江西	
教員兼總務主任	金聲	〃	湖北	
教員兼社師科主任	王謨	〃	安徽	
教員兼簡師科主任	陳癸漢	〃	江西	
教員兼輔導主任教館組組長	金文鳳	〃	湖北	
教員	蔡義林	女	江西	

國立社會教育學院附屬中學師範部教職員名冊（一九四五年九月）

檔號：1009-1-191

教員兼教務處幹事	徐桂英	女	湖南
專任教員	李藻璣	〃	湖北
仝上	徐金鎔	男	江西
仝上	胡道珂	女	〃
教員兼註冊組長	馮志道	男	河北
專任教員	徐清瀾	〃	湖北
仝上	張君重	〃	湖南
仝上	李景唐	〃	山東
仝上	王亜岷	〃	安徽
童軍管理兼體育教員	李國偉	〃	廣東

教員兼庶務組長	盧儀文	男	山東
教員兼文書組長	王述文	〃	黑龍江
教員兼訓導組長	蕭聲	〃	江西
教員兼附設民教館主任幹事	崔鶴堂	〃	河北
專任教員	樊世華	〃	湖南
仝上	姚樹桂	〃	綏遠
教員兼圖書管理員	孫玉蘭	女	安徽
專任教員	陳寧慶	男	江蘇
仝上	楊世民	〃	江西
仝上	張玉英	女	四川

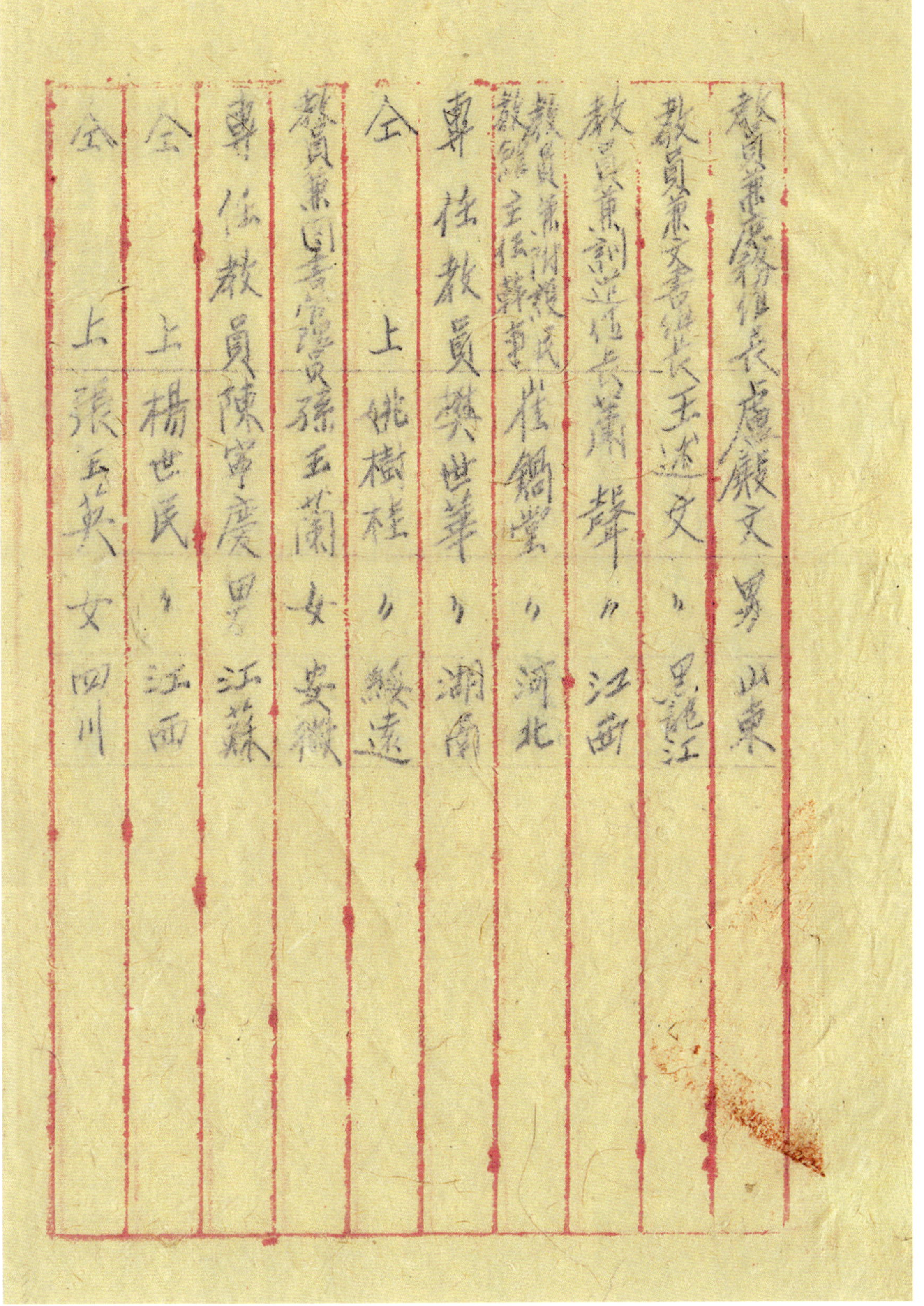

專任教員胡綏祜 男 湖南
校醫李柏樑 女 四川
庶務幹事曾漢鐘 男 〃
文書幹事湯伯奇 〃 江西
保管幹事常秀卿 女 湖北
圖書館助理幹事江秀華 〃 〃
庶務助理幹事王訓淑 〃 安徽
專任教員鄧寬仁 男 四川
仝上 吳芳隆 女 安徽
美術教員呂咸勛 男 四川

教員兼訓導員	吳瑩瓊	女	湖南
微積教員	張書田	男	河南
仝上	魏忠楨	〃	湖北
專任教員	陳劍之	〃	湖南
訓導員	趙景雲	女	江蘇
民教館幹事	曹樹邦	男	江西
會計	秦力行	女	江蘇
出納	嚴智琳	〃	湖南
專任教員	徐遵賢	男	江西
仝上	孫淑貞	女	安徽

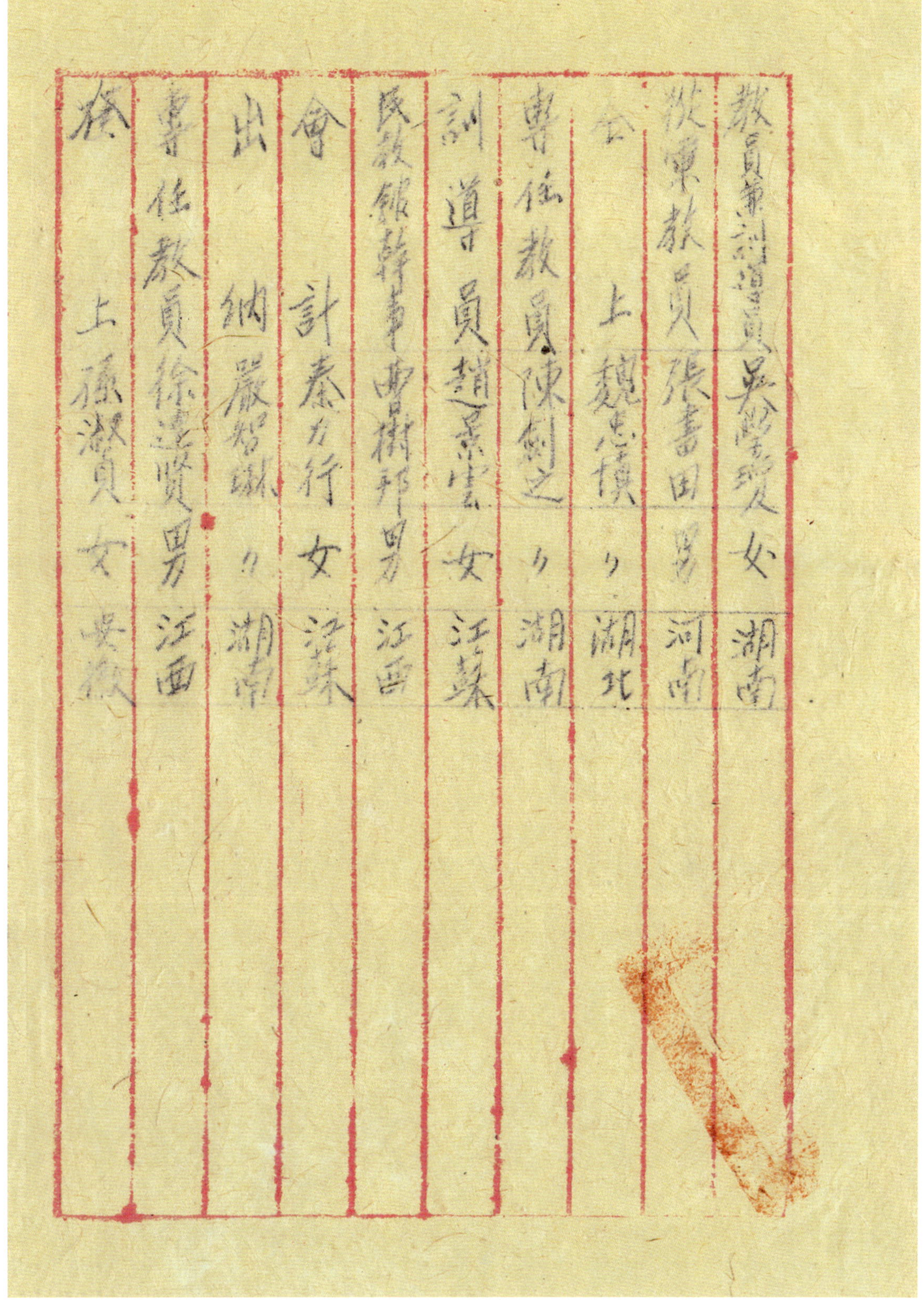

專任教員 汪儋溪 男 湖北

仝上 閻焜 〃 安徽

庶務幹事 王佐賢 〃 四川

書記 尹會一 〃 〃

共計五十二人 另有軍訓教官[illegible]一名

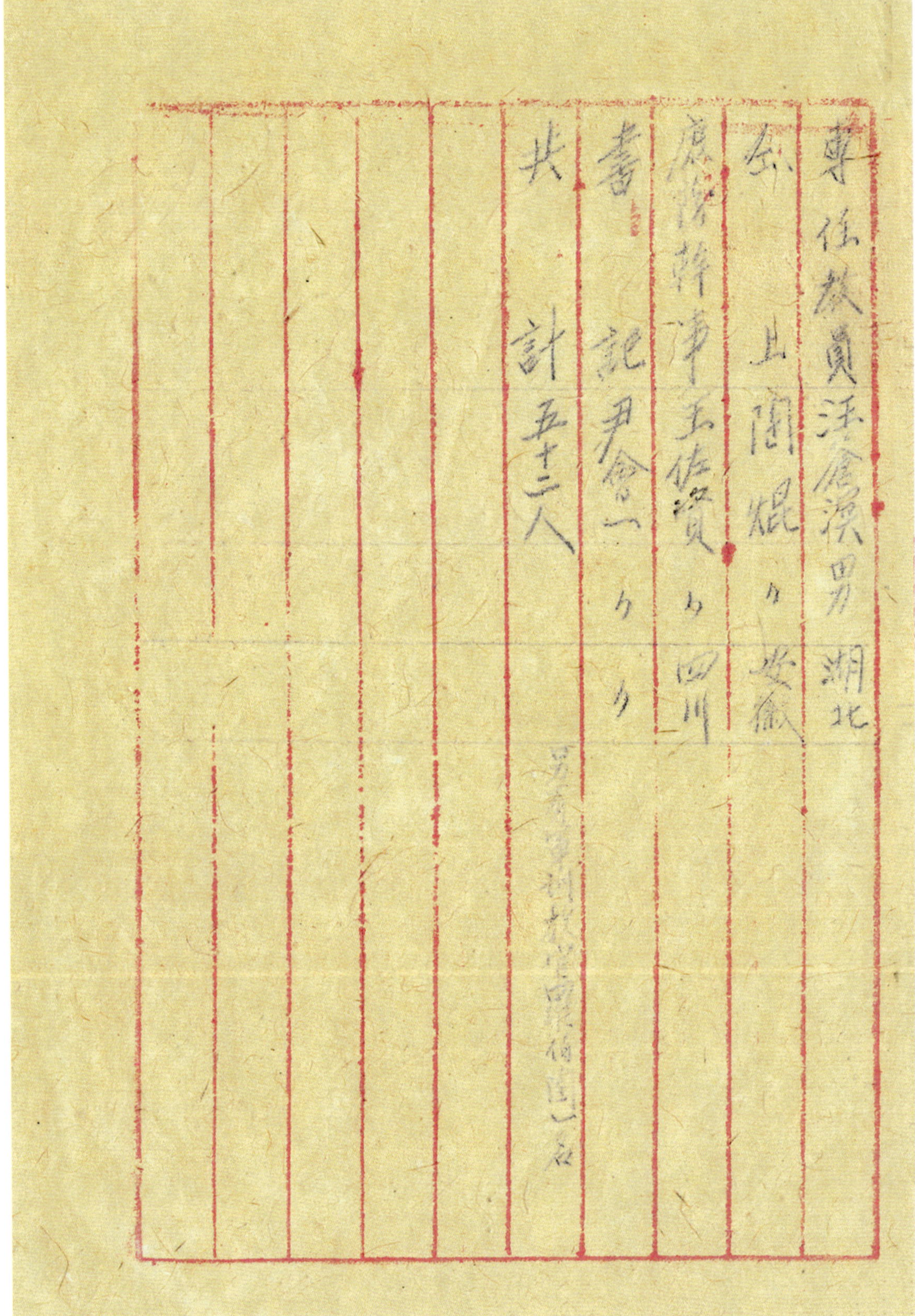

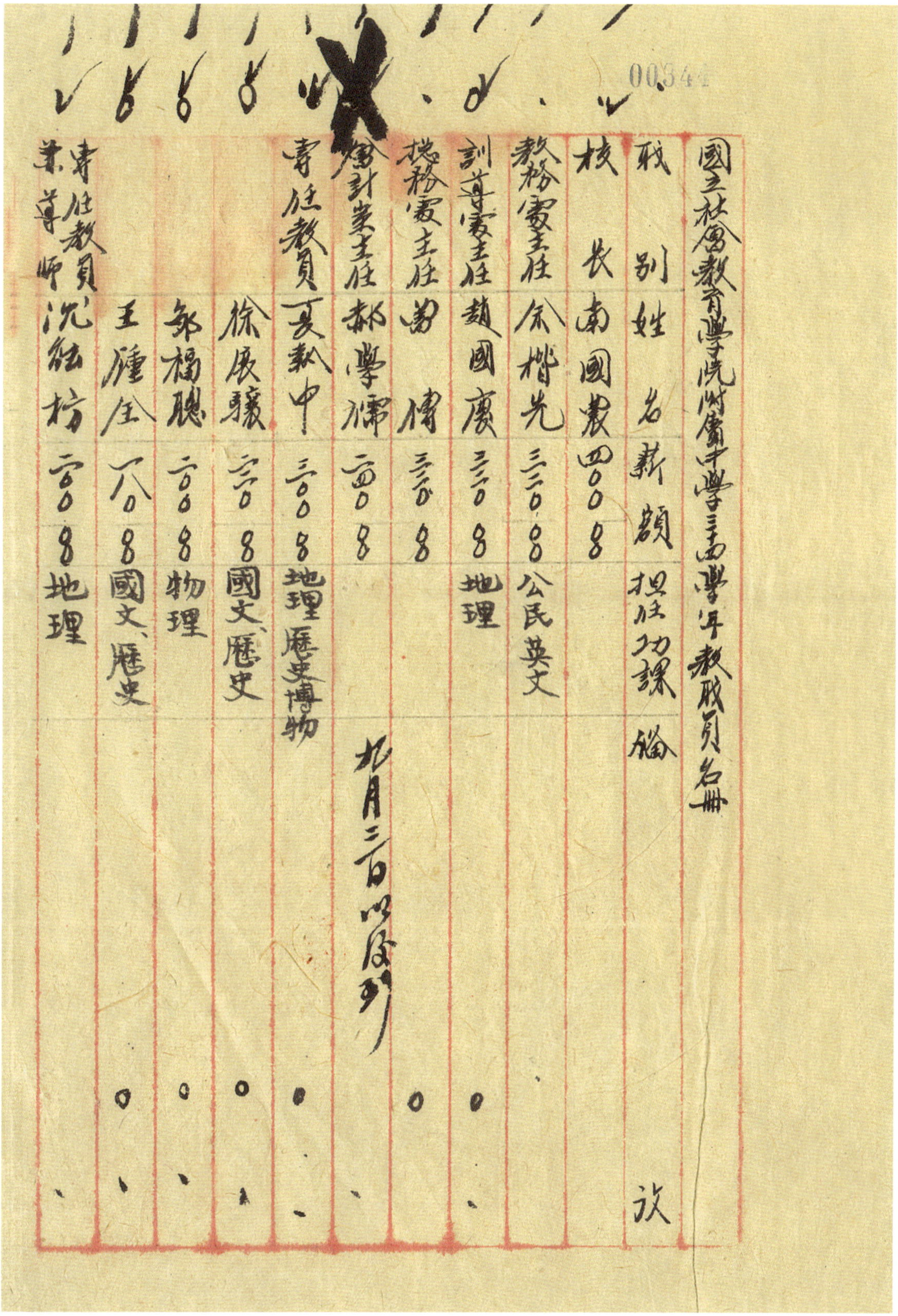

00344

國立社會教育學院附屬中學三十四學年教職員名冊

職別	姓名	薪額	擔任功課	備考
校長	南國農	四〇〇元		
教務處主任	余楷先	三二〇元	公民、英文	
訓導處主任	趙國慶	三二〇元	地理	
總務處主任	曲傳	三二〇元		
會計室主任	郝學儒	四〇〇元		四月三日以後到
專任教員	夏孜中	三〇〇元	地理、歷史、博物	
	徐康驤	二〇〇元	國文、歷史	
	鄒楊聰	二〇〇元	物理	
	王匯全	一八〇元	國文、歷史	
專任教員兼導師	沈弦枋	二〇〇元	地理	

國立社會教育學院附屬中學一九四五學年教職員名冊（一九四六年四月）

檔號：1009-1-191

馮鑄華	二〇〇	〇〇	國文	
周子布	[illegible]〇〇	〇〇	公民歷史	
呂道信	二三〇	〇〇	國文	
呂時石	一八〇	〇〇	音樂	
侯光亞	二〇〇	〇〇	國文	
陳友桓	一六〇	〇〇	体育	專任教員
盧華[illegible]	二[illegible]〇	〇〇	体育	
譚佩蘭	一八〇	〇〇		
程玉[illegible]	二〇〇	〇〇	算術、歷史	專任教員兼導師
盧海英	二〇〇	〇〇	生物博物	
黃光洲	二二〇	〇〇	地理	
程文佩	一六〇	〇〇	勞作	專任教員

[illegible]校長

九月[illegible]

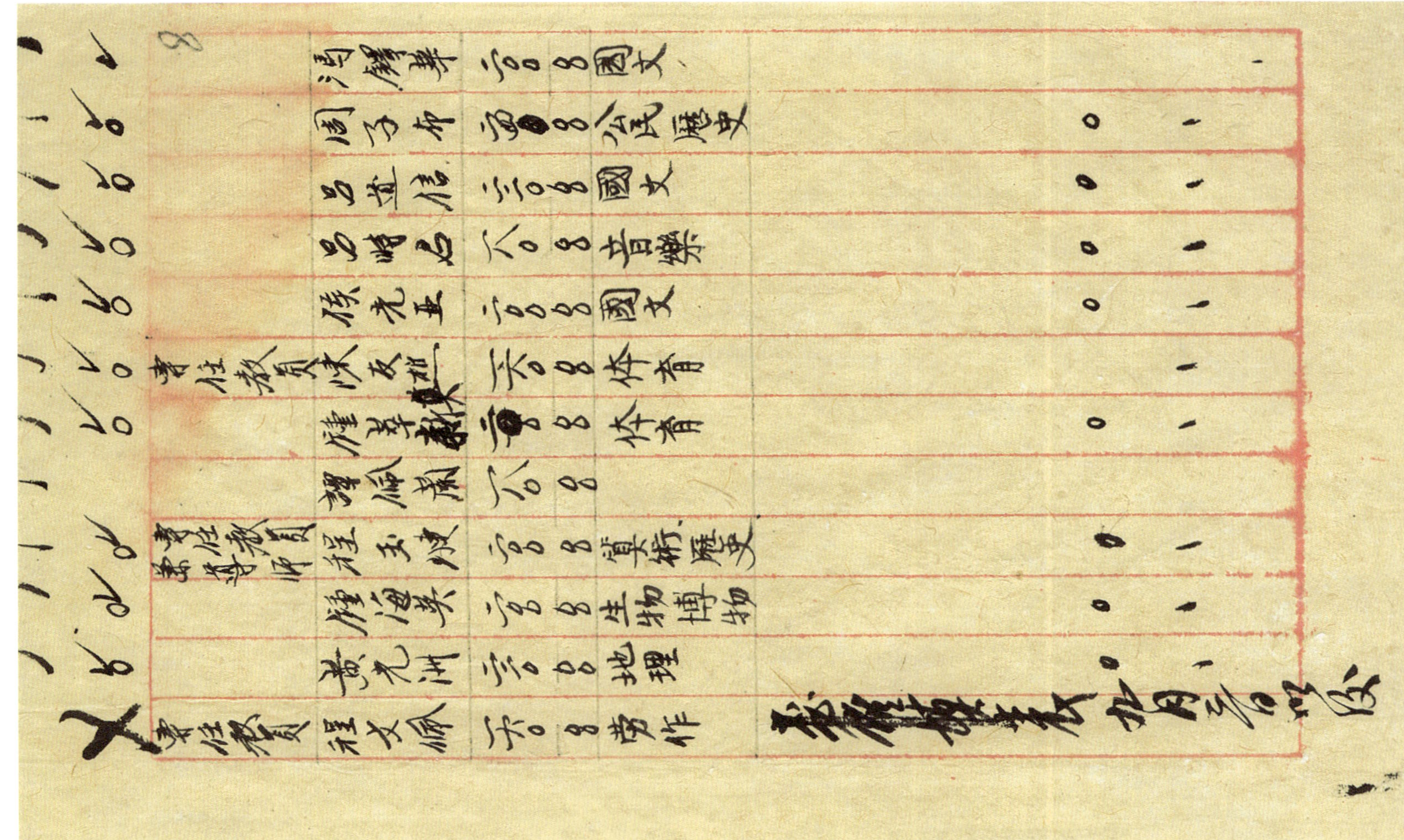

〃	楊宏銓	二〇〇	8	英語
〃	成[illegible]	一八〇	8	國文、英語
專任教員兼導師	徐晴初	二〇〇	8	國文、歷史
專任教員	劉志新	二〇〇	8	英文
專任教員兼導師	朱韻泉	二〇〇	8	英文
	祈甫壽	一四〇	8	幾何、三角、代數
專任教員	吳贇	二〇〇	8	圖畫
專任教員兼導師	彭澤喜	二〇〇	8	化學
專任教員	袁裕才	二〇〇	8	圖畫
專任教員兼導師	廖淑靜	二〇〇	8	勞作
專任教員	魏玉蘭	二〇〇	8	代數、英語、化學
專任教員	楊劍棠	二〇〇	8	歷史

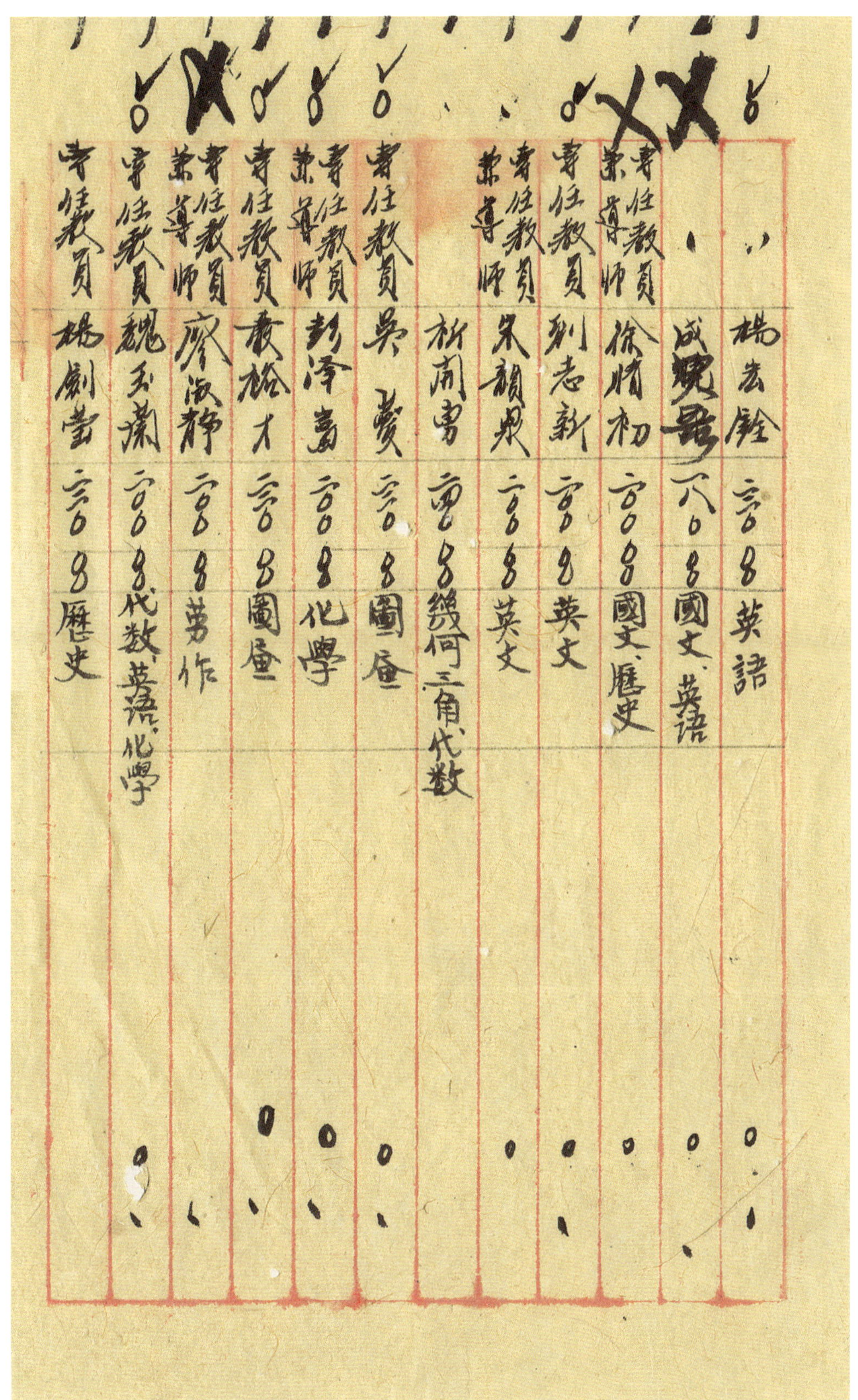

兼任教員	許克燦	二三0	8	音樂
專任教員兼導師	常積生	三0	8	算術
	林淨芸	二四0	8	國文、英文
專任教員	潘名南	二八0	8	英文
	夏淨芝	一八0	8	幾何
教學組長	陳毅	三00	8	英文、公民
註冊組長	羅企賢	一八0	8	公民、歷史
訓育組長	韓金鋒	二三0	8	歷史
男生管理組長	魏建[illegible]	四00	8	童子軍
女生管理組長	楊廼貽	二三0	8	國文
體育衛生組長	鄭宗濂	二三0	8	体育、童軍
專任教員兼事務主任	唐名文	二三0	8	國文

印 羅思齋

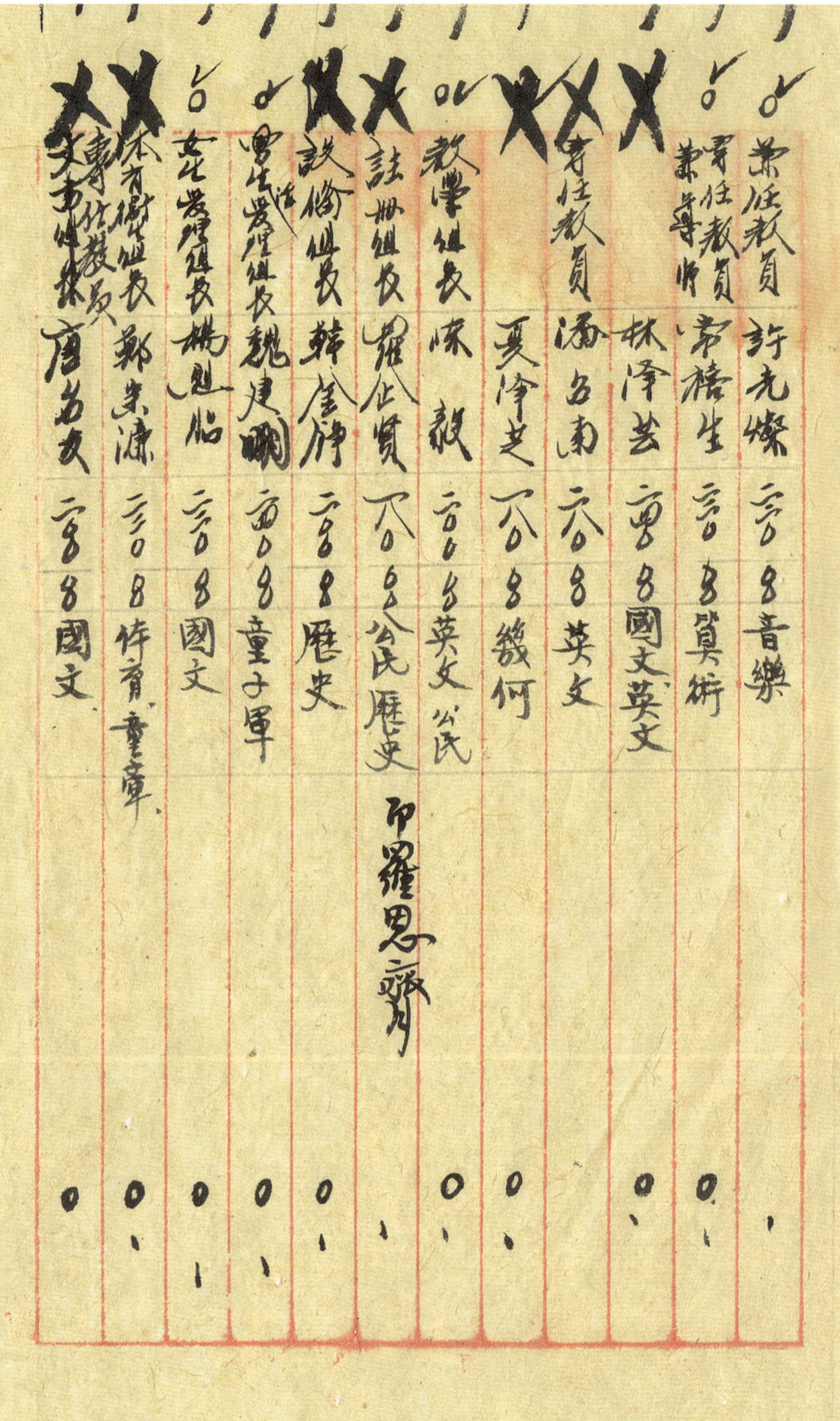

訓育組長	徐明亮	四〇元	化學
教務組長	王遇順	一八〇元	英語 化學
校醫	章樂亭	一八〇元	生理衛生
女生指導	楊雪琴	二〇元	體育
軍事教官	吳幼栽	一六〇元	軍訓
女生指導	鄒杏林	一六〇元	地理
幹事	萬馥瑩	四〇元	
	黃嶽華	一二〇元	
	陶寶華	四〇元	
	陳家如	一四〇元	
	楊積華	一四〇元	
	唐謀	一四〇元	

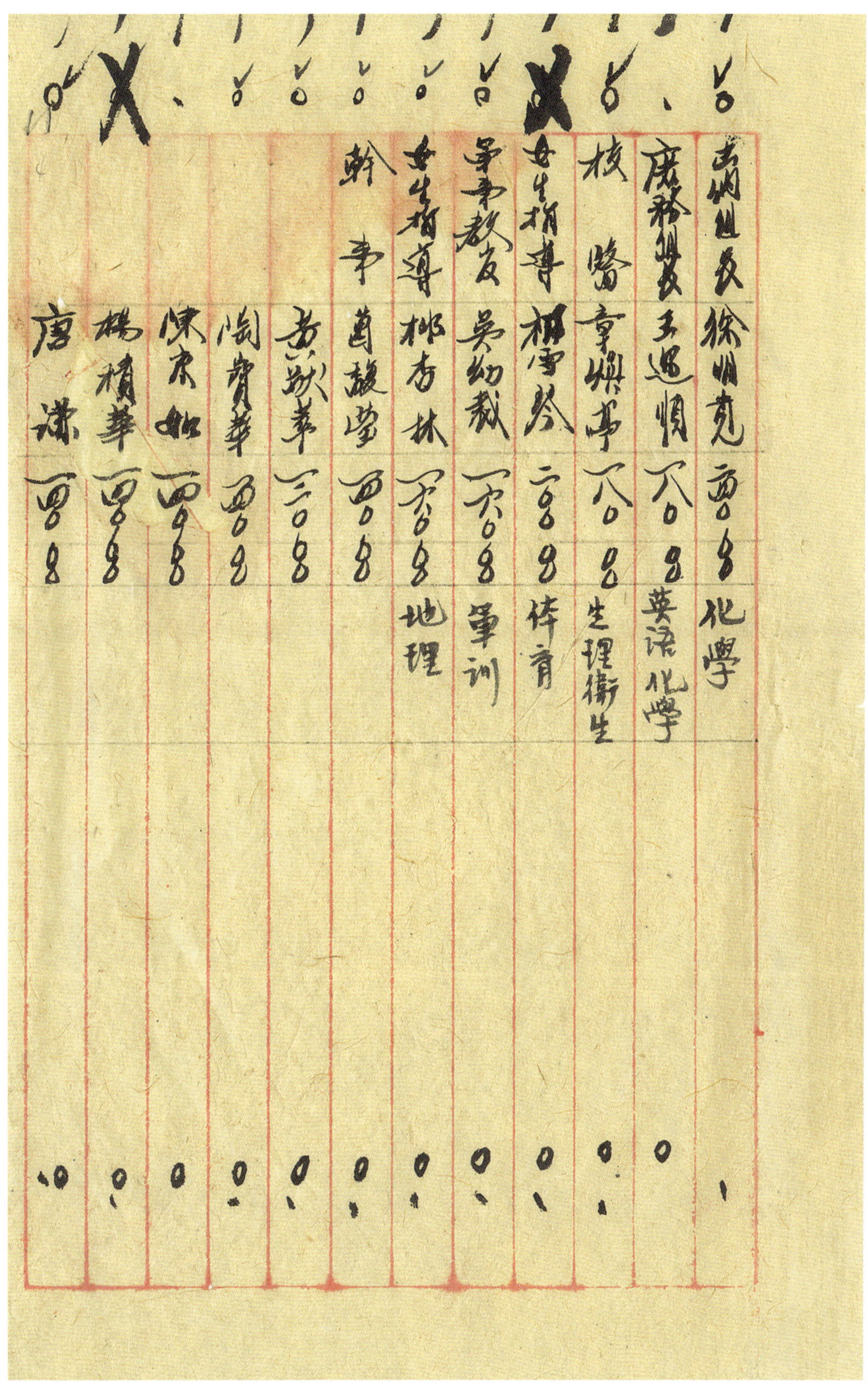

	何明德	一二〇〇〇	
	陳思乾	一四〇〇〇	
	張遠程	一六〇〇〇	
齋務助理員	蔡曉玲	二六〇〇〇	
	張弘槃	一八〇〇〇	
護士	周浩	一四〇〇〇	
書記	王榮成	一〇〇〇〇	
	李金城	一〇〇〇〇	
	廖益謙	一〇〇〇〇	
	黃鳴昇	一〇〇〇〇	
專任教員	錢長松	二六〇〇〇	三角、代數、
	秦力行	二六〇〇〇	國文、英語

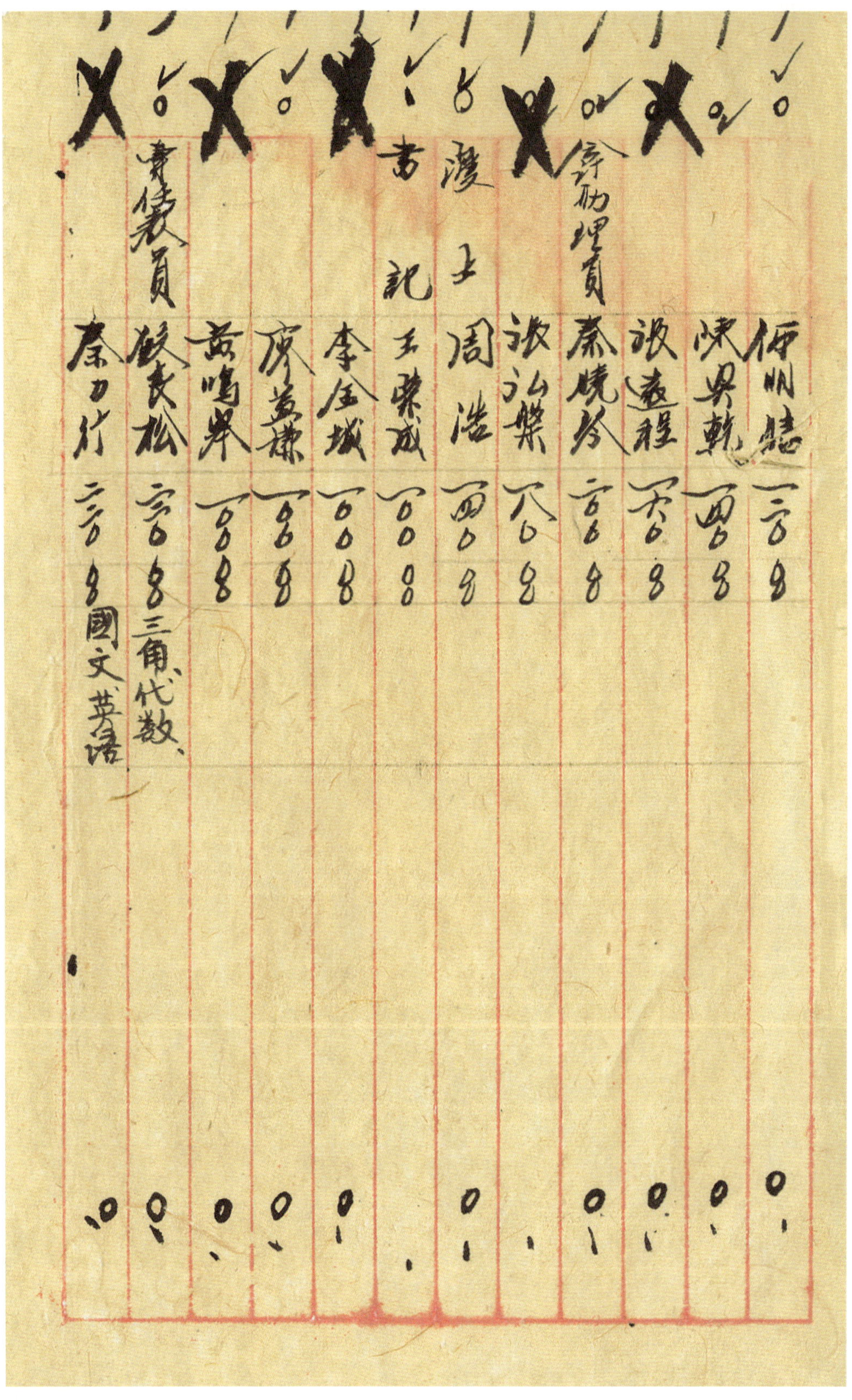

童軍教練員	李毅中	一九〇六	童子軍	王麟琳
	朱世業	一九〇八		
專任教員兼導師	吳徽豐	二〇〇八	國文、英文、歷史	
	孫叙勤	二〇〇八	代數、算術	
專任教員兼建校籌備委員	秦君	二四〇八		仍在南京 皮力君
幹事	汪中雲	四〇八		〃
〃	張强華	四〇八		〃
文書組長	王顯模	二四〇八		

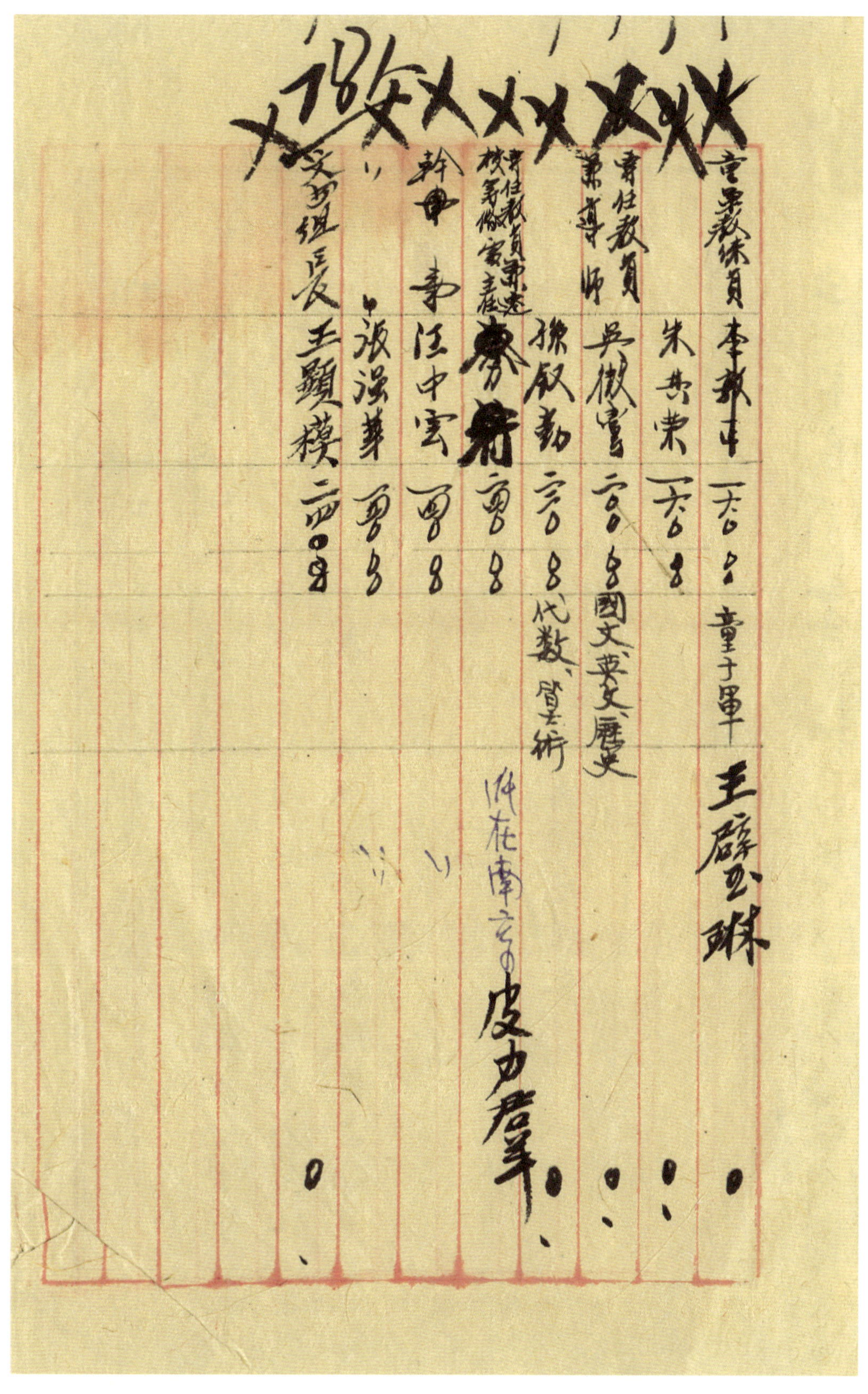

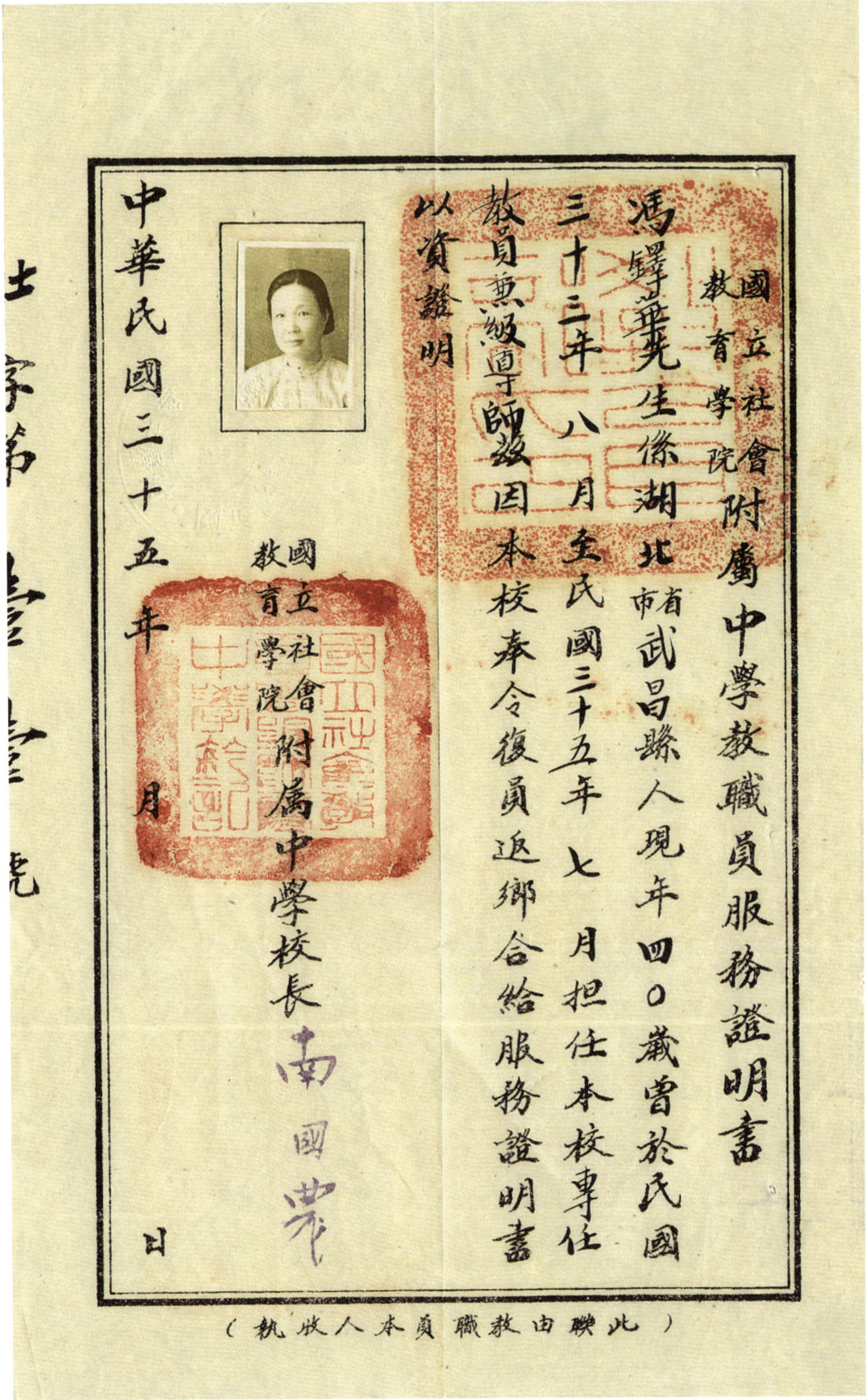

國立社會教育學院附屬中學教職員服務證明書

馮鐸華先生係湖北省市武昌縣人現年四〇歲曾於民國三十三年八月至民國三十五年七月担任本校專任教員兼級導師茲因本校奉令復員返鄉合給服務證明書以資證明

國立社會教育學院附屬中學校長 南國農

中華民國三十五年 月 日

（此聯由教職員本人收執）

國立社會教育學院附屬中學教職員服務證明書（一九四六年七月）

檔號：1009-1-194

全銜 卅五年第一學期各科教員擔任課程及時間分配表

	初一甲	初一乙	初二	初三	高一	高二	高三	
✓ 冒瑩		公1				公1	公1	3
✓ 汪積膺			國6					6
✓ 聶琰	公1		公1	公1	公1			4
✓ 高超			化4	理4		化6	理6	20
✓ 陳常玉						數6	數6	12
✓ 尹祖巡						國6	國6	12
✓ 趙彥民					國6			6
✓ 劉則剛				數6	數6			12
✓ 王毓華	數6	數6	數6					18
✓ 江先亞	國6	國6		國6				18
✓ 王煥國	史2 地2	史2 地2	史2	史2	史2	史2	史2	18
✓ 鍾華英	博4	博4	生理衛生1	生理衛生1	生物5			15
郭民偉					地2	地2	地2	6
汪瑩娩		英6	地2	地2				10
張廷年	体2	体2	体2	体2	体2 軍1	軍1	軍1	13
✓ 謝德明	童2	童2	童2	童2		体2	体2	12
✓ 郭乃安	音2	音2	音2	音2	音1	音1		10
✓ 吴墅	美2(1)	美2(1)	美2(1)	美2(1)	美1			9 (10)
	勞1	勞1	勞1	勞1	勞1			
✓ 韓玉清	英6		英6		英6			18
✓ 韓邦昌				英6		英6	英6	18
孙佐明	家2	家2	家2	家2	家2			10

國立社會教育學院附屬中學一九四六年第一學期各科教員擔任課程及時間分配表（一九四六年）

檔號：1009-1-194

文書組 存底

三十五年度第一學期

國立社會教育學院附屬中學 教課

丹校任課教員名册

國立社會教育學院附屬中學丹陽分校一九四六年度第一學期任課教員名册（一九四六年）

檔號：1009-1-194

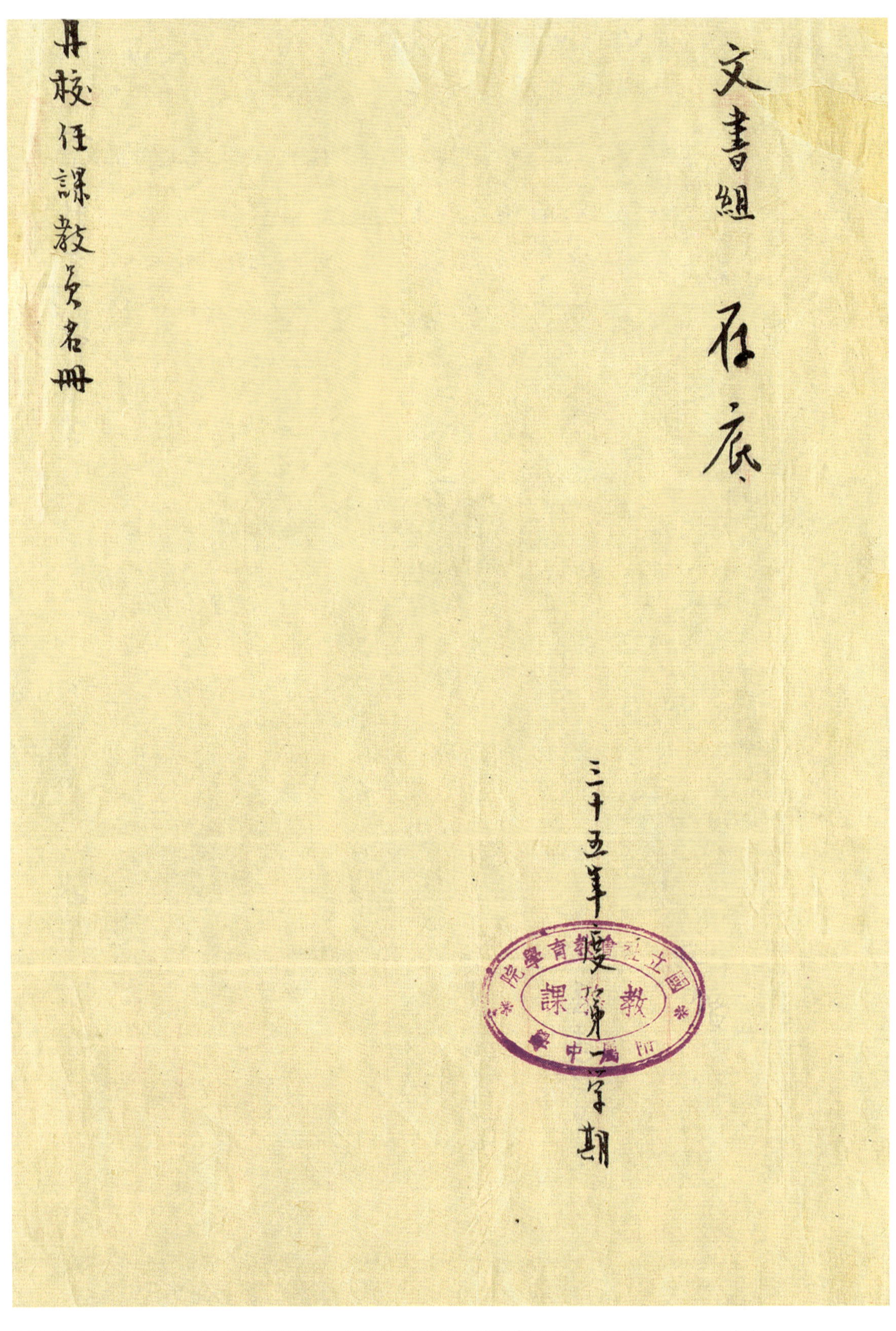

職別	姓名	擔任科目	每週教學時數	備攷
校務主任	余楷先	高三初三外國地理	六	
校務委員	趙國慶	初三生理衛生	二	兼高二甲導師
教務課主任	陳毅	高一初一公民	五	
訓導課主任	魏建旺	初三童子軍	四	
專任教員兼註冊組員	羅思齊	初二歷史	六	兼初二丙級任導師
體育處主任	王璧琳	高一二初三體育	六	
專任教員兼設備組員	韓金鐘	初二丙化學	六	
軍事教官兼生活管理員	陳夢雲	高中軍訓	十二	
女生指導	鄧如芝	初一乙國文	六	

女生指導	陳秋桂	初一歷史	四	
校醫	于思	初二生理衛生	三	
專任教員兼導師	祁開勇	高三初三物理	十二	高三導師
〃	林偉芸	高二國文	十二	高二乙導師
〃	高中	高一甲丙國文	十二	高甲導師
〃	侯克遜	高一乙初二甲國文	十二	高一乙導師
〃	周子布	高一歷史 高二初三初二公民	十四	高一丙導師
〃	曾蕊嫙	初三英文	十二	初三甲導師
	孫叙勤	初三數学	十二	初三乙導師
	王述順	初二甲乙代數	十二	初二甲導師

	朱金斕	初二甲乙英文	十二	初三導師
	林用中	初一國文	十二	初一甲導師
	程玉璉	初一藝術	十二	初一乙導師
專任教員	王君彥	高三初三國文	十八	初三國文六小時請黃國祥代課
	嚴德裕	高三高二國文（數學）	十八	
	楊宏銓	高三高二英文	十八	
	倪志書	高二高一初二初一地理	十八	
	吳東平	高一數學	十八	
	劉志新	高一英文	十八	
	黃鑒珍	高三高二初三歷史 初二丙國文	十八	

李蘊僕	初二丙 初一 英文	十八
李鳳南	高一生物 初一博物	二十
吳光	各級圖畫勞作	二十
彭澤富	初二高二化學	十八
許光燦	高初中音樂	十三小时
鄭宗濂	高二初二體育 童軍	十
陳友灿	高一初一二體育 童軍	十
鍾華新	高二初一二體育 童軍	十
徐静溪	初二丙地理	二
嚴裕才		

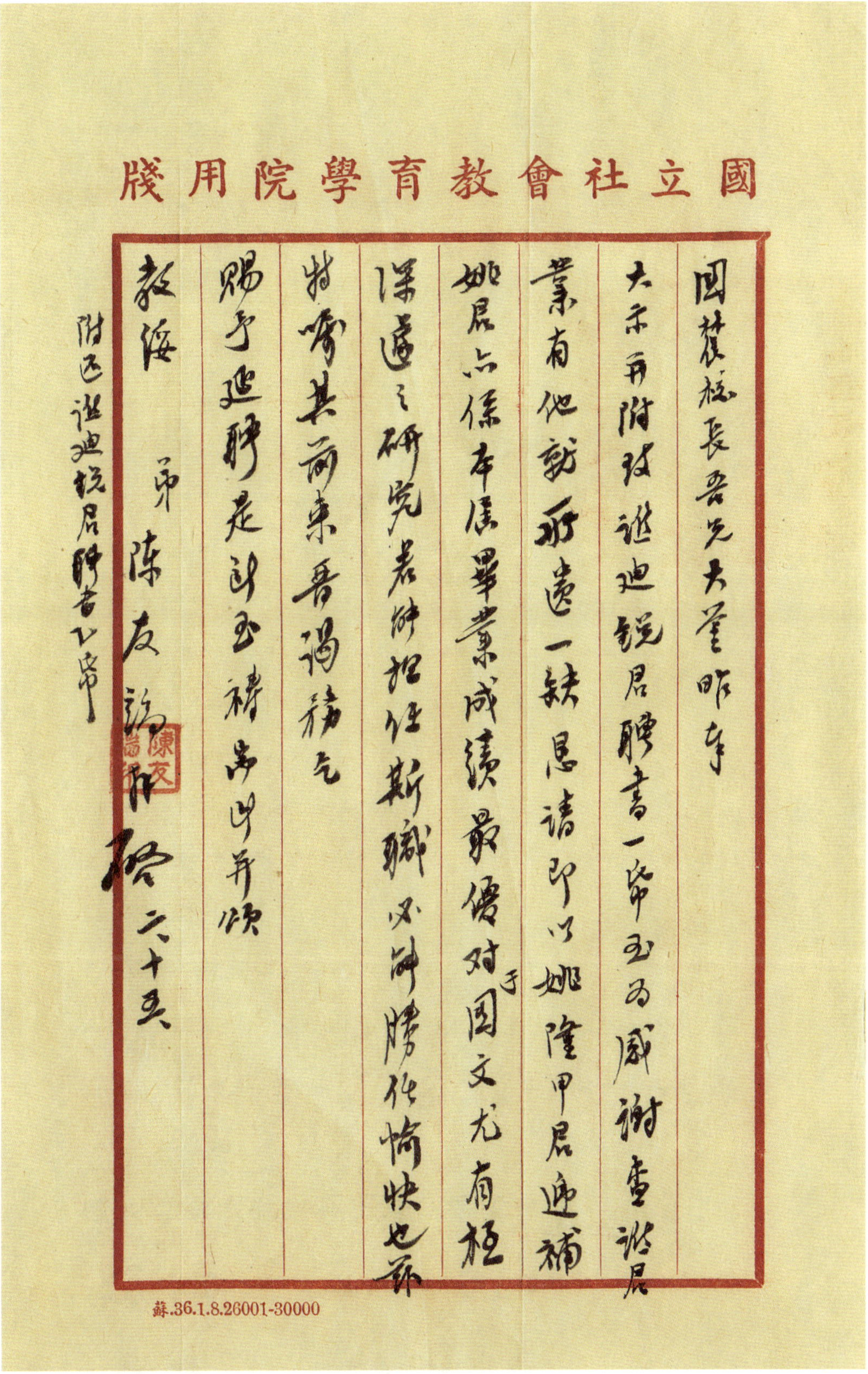
國立社會教育學院用牋

國農校長吾兄大鑒：昨奉

大示并附致誕迪銳君聘書一紙，至爲感謝。查誕君

業有他就，所遺一缺，懇請即以姚隆甲君遞補。

姚君亦係本院畢業，成績最優，對于國文尤有極

深邃之研究，若能擔任斯職，必能勝任愉快也。茲

特囑其前來晉謁，務乞

賜予延聘是所至禱，專此并頌

教綏

弟 陳友端 啓 二、十五

附還誕迪銳君聘書乙紙

陳友端

蘇.36.1.8.26001-30000

關于聘姚隆甲先生爲專任教員兼文書組組長的一組文件

陳友端致南國農的信箋（一九四七年二月十五日）

附：國立社會教育學院附屬中學聘書

檔號：1009-1-194

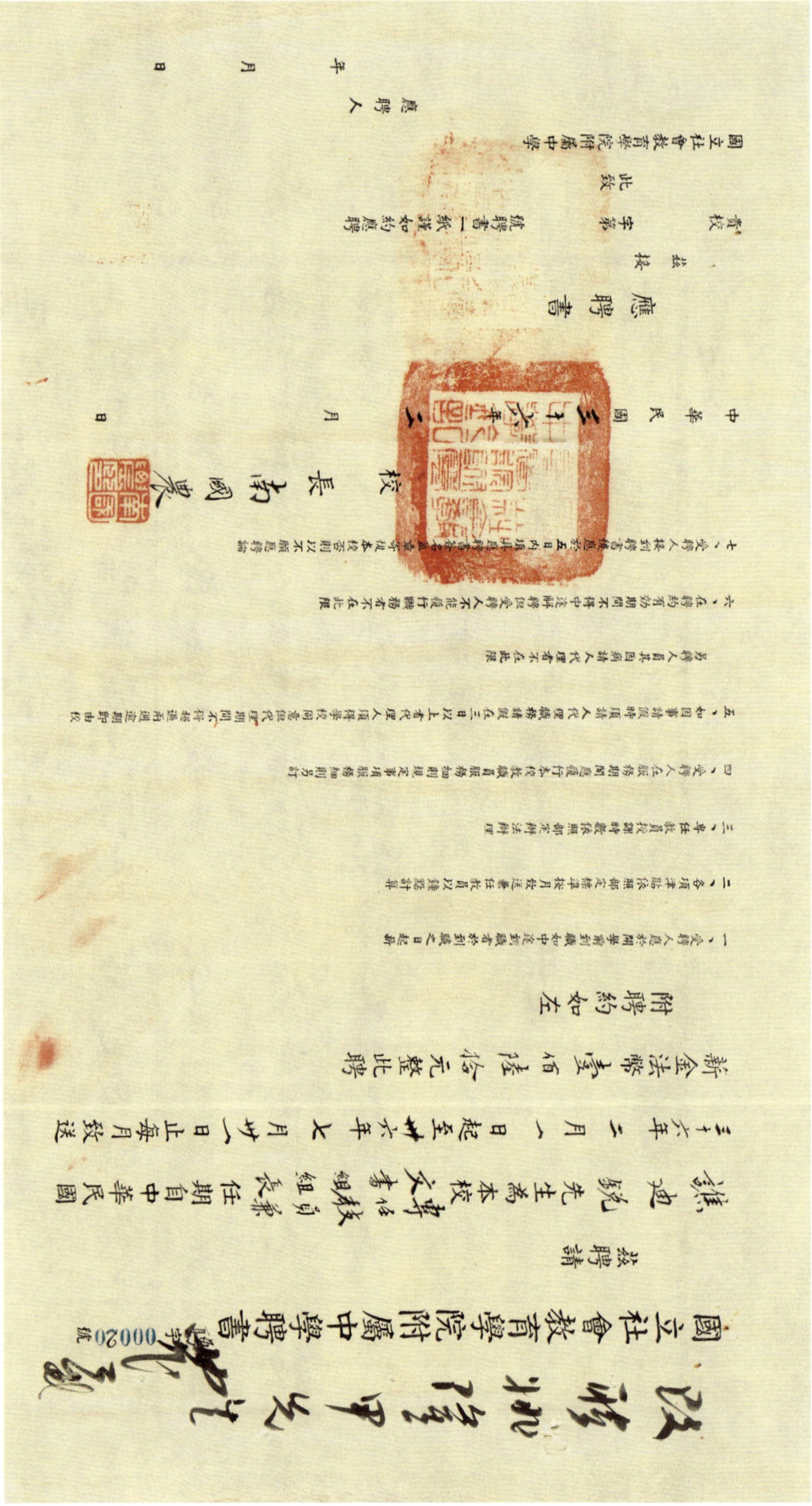

國立社會教育學院附屬中學聘書 字第00020號

茲聘請

謝迪魏先生為本校專任文書組組長任期自中華民國

三十六年二月一日起至卅六年七月卅一日止每月致送

新金法幣壹佰陸拾元整此聘

附聘約如左

一、受聘人應於開學前到職如中途到職者於到職之日起薪

二、各項津貼依照部定標準按月致送兼任教員以鐘點計算

三、專任教員授課時數依照部定辦法辦理

四、受聘人在服務期間應履行本校教職員服務細則規定事項服務細則另訂

五、如因事請假時須請人代理職務請假在三日以上者代理人須得學校同意但代理期間不得超過兩週逾期即由校另聘人員其因病請人代理者不在此限

六、在聘約有效期間不得中途辭聘但受聘人不能履行職務者不在此限

七、受聘人接到聘書後應於五日內填具應聘書簽名蓋章寄復本校否則以不願應聘論

校長 南國農

中華民國三十六年二月 日

應聘書

茲接

貴校 字第 號聘書一紙謹如約應聘

此致

國立社會教育學院附屬中學

應聘人

年 月 日

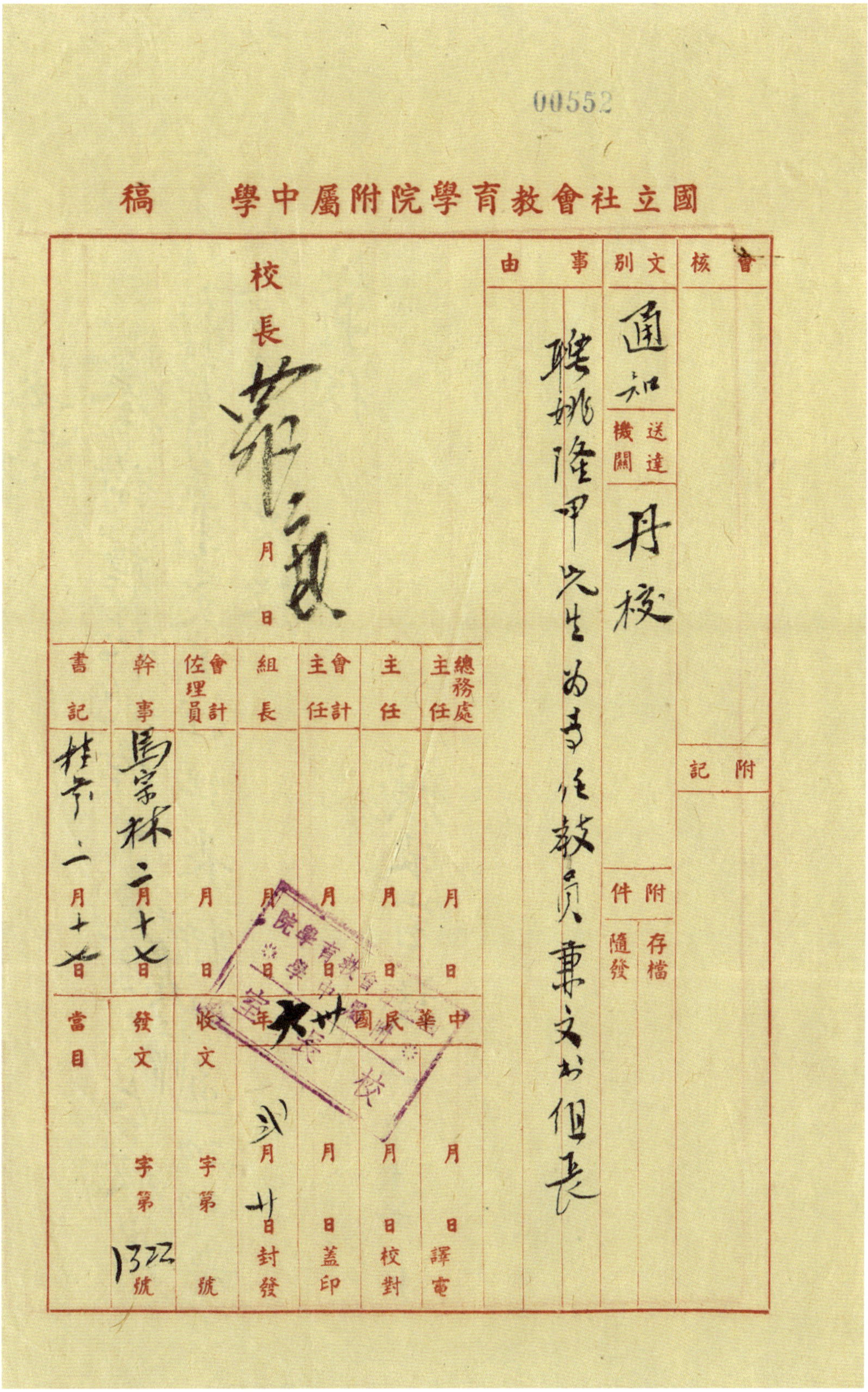

00552

國立社會教育學院附屬中學　稿

會核	文別	事由
	通知	聘姚隆甲先生為專任教員兼文書組長
附記	送達機關	
	丹校	
	附件	
	存檔 / 隨發	

校長　　月　日

總務處主任	主任	會計主任	組長	會計佐理員	幹事	書記
月　日	月　日	月　日	月　日	月　日	馬宗林　二月十七日	桂京　二月十七日

中華民國卅六年

譯電	校對	蓋印	封發	收文	發文	當日
月　日	月　日	月　日	二月廿日	字第　號	字第1322號	

國立社會教育學院附屬中學校長室

國立社會教育學院附屬中學校長室給丹陽分校的通知（一九四七年二月二十日）

檔號：1009-1-194

通知

奉諭：聘請姚隆甲先生為本校專任教員兼文書組組長（在本校工作）特此通知即希查照 此致

丹校

校長室啟 六月十七日

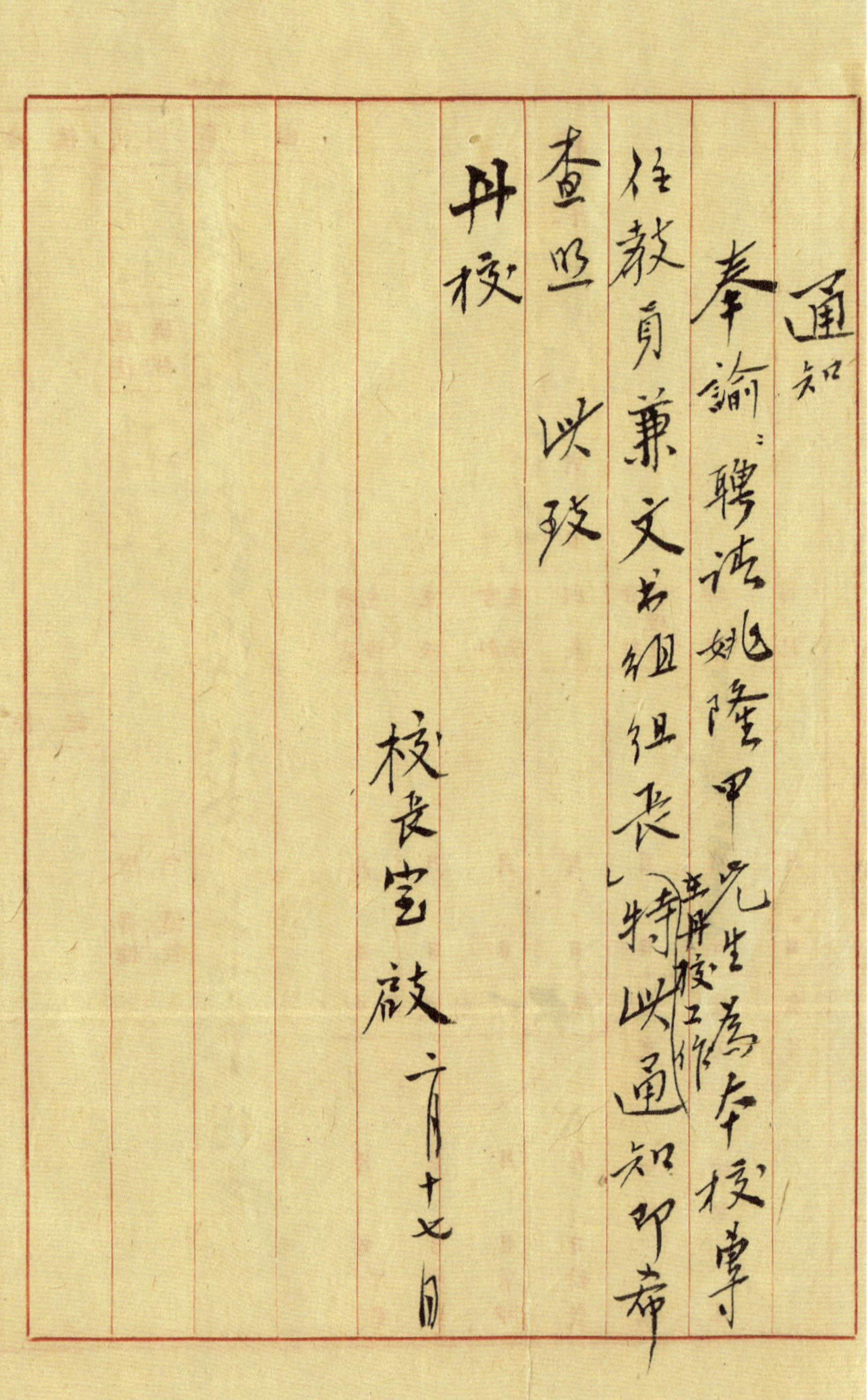

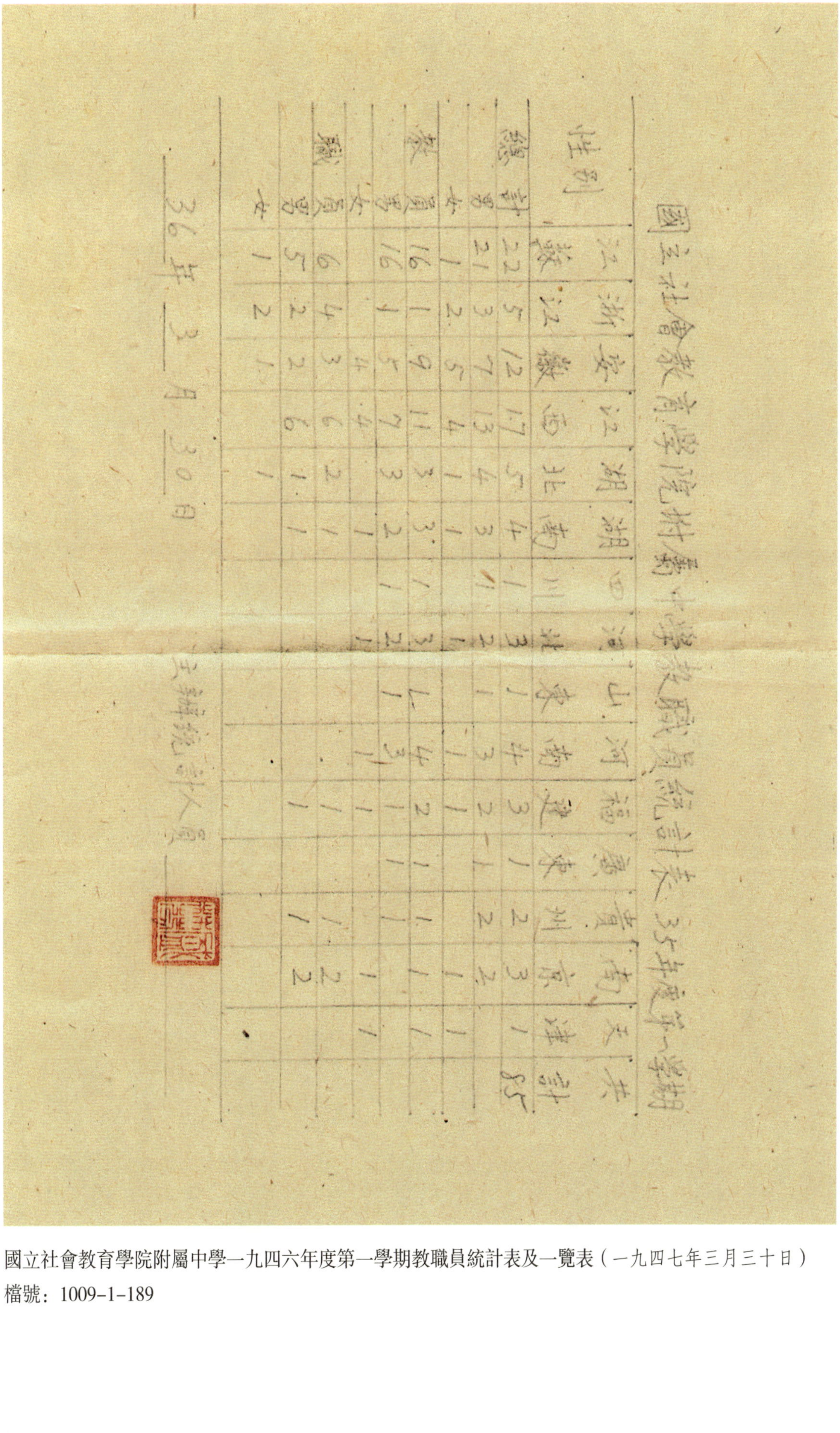

國立社會教育學院附屬中學教職員統計表　35年度第一學期

性別		江蘇	浙江	安徽	江西	湖北	湖南	四川	河北	山東	河南	福建	廣東	貴州	南京	天津	共計
總	計	22	5	12	17	5	4	1	3	1	4	3	1	2	3	1	85
	男	21	3	7	13	4	3	1	2	1	3	2	1	2	2		
	女	1	2	5	4	1	1		1		1	1			1	1	
教	員	16	1	9	11	3	3	1	3	1	4	2	1	1	1	1	
	男	16	1	5	7	3	2	1	2	1	3	1	1	1			
	女			4	4		1		1		1	1			1	1	
職	員	6	4	3	6	2	1					1		1	2		
	男	5	2	2	6	1	1					1		1	2		
	女	1	2	1		1											

36年3月30日　　主辦統計人員

國立社會教育學院附屬中學一九四六年度第一學期教職員統計表及一覽表（一九四七年三月三十日）

檔號：1009-1-189

國立社會教育學院附屬中學三十五年度第一學期教職員一覽表

職別	姓名	年齡	性別	籍貫	担任學科 高中	担任學科 初中	每週教學時數	月新	專任或兼任	到校年月	備註
校長	南國農	35	男	江西清江				400		三十四年九月	
校長室主任	熊庸風	30	男	〃	國文		6	300		三十五年八月	高一導師
教導處主任	冒鎣	28	男	江蘇泰縣	公民	公民	3	300		〃	
訓導處主任	趙國慶	31	男	河北		生理衛生	2	320		三十四年八月	兼高二甲導師
總務處主任	聶瑛	28	男	江西清江	公民	公民	4	300		三十五年八月	兼初一甲導師
體育處主任	王璧琳	32	男	安徽	體育	體育	6	240		三十五年三月	
教學組長	汪積藩	28	男	江蘇江浦		國文	6	220		三十五年八月	兼初二導師
註冊組長	羅思奇	35	男	湖南茶陵				180		三十五年二月	兼初二丙導師

職別	姓名	年齡	性別	籍貫	担任學科 高中	担任學科 初中	每週教學時數	薪	專任或兼任	到校年月	備註
設備組長	韓金錚	25	女	河北邢足		代數	6	200		三十五年二月	
訓育組長	魏建明	38	男	浙江衢縣		童子軍	4	240		三十四年八月	
生活管理組長	謝德明	31	男	江蘇江浦	體育	童子軍	12	220		三十五年八月	
文書組長	侯先亞	38	男	安徽滁縣	國文	國文	12	220		三十四年八月	兼高一乙導師
庶務組長	涂序裳	26	男	江西新建				180		三十五年八月	
出納組長	徐明寬	30	男	江西雲都				300		三十四年八月	
軍事教官	陳夢雲	31	男	廣東番禺	軍訓		12	180		三十五年八月	
女生指導	陳秋桂	26	女	江西		歷史	4	180		〃	

幹事	張遠程	32	男	江蘇句容				180		三十四年十一月	
幹事	李藹羣	27	男	江西				180		三十五年八月	
〃	黃文源	33	男	江蘇興化				150		仝	
〃	馬宗林	26	男	貴州貞豐				150		仝	
〃	郭靈仙	48	男	江蘇泰縣				150		仝	
〃	葛馥瀅	31	女	浙江				140		三十四年八月	
〃	胡蘇民	25	男	江蘇鹽城				140		三十五年八月	
〃	陳紹明	30	男	江西新淦				140		仝	
〃	汪中雲	35	男	安徽蕪湖				140		三十五年二月	

幹事	陳興乾	31	男	福建福州				140		三十四年九月	
幹事	曾信言	25	男	江西永豐				140		三十五年八月	
〃	王育黙	30	男	浙江鎮海				140		三十四年九月	
〃	何明信	33	女	安徽當塗				120		三十四年九月	
〃	朱華杰	29	男	南京				140		三十五年八月	
〃	黃潔梅	35	女	湖北				140		仝	
〃	胡靜安	26	女	江蘇				140		仝	
〃	胡亞琳	30	女	安徽蕪湖				130		仝	
〃	潘潔民	31	男	崇[illegible]縣						仝	

二

書記	龔之行	28	男	江蘇江浦				120		三十五年八月	
書記	龍偉	32	男	江西				120		三十五年八月	
〃	盛桂芬	44	男	南京市				120		〃	
〃	呂英	39	男	湖南祁陽				120		三十五年九月	
會計室主任	杜人傑	30	男	浙江餘姚				260		三十五年十月	
佐理員	秦曉琴	43	男	湖北漢陽				220		三十二年四月	
〃	余淮英	28	男	安徽壽縣				140		三十五年五月	
事務員	朱寶琳	20	女	浙江吳興				100		三十五年八月	
專任教員	余楷先	29	男	河南商城	外地三時	外地三時	6	320		三十四年八月	

職別	姓名	年齡	性別	籍貫	担任學科 高中	担任學科 初中	每週教學時數	月薪	專任或兼任	到校年月	備註
專任教員	陳毅	28	男	安徽合肥	公民	公民	5	200		三十四年八月	
〃	周子布	33	男	湖北黃梅	歷史 公民	公民	14	240		三十四年二月	兼高一丙導師
〃	吳夔	32	男	江蘇	美術	美術	10	220		三十四年九月	兼初一甲導師
〃	曹業焜	25	男	江西		英文	12	180		三十五年八月	兼初三甲導師
〃	陳常玉	41	女	福建平和	數學		12	280		仝上	兼高三導師
〃	劉則剛	30	男	江蘇蕭縣	數學	數學	12	220		仝上	兼初二導師
〃	林用中	42	男	江蘇丹陽		國文	12	200		仝上	兼初一甲導師
〃	馬祖熙	30	男	江蘇鹽城	國文		6	240		仝上	兼高二導師

職別	姓名	年齡	性別	籍貫	担任學科 高中	担任學科 初中	每週教學時數	月薪	專任或兼任	到校年月	備註
專任教員	傅可傳	37	男	江西新喻	英文		12	260		三十五年八月	
〃	王毓芹	27	女	天津		數學	18	160		〃	
〃	孫叙勤	33	男	湖南		數學	12	220		三十五年三月	兼初三乙導師
〃	祁開勇	32	男	湖北潛江	物理	物理	12	240		三十四年八月	兼高三導師
〃	高中	41	男	河南	國文		12	300		三十五年八月	兼高一甲導師
〃	嚴裕才	33	男	江蘇靖江	圖畫	圖畫 勞作	20	220		三十四年八月	
〃	韓邦昌	40	男	河北	英文	英文	18	280		三十五年八月	
〃	倪志書	34	男	江蘇	地理	地理	18	220		仝上	

職別	姓名	年齡	性別	籍貫	担任學科 高中	担任學科 初中	每週教學時數	月薪	專任或兼任	到校年月	備註
專任教員	鍾華新	35	女	江西	體育	童子軍	10	200		三十二年八月	
〃	鄭宗濂	34	男	江蘇武進	體育	體育 童子軍	10	220		三十四年九月	兼體育組長
〃	王居彥	38	男	四川	國文		12	240		三十五年八月	
〃	楊宏詮	31	女	安徽懷遠	英文		12	220		三十四年八月	
〃	朱金嫻	24	女	南京		英文	12	180		三十五年八月	兼初二乙導師
〃	程玉璉	43	女	安徽蕪湖		算術	12	220		三十二年九月	兼初一乙導師
〃	刁煥國	44	男	江蘇泰縣	歷史	歷史 地理	18	280		三十五年八月	
〃	黃鎣珍	27	女	湖南長沙	歷史	歷史 國文	18	220		仝上	

四

職別	姓名	年齡	性別	籍貫	擔任學科 高中	擔任學科 初中	每週教學時數	月薪	專任或兼任	到校年月	備註
專任教員	劉志新	46	男	河南	英文		18	200		三十四年八月	
〃	韓玉清	26	女	安徽舒城		英文	12	180		三十五年九月	
〃	鍾萃英	34	女	江西	生物	博物 生理衛生	15	180		三十二年八月	
〃	嚴德浴	42	男	江蘇泰縣	數學		18	280		三十五年八月	
〃	王逸順	31	男	安徽懷遠		代數	12	180		三十四年九月	兼初二甲導師
〃	鄧幼芝	27	女	江西		國文	6	220		三十五年八月	
〃	彭澤富	35	男	湖北天門	化學	化學	18	200		仝	
〃	林澤芸	33	女	福州市	國文		12	240		三十五年二月	兼高二乙導師

職別	姓名	年齡	性別	籍貫	擔任學科 高中	擔任學科 初中	每週教學時數	月薪	專任或兼任	到校年月	備註
專任教員	鄧紹明	26	男	江蘇	勞作	勞作	10	200		三十五年八月	
〃	黃國祥	27	男	江蘇鹽城		國文	6	180		仝	
〃	李蘊濮	25	女	安徽		英文	18	160		仝	
〃	陳友棋	32	男	江西	體育	體育 童軍	10	160		三十四年三月	
〃	吳東平	28	女	河南	數學		18	180		三十五年十一月	
〃	李鳳南	30	男	江蘇	生物	博物	20	180		仝	
〃	高超	40	男	江蘇泰縣	化理	化理	20	300		三十五年八月	
〃	曾傳	38	男	江西永豐	國文		6	300		三十四年八月	

五

職別	姓名	年齡	性別	籍貫	擔任學科		每週教學時數	月薪	專任或兼任	到校年月	備註
					高中	初中					
專任教員	周寶椿	36	男	江蘇鹽城	英文		6	240		三十五年八月	
〃	江光亞	32	男	安徽		國文	18	220		仝	
〃	郭乃安	27	男	貴州盤縣	音樂	音樂	10	220		仝	
〃	駱澤民	44	男	山東	地理		6	300		仝	

卅五年度第二學期京校教員擔任授課時數表

姓名	高三	高二	高一	初三	初二	初一甲	初一乙	共計（時）	備註
冒瑩	公1	公1	公1					3	兼教務主任
李祖照	國6	國6						12	兼高二導師
余楷先	地2	地2		地2 理4	地2 化4			16	專任
陳雲五	數6	數6			數6			18	專任
韓邦昌	英6	英6		英6				18	〃
高超	理8	化8						16	〃
于煥國	史2	史2	史2	史2	史2	史2 地2	史2 地2	18	〃
吳燮			美1 勞1	美1 勞1	美1 勞1	美1 勞1	美1 勞1	10	兼初一甲導師
汪積儀				公1	公1	公1	公1	4	兼初二導師及訓育組長
鍾華英			生5	生理衛生1	生理衛生1	博4	博4	15	專任
馬敏			地2	國6				8	兼高三導師
劉則剛			數6	數6				12	兼初三導師
樊□鳳			國6				國6	12	兼高一導師及校長室主任
王毓芹				國6	國6			~~XX~~6	兼初一乙導師 ~~[illegible]~~
謝德□				童2	童2	童2	童	8	兼管理組長
郝宗慶	體2	體2	體2	體2	體2	體2	體2	14	兼訓育員
Schofield	英3	英3	英3	英3	英3	英3	英3	21	專任
高德隆							英6	6	兼任
利詢深						國6		6	〃
南宜之						數6	數6	12	〃
程希逸		音1	音1	音2	音2	音2	音2	10	〃
韓玉清			英6		英6	英6		18	專任

本件送呈校長核閱
冒瑩 六，十六

國立社會教育學院附屬中學一九四六年度第二學期京校教員擔任授課時數表（一九四七年六月十六日）

檔號：1009-1-194

國立社會教育學院附屬中學三十五年度第二學期教職員一覽表

職別	姓名	年齡	性別	籍貫	擔任學科（高中）	擔任學科（初中）	每週教學時數	月薪	專任或兼任	到校年月	備註
校長	南國農	36	男	江西清江				400		三十四年九月	
	熊肅風	31	男	仝				320		三十五年八月	
	胥鎣	29	男	江蘇泰縣				320		仝	
	趙國慶	32	男	河北				320		三十四年八月	
	聶瑛	29	男	江西清江				320		三十五年八月	
	王璧琳	33	男	安徽				260		三十五年三月	
	汪積藩	29	男	江蘇江浦				240		三十五年八月	
	羅思齊	36	男	湖南茶陵				180		三十五年二月	

國立社會教育學院附屬中學一九四六年度第二學期教職員一覽表（一九四七年）

檔號：1009-1-189

職別	姓名	年齡	性別	籍貫	担任學科 高中	担任學科 初中	每週學時數	月薪	專任或兼任	到校年月	備註
	韓金錚	26	女	河北邢足				200		三十五年二月	
	魏建明	39	男	浙江衢縣				240		三十四年八月	
	謝德明	32	男	江蘇江浦				240		三十五年八月	
	姚淦甲							160			
	涂序褱	27	男	江西新建				180		三十五年八月	
	張遠程	33	男	江蘇句容				180		三十四年十一月	
	陳夢雲	32	男	廣東番禺				180		三十五年八月	
	陳秋桂	27	女	江西				180		仝	

職別	姓名	年齡	性別	籍貫	担任學科 高中	担任學科 初中	每週教學時數	月薪	專任或兼任	到校年月	備註
	李藹羣	28	男	江西				180		三十五年八月	
	黃文源	34	男	江蘇興化				150		仝	
	馬宗林	27	男	貴州貞豐				150		仝	
	郭蔭椿	49	男	江蘇泰縣				160		仝	
	葛馥瀅	32	女	浙江				140		三十四年八月	
	胡蘇民	26	男	江蘇鹽城				140		三十五年八月	
	胡亞琳	31	女	安徽蕪湖				130		仝	
	江中雲	36	男	安徽蕪湖				140		三十五年二月	

職別	姓名	年齡	性別	籍貫	担任學科 高中	担任學科 初中	每週教學時數	月薪	專任或兼任	到校年月	備註
	曾信言	26	男	江西永豐				140		三十五年八月	
	王育黙	31	男					140		仝	
	盛桂芬	45	男	南京市				140		仝	
	張鎮楚							150		三十六年二月	
	何明信		女					120			
	王光裕	27	男	江蘇				130		三十五年十二月	
	朱華杰	30	男	南京				140		三十五年	
	黃潔梅		女					140			

職別	姓名	年齡	性別	籍貫	担任學科（高中）	担任學科（初中）	每週教學時數	月薪	專任或兼任	到校年月	備註
	龍偉	33	男	江西				120		三十五年八月	
	章春元							140			
	楊蕃	19	男	江西清江				120		三十六年二月	
	張元初							120			
	呂英	40	男	湖南祁陽				120		三十五年九月	
	杜人傑	31	男	浙江餘姚				260		三十五年十月	
	余淮英	29	男	安徽壽縣				140		三十五年五月	
	段景韓	28	男	江蘇江都				100		三十六年二月	

職別	姓名	年齡	性別	籍貫	擔任學科 高中	擔任學科 初中	每週教學時數	月薪	專任或兼任	到校年月	備註
	吳毓玲		女					110		三十六年二月	
	余楷先	30	男	河南商城				320		三十四年八月	
	曾傳	39	男	江西永豐				300		仝	
	張靜儒							300		三十六年二月	
	高超	41	男	江蘇泰縣				300		三十五年八月	
	徐明寬	31	男	江西雲都				300		三十四年八月	
	周子布	34	男	湖北黃梅				240		三十四年二月	
	陳毅	29	男	安徽合肥				200		三十四年八月	

職別	姓名	年齡	性別	籍貫	担任學科 高中	担任學科 初中	每週教學時數	月薪	專任或兼任	到校年月	備註
	吳薆	33	男	江蘇				220		三十四年九月	
	曾萊焜	26	男	江西				180		三十五年八月	
	陳常玉	42	女	福建平和				280		仝	
	劉則剛	31	男	江蘇蕭縣				220		仝	
	林用中	43	男	江蘇丹陽				200		仝	
	馬祖熙	31	男	江蘇塩城				240		仝	
	王毓芹	28	女	天津				160		仝	
	孫叙勤	34	男	湖南				220		三十五年三月	

職別	姓名	年齡	性別	籍貫	担任學科 高中	担任學科 初中	每週教學時數	月薪	專任或兼任	到校年月	備註
	祁開勇	33	男	湖北潛江				240		三十四年八月	
	高中		男					300		三十五年八月	
	嚴裕才	34	男	江蘇靖江				220		三十四年八月	
	韓邦昌	41	男	河北				280		三十五年八月	
	倪志書	35	男	江蘇				220		仝	
	鍾萃新	36	女	江西				200		三十二年八月	
	鄭崇濂	35	男	江蘇武進				220		三十四年九月	
	王君彥	39	男	四川				240		三十五年八月	

四

職別	姓名	年齡	性別	籍貫	担任學科 高中	担任學科 初中	每週教學時數	月薪	專任或兼任	到校年月	備註
								200			
	朱金爛	25	女	南京市				180		三十五年八月	
	程玉璉	44	女	安徽蕪湖				220		三十二年九月	
	侯光亞	39	男	安徽滁縣				220		三十四年八月	
	刁煥國	45	男	江蘇泰縣				280		三十五年八月	
	黃瑩珍	28	女	湖南長沙				220		仝	
	劉志新	47	男	河南				200		三十四年八月	
	韓玉清	27	女	安徽舒城				200		三十五年九月	

職別	姓名	年齡	性別	籍貫	擔任學科（高中）	擔任學科（初中）	每週教學時數	月薪	專任或兼任	到校年月	備註
	鍾華英	35	女	江西				180		三十二年八月	
	嚴德裕	43	男	江蘇泰縣				280		三十五年八月	
	王通順	32	男	安徽懷遠				180		三十四年九月	
	鄧幼芝	28	女	江西				220		三十五年八月	
	彭澤富	36	男	湖北天門				200		仝	
	林澤芸	34	女	福州市				260		三十五年二月	
	李蘊樸		女					160		三十五年八月	
	陳友樵	33	男	江西				160		三十四年三月	

五

職別	姓名	年齡	性別	籍貫	担任學科 高中	担任學科 初中	每週教學時數	新	專任或兼任	到校年月	備註
專任教員	吳東平		女					180		三十五年十一月	
〃	李鳳南		男					180		仝	
〃	許光爍							200			
〃	萬敏	39	男	安徽滁縣				280		三十六年二月	
〃	俞靜之							200			
兼任教員	于思							96			
								96			
	邢洵源							96			

職別	姓名	年齡	性別	籍貫	擔任學科 高中	擔任學科 初中	每週教學時數	月新	專任或兼任	到校年月	備註
	郭乃安							96			
	南宜之							96			
	祁開勇							96			
	徐靜溪							96			
	王榮成							96			
	王鍾全							96			

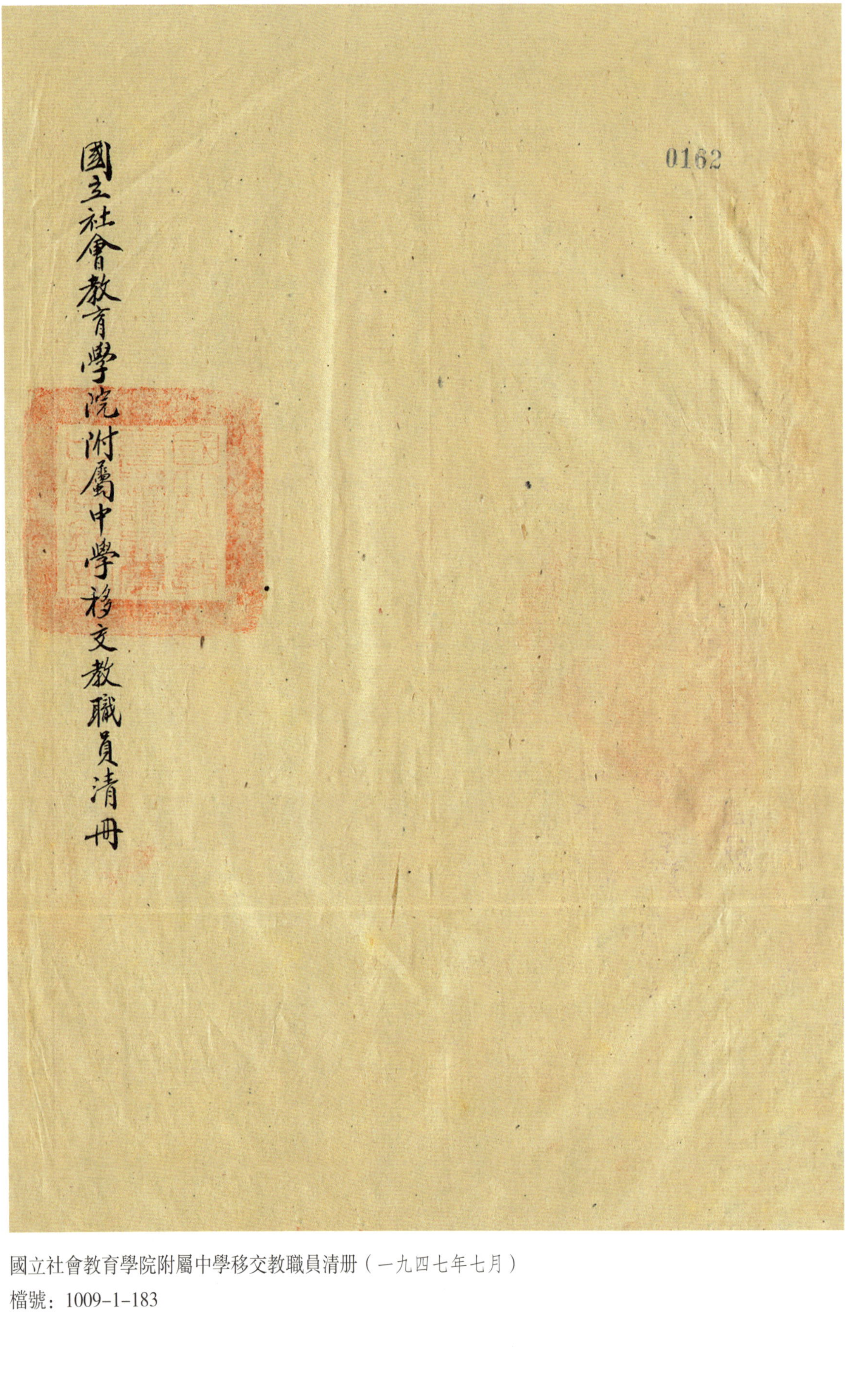
0162

國立社會教育學院附屬中學移交教職員清冊

國立社會教育學院附屬中學移交教職員清冊（一九四七年七月）

檔號：1009-1-183

國立社會教育學院附屬中學教職員名冊 民國三十六年七月造

職別	姓名	籍貫	年齡	性別	到職日期	月薪	備註
校長	南國農	江西清江	35	男	卅四年九月	400.-	
校長室主任	熊肅風	江西	32	〃	卅五年八月	320.-	
教務處主任	管鎣	江蘇泰縣	30	〃	仝	320.-	
訓導處主任	趙國慶	河北	31	〃	卅四年八月	320.-	
總務處主任	聶瑛	江西清江	28	〃	卅五年八月	320.-	
體育處主任	王璧琳	安徽	32	〃	三十五年二月	260	
會計室主任	杜人傑	浙江餘姚	30	〃	卅五年十月	260	
教學組組長	汪積藩	江蘇江浦	28	〃	卅五年八月	240	

註冊組組長	羅思齊	湖南茶陵	35	男	卅五年一月	180
設備組組長	韓全錚	河北邢縣	25	女	卅五年二月	200
訓育組組長	魏建明	浙江衢縣	38	男	卅四年八月	240
生活管理組組長	謝德明	江蘇江浦	31	〃	卅五年八月	240
文書組組長	姚澄甲	江西九江	30	〃	卅六年二月	160
出納組組長	張遠程	江蘇句容	32	〃	卅四年九月	180
庶務組長	李鶴羣	江西萍鄉	25	〃	卅五年八月	180
軍訓教官	陳夢雲	廣東	31	〃	卅五年八月	180
女生指導	陳秋桂	江西	26	女	仝	180
幹事	黃文源	江蘇興化	33	男	仝	150

幹事	馬宗林	貴州貞豐	26	男	廿[illegible]年八月	150
〃	郭靈仙	江蘇泰縣	48	男	〃	160
〃	葛馥滋	浙江	31	女	廿四年八月	140
〃	胡蘇民	江蘇鹽城	25	男	廿五年八月	140
〃	汪中雲	安徽蕪湖	35	男	廿五年一月	140
〃	王育黔	浙江鎮海	30	〃	廿五年九月	140
〃	盛桂芬	南京市	44	〃	廿五年八月	140
〃	張鎮楚	湖南沅江	29	〃	廿六年二月	150
〃	何明信	安徽當塗	33	女	廿四年九月	120
〃	王光裕	江蘇東台	28	男	廿六年二月	140

幹事	宋華杰	南京市	29	男	卅五年八月	140
〃	黃潔梅	廣東台山	35	女	〃	140
〃	章春元	安徽桐城	35	男	卅六年三月	140
〃	胡亞琳	安徽蕪湖	30	女	卅五年八月	130
〃	張濟濵	江西九江	38	男	卅六年七月	140
書記	龍偉	江西	32	〃	卅五年八月	120
〃	楊蕃	江西清江	19	〃	卅六年二月	120
〃	張元初	四川璧山	26	〃	卅六年二月	120
〃	呂英	湖南祁陽	39	〃	卅五年九月	120
佐理員	余淮英	安徽壽縣	28	〃	卅五年五月	24[illegible]

39	佐理員	丁以本	浙江杭州	29	男	廿六年五月	200
40	助理員	吳毓玲	安徽當塗	23	女	廿六年二月	130
41	〃	殷景韓	江蘇江都	27	男	廿六年二月	100
42	專任教員	余楷先	河南商城	29	〃	廿四年八月	300
43	〃	高趙	江蘇泰縣	40	〃	廿五年八月	300
44	〃	周子布	湖北黃梅	33	〃	廿四年二月	240
45	〃	陳毅	安徽合肥	28	〃	廿四年八月	200
46	〃	吳夔	南京市	32	〃	廿四年九月	220
47	〃	曾業烶	江西	25	〃	廿五年八月	180
48	〃	陳常玉	福建平和	41	女	〃	280

專任教員	劉則剛	江蘇蕭縣	30	男	卅五年八月	220
〃	林用中	江蘇丹陽	42	〃	〃	200
〃	馬祖熙	江蘇鹽城	30	〃	〃	240
〃	王毓芹	天津	27	女	〃	180
〃	孫叙勤	湖南	33	男	卅五年三月	220
〃	祁開勇	湖北潛江	32	〃	卅四年八月	240
〃	高中	河南	41	〃	卅五年八月	300
〃	嚴裕才	江蘇靖江	33	〃	卅四年八月	220
〃	韓邦昌	河北	40	〃	卅五年八月	280
〃	倪志書	江蘇	34	〃	〃	220

專任教員	鍾萃新	江西	35	女	卅二年八月	200
〃	王君彥	四川	38	男	卅五年八月	240
〃	朱金爛	南京市	24	女	〃	180
〃	程玉璉	安徽蕪湖	43	女	卅二年九月	220
〃	侯光亞	安徽潛縣	38	男	卅四年八月	222
〃	刁煥國	江蘇泰縣	44	〃	卅五年八月	280
〃	黃蕙珍	湖南長沙	27	女	〃	220
〃	劉志新	河南	46	男	卅四年八月	200
〃	韓玉清	安徽舒城	26	女	卅五年九月	200
〃	鍾萃英	江西	34	〃	卅二年八月	180

專任教員	嚴德浴	江蘇泰縣	42	男	卅五年八月	280
〃	王述順	安徽懷遠	31	〃	卅四年九月	180
〃	鄧幼芝	江西	27	女	卅五年八月	200
〃	彭澤富	湖北天门	35	男	〃	200
〃	林澤芸	福州市	33	女	〃	260
〃	李蕴樸	安徽	25	女	〃	160
〃	陳友桭	江西	32	男	卅四年三月	160
〃	吳盛輝	湖南	25	男	卅六年三月	200
〃	李鳳南	江蘇	30	〃	卅五年十一月	180
〃	許光燦	江蘇無錫	38	〃	卅四年九月	200

南京中山路□記紙號出品

專任教員	萬敏	安徽	39	男	廿六年二月	280
〃	施可裴	英國	32	女	廿六年四月	300
〃	鄭宗濂	江蘇武進	34	男	廿四年九月	220
〃	涂序褰	江西	26	〃	廿五年八月	180
〃	徐明寬	江西	30	〃	廿四年八月	300
〃	范慶陽	安徽桐城	28	〃	廿六年　月	220
〃	晏沖	湖北	25	〃	廿六年四月	200
〃	俞靜之	〃	31	〃	廿六年二月	220
幹事	李夔甫	安徽	37	〃	廿六年五月	140
校醫	王俊侃	江蘇	31	〃	廿六年二月	320

兼任教員	高德隆			男	廿六年二月	90
〃	郭乃安	貴州		〃	廿五年	90
〃	南宜之	江西		〃	廿五年	90
〃	于思	江蘇	引	〃	廿六年二月	90
〃	徐靜漢			〃	仝	90
〃	王榮成			〃	仝	90
〃	邢潤源			〃	廿六年二月	90
〃	王鍾全			〃	廿六年二月	90

新任
監盤
卸任
主管人

中華民國三十六年七月　日

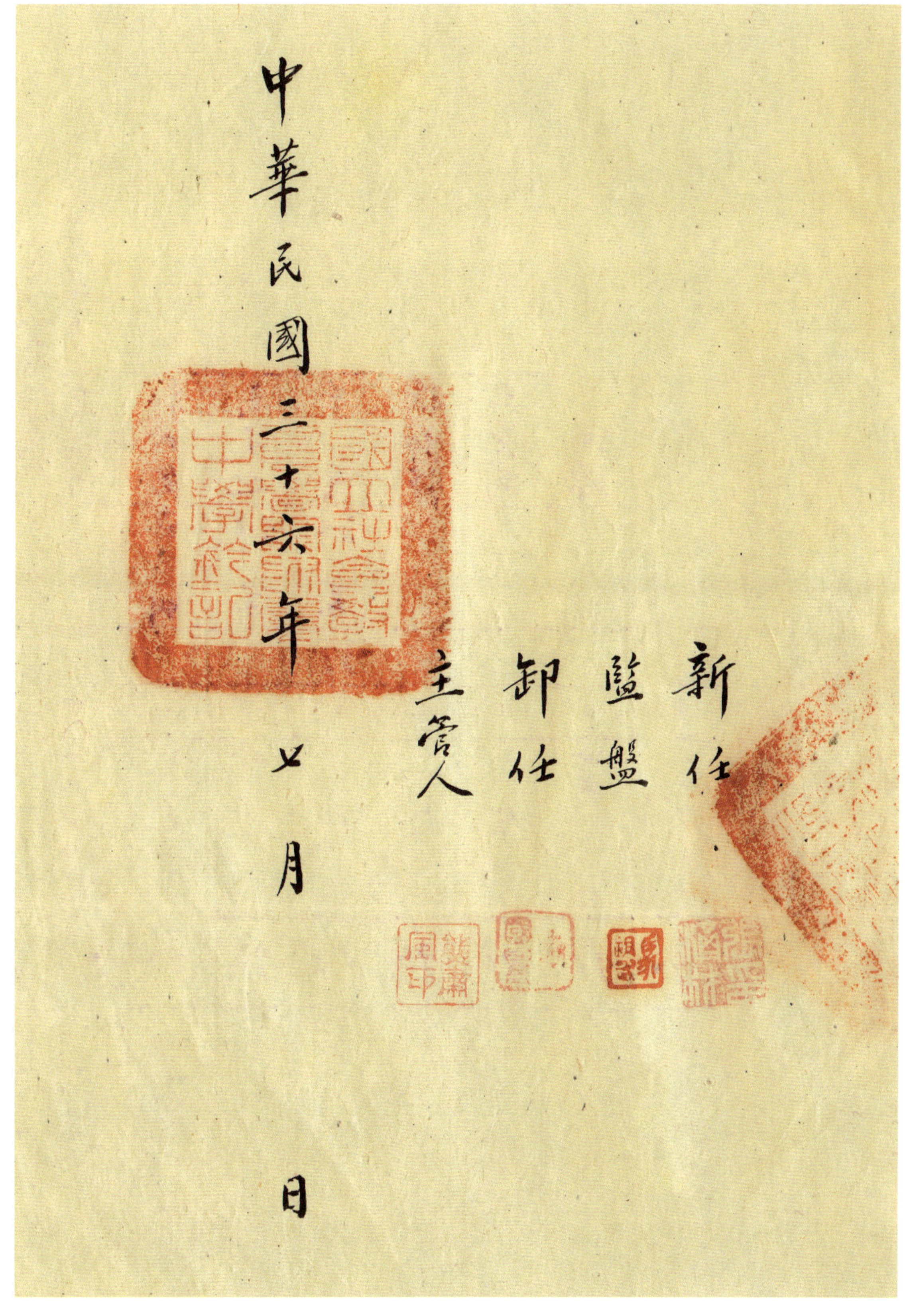

0153 0017

國立社會教育學院附屬中學八月份留校員工名冊

國立社會教育學院附屬中學八月份留校員工名冊（一九四七年八月）

檔號：1009-1-183

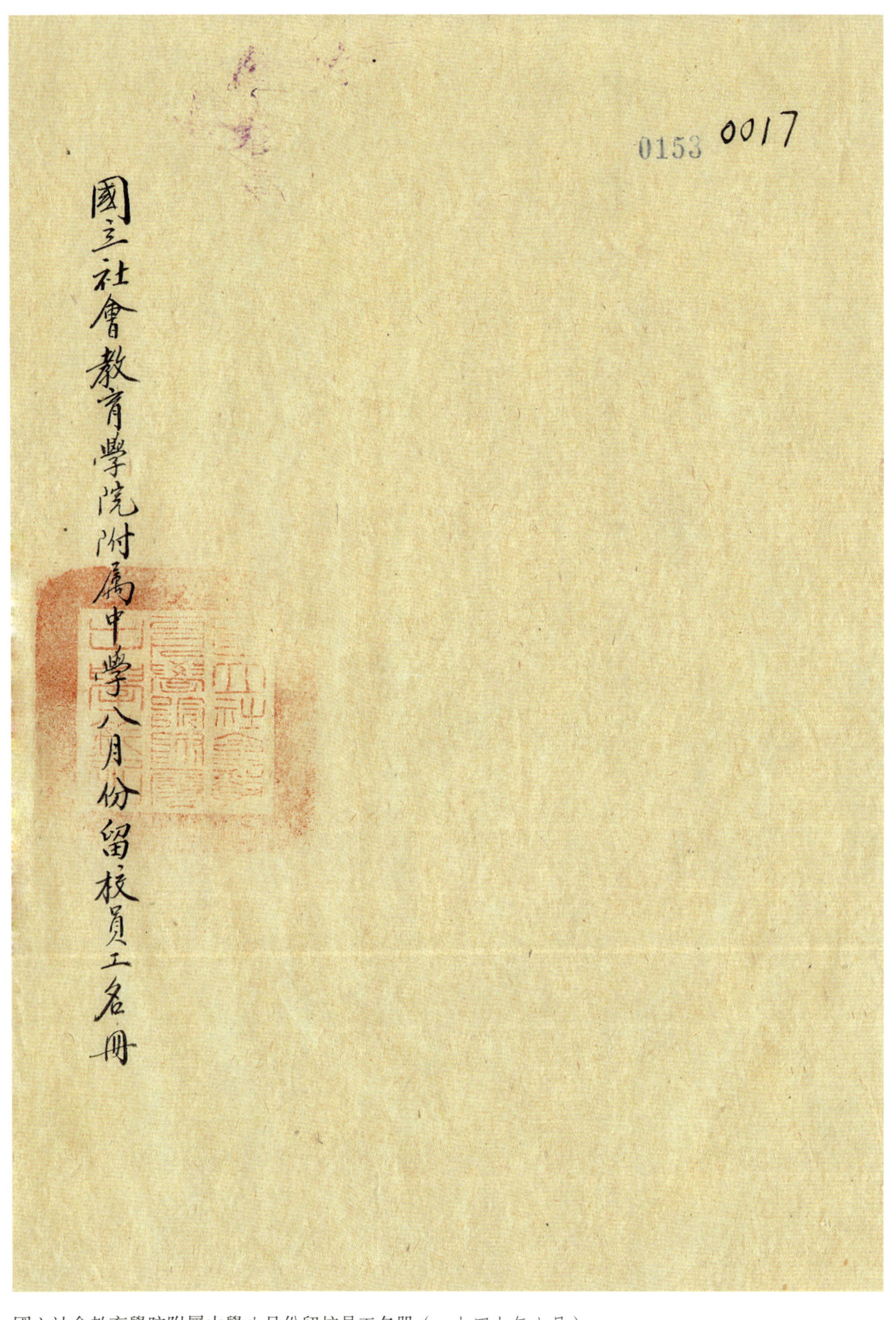

國立社會學院附屬中學留校員工名冊

字號	姓名
戒 22729	汪積藩
〃 22730	羅思奇
〃 22733	謝德明
〃 22734	姚隆甲
〃 22737	陳夢雲
〃 22742	郭靈仙
〃 22746	蔣中雲
〃 22748	熊肅風

戊	22749	王育照
〃	22750	盛桂芬
〃	22754	朱華杰
〃	22762	杜人傑
〃	22763	余淮英
〃	22764	段景韓
〃	22768	高超
〃	22770	周子布
〃	22771	陳毅
〃	22772	吳夔

戌	22774	陳常玉
〃	22775	劉則剛
〃	22776	林用中
〃	22777	馬祖巨
〃	22778	王毓芹
〃	22779	孫叙勤
〃	22781	高中
〃	22784	倪志書
〃	22785	鍾華新
〃	22788	王居彥

二

職	22791	侯光亞
〃	22792	刁煥國
〃	22795	韓玉清
〃	22796	鍾華英
〃	22797	嚴總浴
〃	22800	彭澤富
〃	22803	陳友樵
〃	22805	李鳳南
工	9265	竇昌華
〃	9266	宛有成

工	9267	杜宝贵
〃	9268	易泰明
〃	9271	金尚元
〃	9278	王有成
〃	9280	楊朝玉
〃	9284	萬清雲
〃	9287	金明昌
〃	9288	張俊儒
〃	9276	丁元榮
〃	9277	楊德全

三

工	9285	錢泰民
×		~~倉明昌~~
工	9289	胥萬隆
〃	9292	史明棠
〃	9293	董明軒
〃	9295	林秀英
〃	9296	李素明
〃	9302	刘廣仁
〃	9303	李日新
〃	9305	施德餘

工	9306	雒宣堂
〃	9307	尤春芳
〃	9309	錢之發
〃	9311	錢龍美
〃	9312	唐凤臣
〃	9313	黄學文
〃	9314	張興和
〃	9315	易春庭
〃	9316	張銘羣
〃	9317	鄧光發

四

工	9319	張書田
"	9320	周玉良
"	9321	江覺非
"	9322	江西文
"	9323	唐代祿
"	9324	詹銀彦
"	9330	彭昌義

以上共計五十四名留校

校長 張濟材

中華民國三十六年八月 日

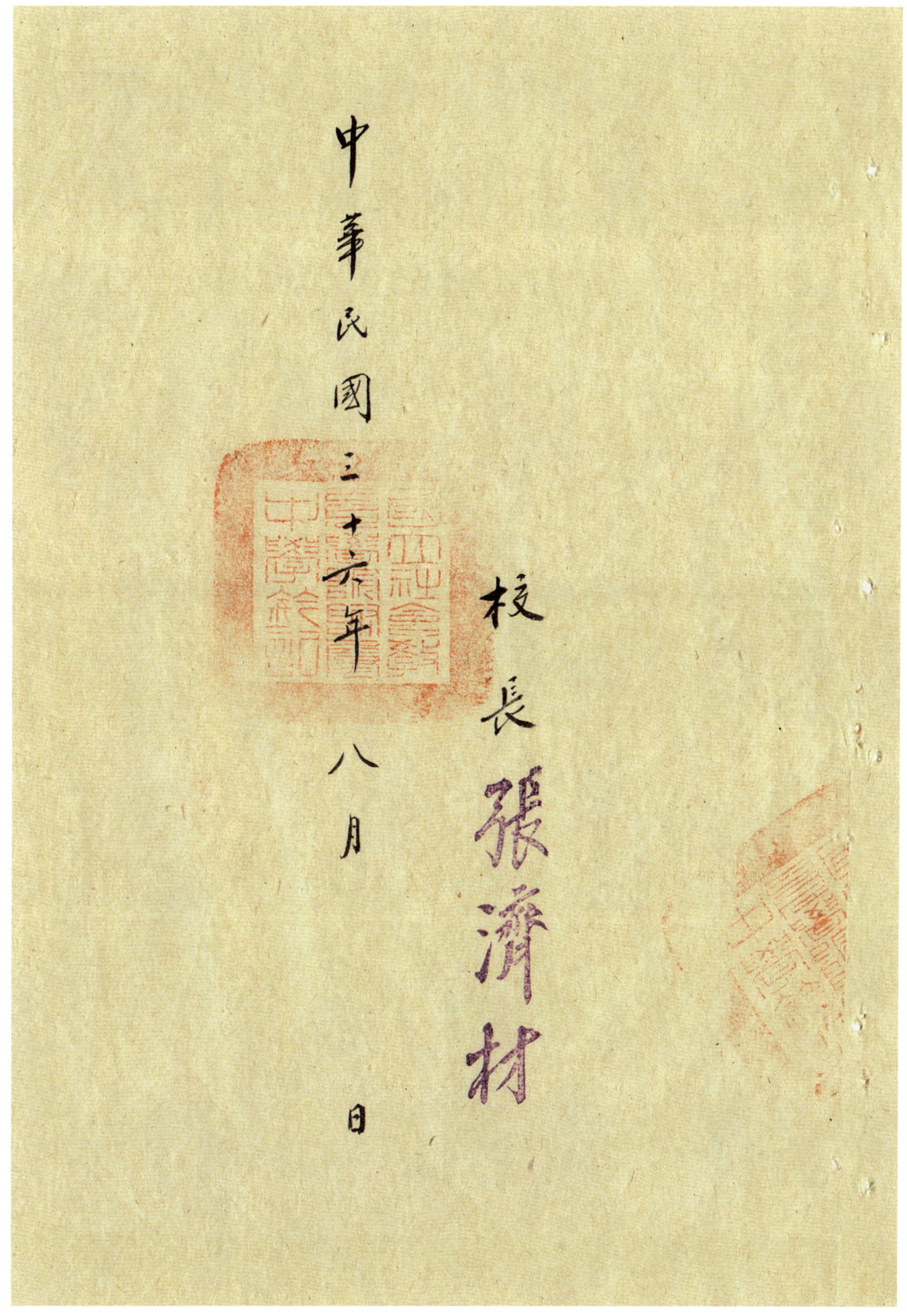

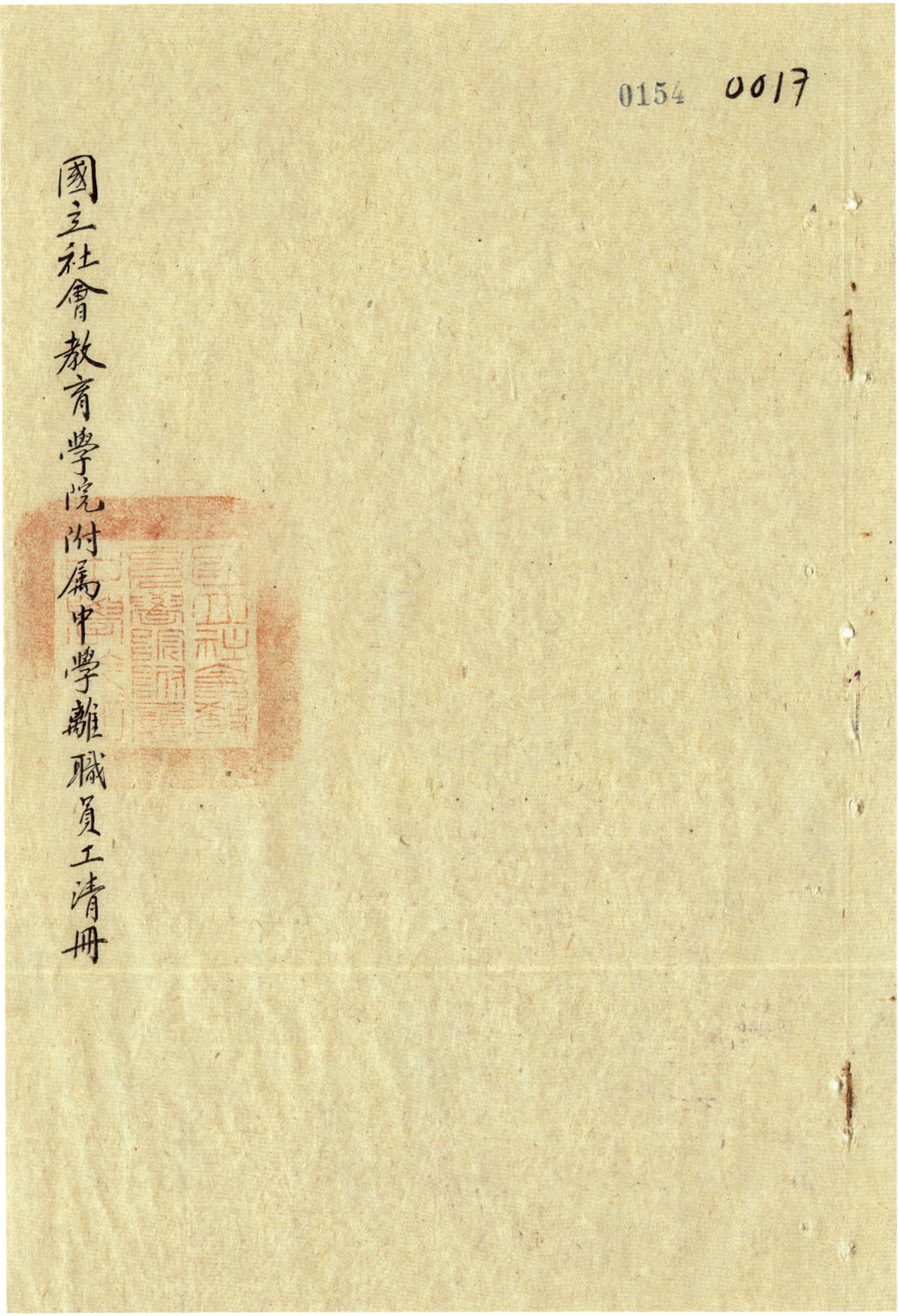

0154 0017

國立社會教育學院附屬中學離職員工清冊

國立社會教育學院附屬中學離職員工清冊（一九四七年八月）

檔號：1009-1-183

國立社會教育學院附屬中學離職員工清冊

配購證字號	姓名	離職月	離職日	剩餘配購票月份	備註
職22724	南國農	七	廿一	校方移交時不曾繳還	
〃22725	胥鎣	〃	〃	〃	
〃22726	趙國慶	〃	〃	〃	
〃22727	聶瑛	〃	〃	〃	
〃22728	王璧琳	〃	〃	〃	
〃22731	韓金錚	〃	〃	〃	
〃22732	魏建明	〃	〃	〃	
〃22735	張遠程	〃	〃	〃	

職	22736	涂序襄	〃	〃	校方移交時不曾繳還
〃	22738	陳秋桂	〃	〃	〃
〃	22739	李靄群	〃	〃	〃
〃	22740	黃文源	〃	〃	〃
〃	22741	馬宗林	〃	〃	〃
〃	22743	葛馥瀅	〃	〃	〃
〃	22744	胡蘇民	〃	〃	〃
〃	22745	陳紹明	〃	〃	〃
〃	22747	曾信言	〃	〃	〃
〃	22751	張鎮楚	〃	〃	〃

一

〃	22752	何明信	〃	〃	〃
〃	22753	王光裕	〃	〃	〃
〃	22755	黄潔梅	〃	〃	〃
〃	22756	龍偉	〃	〃	〃
〃	22757	章春元	〃	〃	〃
〃	22758	楊蕃	〃	〃	〃
〃	22759	張元礿	〃	〃	〃
〃	22760	呂英	〃	〃	〃
〃	22761	胡亚琳	〃	〃	〃
〃	22765	余楷先	〃	〃	〃

二

職	22766	曾傅	七	廿	校方移交時不曾繳還
〃	22767	張靜儒	〃	〃	〃
〃	22769	徐明寬	〃	〃	〃
〃	22773	曾業旋	〃	〃	〃
〃	22780	祁開勇	〃	〃	〃
〃	22782	嚴裕才	〃	〃	〃
〃	22783	韓邦昌	〃	〃	〃
〃	22786	鄭宗濂	〃	〃	〃
〃	22788	陳書聲	〃	〃	〃
〃	22789	朱金爛	〃	〃	〃

二

〃	22790	程玉璉	〃	〃	〃
〃	22793	黃堂珍	〃	〃	〃
〃	22794	劉志新	〃	〃	〃
〃	22798	王逸順	〃	〃	〃
〃	22799	鄧幼芝	〃	〃	〃
〃	22801	林澤芸	〃	〃	〃
〃	22802	李蘊樸	〃	〃	〃
〃	22804	吳東平	〃	〃	〃
〃	22806	許光燦	〃	〃	〃
〃	22807	萬敏	〃	〃	〃

三

職	22808	俞靜之	又	廿	校方移交時不曾繳還
工	9269	劉高	〃	〃	〃
〃	9270	江家華	〃	〃	〃
〃	9272	金開鏞	〃	〃	〃
〃	9273	劉家振	〃	〃	〃
〃	9274	戴瑞榮	〃	〃	〃
〃	9275	陳啟才	〃	〃	〃
〃	9279	何元榮	〃	〃	〃
〃	9281	令狐昌臨	〃	〃	〃
〃	9282	賈全傑	〃	〃	〃

工	9283	陳有恒	〃	〃	〃
〃	9287	高戴雲	〃	〃	〃
〃	9290	鄭樹青	〃	〃	〃
〃	9291	徐克成	〃	〃	〃
〃	9294	何克君	〃	〃	〃
〃	9297	袁守文	〃	〃	〃
〃	9298	王慧章	〃	〃	〃
〃	9299	何元雲	〃	〃	〃
〃	9300	甘得克	〃	〃	〃
〃	9301	張厚福	〃	〃	〃

工	9304	劉萬年	七	廿一	校方移交時不曾繳還
〃	9308	嚴敦許	〃	〃	〃
〃	9310	禹炳得	〃	〃	〃
〃	9318	祝嘉元	〃	〃	〃
〃	9325	趙文山	〃	〃	〃
〃	9326	樊光卿	〃	〃	〃
〃	9327	宋光榮	〃	〃	〃
〃	9328	荀治安	〃	〃	〃
〃	9329	唐治華	〃	〃	〃
〃	9331	戴紹平	〃	〃	〃
〃	9332	楊大志	〃	〃	

以上離職員工共計七十九人

校長　張濟材

中華民國三十六年八月　日

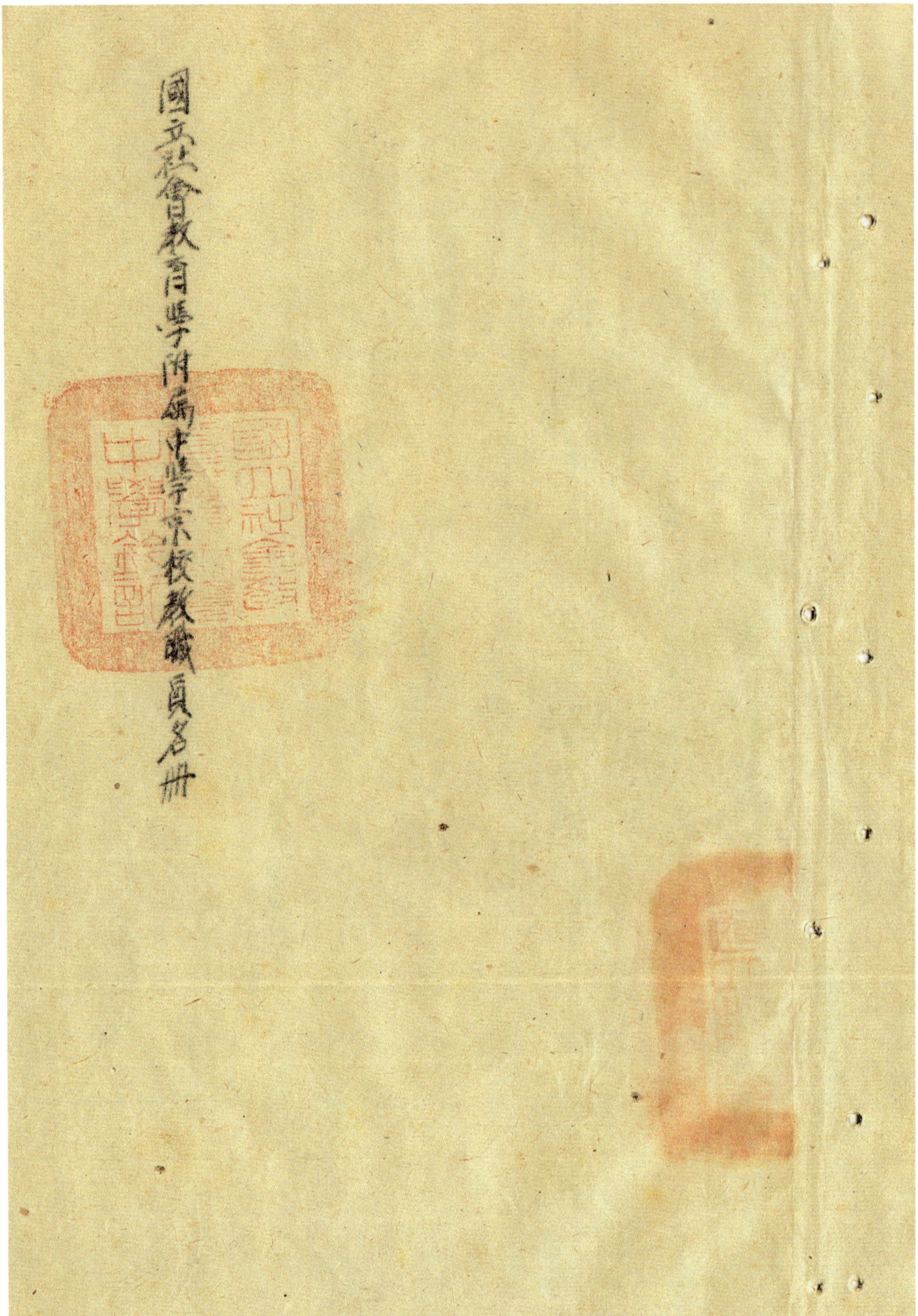

國立社會教育學院附屬中學京校教職員名冊（一九四七年九月）

檔號：1009-1-183

國立社會教育學院附屬中學京校教職員名冊

職別	姓名	籍貫	年齡	性別	到職日期	月薪	備註
校長	張濟材		46	男	卅六年	400	
會計主任	杜人傑	浙江餘姚	30	〃	卅五年十月	260	
專任教員	高超	江蘇泰縣	40	〃	卅五年八月	300	
	陳常玉	福建平和	41	〃	〃	260	
	吳燮	南京市	32	〃	卅四年九月	240	
	劉剛剛	江蘇蕭縣	30	〃	卅五年八月	240	
	姚步塘			〃	卅六年八月	260	
	鍾華英	江西	34	女	卅三年八月	200	

刁煥國	江蘇泰縣	44	男	卅五年八月	300
韓玉清	安徽舒城	26	女	卅五年九月	200
施可妃	英國		〃	卅六年四月	300
陳毅	安徽合肥	28	男	卅四年八月	220
張連城			〃	卅六年八月	300
唐世申			〃	〃	180
王毓芹	天津	27	女	卅五年八月	200
謝德明	江蘇江浦	31	男	〃	260
南宜之	江西		〃	卅五年	240
汪積藩	江蘇江浦	24	〃	卅五年八月	260

教務幹事	郭慶仙	江蘇泰縣	48	男	廿五年八月	180
訓導幹事	朱華燕	南京市	29	〃	〃	160
文書幹事	臧桂芬	〃	44	〃	〃	160
事務幹事	汪中雲	安徽蕪湖	25	〃	廿五年二月	160
〃	王育黔	浙江鎮海	30	〃	廿五年九月	160
會計佐理員	余淮英	安徽壽縣	28	〃	廿五年五月	240
〃	丁以本	浙江杭州	29	〃	廿六年五月	200
會計助理員	吳毓玲	安徽當塗	27	女	廿六年三月	130
專任教員	熊肅風	江西	32	男	廿五年八月	300
〃	高中	河南	41	〃	廿五年八月	300

專任教員	高德隆			〃	卅六年二月	90	半薪
〃	沈子雲					90	〃

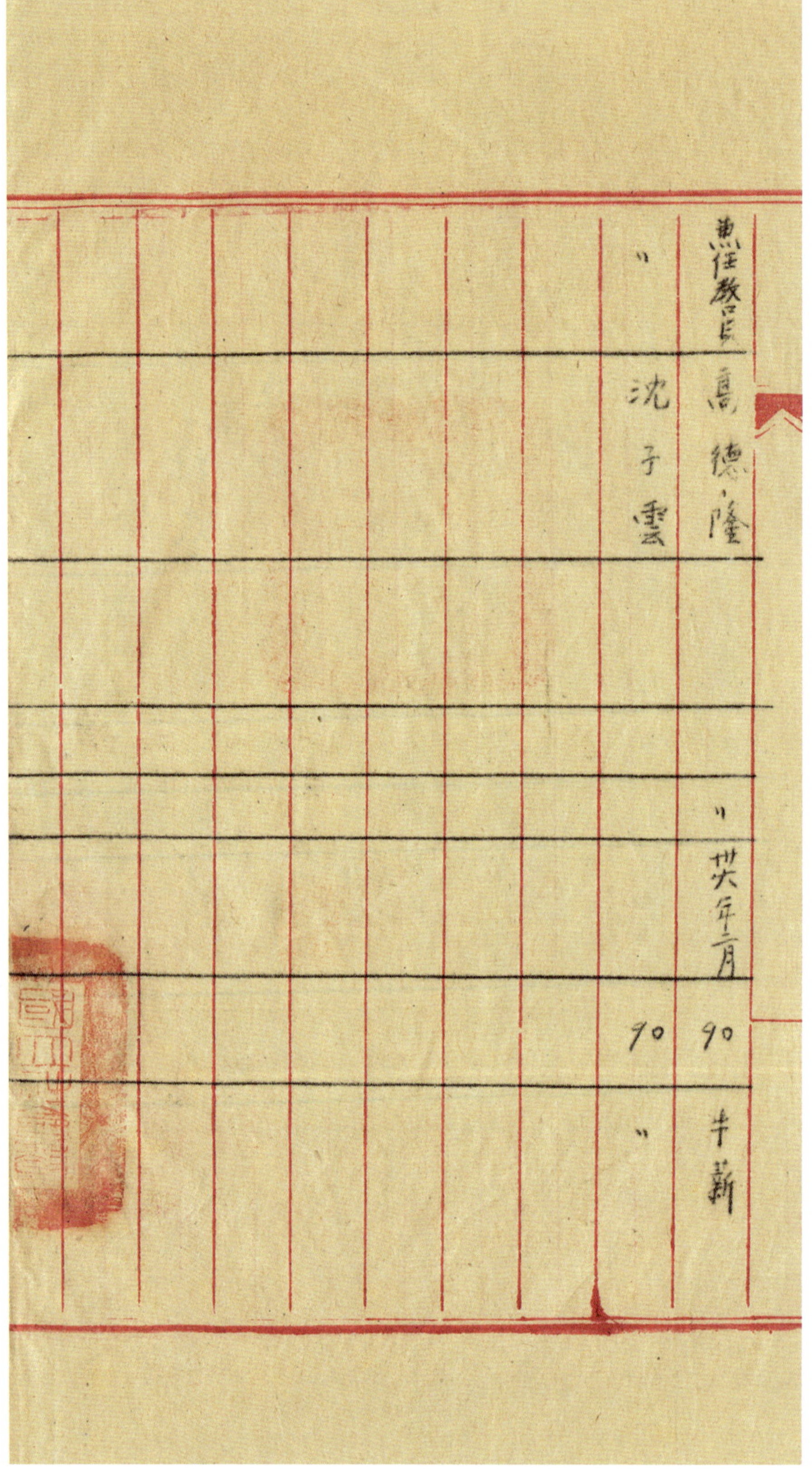

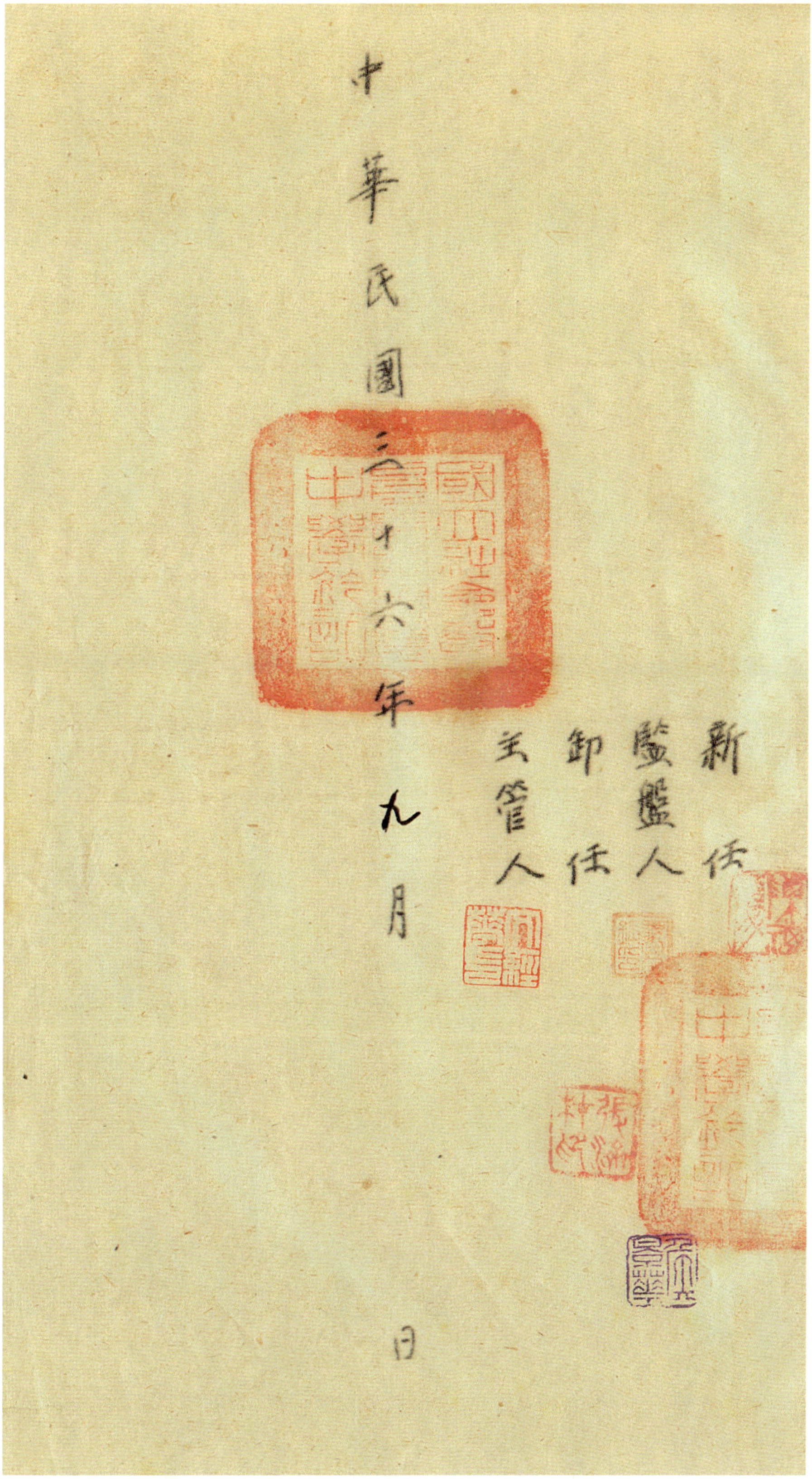

新任
監盤人
卸任
主管人

中華民國二十六年九月　日

叁 學生學籍及名册

0044

國立社會教育學院附屬初級中學第三十一年度第二學期各級學生一覽表

國立社會教育學院附屬初級中學一九四二年度第二學期各級學生一覽表（一九四三年五月）

附：各級學生統計表

檔號：1009-1-201

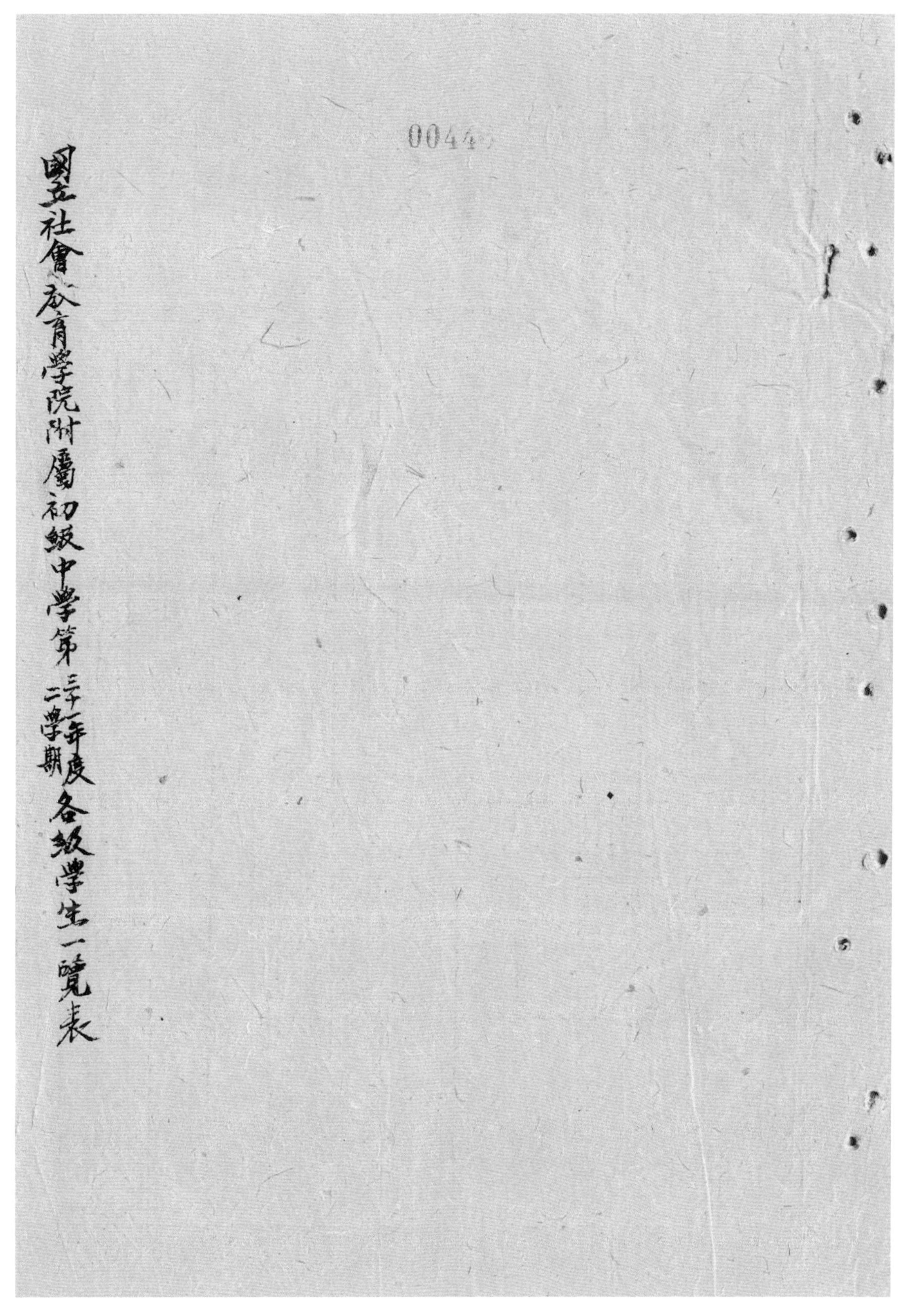

國立社會教育學院附屬初級中學第卅一學年度第二學期各級學生一覽表

學號	姓名	年齡	性別	籍貫	入學年月	級別	年級	班別	第一學年第一學期	備考
10	鍾家慶	一六	男	四川壁山	卅一年十一月	初中	一年級	一上甲	第一學年第一學期	留級
11	賀元湖	一四	〃	四川巴縣	〃	〃	〃	〃	〃	〃
15	游長泉	一六	〃	四川壁山	〃	〃	〃	〃	〃	〃
19	彭安居	一六	〃	〃	〃	〃	〃	〃	〃	〃
35	簡明珠	一五	〃	四川巴縣	〃	〃	〃	〃	〃	〃
38	韓宏華	一五	〃	湖北漢口	〃	〃	〃	〃	〃	〃
56	趙安佑	一四	〃	四川蘭溪	〃	〃	〃	〃	〃	〃
87	管紹虞	一四	〃	四川巴縣	〃	〃	〃	〃	〃	補習班升級
91	趙廣發	一三	〃	〃	〃	〃	〃	〃	〃	補習班考取
94	何代興	一四	〃	〃	〃	〃	〃	〃	〃	補習班升級

95	高光年	一四	男	四川新津	廿一年十一月	初中	一年級	一上甲	第一學年第一學期	補習班升級
96	李祥貴	一四	〃	四川萬縣	〃	〃	〃	〃	〃	〃
98	劉成全	一四	〃	四川巴縣	〃	〃	〃	〃	〃	〃
100	吴朝賓	一五	〃	〃	〃	〃	〃	〃	〃	補習班考取
136	張朝本	一四	〃	〃	廿二年二月	〃	〃	〃	〃	
137	孫輝才	一四	〃	四川璧山	〃	〃	〃	〃	〃	
138	管紹休	一四	〃	四川巴縣	〃	〃	〃	〃	〃	
139	王安釗	一三	〃	〃	〃	〃	〃	〃	〃	
140	鄭建中	一三	〃	〃	〃	〃	〃	〃	〃	
141	全安平	一三	〃	〃	〃	〃	〃	〃	〃	
142	余明芳	一四	〃	〃	〃	〃	〃	〃	〃	
143	吴正坤	一四	〃	〃	〃	〃	〃	〃	〃	

國立社會教育學院附屬初級中學第卅一學年度第二學期各級學生一覽表

號數	姓名	年齡	性別	籍貫	入學年月	編級班	年級	組別	第 學年 學期	備考
144	陳啟秀	一四	男	四川巴縣	卅二年二月	初中	一年級	一上甲	第一學年 第一學期	
145	傅鍾銳	一三	〃	〃	〃	〃	〃	〃	〃	
146	張志銓	一三	〃	四川璧山	〃	〃	〃	〃	〃	
147	冉群	一三	〃	四川巴縣	〃	〃	〃	〃	〃	
148	熊全明	一三	〃	〃	〃	〃	〃	〃	〃	
149	王霖濬	一三	〃	〃	〃	〃	〃	〃	〃	
150	項錫輔	一四	〃	〃	〃	〃	〃	〃	〃	
151	鍾學禮	一三	〃	四川璧山	〃	〃	〃	〃	〃	
152	周正瀛	一三	〃	四川巴縣	〃	〃	〃	〃	〃	
153	張義生	一三	〃	〃	〃	〃	〃	〃	〃	

154	陳安國	一三	男	四川巴縣	卅二年二月	初中	一年級	一上甲	第一學年第一學期
155	王忠培	一三	〃	〃	〃	〃	〃	〃	〃
156	歐熾章	一三	〃	〃	〃	〃	〃	〃	〃
157	彭慶堯	一五	〃	〃	〃	〃	〃	〃	〃
158	蔣順國	一三	〃	〃	〃	〃	〃	〃	〃
159	張致力	一三	〃	〃	〃	〃	〃	〃	〃
160	王德倫	一四	〃	〃	〃	〃	〃	〃	〃
161	陳履國	一四	〃	〃	〃	〃	〃	〃	〃
162	劉孝貴	一三	〃	四川璧山	〃	〃	〃	〃	〃
163	徐則林	一三	〃	四川巴縣	〃	〃	〃	〃	〃
164	唐應林	一四	〃	〃	〃	〃	〃	〃	〃
165	潘合榮	一四	〃	〃	〃	〃	〃	〃	〃

國立社會教育學院附屬初級中學第卅一年度第二學期各級學生一覽表

學號	姓名	年齡	性別	籍貫	入學年月	部別	年級	級別	學年學期	備考
166	吳禮謙	一三	男	四川璧山	卅二年二月	初中	一年級	一上甲	第一學年第一學期	
167	邱開福	一五	〃	四川巴縣	〃	〃	〃	〃	〃	
168	劉順達	一四	〃	四川璧山	〃	〃	〃	〃	〃	
169	戴安忠	一三	〃	〃	〃	〃	〃	〃	〃	
170	左臣濂	一三	〃	四川巴縣	〃	〃	〃	〃	〃	

國立社會教育學院附屬初級中學卅一年度第二學期各級學生一覽表

學號	姓名	年齡	性別	籍貫	入學年月	編級班	年級	級別	學年學期	備考
49	況榮惠	一五	女	四川巴縣	卅一年十一月	初中	一年級	一上乙	第一學年第一學期	留級
51	彭慶梅	一五	〃	〃	〃	〃	〃	〃	〃	〃
58	李綱世	一三	男	四川璧山	〃	〃	〃	〃	〃	〃
59	彭錫銘	一三	〃	四川巴縣	〃	〃	〃	〃	〃	〃
63	吳正豪	一五	〃	〃	〃	〃	〃	〃	〃	〃
77	李興邦	一三	〃	四川璧山	〃	〃	〃	〃	〃	〃
80	景志芳	一三	女	四川巴縣	〃	〃	〃	〃	〃	補習班升級
82	蒲開五	一四	〃	〃	〃	〃	〃	〃	〃	〃
83	鍾遵敏	一五	〃	四川璧山	〃	〃	〃	〃	〃	〃
84	李祿玉	一五	〃	四川巴縣	〃	〃	〃	〃	〃	〃

86	劉舜華	一七	女	四川璧山	卅一年十二月	初中	一年級	一上乙	第一學年第一學期	補習班升級
171	廖潔冰	一三	〃	湖南長沙	卅二年二月	〃	〃	〃	〃	
172	李長美	一三	〃	四川璧山	〃	〃	〃	〃	〃	
173	陳履桂	一四	〃	四川巴縣	〃	〃	〃	〃	〃	
174	曾國才	一五	〃	〃	〃	〃	〃	〃	〃	
175	甘錫德	一三	〃	四川璧山	〃	〃	〃	〃	〃	
176	梁世華	一三	〃	湖南長沙	〃	〃	〃	〃	〃	
177	劉先修	一三	〃	四川璧山	〃	〃	〃	〃	〃	
178	彭永昭	一四	〃	四川巴縣	〃	〃	〃	〃	〃	
179	葉上品	一三	男	〃	〃	〃	〃	〃	〃	
180	吳大志	一一	〃	四川璧山	〃	〃	〃	〃	〃	
181	周克成	一三	〃	四川巴縣	〃	〃	〃	〃	〃	

國立社會教育學院附屬初級中學第卅一學年度二學期各級學生入學一覽表

學號	姓名	年齡	性別	籍貫	入學年月	科別	年級	組別	第學年學期	備考
182	楊澤生	一三	男	四川璧山	卅二年二月	初中	一年級	一上乙	第一學年一學期	
183	尚光典	一三	〃	〃	〃	〃	〃	〃	〃	
184	饒大鈞	一三	〃	〃	〃	〃	〃	〃	〃	
185	彭德春	一三	〃	〃	〃	〃	〃	〃	〃	
186	何開元	一三	〃	〃	〃	〃	〃	〃	〃	
187	歐治湧	一一	〃	四川巴縣	〃	〃	〃	〃	〃	
188	賀元晦	一三	〃	〃	〃	〃	〃	〃	〃	
189	廖子倫	一三	〃	四川璧山	〃	〃	〃	〃	〃	
190	周攉亨	一三	〃	四川巴縣	〃	〃	〃	〃	〃	
191	葉上國	一三	〃	〃	〃	〃	〃	〃	〃	

192	張發榮	一三	男	四川巴縣	卅二年二月	初中	一年級	一上乙	第一學年第一學期
193	周起江	一三	〃	湖北廣濟	〃	〃	〃	〃	〃
194	殷其渊	一三	〃	浙江杭州	〃	〃	〃	〃	〃
195	甘錫芳	一三	〃	四川璧山	〃	〃	〃	〃	〃
196	甘錫儒	一三	〃	〃	〃	〃	〃	〃	〃
197	王汝霖	一三	〃	四川巴縣	〃	〃	〃	〃	〃
198	藍為華	一三	〃	〃	〃	〃	〃	〃	〃
199	馬顯清	一三	〃	四川璧山	〃	〃	〃	〃	〃
200	白富遠	一三	〃	四川永川	〃	〃	〃	〃	〃
201	賀元鏡	一三	女	四川巴縣	〃	〃	〃	〃	〃
202	趙廣文	一四	〃	〃	〃	〃	〃	〃	〃
203	傅淑蓉	一三	〃	〃	〃	〃	〃	〃	〃

國立社會教育學院附屬初級中學第卅一學年度二學期各級學生入學名冊

學號	姓名	年齡	性別	籍貫	入學年月	科別	年級	級別	第□學年學期	備考
204	鍾永章	一三	男	四川璧山	卅二年二月	初中	一年級	一上乙	第一學年一學期	
205	彭純毅	一三	〃	〃	〃	〃	〃	〃	〃	
206	吳龍飛	一三	〃	貴州遵義	〃	〃	〃	〃	〃	
207	周成吉	一三	〃	四川巴縣	〃	〃	〃	〃	〃	

國立社會教育學院附屬初級中學卅一年度第二學期各級學生入學一覽表

學號	姓名	年齡	性別	籍貫	入學年月	編級	年級	組別	第　學年　學期	備考
1	程汝梁	一五	男	四川璧山	卅一年十一月	初中	一年級	一下甲	第一學年第二學期	
2	尚明鏡	一四	〃	〃	〃	〃	〃	〃	〃	
4	徐桂城	一四	〃	四川巴縣	〃	〃	〃	〃	〃	
8	羅民生	一五	〃	〃	〃	〃	〃	〃	〃	
9	楊懷德	一六	〃	四川璧山	〃	〃	〃	〃	〃	
12	王思一	一五	〃	湖北宜昌	〃	〃	〃	〃	〃	
13	何天長	一五	〃	四川巴縣	〃	〃	〃	〃	〃	
14	徐在印	一三	〃	〃	〃	〃	〃	〃	〃	
16	鍾遵貴	一四	〃	四川璧山	〃	〃	〃	〃	〃	
17	胡明全	一四	〃	四川巴縣	〃	〃	〃	〃	〃	

20	況志勇	一六	男	四川巴縣	卅一年十月	初中	一年級	一下甲	第一學年二學期
21	羅重光	一五	〃	〃	〃	〃	〃	〃	〃
22	王先舉	一六	〃	〃	〃	〃	〃	〃	〃
24	彭轍宇	一七	〃	〃	〃	〃	〃	〃	〃
26	廖子良	一四	〃	四川璧山	〃	〃	〃	〃	〃
29	周天壽	一五	〃	四川巴縣	〃	〃	〃	〃	〃
30	李世煌	一五	〃	〃	〃	〃	〃	〃	〃
31	賀瑶琴	一五	〃	〃	〃	〃	〃	〃	〃
32	劉忠明	一七	〃	〃	〃	〃	〃	〃	〃
33	王明德	一四	〃	〃	〃	〃	〃	〃	〃
34	劉國敏	一四	〃	〃	〃	〃	〃	〃	〃
41	程汝士	一五	〃	四川璧山	〃	〃	〃	〃	〃

國立社會教育學院附屬初級中學第卅一學年度第二學期各級學生一覽表

學號	姓名	年齡	性別	籍貫	入學年月	編級部別	年級	班別	學年學期	備考
42	周厚濱	一六	男	四川巴縣	卅一年十一月	初中	一年級	一下甲	第一學年第二學期	
43	傅夢悅	一七	〃	〃	〃	〃	〃	〃	〃	
102	劉安明	一四	〃	〃	卅二年二月	〃	〃	〃	〃	插班生
103	江重山	一三	〃	四川璧山	〃	〃	〃	〃	〃	同右
104	周天澤	一四	〃	四川巴縣	〃	〃	〃	〃	〃	同右
105	鄒長生	一六	〃	四川璧山	〃	〃	〃	〃	〃	同右
106	張興祿	一四	〃	四川巴縣	〃	〃	〃	〃	〃	同右
107	楊東義	一五	〃	四川璧山	〃	〃	〃	〃	〃	同右
108	葉上華	一四	〃	四川巴縣	〃	〃	〃	〃	〃	同右
109	陳代模	一六	〃	四川江北	〃	〃	〃	〃	〃	同右

110	錢邦俊	一四	男	四川璧山	卅二年二月	初中	一年級	一下甲	第一學年第二學期	插班生
111	韋有孝	一五	〃	四川巴縣	〃	〃	〃	〃	〃	同右
112	王建華	一四	〃	安徽南陵	〃	〃	〃	〃	〃	同右
113	劉紹康	一四	〃	四川巴縣	〃	〃	〃	〃	〃	同右
114	張德風	一四	〃	〃	〃	〃	〃	〃	〃	同右
115	張仲倫	一四	〃	四川璧山	〃	〃	〃	〃	〃	同右
116	劉士義	一三	〃	四川巴縣	〃	〃	〃	〃	〃	同右

國立社會教育學院附屬初級中學第卅一學年度第二學期各級學生一覽表

學號	姓名	年齡	性別	籍貫	入學年月	科別	班級	級別	第 學年 學期	備考
45	況浩琳	一三	女	四川巴縣	卅年十一月	初中	一年級	一下乙	第一學年二學期	
47	龍光禮	一五	〃	四川璧山	〃	〃	〃	〃	〃	
50	周治芳	一七	〃	四川巴縣	〃	〃	〃	〃	〃	
52	王光秀	一五	〃	〃	〃	〃	〃	〃	〃	
53	張奎瑛	一五	〃	江蘇南京	〃	〃	〃	〃	〃	
60	蔣智明	一三	男	〃	〃	〃	〃	〃	〃	
66	甘錫慶	一五	〃	四川璧山	〃	〃	〃	〃	〃	
67	甘錫勛	一四	〃	〃	〃	〃	〃	〃	〃	
70	李策世	一三	〃	〃	〃	〃	〃	〃	〃	
71	陳大炳	一四	〃	四川巴縣	〃	〃	〃	〃	〃	

72	榮廷鏡	一四	男	四川璧山	卅一年十月	初中	一年級	一下乙	第一學年二學期	
73	榮茂生	一四	〃	〃	〃	〃	〃	〃	〃	
74	况浩明	一五	〃	四川巴縣	〃	〃	〃	〃	〃	
75	李祿錕	一四	〃	〃	〃	〃	〃	〃	〃	
78	鍾家駱	一四	〃	四川璧山	〃	〃	〃	〃	〃	
79	陳履柏	一四	〃	四川巴縣	〃	〃	〃	〃	〃	
117	劉先才	一三	〃	〃	卅二年一月	〃	〃	〃	〃	插班生
118	向俊德	一三	〃	〃	〃	〃	〃	〃	〃	同右
119	項天元	一三	〃	〃	〃	〃	〃	〃	〃	同右
120	劉敬容	一一	女	四川璧山	〃	〃	〃	〃	〃	同右
121	甘正坤	一四	〃	四川璧山	〃	〃	〃	〃	〃	同右
122	許廷英	一三	男	四川巴縣	〃	〃	〃	〃	〃	同右

國立社會教育學院附屬初級中學第卅一學年度第二學期各級學生入學一覽表

學號	姓名	年齡	性別	籍貫	入學年月	科別	班級	組別	第 學年 學期	備考
123	王冰超	一五	女	湖北雲夢	卅二年二月	初中	一年級	一下乙	第一學年二學期	插班生
124	龍光燦	一三	男	四川璧山	〃	〃	〃	〃	〃	同右
125	吳朝璋	一三	女	〃	〃	〃	〃	〃	〃	同右
126	王淑英	一三	〃	〃	〃	〃	〃	〃	〃	同右
127	周天祿	一三	男	四川巴縣	〃	〃	〃	〃	〃	同右
128	呂祖文	一三	〃	湖北江陵	〃	〃	〃	〃	〃	同右
129	張明培	一三	〃	四川巴縣	〃	〃	〃	〃	〃	同右
130	彭榮餘	一三	〃	〃	〃	〃	〃	〃	〃	同右
131	黎庸	一三	女	〃	〃	〃	〃	〃	〃	同右
132	王麗華	一五	〃	安徽南陵	〃	〃	〃	〃	〃	同右

133	卓明培	一三	男	四川巴縣	卅二年二月	初中	一年級	一下乙	第一學年第二學期	插班生
134	吳盛強	一三	〃	四川巴縣	〃	〃	〃	〃	〃	同右
135	李祿鎔	一四	〃	〃	〃	〃	〃	〃	〃	同右

國立社會教育學院附屬初級中學卅一學年度第二學期各級學生一覽表

學號	姓名	年齡	性別	籍貫	入學年月	編級	現級級別	第 學年學期	備考
62	張映椽	一四	男	四川巴縣	卅一年十一月	補習班	仝上	仝上		補習班修業期限一學期
208	彭慶柏	一三	〃	〃	卅二年二月	〃	〃	〃		
209	田景華	一三	女	四川璧山	〃	〃	〃	〃		
210	賀淑英	一四	〃	四川巴縣	〃	〃	〃	〃		
211	謝嫺彬	一五	〃	〃	〃	〃	〃	〃		
212	謝德鑫	一三	男	〃	〃	〃	〃	〃		
213	李祿俊	一三	〃	〃	〃	〃	〃	〃		
214	劉文謙	一二	〃	四川璧山	〃	〃	〃	〃		
215	謝德福	一三	〃	四川巴縣	〃	〃	〃	〃		
216	彭安愚	一二	〃	〃	〃	〃	〃	〃		

217	王安清	一四	男	四川璧山	卅二年二月	補習班	仝上	仝上
218	鄒紹芬	一二	女	四川巴縣	〃	〃	〃	〃
219	況榮才	一三	男	〃	〃	〃	〃	〃
220	陳厚福	一二	〃	〃	〃	〃	〃	〃
221	傅國彬	一三	〃	〃	〃	〃	〃	〃
222	費文尉	一三	女	〃	〃	〃	〃	〃
223	郭士禮	一三	男	〃	〃	〃	〃	〃
224	范永華	一三	〃	〃	〃	〃	〃	〃
225	馮隱杰	一二	女	〃	〃	〃	〃	〃
226	李適春	一三	男	〃	〃	〃	〃	〃
227	熊康	一二	〃	〃	〃	〃	〃	〃
228	周賢敏	一三	〃	浙江嵊縣	〃	〃	〃	〃

國立社會教育學院附屬初級中學第卅二學年度第二學期各級學生一覽表

姓名	年齡	性別	籍貫	入學年月	肄業班	年級	級別	第　學年學期	備考
229 黃榮祿	一四	男	四川璧山	卅二年二月	補習班	仝上	仝上		
230 程一孝	一三	〃	四川巴縣	〃	〃	〃	〃		
231 陳安蓮	一三	女	〃	〃	〃	〃	〃		
232 賀仲綸	一三	男	〃	〃	〃	〃	〃		
233 賀仲武	一五	〃	〃	〃	〃	〃	〃		
234 楊懷成	一五	〃	四川璧山	〃	〃	〃	〃		
235 甘鎮常	一三	〃	〃	〃	〃	〃	〃		
236 景志遠	一四	〃	四川巴縣	〃	〃	〃	〃		
237 王霖奎	一三	〃	〃	〃	〃	〃	〃		
238 鮑信增	一二	〃	湖北漢口	〃	〃	〃	〃		

239 文會浦	一三	男	四川銅梁	卅六年一月	補習班	仝上	仝上
240 陳福全	一三	〃	〃	〃	〃	〃	〃
241 瞿子玉	一二	女	四川巴縣	〃	〃	〃	〃
242 范立言	一二	男	四川隆昌	〃	〃	〃	〃
243 賀元鳳	一四	女	湖北公安	〃	〃	〃	〃
244 江流國	一五	〃	四川璧山	〃	〃	〃	〃
245 江朝祿	一三	男	〃	〃	〃	〃	〃

附　[illegible]立社會教育學院附設初級中學三十一年度第二學期各項統計表

[illegible]學級與學生

年級	班級數				學生數		
	計	男女合班	男	女	計	男	女
總計	5	3	2		210	170	40
初中一年級上甲組	1		1		49	49	
初中一年級上乙組	1	1			48	30	18
初中一年級下甲組	1		1		39	39	
初中一年級下乙組	1	1			35	23	12
補習班	1	1			39	29	10

32年5月　日辦理統計人員　校長

六、學生籍貫

部科別		共計	四川									江蘇	浙江	安徽	湖北	湖南	貴州
			巴縣	江北	璧山	銅梁	永川	隆昌	蓬溪	新津	萬縣						
總	計	210	127	1	59	2	1	1	1	1	1	2	2	2	7	2	1
	男	170	104	1	48	2	1	1	1	1	1	1	2	1	5		1
	女	40	23		11							1		1	2	2	
初	級	171	102	1	51		1		1	1	1	2	1	2	5	2	1
	男	141	86	1	42		1		1	1	1	1	1	1	4		1
	女	30	16		9							1		1	1	2	
補習	班	39	25		8	2		1					1		2		
	男	29	18		6	2		1					1		1		
	女	10	7		2										1		

32年5月　日辦理統計人員　校長

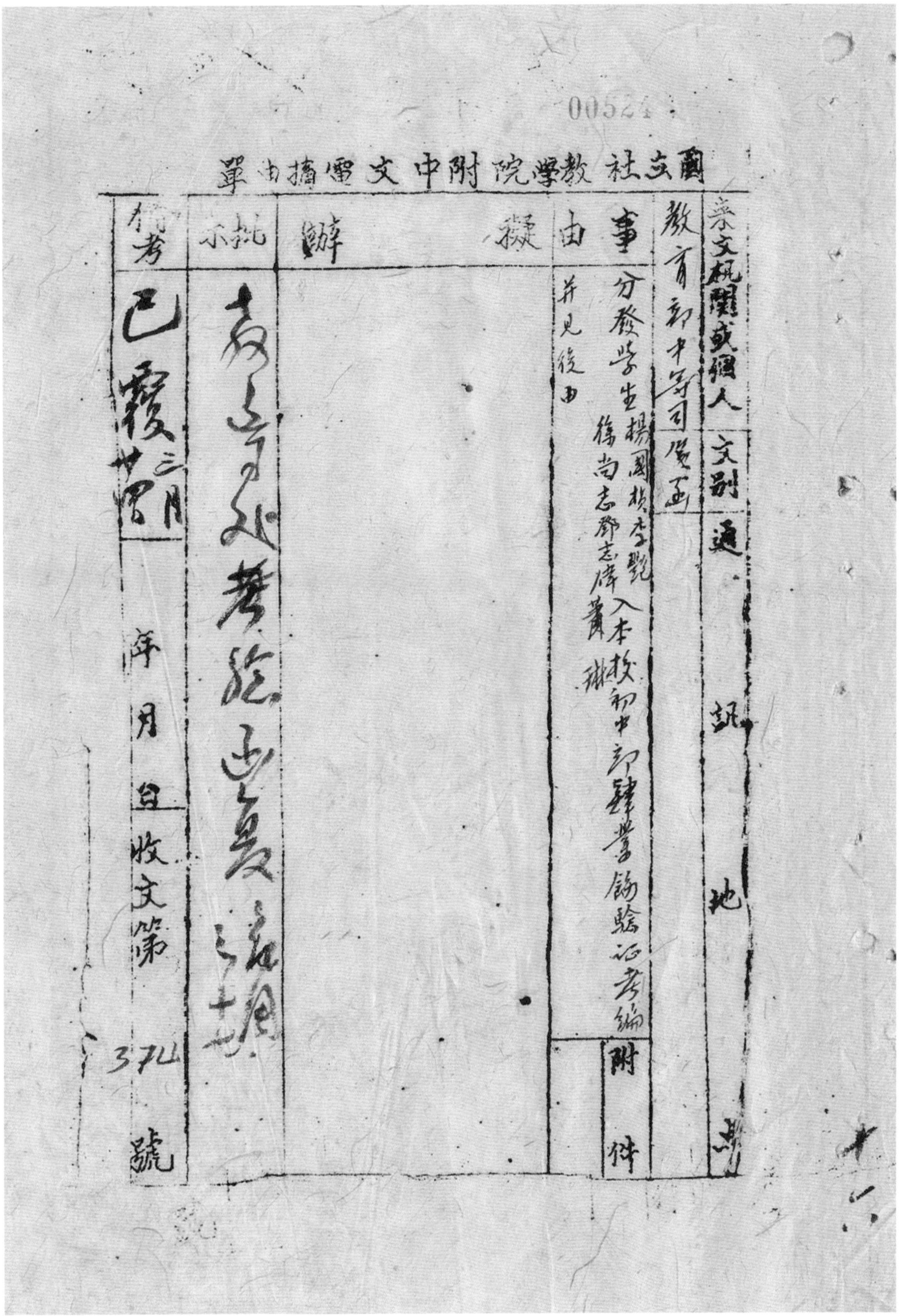

00524

國立社教學院附中文電摘由單

來文機關或個人	教育部中等司箋函
文別	
通訊地址	
事由	分發學生楊國楨李艷徐尚志鄧志偉蕭琳入本校初中部肄業飭驗證考編 并見後由
附件	
擬辦	
批示	交教務處查照辦 三、十五
備考	已覆 三月廿四
	年 月 日收文第 3九 號

教育部中等教育司爲分發學生楊國楨、李艷、徐尚志、鄧志偉、蕭琳等入校初中部肄業飭驗證考編給國立社會教育學院附屬中學的箋函（一九四四年三月十五日）

檔號：1009-1-202

逕啟者：奉

交下學生楊國楨、李艷、徐尚志等三名請求入學案飭分發

貴校肄業等因除通知該生特具證件自行赴校報到聽

候編級試聽外相應函達

查照聽記考編並見復為荷

此致

國立社會教育學院附屬中學

教育部中等教育司啟

卅三年三月十五日

教育部用箋

1323

逕啟者：奉　交下學生鄧志偉請求入學案飭分發
貴校肄業等因除通知該生持具證件自行赴校報到聽
候編級試驗外相應函達
查照驗記考編並見復為荷

此致

國立社會教育學院附屬中學

教育部中等教育司啟

卅五年三月十五日

教育部用箋

13238

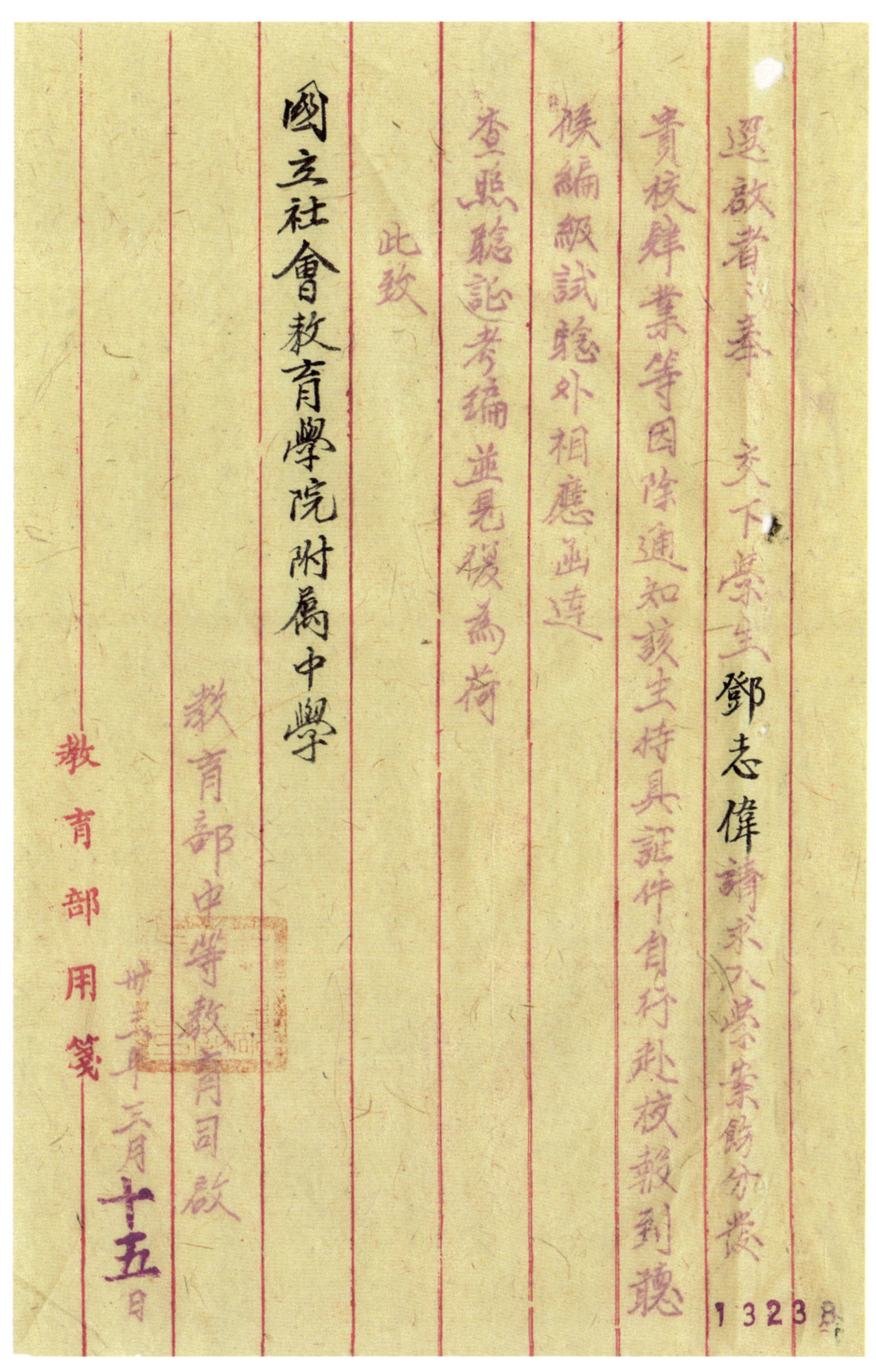

逕啟者：奉 交下學生蕭 琳 請求入學案飭分發
貴校肄業等因除通知該生持具証件自行赴校報到聽候編級試驗外相應函達
查照驗証收編並見復為荷
此致
國立社會教育學院附屬[illegible]

教育部中等教育司啟
卅五年三月

13378

教育部用箋

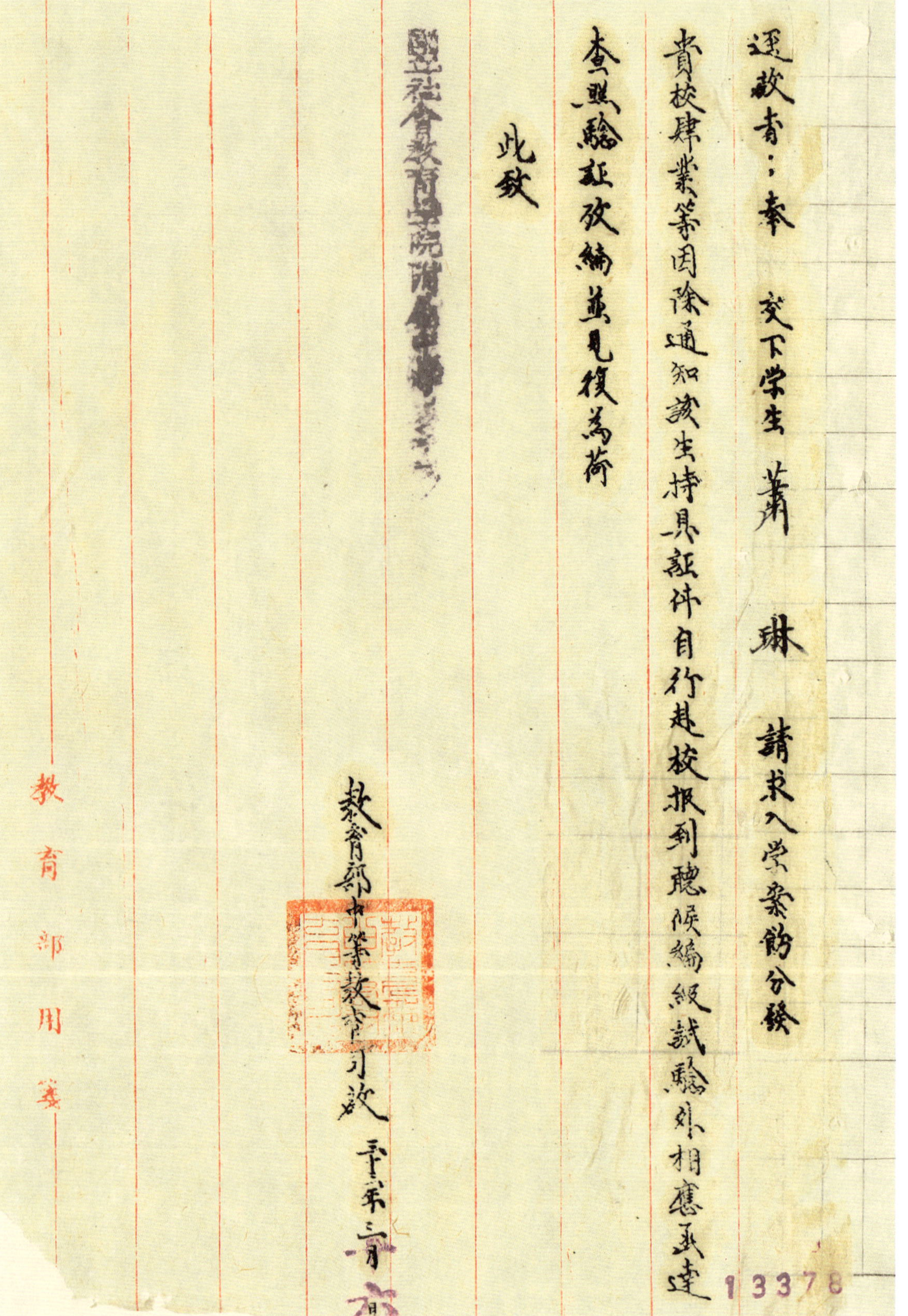

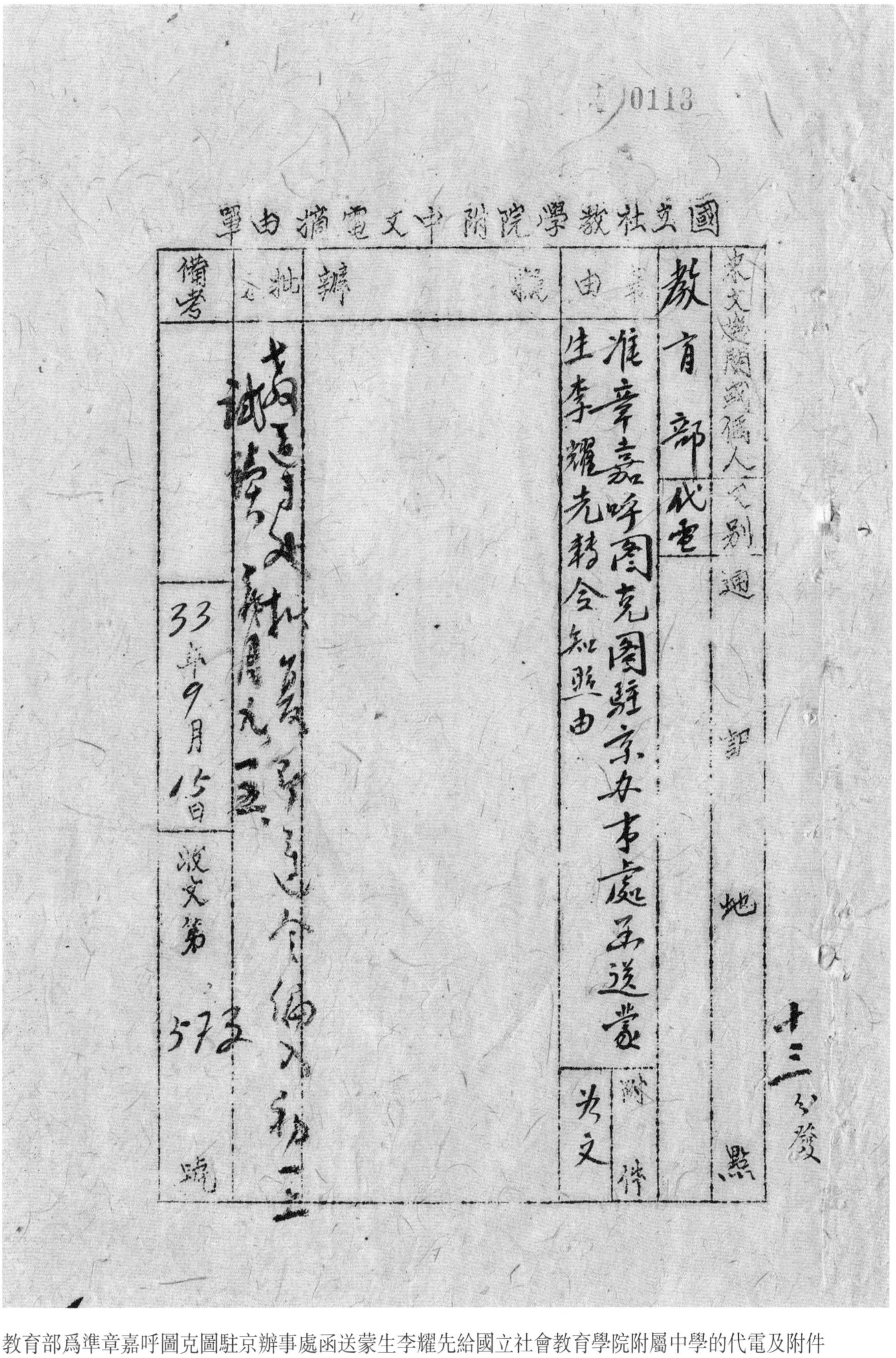

教育部爲準章嘉呼圖克圖駐京辦事處函送蒙生李耀先給國立社會教育學院附屬中學的代電及附件

（一九四四年九月十三日）

檔號：1009-1-202

事由　准章嘉呼圖克圖駐京辦事處函送蒙生李耀先轉令知照由

教育部代電

國立社會教育學院附屬中學准章嘉呼圖克圖駐京辦事處本年八月廿三日總字第247號函送蒙生李耀先囑查照分發等由附升學申請書籍貫證明書各一紙暨照片三張准此查該生業経投考該校應准依照邊疆學生待遇辦法收容入學除分函外合行檢附升學申請書一紙籍貫證明書一紙照片二張電仰遵照　教育部

元

蒙印　附李耀先升学申請書一紙籍貫證明書一紙照片二張

中華民國三十三年九月十二日發

附件

蒙　字　43840　號

監印　左仲

校對　梅肅堂

蒙古學生申請升學履歷表

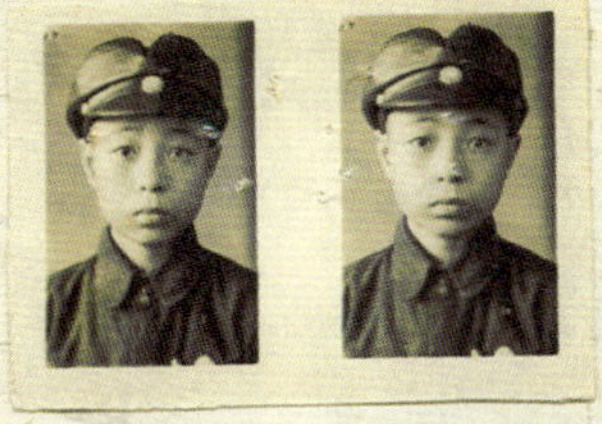

姓名	李耀先
性別	男
年齡	十五歲
籍貫	內蒙錫林郭勒盟阿布格旗人
學歷	北平私立崇實小學畢業
語言文字類別	蒙漢文
志願升學學校名稱	社會教育學院附屬中學
檢附證件	因本人化裝來渝證件未便攜帶

中華民國三十三年八月二十三日　申請人李耀先（李耀先印）

附（一）蒙古學生申請升學履歷表

蒙古學生申請升學籍貫証明書

查學生李耀先確係隸籍蒙古錫林郭勒盟阿布格旂

特此証明

章嘉呼圖克圖駐京辦事處處長 李壽山

中華民國三十三年八月二十三日

附（二）蒙古學生申請升學籍貫證明書

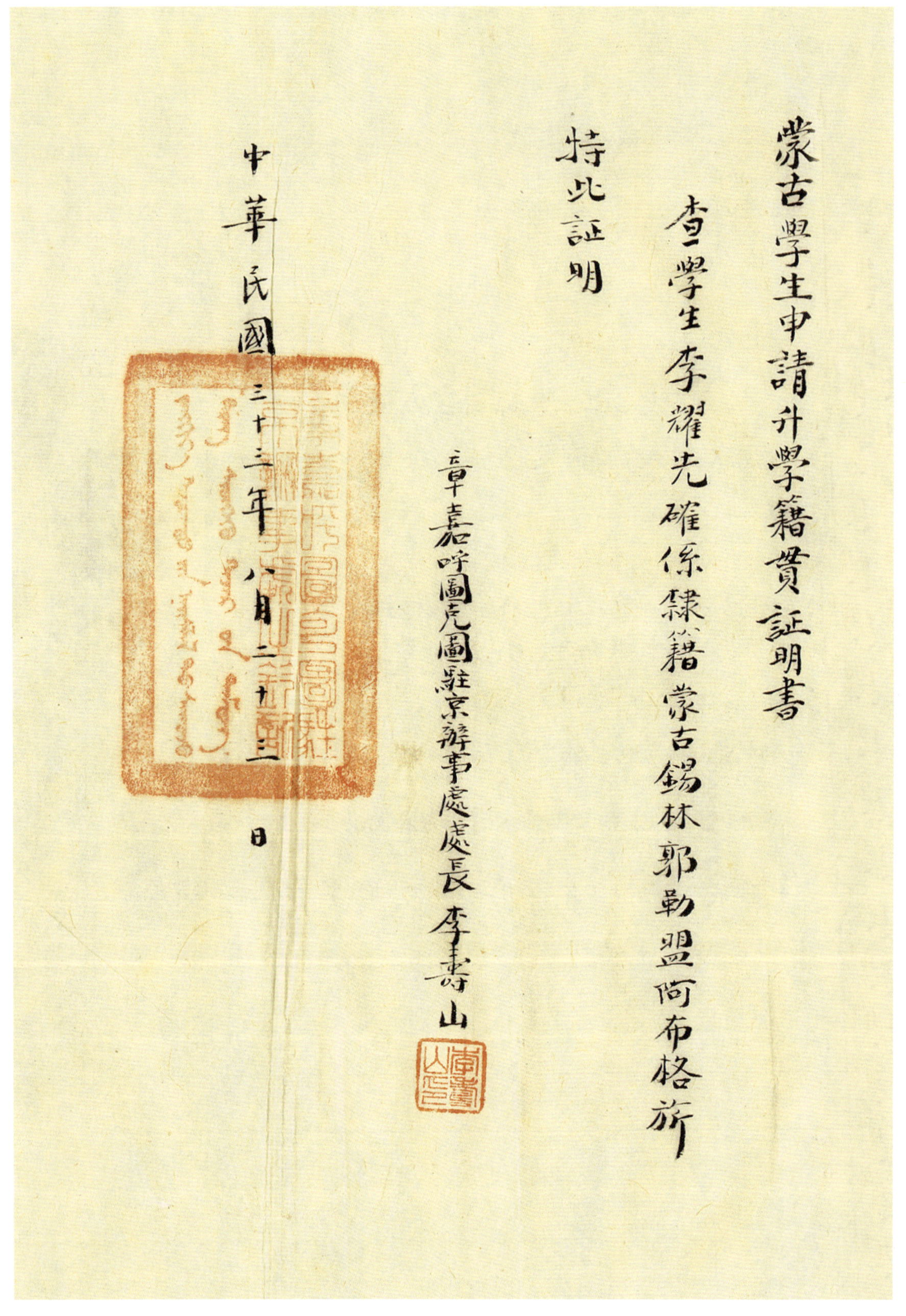

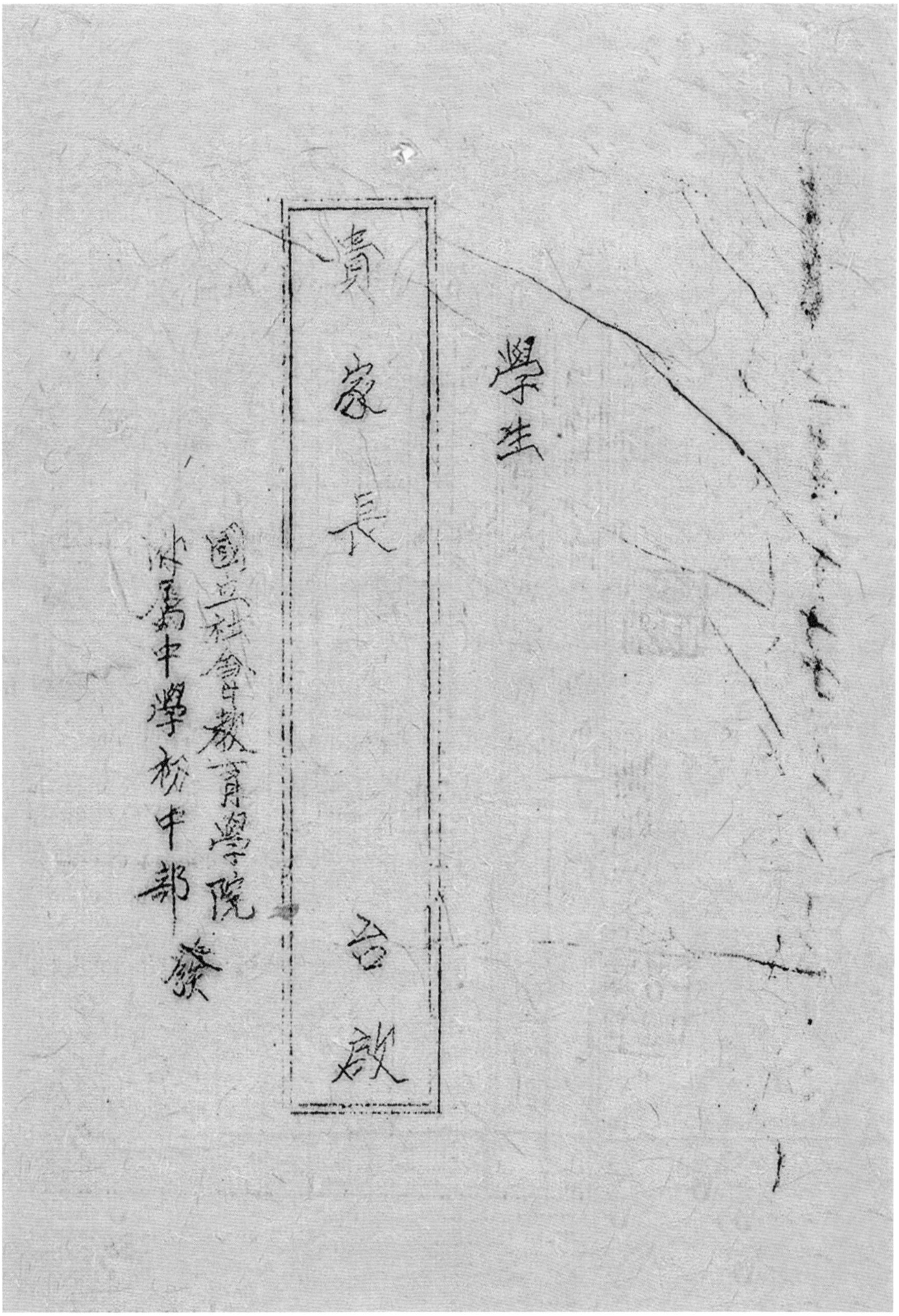

學生

貴家長　台啟

國立社會教育學院
附屬中學初中部　發

國立社會教育學院附屬中學初中部致錢發春家長開學通知及學生成績報告表（一九四五年二月）

檔號：1009-1-203

通知

本校三十四年上學期遵奉 教育部令定于二月十八日開學註冊廿一日上課如不遵限到校即行除名用特通知請督飭學生如期到校以重學業所有用費另表如下：

本校三十四年上半年學生用費表

項別	應繳費額		附註
	自費生	乙種公費生	
膳食　食米	每月膳米二斗三升合市秤五十四斤半		
膳食　副食費	875元		
書籍			自備依照本校印發用書單向渝市关青木關書店購用
抄本			自備可向青木關老衙元亨利綱店購用
自習灯油費	600元	600元	本學期除生在校自習每人需煤油二斤餘時價每斤三百十元按價繳款如上數如不足之數由校補給
体育費	80元	80元	不退
損失費	300元	300元	學期終了如未損毀公物完全退還

國立社會教育學院附屬中學初中部學生成績報告表

三十四年二月

第一學年上學期甲組學生錢致春

學業成績		操行成績		摘要
學科	成績	項目	分數	
公民	76	忠孝	8	
國文	63	仁愛	8	
英語	90	信義	8	
算學	69	和平	9	
歷史	79	禮節	9	
地理	70.5	服從	9	
化學		勤儉	8	
物理		整潔	8	
博物	69	助人	7	
生理衛生		有恒	7	
音樂	71	總平均	81	
圖畫	72	集會出席 病假	1	次
勞作	80	集會出席 事假		次
童子軍	77	集會出席 無故不到		次
總平均	72.5	獎 事由		
缺課時數 病假	3 時	獎 辦法	嘉獎一次	
缺課時數 事假	時	懲 事由		
缺課時數 曠課	時	懲 辦法		
扣分	01	加分		
實得分	72.4	扣分	.1	
等第	乙	實得分	81.9	
體育成績		等第	甲	
實得分	74	評語		
等第	乙			

本學期成績評定結果	及格
下學期來校補考學科	

校長 [印]　　教導主任 [印]

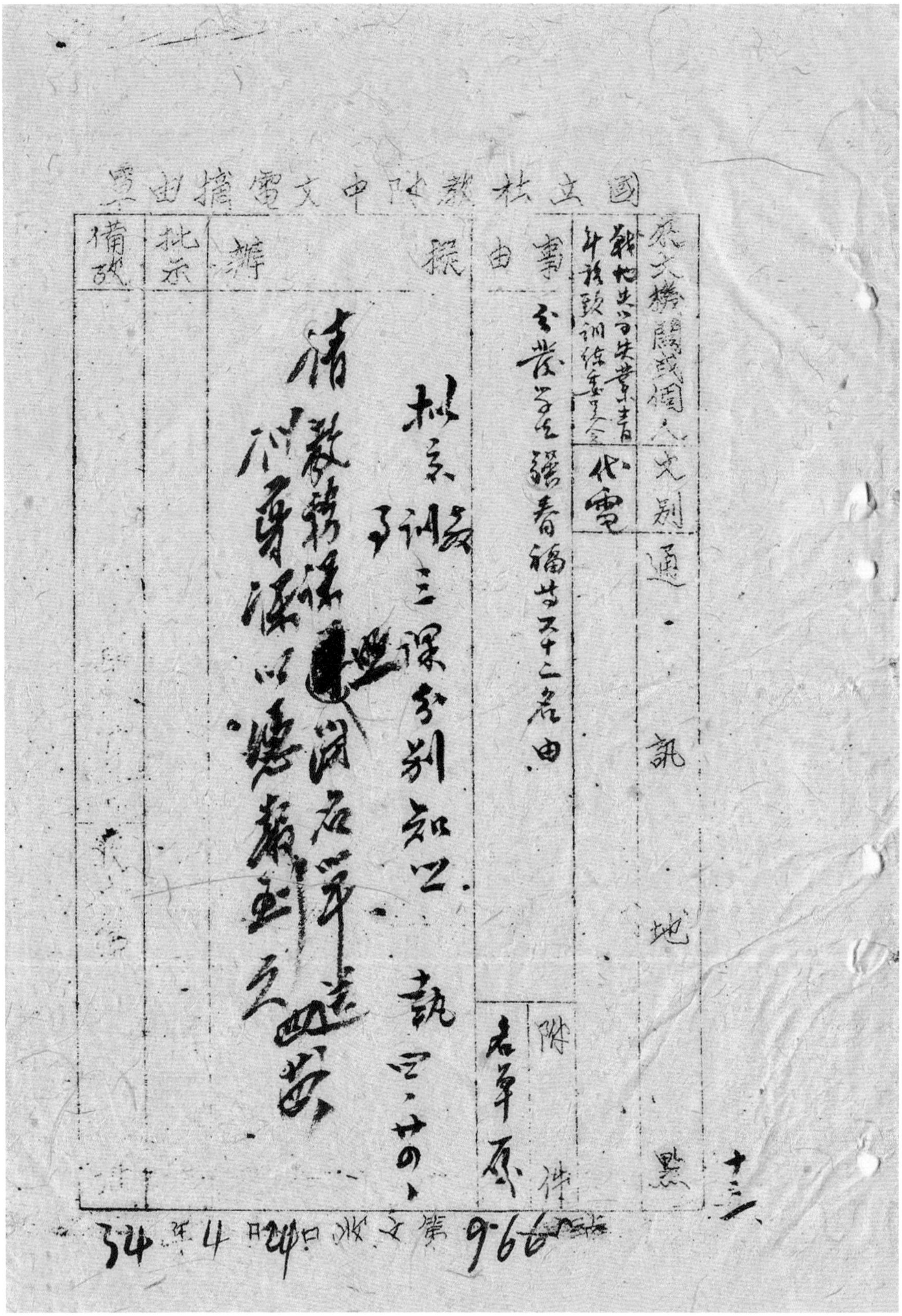

戰地失學失業青年招致訓練委員會關于分發第二次聯考合格學生給國立社會教育學院附屬中學的代電

（一九四五年四月二十一日）

附：學生名册

檔號：1009-1-202

事由：關於第二次聯考分發學生由

戰地失學失業青年招致訓練委員會代電　中華民國卅四年四月廿一日發出　渝致字第1572號

國立社會教育學院坿屬中學公鑒：查參加本會三十四年春季第二次聯合招生考試及格學生強春福等六十二名業經呈奉教育部核予分發貴校肄業，除分別轉飭各該學生攜帶本會所發入學通知及登記合格證前來報到外，相應檢同分發學生名册一份，即希查照驗明證件核准予入學，並將各該學生登記合格證發還本會，以清□荷。戰地失學失業青年招致訓練委員會卯馬印。附名册一份

國立社會教育學院附屬中學　孫春福等六十二名

男生43名
女生19名
共62名

初一上
孫春福　張友俊　朱士忠　傅海瀾　戴和康　周鑫蓀
陳莉君　王騰蘭　施鶴翔　何濬昶　張祖義　周明祥
馬天祿　張國銓　王昌華　駱振華　徐河清　徐克歐
岳　麟　郭玉松　孫啟瑤　黃其剛　黃其瑞　陳綏能
鄭榮山　范澤富　錢華雲　陳玉海　吳婉瓊　卓武龍
王少丞　黎伯勛　劉益壽　劉益泉　陳正元　曾憲祿
楊忠奎　陳盛瑞　唐芝俊　王成功　李永昇

初二上女（社中）
陳雪南　鍾寧寧　周　圓　胡清湘

初二下
李勤男　鍾天驥

初三上女
陳湘瓊　熊鶴春　陳蓉慶　張世英　唐子仁　陳素珍
陳麗潔　張欽惠　劉　瑩　熊若璧　陸　政　鄒有昌
王景鳳　楊秀暉

國立社會教育學院附屬中學初中部第一屆畢業同學通訊錄

姓名	別號	性別	年齡	籍貫	通訊處	備註
張代芬		女	十五	四川巴縣	巴縣鳳凰鄉郵局轉交	
況浩琳		女	十五	四川巴縣	重慶青木關建青路六〇八號	
劉銘蓉		女	十五	四川巴縣	巴縣鳳凰鄉郵局轉交	
鄭中明		女	十五	江蘇南京	重慶青木關建青路八三五號	
吳朝瑾		女	十五	四川璧山	璧山大路場郵局轉交	
馮惠芬		女	十四	四川璧山	璧山縣丁家場郵局轉交	
方鳳華		女	十七	安徽南陵	重慶青木關建青路六六號	
胡玉遂		女	十七	四川璧山	璧山縣鳳凰鄉郵局轉交	

國立社會教育學院附屬中學初中部第一届畢業同學通訊録一覽表（一九四五年六月三十日）
檔號：1009-1-200

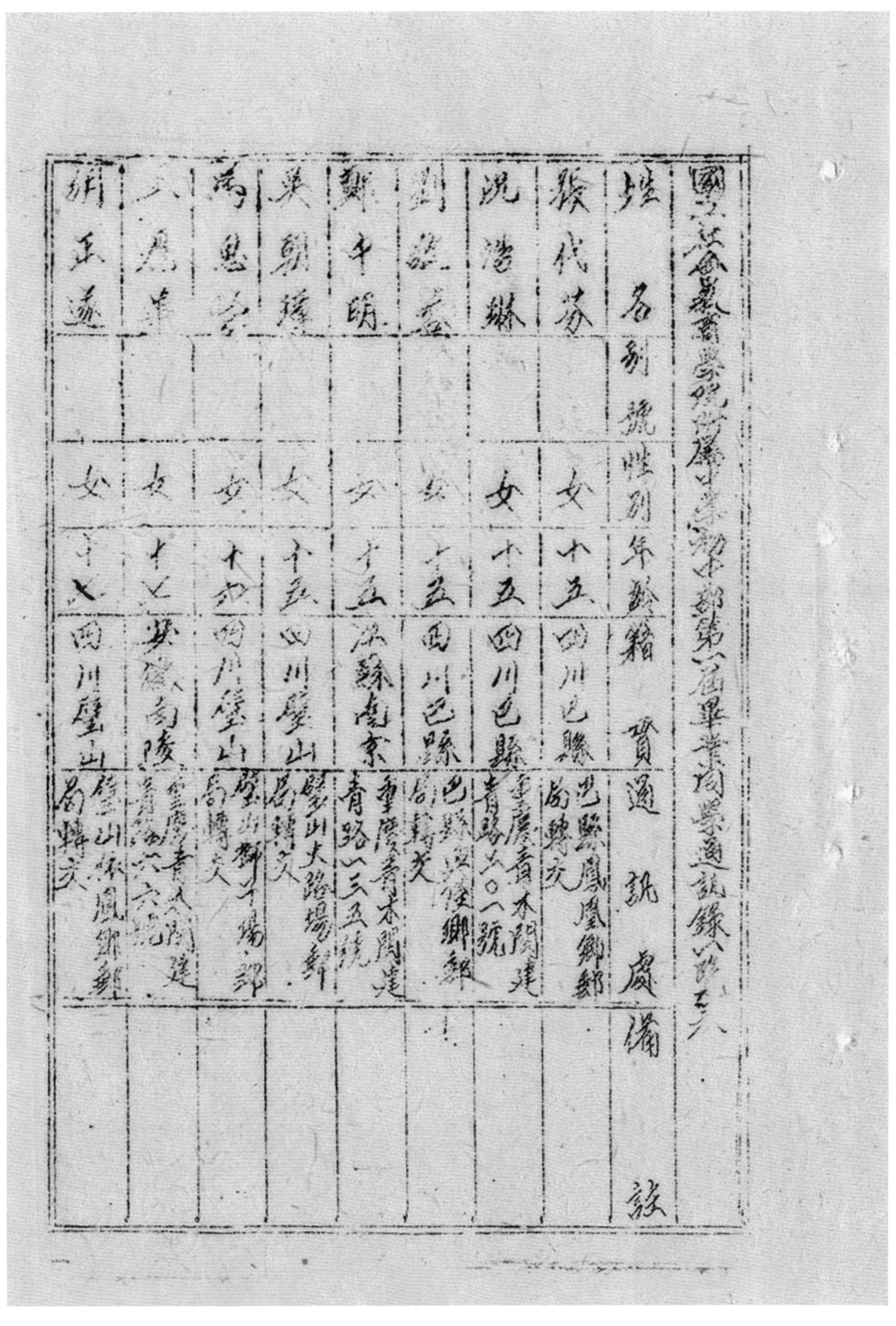

羅光禮		女	十七	四川巴縣	重慶青木關老街三七號	
蘇淑英		女	十七	四川璧山	璧山蒲元鄉郵局轉交	
黃竹英		女	十七	湖南岳陽	重慶下南區馬路四五號黃曉華轉交	
鄧鏡明		女	十七	湖北雲夢	江津德感場郵局轉交	
陳淑華		女	十七	江蘇南京	重慶青木關王家灣五〇號交	
閻大祿	永終	男	十五	四川巴縣	巴縣歇馬場驛生祥轉交	
彭紫餘		男	十五	四川巴縣	巴縣鳳凰鄉郵局轉交	
蔡覺鏡		男	十五	四川璧山	璧山接龍鄉郵局轉交	
劉光文		男	十五	四川璧山	重慶青木關建青路六八號交	
陳朝鏞		男	十五	湖北廣濟	重慶青木關交家灣八號	

曾昭謙	齊成	男	十六	湖北武昌	重慶青木關建璧路三號	
胡家祺	心平	男	十六	江蘇南京	重慶青木關王家灣三〇號	
龍光燦		男	十六	四川璧山	重慶青木關建青路二一七號	
羅詩恒	秉侯	男	十六	江西清江	巴縣歇馬場高灘[illegible]灘人驛轉交	
甘錫勛	濮峰	男	十六	四川璧山	璧山大路場郵局轉交	
鍾家駱		男	十六	四川璧山	重慶青木關鍾家院八號	
許競英	太倜	男	十六	四川巴縣	巴縣歇馬場聚生祥交	
項天元	山樵	男	十六	四川巴縣	巴縣歇馬鄉重新市代辦所交	
劉國欽	慰者	男	十六	四川巴縣	巴縣歇馬場傳桃園轉交	
鍾遠賓		男	十六	四川璧山	重慶青木關老樹五四號	

九

十

胡正中		男	十六	四川璧山	璧山依鳳場郵局轉交
莫安琪		男	十六	四川廣漢	重慶青木關老街八○號後進交
賀校		男	十六	湖北廣濟	重慶沙坪壩中大農學院森林系干鐸轉交
張興操	伯鄉	男	十六	四川巴縣	巴縣歇馬場鳳凰橋郵政代辦所交
王建華		男	十六	安徽南陵	重慶青木關建青路六六號交
王正	舉驥	男	十六	湖北雲夢	渝南岸向家坡復興村一五號交
鄧禹門	禹洪	男	十七	湖北武昌	雲陽小河口德勝茂交
黃志成		男	十七	湖北麻城	涪陽家坪雙蓬子鎮家院子交
周大壽	永聰	男	十七	四川巴縣	巴縣歇馬場聚生祥交
王恩一	維隆	男	十七	湖北宜昌	巴縣土主鄉饒蘇華安交

劉安明	念中	男	十七	四川巴縣	巴縣興隆鄉關廟街六六號交人
徐桂城	志華	男	十七	四川巴縣	巴縣興隆鄉十字街口六九號
李洛濱	惺君	男	十七	湖北武昌	重慶青木關鋁甬村七號

十二

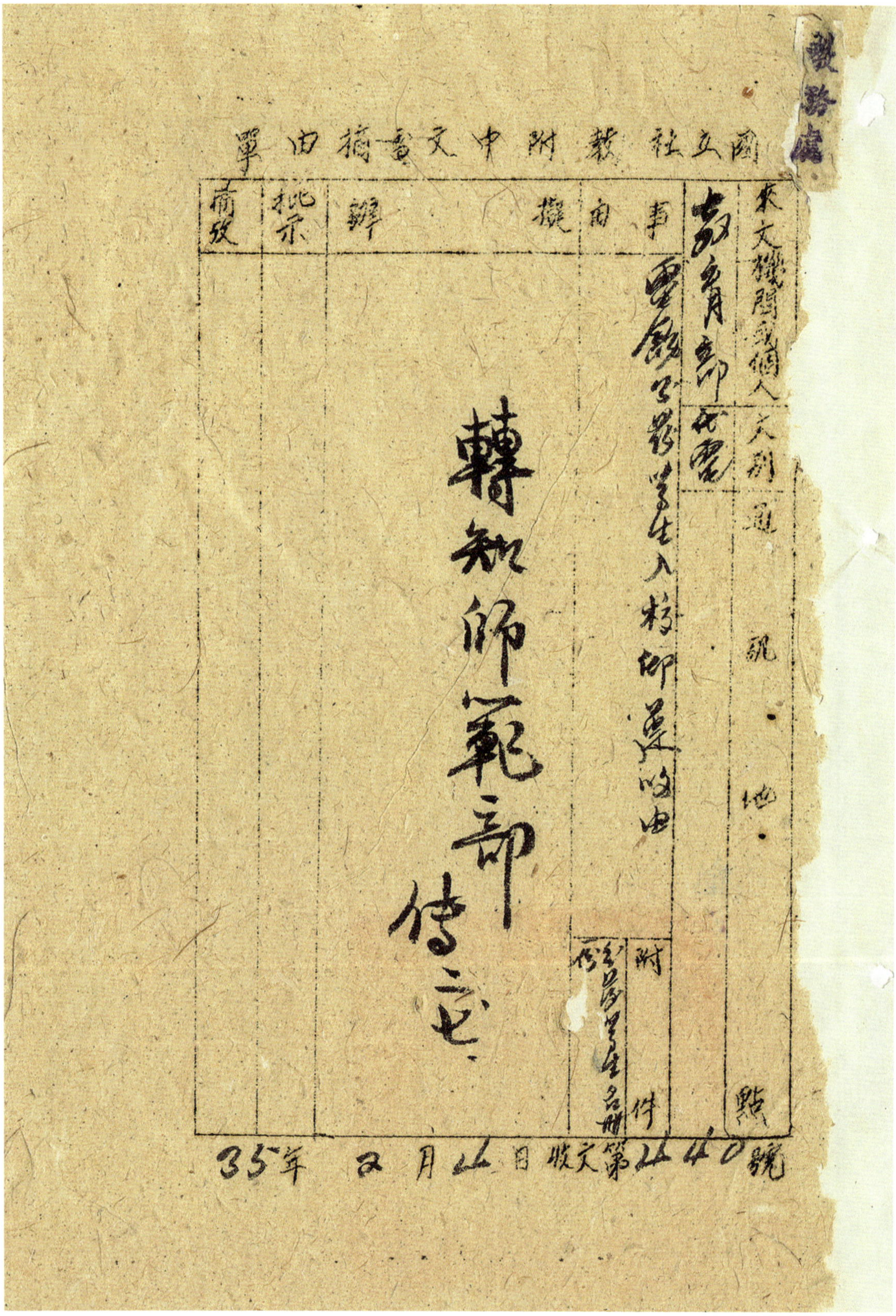

教育部爲分發青年復學就業輔導委員會暨保育會學生二十三名入校給國立社會教育學院附屬中學的代電

（一九四六年一月三十一日）

附：分發學生名單

檔號：1009-1-202

教育部代電

事由：電飭分發學生入校仰遵照由

中華民國卅五年一月廿三日發

附件

中華民國　年　月　日　發文渝中字第065565號

擬辦

批示

國立社會教育學院附屬中學茲分發青年復學就業輔導委員會暨保育會學生共二十二名入該校校本部及

丁4(192×272公厘)會印

收文　字第　號

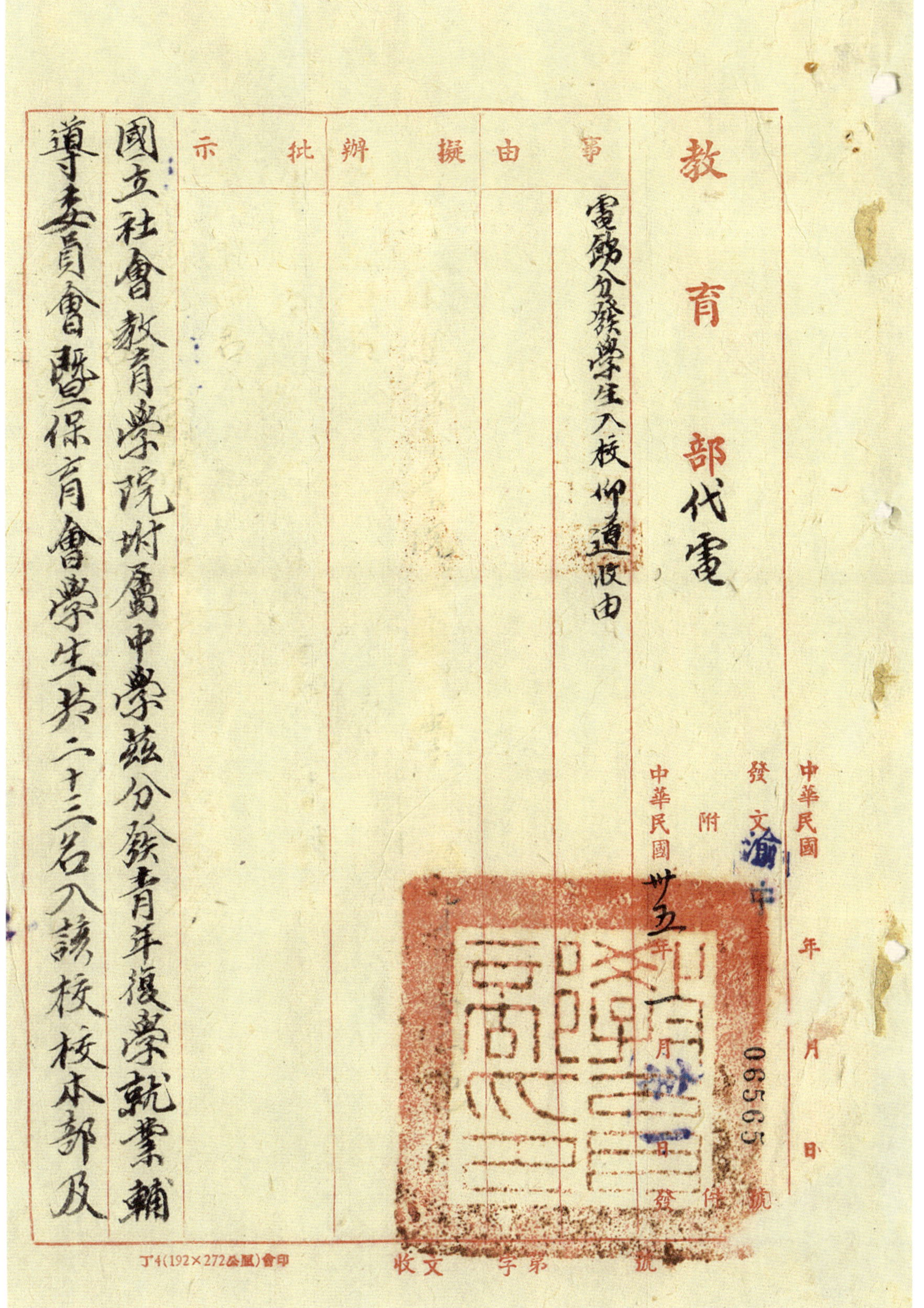

師範部肄業除分行外仰即遵照收容入學爲要教育

部

印附發學生名單一份

中等司長

嚴子韓

監印 校對

監印閻衡 校對梅蕭

丁4(193×272公厘)部印

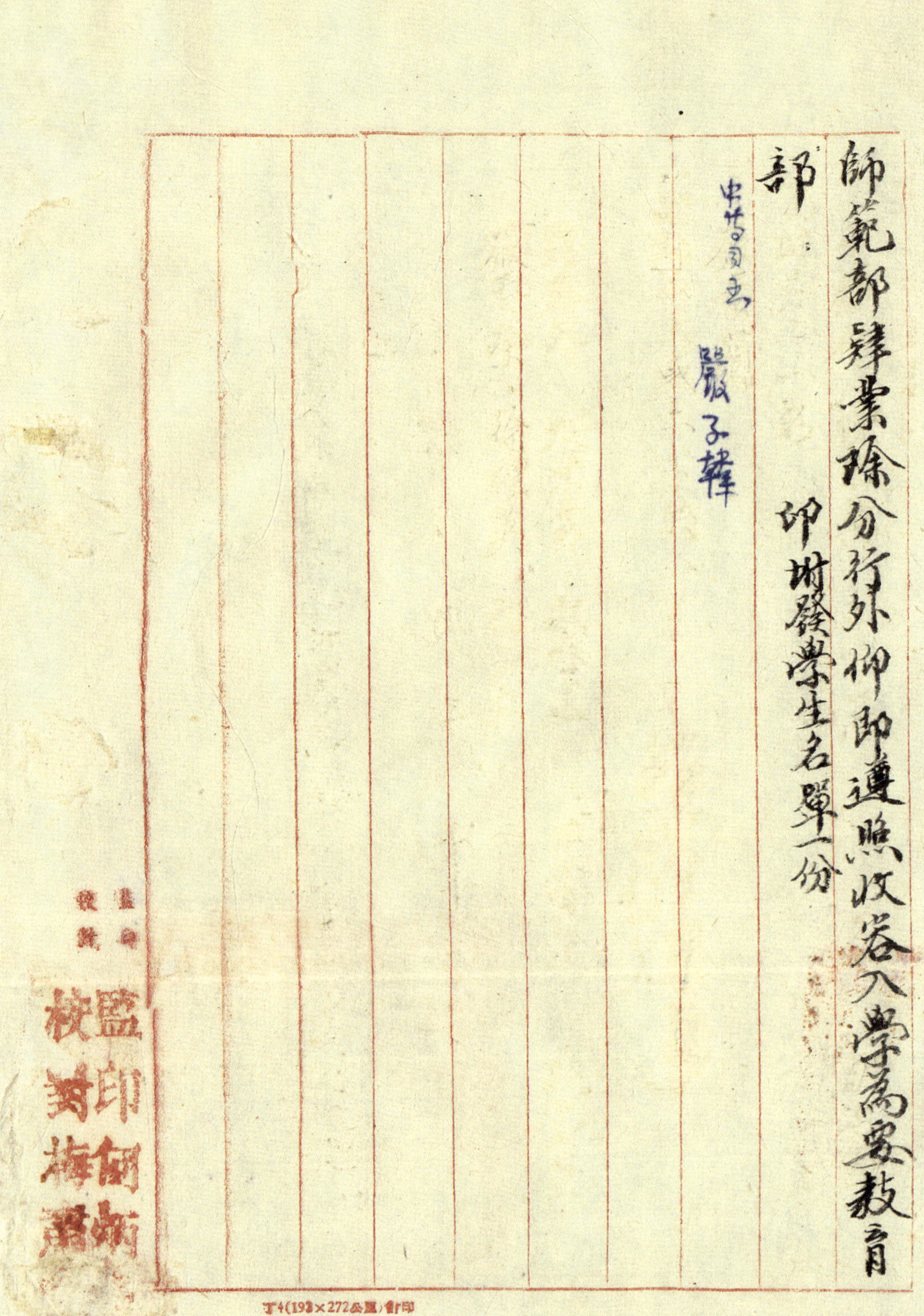

國立社會教育學院附屬中學（孫光才等二十三名）

初二上四名

孫光才　林子君　周　騫　徐繼光

初二下四名

范國光　王觀棠　王善慧　黎鳳珍

初三下一名

司馬立炎

高一下五名

葉麒祥　陳宏興　李學高　江上峯　胡治國

簡師二上一名

嚴素蘭

簡師二上或二下共八名

羅春榮　趙文秀　歐陽春　（夏愛蓮）　胡翠英

嚴春榮　徐禮英　梅品軒

此八名係高中生原肄業簡師

[illegible]

（二上可由校改編年級）

文書組存查

京國字第1036号

卅五、九、二日出榜

國立社會教育學院附屬中學三十五年度錄取新生及各級插班生名列於后

初一上正取新生計肆拾弍名

白宗汶　陳京潤　王鳴蘭　王永金　陶季民

楊嘉仁　童義山　唐玉玲　龔方雅　洪　斌

郤安財　何家書　韓光俊　高光璋　萬君康

徐衍強　宋崇華　何友輝　朱子良　劉宏英

鄭化雨　劉昌毅　陳開緯　侯俊卿　劉默如

丁德懷　唐爾錦　林漢民　侯　蕃　李壽孫

程京華　馬月波　郭長風　成中英　伍　騏

張令諳　李國華　梁鳳台　張　雲　胡金棠

張鳴翔　張家裕

國立社會教育學院附屬中學一九四六年度録取新生及各級插班生名單（一九四六年九月二日）

檔號：1009-1-203

初一上備取生計叁拾陸名

胡錫琳	杜淑蒨	湯大山	曾光榮	朱寶瑋
袁金鍊	鄭倫祺	汪立本	王介強	鄭家平
汪淑慧	余平	張啟中	金毓孫	賀郁雲
朱立仁	王建珍	周履貞	李培楨	盛志賢
居先介	曾振中	彭燕韓	宋楨治	孫葆生
蔡佩儀	朱如玲	朱如玨	陸良自 陳鳴芩	湯守謂
陳乃巽	汪曾楪	蔣祖康	戚中英	沈元良
孫銘仙				

初二上插班生計叁拾陸名

湯湘蘋	姚家龍	羅振英	金翔民	朱培基
陳天煌	蔣家正	喻三民	鄭津生	楊瑛
劉鴻梅	郜泉心	張世溥	王慧芬	劉耀唐
吳曉光	陳述曾	洪元楣	嚴聖武	吳旭

王恆遜　龔鉥　吳堅　侯華　張立民

晁栩　毛鋭　尹克炎　周棣華　鄭素琴

劉聲瓏　劉慧英　柯子嵐　褚誠林　吉佩洵

葉鵬孫

初二上備取生計叁名

程偉　白群猷　丁正漢　薛瑛　鄭素琴

徐富恩　余枚　吳樹棠　丁根源　王之友

王之士　滕家銓　杜淑芳　孫秀生　蔡佩芳

汪惠芬　楊士樞　陳天漢　王芝芸

陳毓修
劉竹蓀
儲有根
王先達
閔光瑜
歐光鵬
麥佩芳
陶富
張振國

初三上插班生（正取生）

王玉豫 張廷璧 湯尚誠 林孝平
陳宇知 林以德 黃毓華 盛安麗
曹雲 李正業 金寧 張慶儀
袁人龍 王聲望 宋明芝 張承基
王家璽 陳慧君

備取生

林家瑛 余慕塗 劉建民 方世奇
黃德榮
高人 王正敏 永生
張光亞 李齊勳 梁天白 宋繼英
牟廣榮 沈慶林 趙其武 殷家屁

畢萬椿　時有為　盧盛松　郭吉光　方鼎元　紀　森　黃鍾和　金麟孫　劉永康　王光禮

陳綱　杜芳蔚　徐克京　劉洪照　王昌珩　蒯兆鼎

備取生

李幼卿　陳錫祺　葉恩寰　鄧希宏

方　珍　唐輝宇　袁壽俊　閔文軒　劉平強　陳愛珍　王于芳　方士昌

梁強生　楊適知　劉慶壽　鍾　詢　葉緒泰　姚毓霖　史鑑遷　黃其鈞

蔣知民　胡光宗　申導華　王葆權　梁毓輔　徐　崑　史永英　王銀華

高二上插班生正取生

黄紀青 華鳳山 趙麗華 李文林 徐孝睦 周翠娥
郭文運 陳啟禎 王傳傑 王乃驥 陳趙英 嚴伯瑾
東恩臺 禽石上 曹國驊 王大經 俞順美 徐學烈
金言 張偉亮 董秉平 貢進 陳友道 葛祥雲
牛玉鳳 余文進 吳國傑 嚴漢東 林厚康 彭祖政

備取生

張孔寅 鄭志初 陳一鶚 何瓊璋 文心慧 史鑑初
王元 王堯 何澤錦 孫冠忠 邱素行 陳燕芳

高三上插班生正取生

沈光祖 陳龍 顧沁華 田心源 吳育蓀 王星東
鄧祖華 王文寶 李玉瑜 金之高 蔣琍玲 朱梅生
楊迴 廖中成 王瑾 蔣永欽 吳昌德 顧實甫
王福成 廖從佛 劉泰 張定國 顧吉衡 周麟昌

備取生

丁連源 汪祖坡 管功焯 鈕靜安 徐煥

0183

業文字數

國立社會教育學院附屬中學丹陽分校新生榜示

查本校丹陽分校新生入學考試試卷業經評閱完竣，計初中各年級計取正取生丁乃寬等一百六十五名，備取生賴德龍等一百一十六名，除登報揭曉外，特榜示如次。至開學報到及註冊日期，一俟丹校校舍修建竣工再行通告，仰新生注意為要。計開：（附錄取新生照底單為序）

榜 17

國立社會教育學院附屬中學丹陽分校新生榜示（一九四六年九月）

附：録取新生名單

檔號：1009-1-203

國立社會教育學院附屬中學錄取新生名單（正取生以座號先後為序）

高三正取生十六名

丁乃寬　李耀芳　孫顯明　潘福齡（以[illegible]退）　邱祖華
韋旭昇　錢家修　李時岳　闞道隆　徐宗勉　張奇珏
王朗天　馬　秈　王慶成　張　壽　王綱玲（以南京退）

高三備取生十名

賴德龍　喬[illegible]祥　趙家裕　酈尔康　錢益民　梁文吉
朱友蘭　米文範　陳孝開　王鴻堯

高二正取生廿七名

史久璋　王晨旭　李壽頤　卞嘉聲　孔文泉　姜平之
許慶生（以[illegible]退）　黃紀青　王潤生　侯天鐸　陳紹慎
葛樹林　張道恆　孔德墉　王光武　王　師　張先耀
郝孚通　李　陸　吳紹瑛　鮑道宏　居思基　彭人傑

金錦康　王承矩　王傳傑　易志寧（[redacted]）

高二備取生十五名

鍾端端　胡乃一　桑鳴聲　顧億德　章仲禹　張興漢

徐進（京）　凌燕民　倪嘉瑛　金本鈺　蔣承武　何瓊瑋

邢公俠　鄭林業　尹荼玲

高一正取生四十名

賀美雲　賀美玉　朱冠柵　吳鎔　潘濟華　丁開誠

魏瑣生　陳麗冬　葛俊華　李愛蘭（[redacted]）　唐子進

周雪貞　施依蓮　王章琳　孫龍昌　耿發揚　芮穎白

徐任學　王槐章　王村民　陳興堯　嚴餘祺　崔震霄

王永華　李信亨　尹大鏞　汪光甲　金明善　黃日昀

吳國才　范尚雍　王友南　景保平　梁慧君　儲欣木

陳祖燕　劉棣　趙乾仁　吳俊燕　李存慈（以上南京道）

高一備取生廿四名

虞良俊　毛棨　劉增光　楊東來　楊龍文　朱興華
張效忠　楊戊　魏鏞　羅時恒　金智生　楊振椅
汪華齡　張殿錕　韋棨嶧　李存恕　謝德清　張永芳
蔣全斌　胡依仁　程潁士　楊慧玉　尹棻鑄　吳棪

初三正取生十六名

王一德　謝光遠　謝鈞　錢嘉生　華叔平　王新元
吳德明（以上南京道）　張遠清　蔣琳　葛棨林　許宏祖
孔德塽　嚴德慶　郝孚定　王志宏　侯祖同（以上南京道）

初三備取生十二名

楚均安　胡瑶　李[illegible]

[illegible]

何天燦 黃彤章 俞志湘 鄭素琴 周韻聲 蘇必壽

吳兆儂

初二正取生廿五名

孫延陵 東培基 陳榮庚 黃定生 諸葛信 孫斌

戴鎮鴻 姜雲 戴尚寅 張俊濤(以[illegible]) 陳子正

劉瑞泉 傅珍生 華保安 胡守經 周舜龍 馬肇恩

吳榮虬 王恆暹 吳元俊 高祖熹 吳鍾泉 郝宇寵

劉聰 張行忠(以[illegible])

初二備取生十八名

鍾天駒 胡乃大 盧央 葉廣績 樸義霞 龐諸彥

胡寶珠 慎庚中 楊平生 楊振鐸 吳之華 李曼俐

李曼璽 侯鎮滇 李克忠 李鴻璧 陳閭 胡國華

初一正取生四十一名

朱懷德　郭遺雄　吳新亞　吉敖川　冷秋華　毛振華
陳靖　楊順一　趙月英　薛如祥　程鴻昌　夏廣才
王士韜　史亞清（以上丹陽送）　溫孝珍　羅杞明　孫洛湘
江福順　范文忠　王保珍　金駿程　何滿生　丁家翰
韓素春　郭養湛　陳傳良　侯生佛　王安民　印祖信
曹伯華　劉賢　孫仁湘　蕭君吉　賈湘君　李廣琪
沈國鄉　何亞男　張尚義　印恩雲　吳俊康　王明華
（以上南京送）

初一備取生卅六名

顧寄生　王瑞之　劉漢鄉　徐乾　歐陽澣　潘宗祐
黄啟泉　李葆　張達昇　陳式旬　陳瑞萱　張佩蘭

李國賢　朱曉苓　侯天盤　江　浩　侯天羣　程　偉
高樹誠　林曾驊　楊宛蓀　金培榮　馬　政　汪正如
張計生　吴寶和　孫其蓁　蔣學礼　許蔭松　湯燧銘
王維衡　劉雲峯　徐勤保　苏承涛　羅吉子　孫品綿

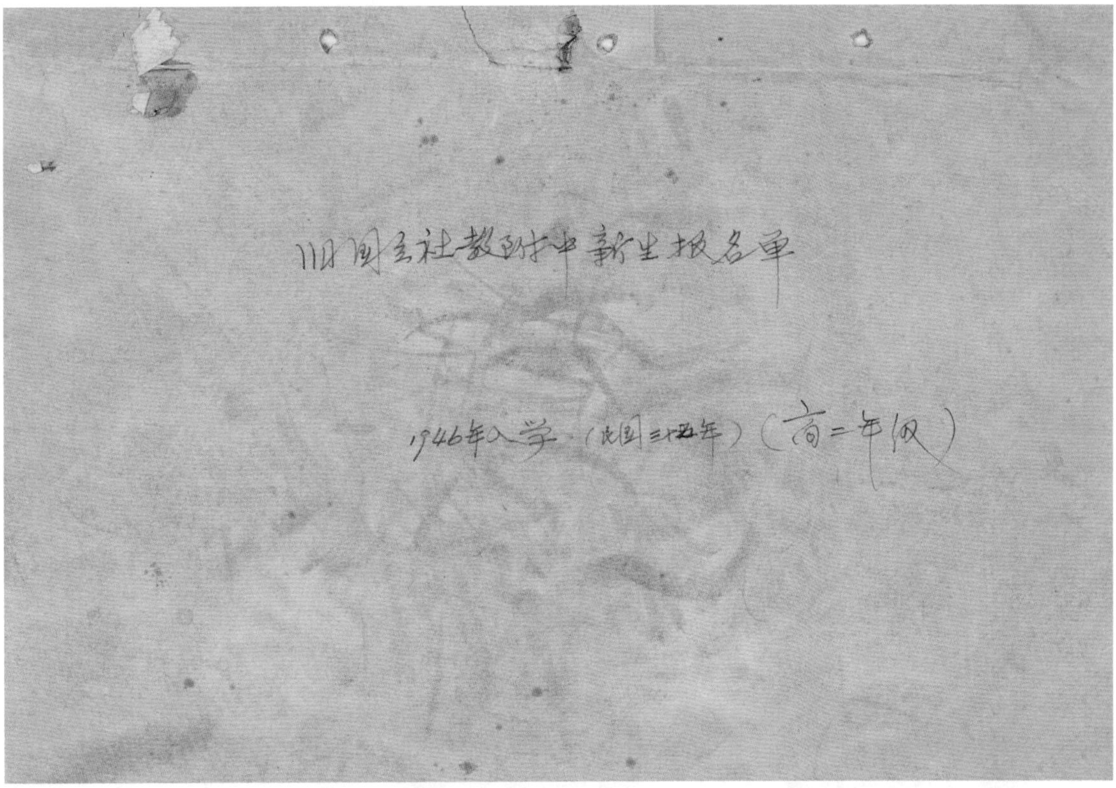

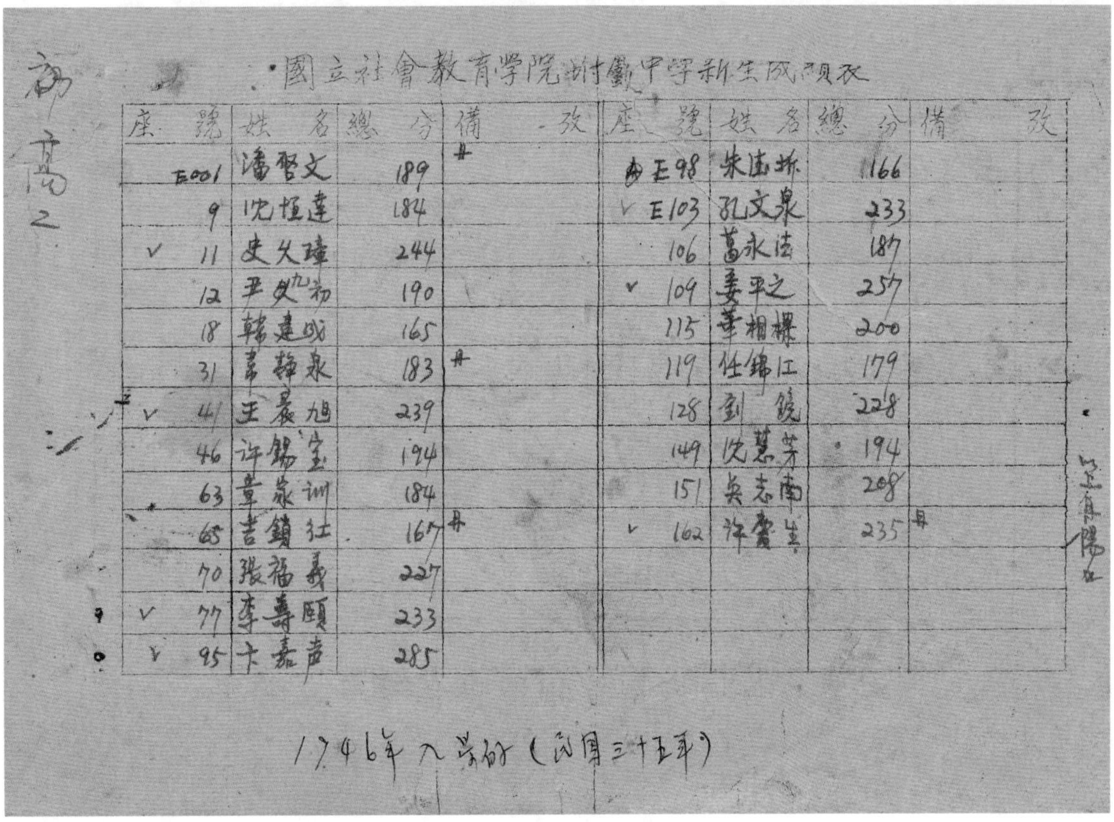

國立社會教育學院附屬中學新生成績表

座號	姓名	總分	備考	座號	姓名	總分	備考
E001	潘晳文	189	#	E98	朱庭圻	166	
9	沈桓達	184		E103	孔文泉	233	
11	史久瑋	244		106	葛永法	187	
12	尹紈初	190		109	姜平之	257	
18	韓建成	165		115	華相樑	200	
31	韋静泉	183	#	119	任錦江	179	
41	王晨旭	239		128	劉鏡	228	
46	许錫宝	194		149	沈慕芳	194	
63	章家训	184		151	吳志南	208	
65	吉鎮江	167	#	162	许賓生	235	#
70	張福義	227					
77	李壽頤	233					
95	卞嘉声	285					

1946年入学的（民国三十五年）

國立社會教育學院附屬中學丹陽分校新生成績表及新生報名單（一九四六年九月）

國立社會教育學院附屬中學新生成績表

座號	姓名	總分	備考	座號	姓名	總分	備考
E 202	黄定新	232		E 223	鍾孝庚	208	
203	石昌珠	181		226	龚志珠	226	
√ 205	黄純寿	253		227	朱葛松	190	
206	蒯兆鼎	218		231	袁金之	205	
208	孙福根	213		232	李仲禹	232	
209	刘錦華	231		233	王　傑	172	
√ 211	王阔生	235		234	赵元鑫	195	
√ 213	鍾天鏐	235		235	金翊之	172	
214	葉学谨	211		237	柯佳建	214	
218	胡宜璇	219		242	韩淑俊	210	
219	楊大中	179		243	周麗華	207	
√ 221	陈昭模	236		245	李恩福	176	
√ 222	葛樹林	246		256	尹正心	176	

國立社會教育學院附屬中學新生成績表

座號	姓名	總分	備考	座號	姓名	總分	備考
E 262	汪慧卿	218		√E 315	張先耀	258	
265	張宗敏	223		318	鮑永和	220	
266	俞海清	224		√ 321	郝学通	243	
√ 267	張道恒	260		√ 323	李　陸	268	
√ 275	孔德壎	388		√ 333	吳絲璞	298	
√ 287	王光斌	319		√ 336	鮑道弘	297	
288	范欽佩	206		√ 338	屈思懿	25[illegible]	
△ ~~294~~	~~夏文英~~	~~183~~		342	宋秀椿	203	
√ 301	王　師	279		343	鄭学良	226	
305	任啟迪	201		√ 344	彭人傑	233	
310	董汝昌	203		√△ 356	金錦康	233	
312	張道東	198		√ 362	王承矩	252	
~~314~~	~~夏敬和~~	~~237~~		√ 365	王侍傑	294	

座號	姓名	總分	備攷	座號	姓名	總分	備攷
E373	馬桂瑞	202					
E374	鍾福謙	209					
V E390	易赤寧	233					

№ 000256

國立社會教育學院附屬中學新生報名單

試場座位號碼 E0011

姓名	史久璋	籍貫	江蘇省/市溧陽縣	年齡十七歲（民國十九年六月生）	性別	男	已婚未婚	未婚

學歷			驗呈證件	
	畢業者	畢業		1.畢業文憑　件
	轉學者	係江蘇省武進縣私立鑑明中學高一第二學期肄業		2.證明書　件
	同等學力者	肄業		3.轉學證書　件
投考年級	高中部二年級			4.同等學力　件

考試結果	國文	英文	算學	理化	公民	史地	博物	生物	常識	口試	總平均	取否
	60	25	65		40		54				244	

貼相片處

備考　補

通訊處　溧陽西门碼頭街吴正昌烟號轉夏莊可也

（注意）1.填寫本單務須清楚正確（姓名尤須注意）否則不予錄取

2.畢業學校名稱及畢業年齡月或肄業年月應填寫完全不得節略

3.考試結果一欄由學校填寫

№ 000786

國立社會教育學院附屬中學新生報名單

試場座位號碼 E0061

姓名	王晨旭	籍貫	江蘇省無錫縣	年齡十七歲（民國十九年二月二十八生）	性別	男	已婚未	未

學歷			驗呈證件
畢業者		畢業	1.畢業文憑　件
轉學者	無錫縣立中學高中一年級肄業	肄業	2.證明書　件
同等學力者		肄業	3.轉學證書　一　件
投考年級	高中二年級		4.同等學力　件

考試結果	國文	英文	算學	理化	公民	史地	博物	生物	常識	口試	總平均	取否
	70	40	46		35	48				〇	239	

貼相片處

備考　取

通訊處　無錫陸區（?）

（注意）1.填寫本單務須清楚正確（姓名尤須注意）否則不予錄取
2.畢業學校名稱及畢業年齡月或肄業年月應填寫完全不得節略
3.考試結果一欄由學校填寫

№ 001073

國立社會教育學院附屬中學新生報名單

試場座位號碼 E0077

姓名	李壽頤	籍貫	江蘇省淮安縣	年齡十六歲（民國十九年十月十二生）	性別	男	已婚未	未

學歷			驗呈證件
畢業者		畢業	1.畢業文憑　／　件
轉學者	肄業於揚州進修班高一年級	肄業	2.證明書　乙　件
同等學力者		肄業	3.轉學證書　／　件
投考年級	高二		4.同等學力　／　件

考試結果	國文	英文	算學	理化	公民	史地	博物	生物	常識	口試	總平均	取否
	65	5	48		75	40				〇	233	

貼相片處

備考　取

通訊處　揚州華巷中學進修班

（注意）1.填寫本單務須清楚正確（姓名尤須注意）否則不予錄取
2.畢業學校名稱及畢業年齡月或肄業年月應填寫完全不得節略
3.考試結果一欄由學校填寫

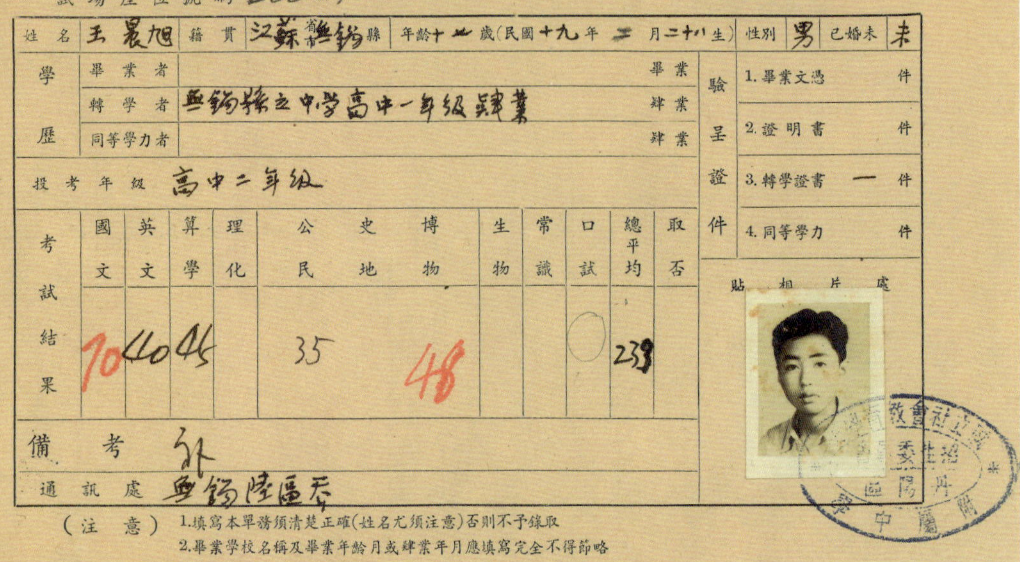

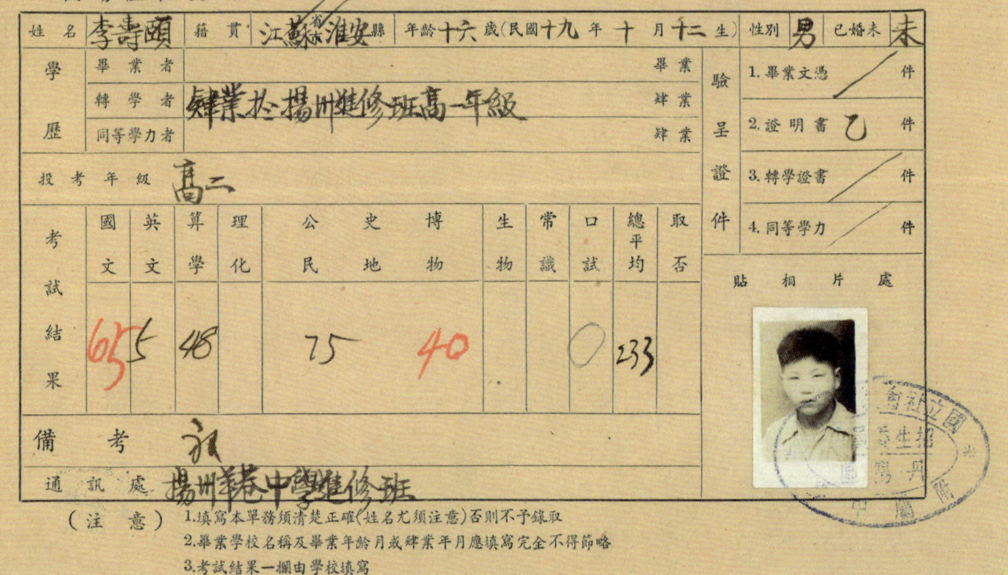

№ 001257

國立社會教育學院附屬中學新生報名單

試場座位號碼 E00095

姓名	卞嘉聲	籍貫	江蘇省武進縣	年齡十九歲（民國十七年九月廿六生）							性別	男	已婚未 已
學歷	畢業者										畢業	驗呈證件	1. 畢業文憑 件
	轉學者	武進私立西郊中學高中部一年級第二學期									肄業		2. 證明書 件
	同等學力者										肄業		3. 轉學證書 件
投考年級	高中部弍年級												4. 同等學力 件
考試結果	國文	英文	算學	理化	公民史地博物			生物	常識	口試	總平均	取否	
	80	33	60		30			82			285		
備考	補 年												
通訊處	常州南門外南夏墅永和祥號												

（注　意）1.填寫本單務須清楚正確（姓名尤須注意）否則不予錄取

2.畢業學校名稱及畢業年齡月或肄業年月應填寫完全不得節略

3.考試結果一欄由學校填寫

№ 001442

國立社會教育學院附屬中學新生報名單

試場座位號碼 E00103

姓名	孔文泉	籍貫	江蘇省市 金壇縣	年齡十五歲（民國　年　月　生）							性別	男	已婚未
學歷	畢業者										畢業	驗呈證件	1. 畢業文憑 件
	轉學者										肄業		2. 證明書 件
	同等學力者										肄業		3. 轉學證書 件
投考年級	高二												4. 同等學力 件
考試結果	國文	英文	算學	理化	公民史地博物			生物	常識	口試	總平均	取否	貼相片處
	40	5	58		65			65			233		
備考	補												
通訊處													

（注　意）1.填寫本單務須清楚正確（姓名尤須注意）否則不予錄取

2.畢業學校名稱及畢業年齡月或肄業年月應填寫完全不得節略

3.考試結果一欄由學校填寫

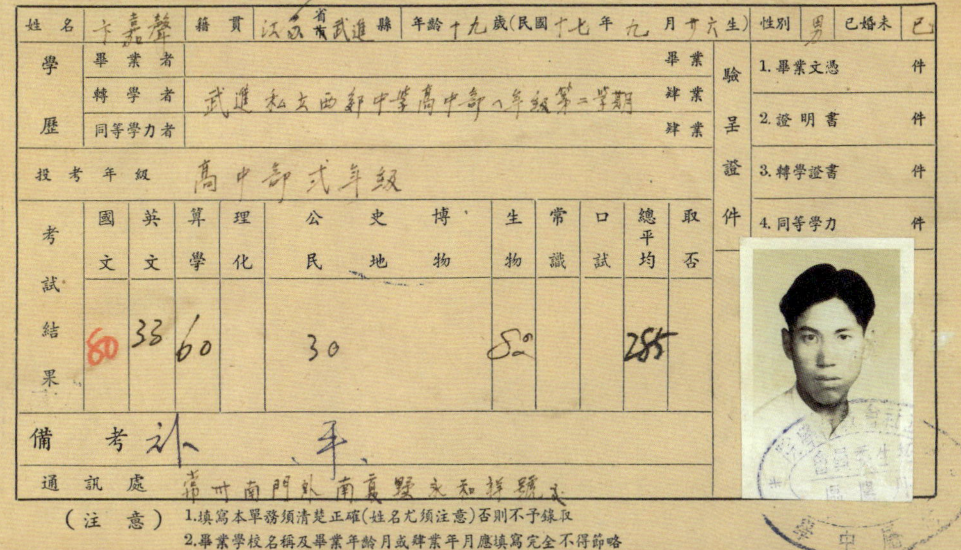

№ 001415

國立社會教育學院附屬中學新生報名單

試場座位號碼 E00109

姓名	姜平之	籍貫	江蘇省 溧陽縣	年齡十八歲（民國十七年二月十九日生）	性別	男	已婚未	未

學歷		
畢業者		畢業
轉學者	江蘇省溧陽縣私立光華中學高一	肄業
同等學力者		肄業

投考年級 高中二年級

驗呈證件		
1.畢業文憑		件
2.證明書		件
3.轉學證書	一	件
4.同等學力		件

考試結果	國文	英文	算學	理化	公民史地博物	生物	常識	口試	總平均	取否
	65	55	18		35	50			25[illegible]	

備考

通訊處 溧陽縣南渡鎮南春樓茶社

（注意）1.填寫本單務須清楚正確（姓名尤須注意）否則不予錄取
2.畢業學校名稱及畢業年齡月或肄業年月應填寫完全不得節略
3.考試結果一欄由學校填寫

№ 001289

國立社會教育學院附屬中學新生報名單

試場座位號碼 E00162

姓名	許慶生	籍貫	江蘇省 丹陽	年齡十八歲（民國18年10月生）	性別	男	已婚未	未

學歷		
畢業者		畢業
轉學者	上海大同大学附中高中弍年级上学期	肄業
同等學力者		肄業

投考年級 高中弍年级上学期

驗呈證件		
1.畢業文憑	0	件
2.證明書	壹	件
3.轉學證書	0	件
4.同等學力	0	件

考試結果	國文	英文	算學	理化	公民史地博物	生物	常識	口試	總平均	取否
	70	~~8~~ 55	65		45	38			235	

備考 [illegible]

通訊處 丹陽三思橋大[illegible]

（注意）1.填寫本單務須清楚正確（姓名尤須注意）否則不予錄取
2.畢業學校名稱及畢業年齡月或肄業年月應填寫完全不得節略
3.考試結果一欄由學校填寫

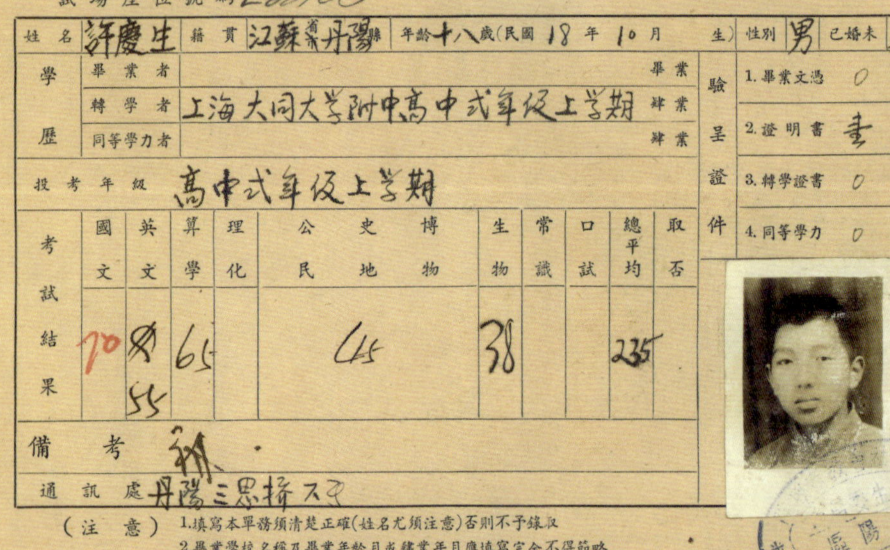

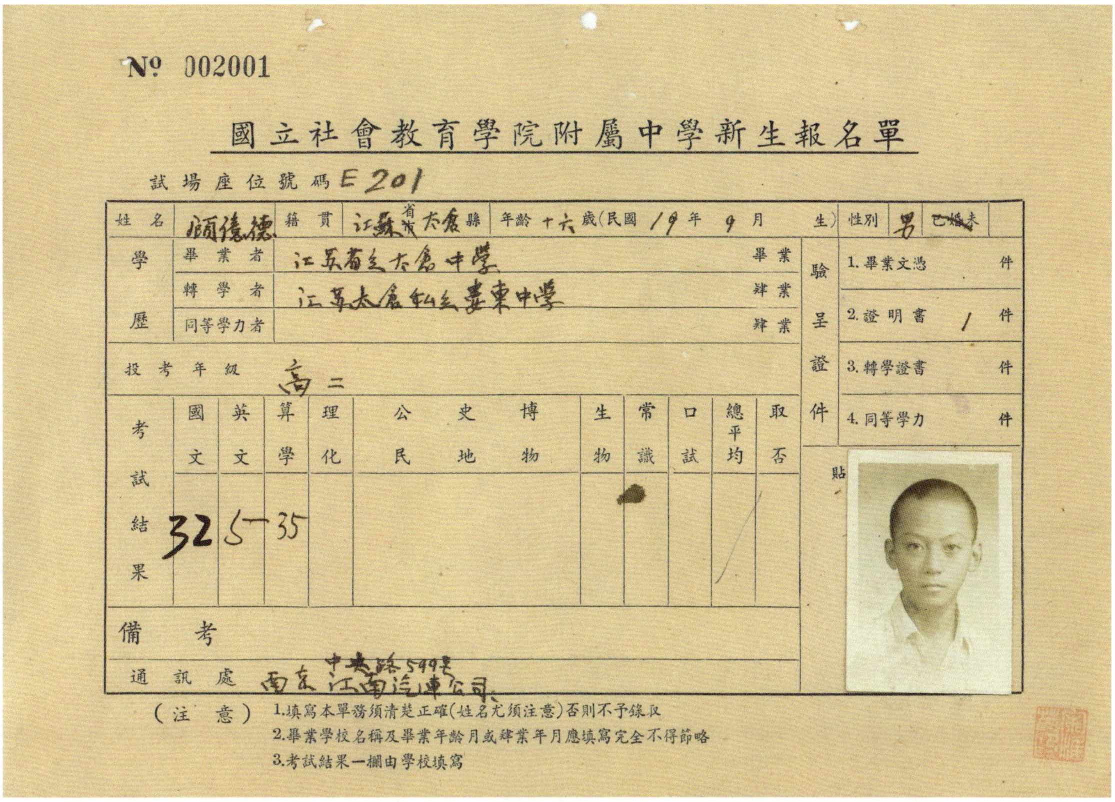

№ 002001

國立社會教育學院附屬中學新生報名單

試場座位號碼 E201

姓名 顧億德　籍貫 江蘇省太倉縣　年齡十六歲（民國19年9月生）　性別 男　已婚未

學歷：畢業者 江蘇省立太倉中學 畢業；轉學者 江蘇太倉私立婁東中學 肄業；同等學力者 肄業

驗呈證件：1. 畢業文憑 件　2. 證明書 1 件　3. 轉學證書 件　4. 同等學力 件

投考年級 高二

考試結果：

國文	英文	算學	理化	公民	史地	博物	生物	常識	口試	總平均	取否
32	5	35									

備考

通訊處 南京中央路549號江南汽車公司

貼

（注意）1. 填寫本單務須清楚正確（姓名尤須注意）否則不予錄取

2. 畢業學校名稱及畢業年齡月或肄業年月應填寫完全不得節略

3. 考試結果一欄由學校填寫

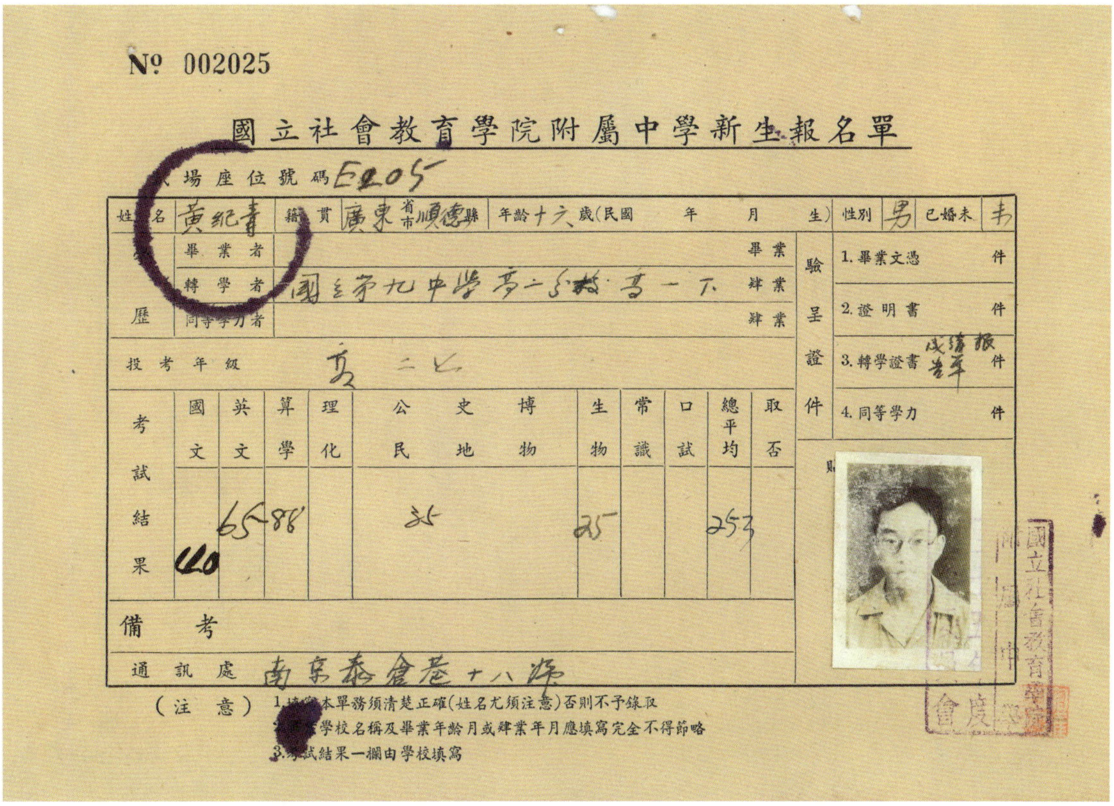

№ 002025

國立社會教育學院附屬中學新生報名單

試場座位號碼 E205

姓名 黄紀青　籍貫 廣東省順德縣　年齡十六歲（民國　年　月生）　性別 男　已婚未 未

學歷：畢業者 畢業；轉學者 國立第九中學高二上肄 高一下 肄業；同等學力者 肄業

驗呈證件：1. 畢業文憑 件　2. 證明書 件　3. 轉學證書 成績報告單 件　4. 同等學力 件

投考年級 高二上

考試結果：

國文	英文	算學	理化	公民	史地	博物	生物	常識	口試	總平均	取否
60	65	88			35		25			253	

備考

通訊處 南京泰會巷十八號

貼

（注意）1. 填寫本單務須清楚正確（姓名尤須注意）否則不予錄取

2. 畢業學校名稱及畢業年齡月或肄業年月應填寫完全不得節略

3. 考試結果一欄由學校填寫

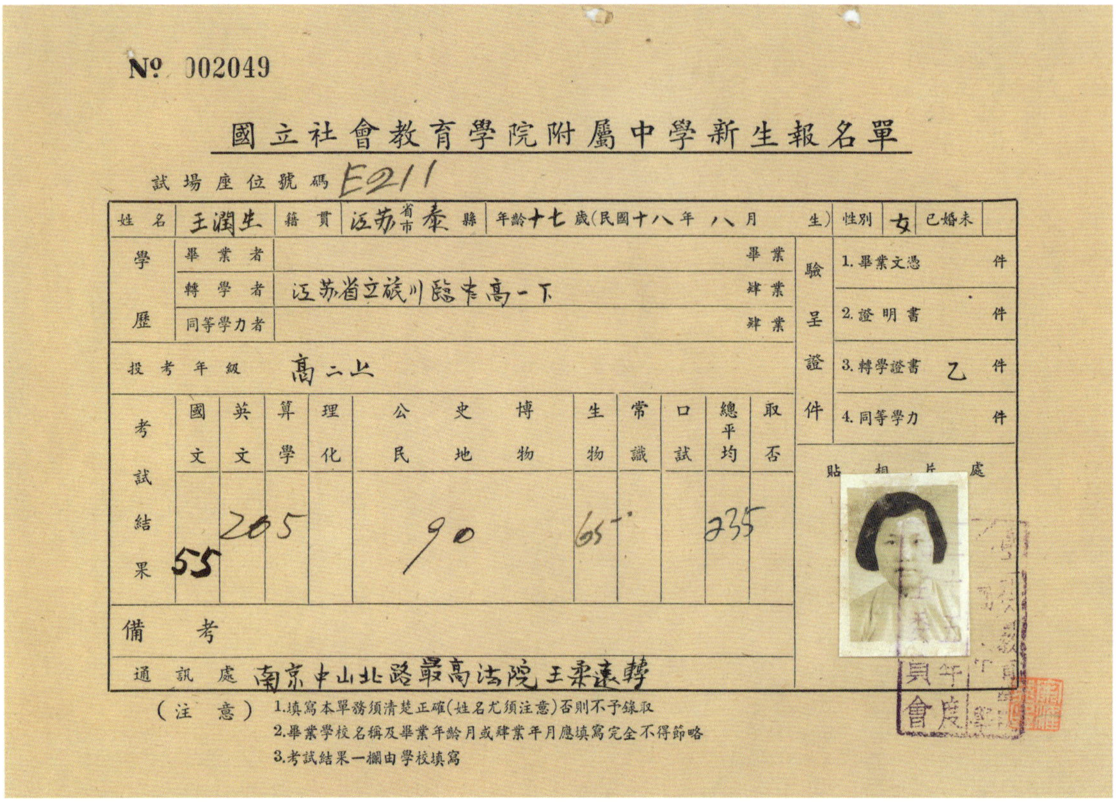

№ 002049

國立社會教育學院附屬中學新生報名單

試場座位號碼 E211

姓名 王潤生　籍貫 江苏省/市 泰 縣　年齡十七歲(民國十八年 八 月 生)　性別 女　已婚未

學歷：畢業者 畢業；轉學者 江苏省立旅川臨中高一下 肄業；同等學力者 肄業

投考年級 高二上

驗呈證件：1. 畢業文憑 件；2. 證明書 件；3. 轉學證書 乙 件；4. 同等學力 件

考試結果	國文	英文	算學	理化	公民史地博物	生物	常識	口試	總平均	取否
	55	20	5		90	65			235	

貼相片處

備考

通訊處 南京中山北路最高法院王秉遠轉

(注意) 1.填寫本單務須清楚正確(姓名尤須注意)否則不予錄取
2.畢業學校名稱及畢業年齡月或肄業年月應填寫完全不得節略
3.考試結果一欄由學校填寫

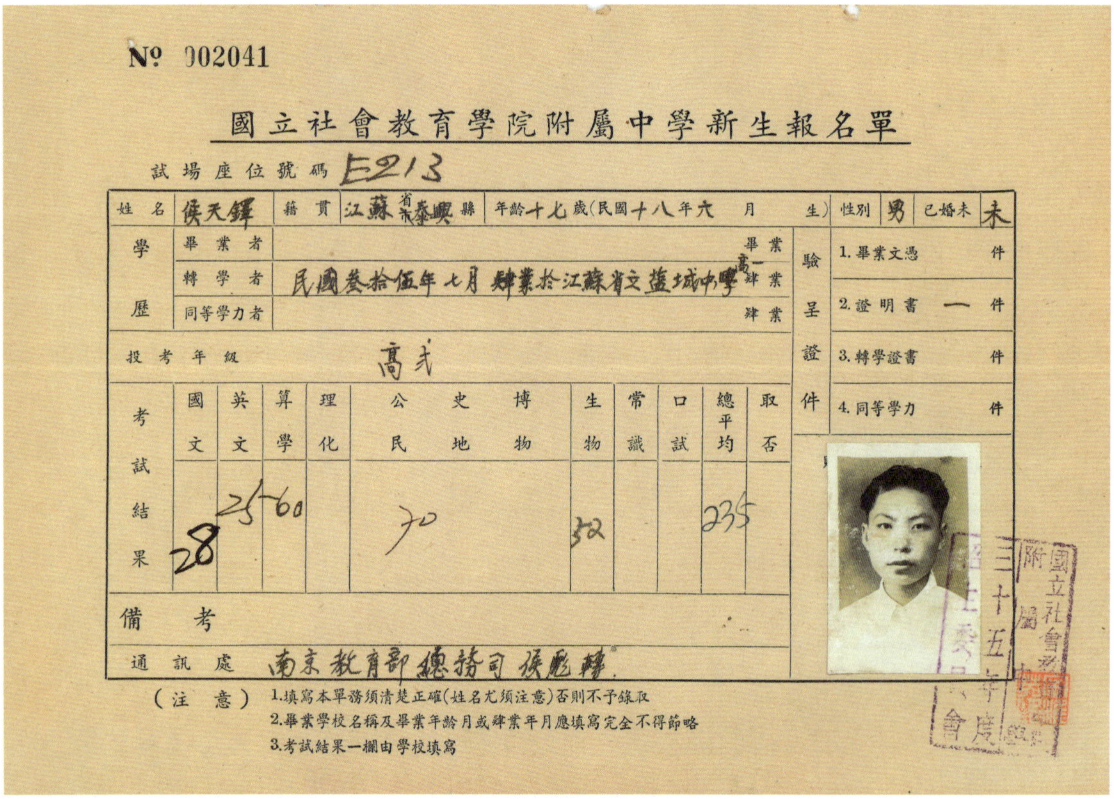

№ 002041

國立社會教育學院附屬中學新生報名單

試場座位號碼 E213

姓名 侯天鐸　籍貫 江蘇省/市 泰興 縣　年齡十七歲(民國十八年六 月 生)　性別 男　已婚未 未

學歷：畢業者 畢業；轉學者 民國叁拾伍年七月肄業於江蘇省立鹽城中學高一 肄業；同等學力者 肄業

投考年級 高弍

驗呈證件：1. 畢業文憑 件；2. 證明書 一 件；3. 轉學證書 件；4. 同等學力 件

考試結果	國文	英文	算學	理化	公民史地博物	生物	常識	口試	總平均	取否
	28	25	60		70	52			235	

備考

通訊處 南京教育部總務司侯彪轉

(注意) 1.填寫本單務須清楚正確(姓名尤須注意)否則不予錄取
2.畢業學校名稱及畢業年齡月或肄業年月應填寫完全不得節略
3.考試結果一欄由學校填寫

№ 002142

國立社會教育學院附屬中學新生報名單

試場座位號碼 E221

姓名	陳昭慎	籍貫	福建省林森縣	年齡	十七歲(民國十九年三月廿二生)	性別	男	已婚未	

學歷			驗呈證件	
	畢業者	畢業		1.畢業文憑　件
	轉學者	教育部部立鄭縣扶輪中學校高一下　肄業		2.證明書　件
	同等學力者	肄業		3.轉學證書 2 件
投考年級	高二上			4.同等學力　件

附[illegible]2件

考試結果	國文	英文	算學	理化	公民史地博物	生物	常識	口試	總平均	取否
	35	25	40		80	56			236	

處

備　考

通訊處 南京鐵管巷四達里五號

（注　意）1.填寫本單務須清楚正確（姓名尤須注意）否則不予錄取
2.畢業學校名稱及畢業年齡月或肄業年月應填寫完全不得節略
3.考試結果一欄由學校填寫

№ 004078

國立社會教育學院附屬中學新生報名單

試場座位號碼 E222

姓名	葛樹林	籍貫	江蘇省金壇縣	年齡	16歲(民國19年8月27日生)	性別	男	已婚未	未

學歷			驗呈證件	
	畢業者	畢業		1.畢業文憑　件
	轉學者	國立第十一中學高中部一年二期(35年5月)　肄業		2.證明書 1 件
	同等學力者	肄業		3.轉學證書　件
投考年級	高中二年一期			4.同等學力　件

考試結果	國文	英文	算學	理化	公民史地博物	生物	常識	口試	總平均	取否
	40	40	35		95	36			246	

備　考

通訊處 南京大中橋八寶前街93號

（注　意）1.填寫本單務須清楚正確（姓名尤須注意）否則不予錄取
2.畢業學校名稱及畢業年齡月或肄業年月應填寫完全不得節略
3.考試結果一欄由學校填寫

№ 002161

國立社會教育學院附屬中學新生報名單

試場座位號碼 E232

姓名 章仲禹　籍貫 贛省（市）南昌縣　年齡十六歲（民國十九年七月十三生）　性別 男　已婚未 未

學歷
- 畢業者：国立十二中初中部於民国卅四年六月畢業
- 轉學者：国立十二中高中部於民国卅四年八月至35年七月肄業
- 同等學力者：

投考年級 高二上

驗呈證件
1. 畢業文憑　件
2. 證明書　件
3. 轉學證書 乙 件
4. 同等學力　件

考試結果

國文	英文	算學	理化	公民 史地 博物	生物	常識	口試	總平均	取否
55	60	40		30	47			238	

貼相片處

備考

通訊處 京市瞻園路120號憲兵司令部警務处王建文轉

（注意）1.填寫本單務須清楚正確（姓名尤須注意）否則不予錄取
2.畢業學校名稱及畢業年齡月或肄業年月應填寫完全不得節略
3.考試結果一欄由學校填寫

[illegible]備取

№ 004108

國立社會教育學院附屬中學新生報名單

試場座位號碼 E246

姓名 鍾瑞㒒　籍貫 江蘇省（市）吳縣　年齡十八歲（民國十八年一月生）　性別 女　已婚未 未

學歷
- 畢業者：
- 轉學者：國立九中高二上肄業期滿
- 同等學力者：

投考年級 高二上

驗呈證件
1. 畢業文憑　件
2. 證明書 乙 件
3. 轉學證書 乙 件
4. 同等學力　件

考試結果

國文	英文	算學	理化	公民 史地 博物	生物	常識	口試	總平均	取否
59	15	5		20	0		7		

貼相片處

備考

通訊處 新街口郵匯總局人事室鍾欽

（注意）1.填寫本單務須清楚正確（姓名尤須注意）否則不予錄取
2.畢業學校名稱及畢業年齡月或肄業年月應填寫完全不得節略
3.考試結果一欄由學校填寫

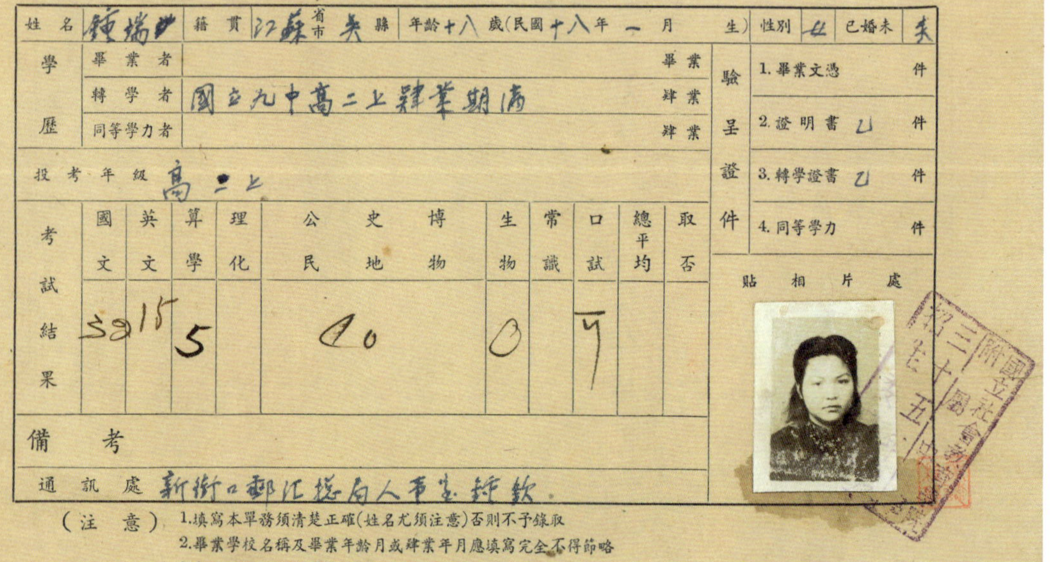

№ 002242

國立社會教育學院附屬中學新生報名單

試場座位號碼 E253

姓名	俞嘉琰	籍貫	浙江省(市)吳興縣
年齡	十七歲(民國　年　月　生)	性別	女
已婚未	未		

學歷		
畢業者		畢業
轉學者	安徽私立鞏文中學高一下	肄業
同等學力者		肄業

投考年級　高二上

驗呈證件		
1. 畢業文憑		件
2. 證明書		件
3. 轉學證書	一	件
4. 同等學力		件

考試結果	國文	英文	算學	理化	公民 史地 博物	生物	常識	口試	總平均	取否
	45	15	10		70	10		7	150	

備考

通訊處　南京昇州路小彩霞街124

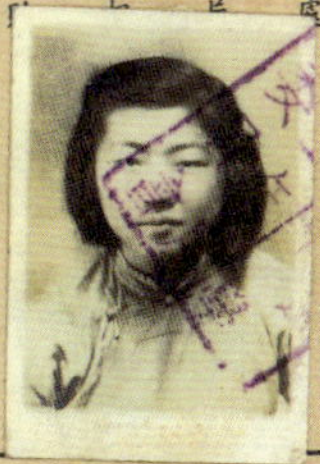

（注意）1.填寫本單務須清楚正確(姓名尤須注意)否則不予錄取
2.畢業學校名稱及畢業年齡月或肄業年月應填寫完全不得節略
3.考試結果一欄由學校填寫

№ 002271

國立社會教育學院附屬中學新生報名單

試場座位號碼 E267

姓名	張道恒	籍貫	安徽省(市)至德縣
年齡	十六歲(民國十九年六月廿四生)	性別	男
已婚未	未		

學歷		
畢業者		畢業
轉學者	漢口私立博學中學高一下	肄業
同等學力者		肄業

投考年級　高中二上

驗呈證件		
1. 畢業文憑		件
2. 證明書		件
3. 轉學證書	一	件
4. 同等學力		件

考試結果	國文	英文	算學	理化	公民 史地 博物	生物	常識	口試	總平均	取否
	45	30	50		80	55			260	

備考

通訊處　南京夫子廟大全福巷十二號

（注意）1.填寫本單務須清楚正確(姓名尤須注意)否則不予錄取
2.畢業學校名稱及畢業年齡月或肄業年月應填寫完全不得節略
3.考試結果一欄由學校填寫

№ 002324

國立社會教育學院附屬中學新生報名單

試場座位號碼 E275

姓名	孔德璜	籍貫	山東省 曲阜縣	年齡	17歲（民國　年　月　生）	性別	男	已婚未	未

學歷			驗呈證件	
畢業者		畢業	1. 畢業文憑	件
轉學者	重慶私立南開中學高中一年級	肄業	2. 證明書	件
同等學力者		肄業	3. 轉學證書	一件
投考年級	高中二年級		4. 同等學力	件

考試結果

國文	英文	算學	理化	公民	史地	博物	生物	常識	口試	總平均	取否
58	60	95			80		95			388	

貼相片處

備考：上學期未曾參加期考

通訊處：南開路南開學校舍孔令燦轉

（注意）1. 填寫本單務須清楚正確（姓名尤須注意）否則不予錄取
2. 畢業學校名稱及畢業年齡月或肄業年月應填寫完全不得節略
3. 考試結果一欄由學校填寫

№ 002363

國立社會教育學院附屬中學新生報名單

試場座位號碼 E285

姓名	淩杰民	籍貫	江蘇省 泰縣	年齡	十九歲（民國十八年九月四生）	性別	男	已婚未	未

學歷			驗呈證件	
畢業者		畢業	1. 畢業文憑	件
轉學者	南京市立第一中學高一下	肄業	2. 證明書	件
同等學力者		肄業	3. 轉學證書	件
投考年級	高中二年級		4. 同等學力	件

考試結果

國文	英文	算學	理化	公民	史地	博物	生物	常識	口試	總平均	取否
35	28	18			20		17			118	

備考：証件補繳

通訊處：教育部王科長文彬轉

（注意）1. 填寫本單務須清楚正確（姓名尤須注意）否則不予錄取
2. 畢業學校名稱及畢業年齡月或肄業年月應填寫完全不得節略
3. 考試結果一欄由學校填寫

№ 002364

國立社會教育學院附屬中學新生報名單

試場座位號碼 E286

姓名	徐逵	籍貫	江苏省泰縣	年齡 18 歲（民國 17 年 10 月 24 生）	性別 男	已婚未 未
學歷	畢業者				畢業	
	轉學者	南京市立第一中學高一下			肄業	
	同等學力者				肄業	
投考年級	高二上					

驗呈證件：1. 畢業文憑 件　2. 證明書 件　3. 轉學證書 件　4. 同等學力 件

考試結果	國文	英文	算學	理化	公民 史地 博物	生物	常識	口試	總平均	取否
	55	38	40		15	11			159	

備考

通訊處　教育部王科長文新轉

（注意）1.填寫本單務須清楚正確（姓名尤須注意）否則不予錄取
2.畢業學校名稱及畢業年齡月或肄業年月應填寫完全不得節略
3.考試結果一欄由學校填寫

№ 002362

國立社會教育學院附屬中學新生報名單

試場座位號碼 E287

姓名	王光武	籍貫	江蘇省泰縣	年齡 十八 歲（民國 17 年 12 月 25 生）	性別 男	已婚未 未
學歷	畢業者				畢業	
	轉學者	國立南京第一臨時中學高一下			肄業	
	同等學力者				肄業	
投考年級	高中部弍年級					

驗呈證件：1. 畢業文憑 件　2. 證明書 件　3. 轉學證書 件　4. 同等學力 件

考試結果	國文	英文	算學	理化	公民 史地 博物	生物	常識	口試	總平均	取否
	45	80	48		60	86			319	

貼相片處

備考

通訊處　教育部王科長文新轉

（注意）1.填寫本單務須清楚正確（姓名尤須注意）否則不予錄取
2.畢業學校名稱及畢業年齡月或肄業年月應填寫完全不得節略
3.考試結果一欄由學校填寫

№ 002401

國立社會教育學院附屬中學新生報名單

試場座位號碼 E297

姓名	鄭林業	籍貫	廣東省 中山縣	年齡十八歲(民國十七年六月十五生)	性別 男	已婚未 未
學歷	畢業者			畢業	驗呈證件	1.畢業文憑 件
	轉學者	於國立第二中學高中一年级下學期		肄業		2.證明書 件
	同等學力者			肄業		3.轉學證書 件
投考年級	高中二年级上學期					4.同等學力 件

考試結果	國文	英文	算學	理化	公民	史地	博物	生物	常識	口試	總平均	取否
	30	15	0			20		39				

備考

通訊處 本市廣州路二五四號

（注意）1.填寫本單務須清楚正確(姓名尤須注意)否則不予錄取
2.畢業學校名稱及畢業年齡月或肄業年月應填寫完全不得節略
3.考試結果一欄由學校填寫

№ 002425

國立社會教育學院附屬中學新生報名單

試場座位號碼 E301

姓名	王師	籍貫	江蘇省 高郵縣	年齡十八歲(民國十七年七月 生)	性別 男	已婚未 未
學歷	畢業者			畢業	驗呈證件	1.畢業文憑 件
	轉學者	南京中正中學高一下		肄業		2.證明書 件
	同等學力者			肄業		3.轉學證書 乙 件
投考年級	高二上					4.同等學力 件

考試結果	國文	英文	算學	理化	公民	史地	博物	生物	常識	口試	總平均	取否
	46	30	80			55		68			279	

備考 乙等

通訊處 南京司法行政部曾桂森轉

貼相片處

（注意）1.填寫本單務須清楚正確(姓名尤須注意)否則不予錄取
2.畢業學校名稱及畢業年齡月或肄業年月應填寫完全不得節略
3.考試結果一欄由學校填寫

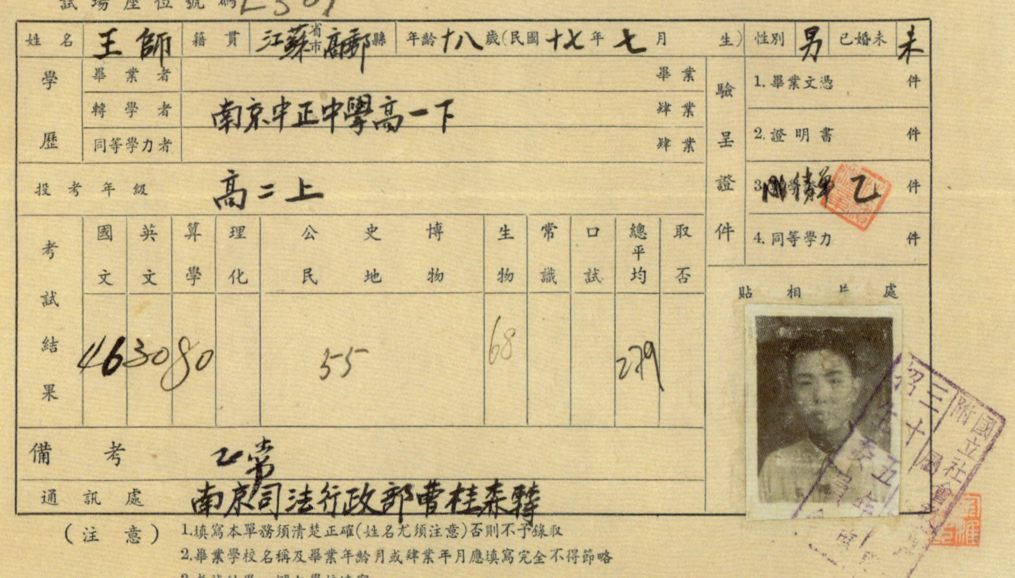

№ 002522

國立社會教育學院附屬中學新生報名單

試場座位號碼 E315

姓名	張先樺	籍貫	浙江省臨安縣	年齡十七歲(民國 年 月 生)	性別 男	已婚未 未

學歷			驗呈證件	
	畢業者	畢業		1. 畢業文憑 件
	轉學者	國立四川大學師範學院附屬中學 肄業		2. 證明書 件
	同等學力者	肄業		3. 轉學證書 一 件
投考年級	高中二年級			4. 同等學力 件

考試結果	國文	英文	算學	理化	公民史地博物	生物	常識	口試	總平均	取否
	30	50	78		60	60			258	

備考 乙等

通訊處 南京桐府營中央週刊社毛國樑轉

（注意）1.填寫本單務須清楚正確(姓名尤須注意)否則不予錄取
2.畢業學校名稱及畢業年齡月或肄業年月應填寫完全不得節略
3.考試結果一欄由學校填寫

№ 002539

國立社會教育學院附屬中學新生報名單

試場座位號碼 E317.

姓名	邢公俠	籍貫	安徽省無為縣	年齡十七歲(民國 年 月 生)	性別 男	已婚未 未

學歷			驗呈證件	
	畢業者	畢業		1. 畢業文憑 件
	轉學者	湖北省立第一高級中學一下 肄業		2. 證明書 1 件
	同等學力者	肄業		3. 轉學證書 件
投考年級	高二			4. 同等學力 件

考試結果	國文	英文	算學	理化	公民史地博物	生物	常識	口試	總平均	取否
	30	40	10		25	40			145	

備考 乙等

通訊處 三牌樓資源委員會邢公俠轉

（注意）1.填寫本單務須清楚正確(姓名尤須注意)否則不予錄取
2.畢業學校名稱及畢業年齡月或肄業年月應填寫完全不得節略
3.考試結果一欄由學校填寫

№ 002593

國立社會教育學院附屬中學新生報名單

試場座位號碼 E321

姓名 郝学通　籍貫 江蘇省市淮安縣　年齡十六歲（民國二十年三月　生）　性別 男　已婚未 未

學歷
- 畢業者　　畢業
- 轉學者 江蘇省立徐州中學高中一年級第二學期 肄業
- 同等學力者　　肄業

投考年級 高二

驗呈證件
1. 畢業文憑　件
2. 證明書　件
3. 轉學證書　件　報名第214
4. 同等學力　件

考試結果

國文	英文	算學	理化	公民 史地 博物	生物	常識	口試	總平均	取否
50	55	20		45	73			243	

貼相片處

備考

通訊處 南京珠江路雞鵝巷三十七號之一殷文煒轉

（注意）1.填寫本單務須清楚正確（姓名尤須注意）否則不予錄取
2.畢業學校名稱及畢業年齡月或肄業年月應填寫完全不得節略
3.考試結果一欄由學校填寫

№ 002591

國立社會教育學院附屬中學新生報名單

試場座位號碼 E323

姓名 李陸　籍貫 天津省市　縣　年齡十七歲（民國十八年六月一生）　性別 男　已婚未 未

學歷
- 畢業者　　畢業
- 轉學者 中正學校高中一年級下期（七月十五日）肄業
- 同等學力者　　肄業

投考年級 高中二年級上學期

驗呈證件
1. 畢業文憑　件
2. 證明書　件　0
3. 轉學證書　件　21　轉字105號21
4. 同等學力　件

考試結果

國文	英文	算學	理化	公民 史地 博物	生物	常識	口試	總平均	取否
50	40	45		50	83			268	

貼相片處

備考 甲

通訊處 三牌樓樓樓子巷卅一號

（注意）1.填寫本單務須清楚正確（姓名尤須注意）否則不予錄取
2.畢業學校名稱及畢業年齡月或肄業年月應填寫完全不得節略
3.考試結果一欄由學校填寫

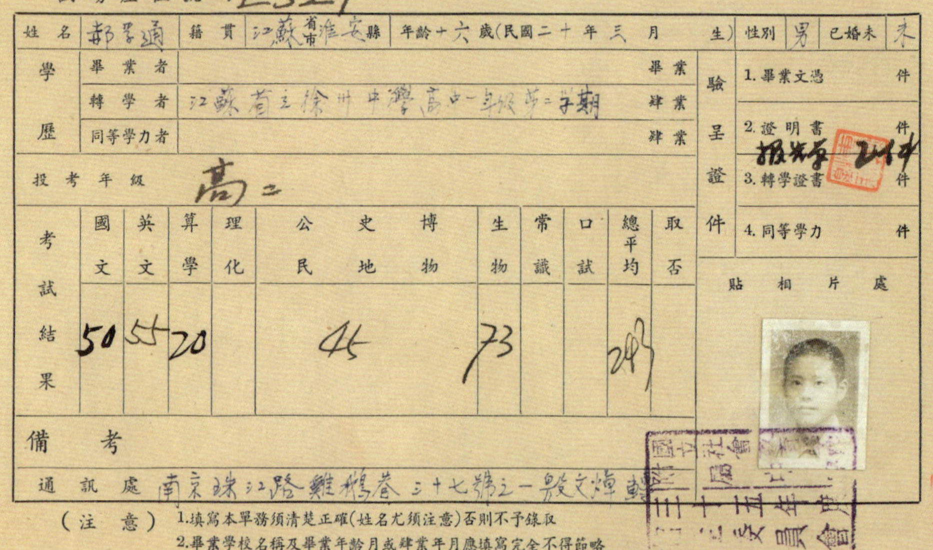

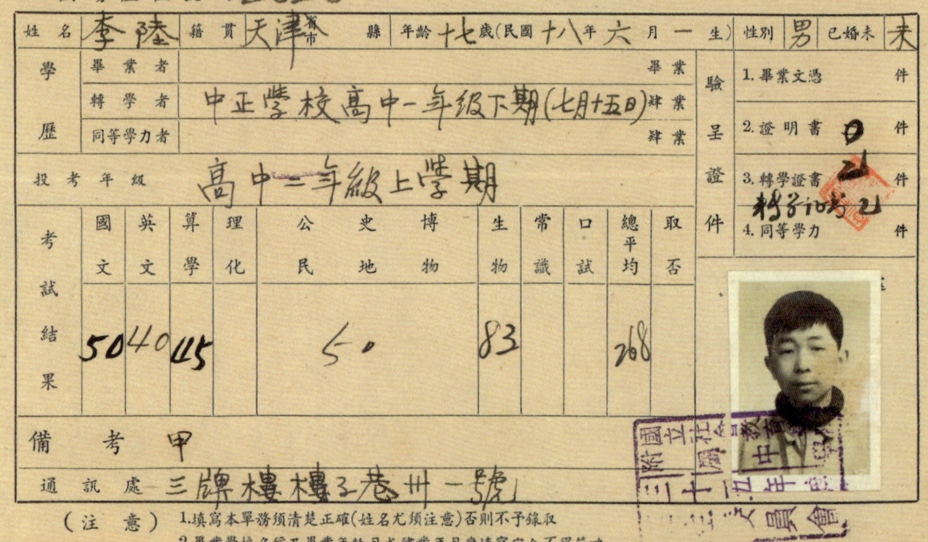

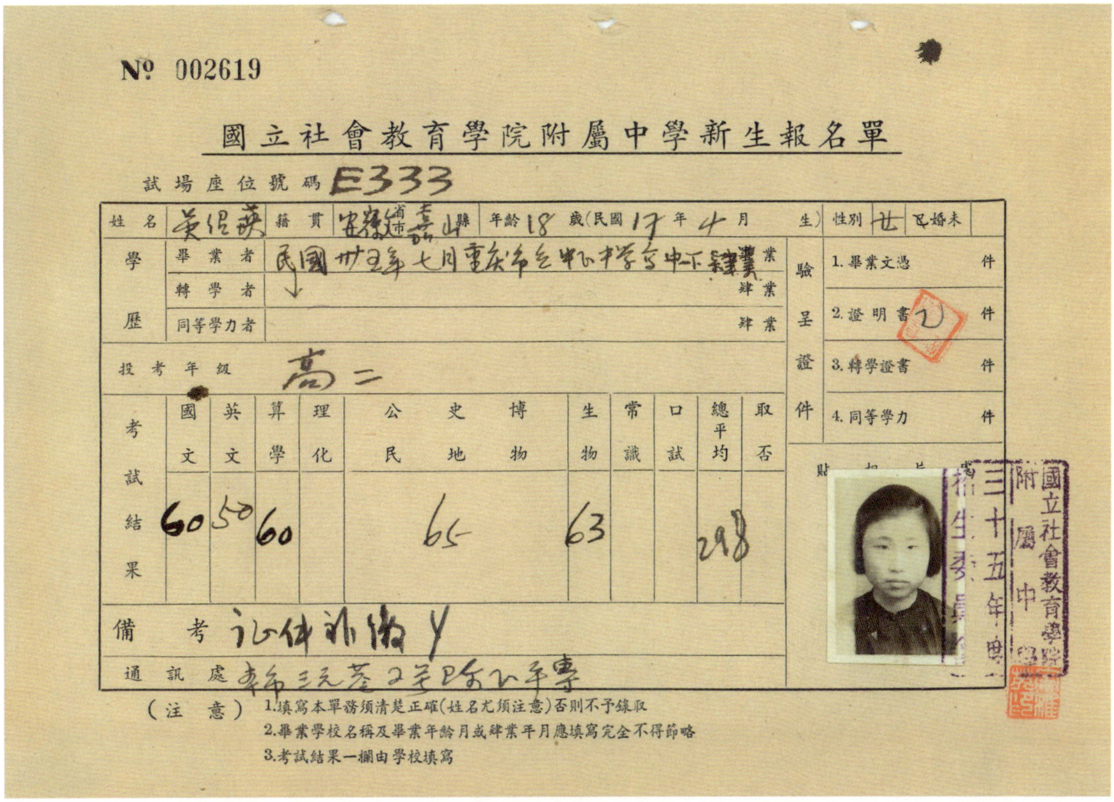

№ 002619

國立社會教育學院附屬中學新生報名單

試場座位號碼 E333

姓名	吳侶英	籍貫	安徽省 壽山縣	年齡18歲(民國17年4月　生)				性別	女	已婚未		
學歷	畢業者	民國卅五年七月重慶市[illegible]中學高中下肄業									驗呈證件	1. 畢業文憑　件
	轉學者	↓								肄業		2. 證明書　乙　件
	同等學力者									肄業		3. 轉學證書　件
投考年級	高二											4. 同等學力　件
考試結果	國文	英文	算學	理化	公民	史地	博物	生物	常識	口試	總平均	取否
	60	50	60			65		63			298	
備考	證件補繳											
通訊處	[illegible]											

貼相片處

三十五年度 招生委員會

國立社會教育學院附屬中學

（注　意）1.填寫本單務須清楚正確（姓名尤須注意）否則不予錄取
2.畢業學校名稱及畢業年齡月或肄業年月應填寫完全不得節略
3.考試結果一欄由學校填寫

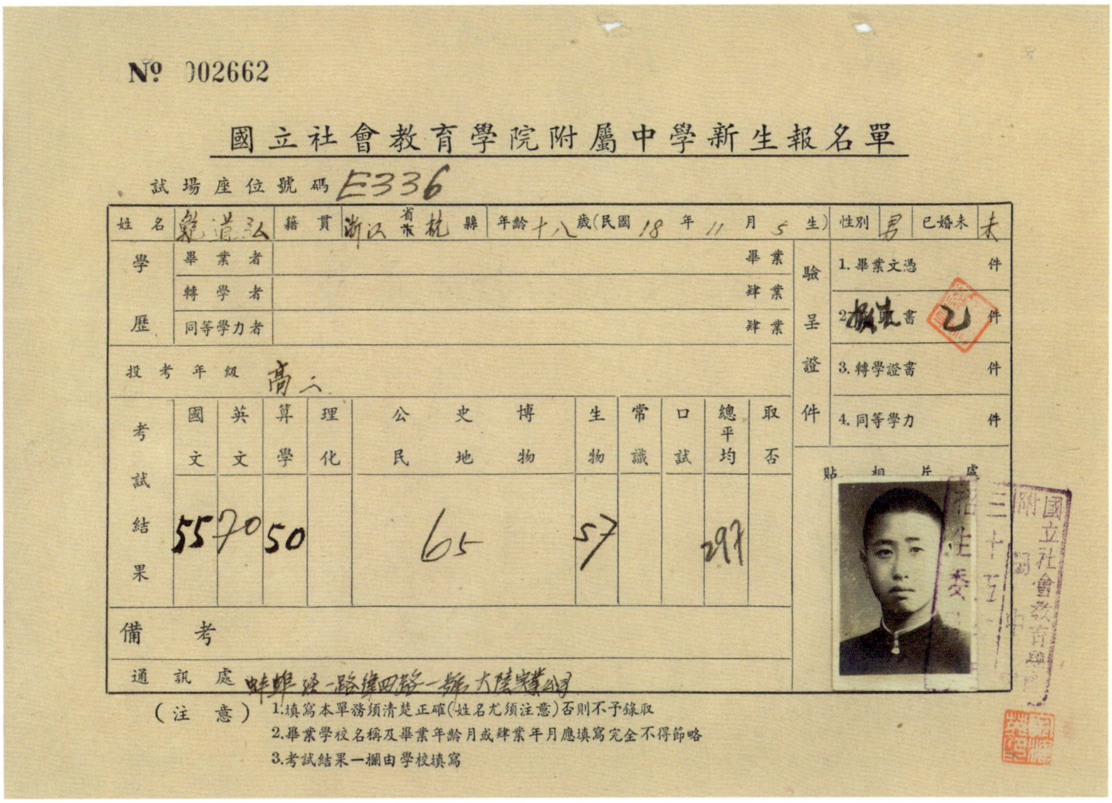

№ 002662

國立社會教育學院附屬中學新生報名單

試場座位號碼 E336

姓名	魏道弘	籍貫	浙江省 杭縣	年齡十八歲(民國18年11月5生)				性別	男	已婚未	未	
學歷	畢業者									畢業	驗呈證件	1. 畢業文憑　件
	轉學者									肄業		2. 報告書　乙　件
	同等學力者									肄業		3. 轉學證書　件
投考年級	高二											4. 同等學力　件
考試結果	國文	英文	算學	理化	公民	史地	博物	生物	常識	口試	總平均	取否
	55	70	50			65		57			297	
備考												
通訊處	蚌埠[illegible]一路[illegible]大陸實業公司											

貼相片處

三十五年度 招生委員會

國立社會教育學院附屬中學

（注　意）1.填寫本單務須清楚正確（姓名尤須注意）否則不予錄取
2.畢業學校名稱及畢業年齡月或肄業年月應填寫完全不得節略
3.考試結果一欄由學校填寫

№ 002667

國立社會教育學院附屬中學新生報名單

試場座位號碼 E338

姓名	庐思毅	籍貫	江苏省高邮縣	年齡十六歲(民國十九年二月廿九生)	性別 男	已婚未 未
學歷	畢業者				畢業	
	轉學者	上海交通中学(民国廿五年二月至□)			肄業	
	同等學力者				肄業	
投考年級	高中二年級上学期					

驗呈證件	
1. 畢業文憑	件
2. 證明書	件
3. 轉學證書	件
4. 同等學力	件

考試結果	國文	英文	算學	理化	公民 史地 博物	生物	常識	口試	總平均	取否
	18	45	20		65	79			258	

備考 甲

通訊處 本市鱼市街□□巷莫厂里三号

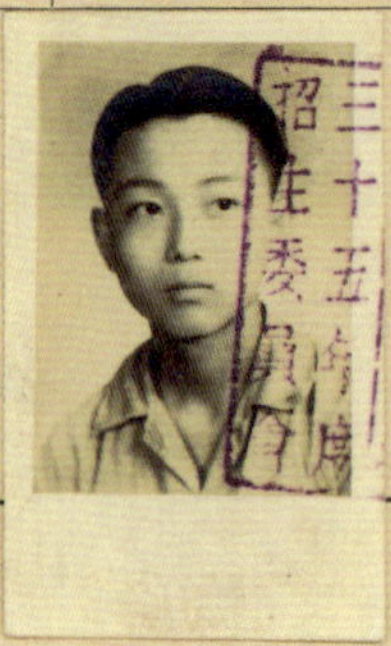

(注意) 1. 填寫本單務須清楚正確(姓名尤須注意)否則不予錄取
2. 畢業學校名稱及畢業年齡月或肄業年月應填寫完全不得節略
3. 考試結果一欄由學校填寫

№ 002693

國立社會教育學院附屬中學新生報名單

試場座位號碼 E344

姓名	彭人傑	籍貫	安徽省巢縣	年齡十九歲(民國十七年十月生)	性別 男	已婚未 未
學歷	畢業者				畢業	
	轉學者	國立南京第二臨時中學高一下肄業期滿(35年7月)			肄業	
	同等學力者				肄業	
投考年級	高二上					

驗呈證件	
1. 畢業文憑	件
2. 證明書 1	件
3. 轉學證書	件
4. 同等學力	件

考試結果	國文	英文	算學	理化	公民 史地 博物	生物	常識	口試	總平均	取否
	50	50	46		35	52			233	

備考

通訊處 本京西華门三条巷147号

貼 處

(注意) 1. 填寫本單務須清楚正確(姓名尤須注意)否則不予錄取
2. 畢業學校名稱及畢業年齡月或肄業年月應填寫完全不得節略
3. 考試結果一欄由學校填寫

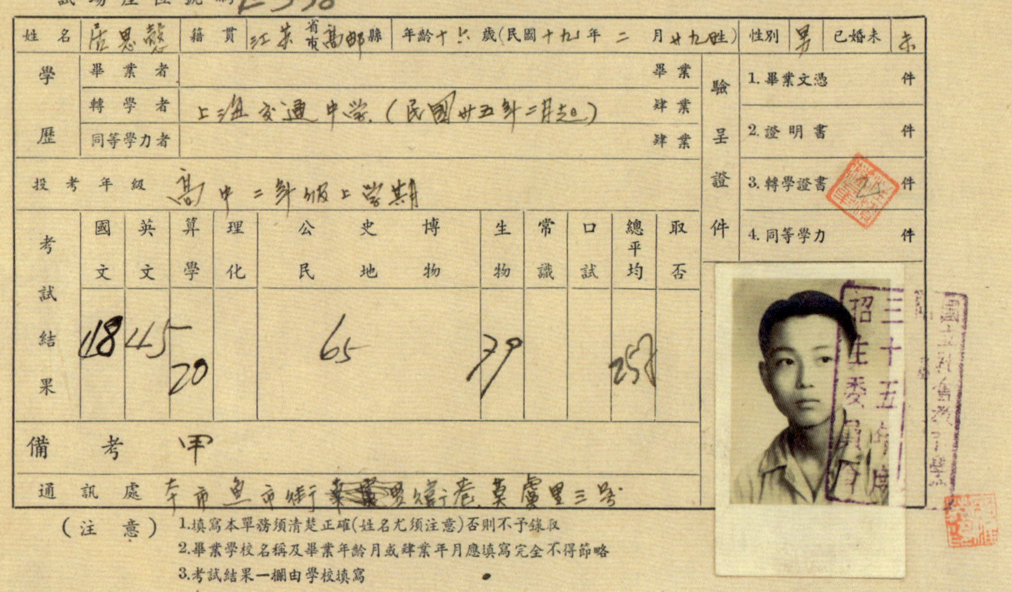

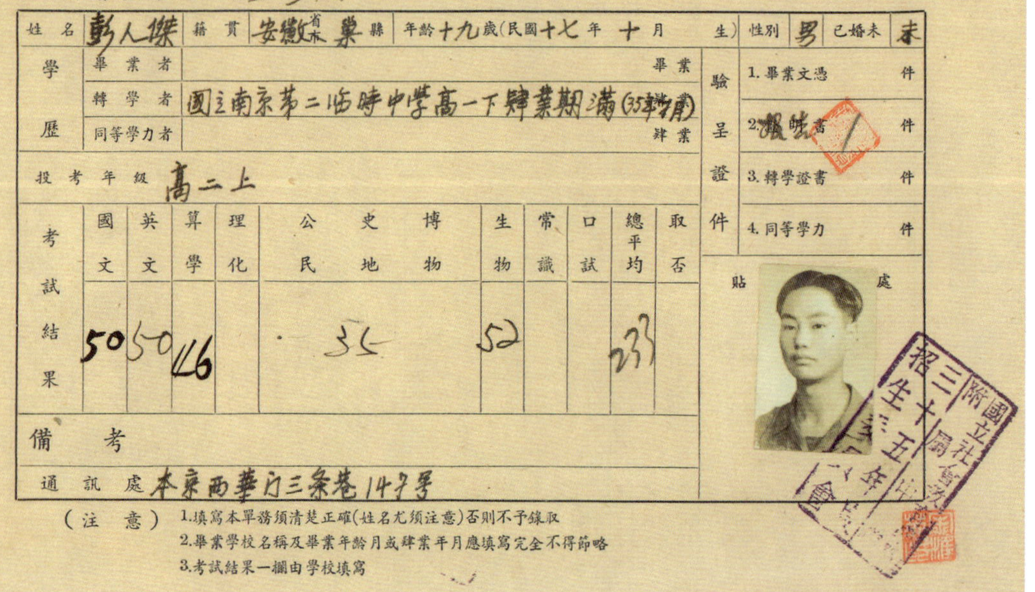

No 004379

國立社會教育學院附屬中學新生報名單

試場座位號碼 E348

姓名 桑鳴聲　籍貫 江蘇省泰縣　年齡 18 歲（民國 28 年 3 月 9 生）　性別 女　已婚未 未

學歷：畢業者　　畢業
轉學者 私立新蘇中學　肄業
同等學力者　　肄業

投考年級 高中二年級

驗呈證件：1. 畢業文憑　件　2. 證明書　件　3. 轉學證書　件　4. 同等學力　件

考試結果	國文	英文	算學	理化	公民 史地 博物	生物	常識	口試	總平均	取否
	50	23	7		35	37			152	

貼相片處

備考 証件後補

通訊處

（注意）1.填寫本單務須清楚正確（姓名尤須注意）否則不予錄取
2.畢業學校名稱及畢業年齡月或肄業年月應填寫完全不得節略
3.考試結果一欄由學校填寫

No 002759

國立社會教育學院附屬中學新生報名單

試場座位號碼 E356

姓名 金錫康　籍貫 貴州省貴陽縣　年齡 十七 歲（民國　年　月　生）　性別 男　已婚未

學歷：畢業者　　畢業
轉學者 國立第二臨時中學高中一年級第二學期　肄業
同等學力者　　肄業

投考年級 高中二年級

驗呈證件：1. 畢業文憑　件　2. 證明書 1 件　3. 轉學證書　件　4. 同等學力　件

考試結果	國文	英文	算學	理化	公民 史地 博物	生物	常識	口試	總平均	取否
	62	35	40		50	46			233	

處

備考

通訊處 南京西華門三條巷一七六號

（注意）1.填寫本單務須清楚正確（姓名尤須注意）否則不予錄取
2.畢業學校名稱及畢業年齡月或肄業年月應填寫完全不得節略
3.考試結果一欄由學校填寫

№ 002786

國立社會教育學院附屬中學新生報名單

試場座位號碼 E362

姓名	王承矩	籍貫	江蘇省市萧縣	年齡 17 歲(民國　年　月　生)	性別 女　已婚未 未
學歷	畢業者				畢業
	轉學者	徐州私立明賢中學女生部高中一年級			肄業
	同等學力者				肄業
投考年級	高中二年級上學期				

驗呈證件	
1. 畢業文憑	件
2. 證明書 報告	1 件
3. 轉學證書	件
4. 同等學力	件

考試結果	國文	英文	算學	理化	公民 史地 博物	生物	常識	口試	總平均	取否
	55	20	65		60	32			252	

備考 [illegible]

通訊處 南京中山路中央團部宣傳處王素蘭

貼相片處

(注意) 1.填寫本單務須清楚正確(姓名尤須注意)否則不予錄取
2.畢業學校名稱及畢業年齡月或肄業年月應填寫完全不得節略
3.考試結果一欄由學校填寫

№ 002816

國立社會教育學院附屬中學新生報名單

試場座位號碼 E365

姓名	王傳傑	籍貫	江蘇省市江浦縣	年齡 十八 歲(民國 17 年 7 月 21 生)	性別 男　已婚未 未
學歷	畢業者	江浦縣立中學初中			畢業
	轉學者	金陵中學高一下			肄業
	同等學力者				肄業
投考年級	高中二上				

驗呈證件	
1. 畢業文憑	件
2. 證明書 報告	21 件
3. 轉學證書	件
4. 同等學力	件

考試結果	國文	英文	算學	理化	公民 史地 博物	生物	常識	口試	總平均	取否
	60	50	20		90	74			294	

備考 [illegible]

通訊處 江浦縣永寧鎮

貼

(注意) 1.填寫本單務須清楚正確(姓名尤須注意)否則不予錄取
2.畢業學校名稱及畢業年齡月或肄業年月應填寫完全不得節略
3.考試結果一欄由學校填寫

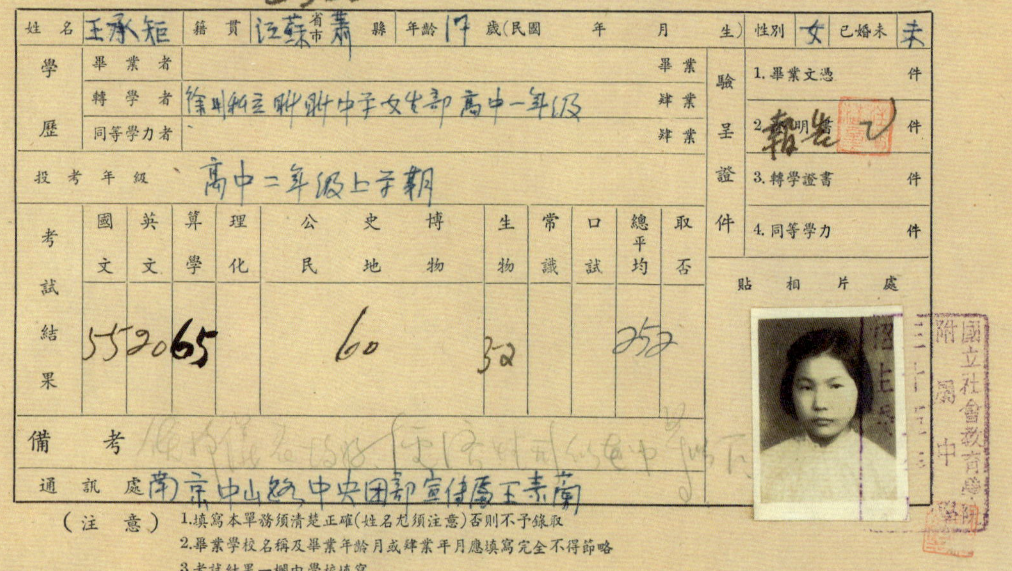

№ 002883

國立社會教育學院附屬中學新生報名單

試場座位號碼 E390

姓名 易志寧　籍貫 湖南省 邵陽縣　年齡 17 歲（民國 18 年 2 月 14 生）　性別 男　已婚未

學歷：
- 畢業者 ______ 畢業
- 轉學者 重慶私立西泉中學高中肄業
- 同等學力者 ______ 肄業

投考年級 高中二上

驗呈證件：
1. 畢業文憑 件
2. 證明書 件
3. 轉學證書 2 件
4. 同等學力 件

考試結果：

國文	英文	算學	理化	公民	史地	博物	生物	常識	口試	總平均	取否
58	55	16			40		64			233	

備考

通訊處 秣陵路206號

（注意）1.填寫本單務須清楚正確（姓名尤須注意）否則不予錄取
2.畢業學校名稱及畢業年齡月或肄業年月應填寫完全不得節略
3.考試結果一欄由學校填寫

№ 002943

國立社會教育學院附屬中學新生報名單

試場座位號碼 E416

姓名 尹蒂玲　籍貫 江蘇省 宿遷縣　年齡 十八 歲（民國 年 月 生）　性別　已婚未

學歷：
- 畢業者 ______ 畢業
- 轉學者 上海中學進修班高二上 肄業
- 同等學力者 ______ 肄業

投考年級 高二

驗呈證件：
1. 畢業文憑 件
2. 證明書 1 件
3. 轉學證書 件
4. 同等學力 件

考試結果：

國文	英文	算學	理化	公民	史地	博物	生物	常識	口試	總平均	取否

備考

通訊處

貼相片處

（注意）1.填寫本單務須清楚正確（姓名尤須注意）否則不予錄取
2.畢業學校名稱及畢業年齡月或肄業年月應填寫完全不得節略
3.考試結果一欄由學校填寫

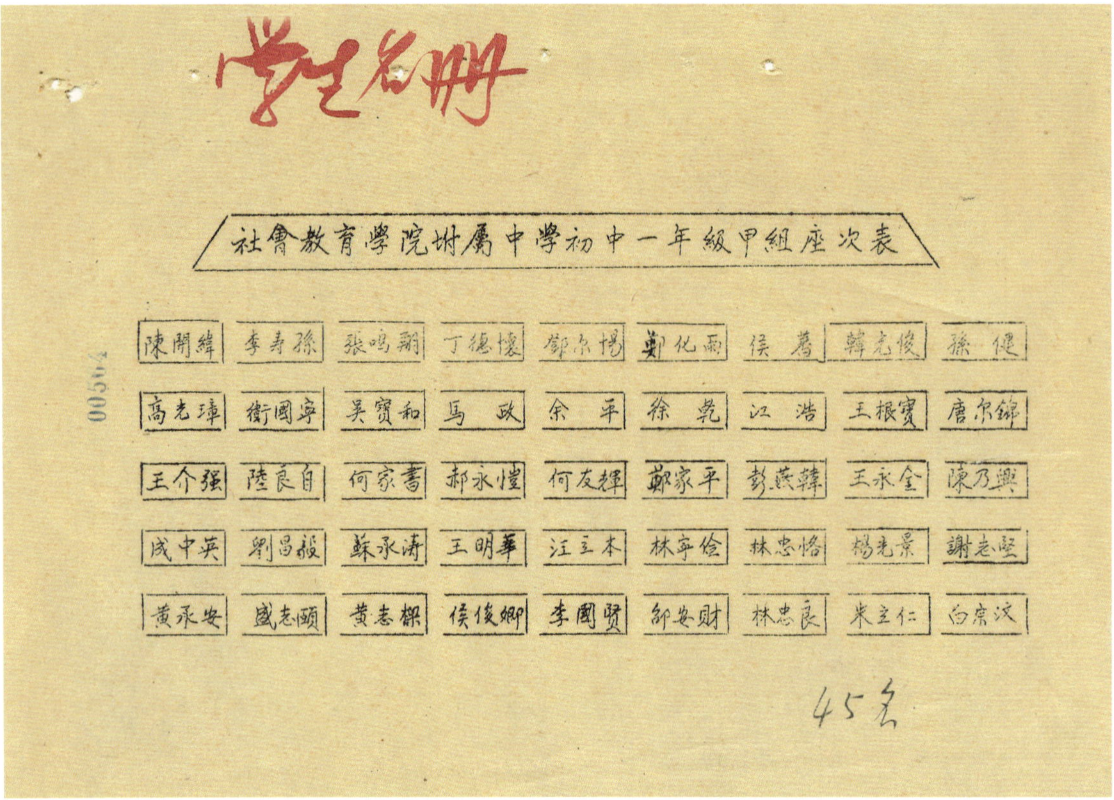

學生名册

社會教育學院附屬中學初中一年級甲組座次表

陳開緯	李寿孫	張鳴翔	丁德懷	鄧永揚	鄭化雨	侯蓉	韓克俊	孫健
高克璋	衛國寧	吴寶和	馬政	余平	徐堯	江浩	王根寶	唐永錦
王介强	陸良自	何家書	郝永愷	何友輝	鄭家平	彭燕韓	王永全	陳乃興
成中英	劉昌穀	蘇承濤	王明華	汪立本	林寧俭	林忠恪	楊光景	謝志堅
黄承安	盛志頤	黄志樑	侯俊卿	李國賢	郁安財	林忠良	米立仁	白宗汶

45名

005004

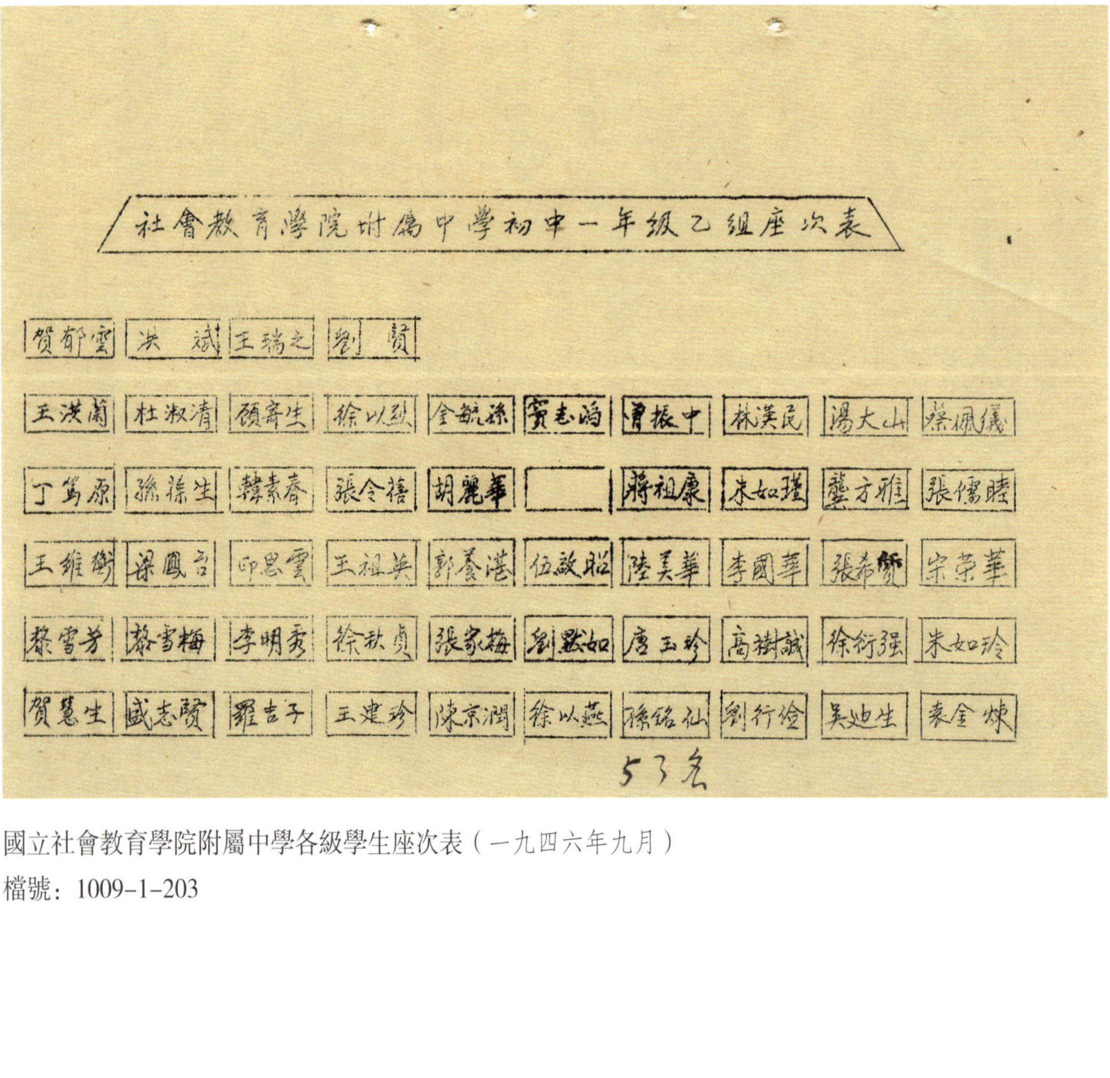

社會教育學院附屬中學初中一年級乙組座次表

賀郁雲	洪斌	王瑞之	劉賢						
王洪蘭	杜淑清	顧寄生	徐以烈	全毓孫	賓志滔	曹振中	林漢民	湯大山	蔡佩儀
丁篤原	孫祿生	韓素春	張令禧	胡麗華		蔣祖康	朱如瑾	龔方雅	張儒睦
王維衡	梁鳳台	邱思雲	王祖英	郭養湛	伍啟昭	陸美華	李國華	張希賢	宋榮華
蔡雪芳	蔡雪梅	李明秀	徐秋貞	張家梅	劉默如	唐玉珍	高樹誠	徐行强	朱如玲
賀慧生	盛志賢	羅吉子	王建珍	陳京潤	徐以燕	孫銘仙	劉行俭	吴廸生	袁金煉

53名

國立社會教育學院附屬中學各級學生座次表（一九四六年九月）

檔號：1009-1-203

社會教育學院附屬中學初中二年級座次表

鄭素琴	龔 鈥	胡素華		劉潤祥	劉耀唐	吳之俊			
61	62	63		64	65	66			
湯湘頻	郭津生	王祖琴	王慧芬	丁根源	吉佩洵	彭家正	傅珍生	馬月波	喬本鉄
51	52	53	54	55	56	57	58	59	60
余 枚	包小惠	陳定寶	劉鴻梅	趙中英	毛 銳	張立民	滕家銓	鄭 健	盧 央
41	42	43	44	45	46	47	48	48	50
劉慧瑛	羅振英	蔡佩芳	孫秀生	吳英虬	晁 楣	金翔民	方烈剛	張世溥	吳澍棠
31	32	33	34	35	36	37	38	39	40
饒逸苓	潘本義	李文鸞	陳天瑝	喻三民	吳曉光	高祖垚	姚家龍	陳述曾	邵泉心
21	22	23	24	25	26	27	28	29	30
徐富恩	龔大畏	陳胄澍	徐競伯	劉瑞泉	褚誠林	周 侗	周棣華	嚴聖武	王恆遵
11	12	13	14	15	16	17	18	19	20
王之士	王之友	錢 英	徐伍鳳	葉鵬孫	周叔中	柯子嵐	陳慶曾	劉德健	胡國華

66名

社會教育學院附屬中學初中三年級座次表

何鼎常							李耀光	余榮全	陳守知
41							42	43	44
陳毓修	李佩芳	賈德全	歐光頌	蘇必秀	吉人龍	俞[illegible]	趙中林	曾祥[illegible]	陳士芳
31	32	33	34	35	36	37	38	39	40
程京華	宋明芝	盛光麗	薛 琳	方士奇	方泱煌	王家璽	季至鈞	陳藝君	藍毓華
21	22	23	24	25	26	27	28	29	30
孔德爽	閔允瑜	馬 靜	文文琪	殷炳慶	湯秀斌	廖川煜	俞慶祥	謝有根	張承基
11	12	13	14	15	16	17	18	19	20
林孝平	曹 雲	薛振英	林以德	劉竹蓀	金 宇	王光達	李正榮	王聲望	毛定國
1	2	3	4	5	6	7	8	9	10

44名

社會教育學院附屬中學高中一年級座次表

					汪曾棋	胡光榮	牛廣錡	章宗燁	
					50	51	52	53	
汪華齡	蕭邦興	陶噐		李華仁	程民生	徐岩	張殿錕	時育為	黃璧和
41	42	43		44	45	46	47	48	49
陸丞	楊宏暉	譚文燮	陳錫和	彭邦果	倪國傑	李存慈	芮穎白	沈光辰	陳昇龍
31	32	33	34	35	36	37	38	39	40
劉經華	羅春梅	王愛華	宋維英	蔡大樽	李存恕	楊戊	羅時恒	金麟孫	殷家元
21	22	23	24	25	26	27	28	29	30
施依蓮	陳湘瓊	李品遠	陳愛玲	梁天白	王品珩	王永華	方士昌	王保權	黃緒泰
11	12	13	14	15	16	17	18	19	20
劉曼姝	董于芳	郭吉先	劉嘉莉	鄧希宏	毛棠	楊適	黃其鈞	盧盛松	沈慶林
1	2	3	4	5	6	7	8	9	10

53

社會教育學院附屬中學高中二年級座次表

張帝堯								
蒯兆鼎	趙世慶	佘文進	蔣承武	何瓊瑋	趙志偉	俞順昊	徐孝旺	
貴進	陳自建	陳一鶚	曹國聰	孫廷忠	嚴伯壎	牛正風	趙麗華	
鄭志和	倪民豪	劉漢東	陳思喜	馬仲興	王克	金本鈺	李瑞華	邱素行
易志寧	陳超英	孔德璜	彭祖政	陳友道	徐學烈	葛祥雲	陳燕芹	鄧競蘭
鄭林業	王元	王乃驥	蕭佑杰	王大經	錢德鈞	倪嘉瑛	金言	桑鳴聲

44名

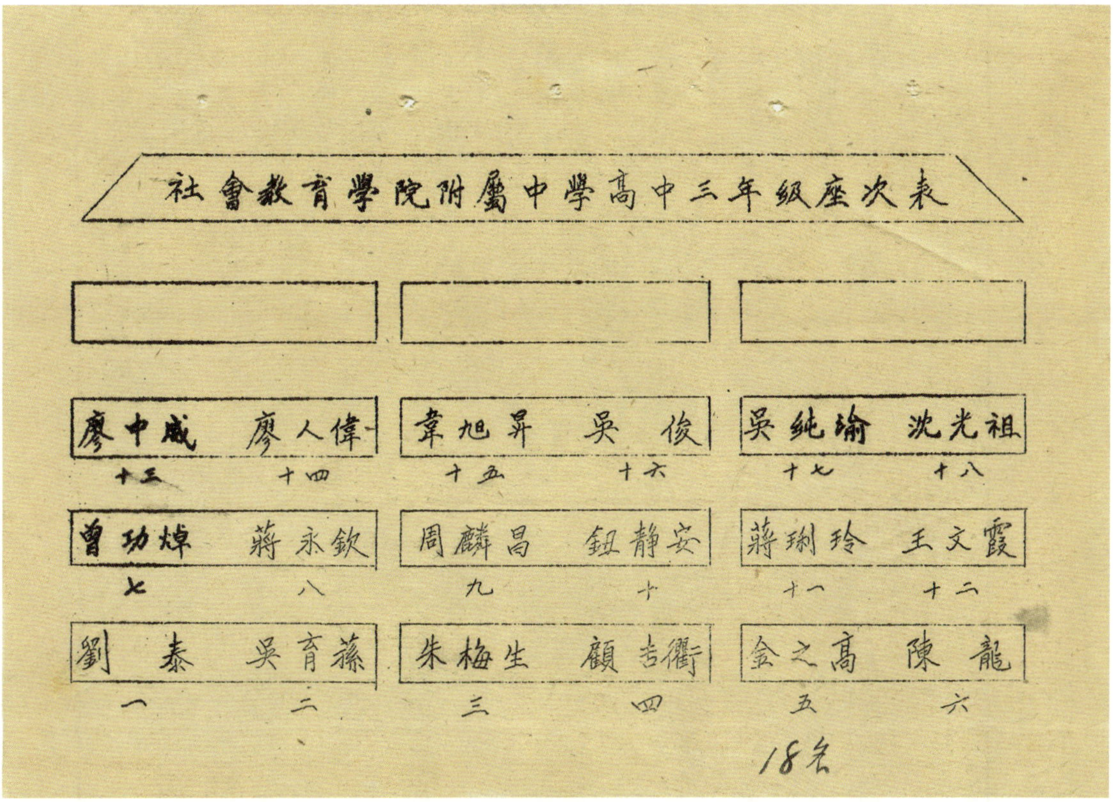

社會教育學院附屬中學高中三年級座次表

廖中威　廖人偉	韋旭昇　吴俊	吴純瑜　沈光祖
十三　十四	十五　十六	十七　十八
曾功焯　蔣永欽	周麟昌　鈕靜安	蔣瑚玲　王文霞
七　八	九　十	十一　十二
劉泰　吴育蓀	朱梅生　顧吉衢	金之高　陳龍
一　二	三　四	五　六

18名

國立社會教育學院附屬中學

中部　　學籍片　　學號3505

相片	學生略歷		
	姓名	鄭化雨	性別 男　籍貫 安徽 省(市) 巢 縣(市)
	入學時年齡	15 歲	生日 中華民國　年　月　日生
	通訊處 暫時	南京珠江路小紗帽巷2号	
	通訊處 永久	安徽巢縣桐蔭鎮花塘河	
	入學前學歷	軍委會政治部四維小學畢業	

家長或監護人						保證人					
姓名	鄭錫伯	性別	男	年齡	五十	姓名	劉震川	性別	男	年齡	34
籍貫	安徽	職業	軍	與學生關係	父子	籍貫	安徽	職業	軍	與學生關係	鄉親
通訊處	(1)					通訊處	(1) 南京沈举人巷1号				
	(2)						(2)				
	(3)						(3)				

學生在校動態			
入學		35年9月 編入初中部一年級一學期　組	核准學籍文號　年　月　日　字第　號
註冊日期	一上	35年9月　日	年　月　日
	一下	36年2月　日	年　月　日
	二上	年　月　日	年　月　日
	二下	年　月　日	年　月　日
	三上	年　月　日	年　月　日
	三下	年　月　日	年　月　日
休學	第一次	年　月　日因	請求休學　年
	第二次	年　月　日因	請求休學　年
	第三次	年　月　日因	請求休學　年
復學	第一次	年　月　日請求復學	
	第二次	年　月　日請求復學	
	第三次	年　月　日請求復學	
退學		年　月　日因	退學
畢業		年　月第　屆畢業證書	字第　號

畢業後動態		
升學	(1)	年　月升入
	(2)	年　月升入
	(3)	年　月升入
服務	(1)	年　月任
	(2)	年　月任
	(3)	年　月任
	(4)	年　月任
	(5)	年　月任
備註		

國立社會教育學院附屬中學學籍片（一九四六年九月）

檔號：1009-1-204

姓名 鄭化雨 成績記錄 學號3505

項目	科目	第一學年 上學期 成績	第一學年 上學期 補考成績	第一學年 下學期 成績	第一學年 下學期 補考成績	第二學年 上學期 成績	第二學年 上學期 補考成績	第二學年 下學期 成績	第二學年 下學期 補考成績	第三學年 上學期 成績	第三學年 上學期 補考成績	第三學年 下學期 成績	第三學年 下學期 補考成績	各學期成績平均	各科畢業考試成績	畢業成績	備考
學業成績	公民	87		71.4													
	國文	67		84													
	英語	60		61													
	算術	96		86													
	代數																
	幾何																
	三角																
	歷史	81		76													
	地理	69		80													
	博(生物)物	82		85													
	化學																
	物理																
	生理衛生																
	音樂	75		80													
	圖畫	78		80													
	勞作	78		78													
	平均	77.3		78.1													
	扣分																
	實得																
	附註																
體童(軍)成績	體育	80		85													
	童子軍	70		80													
	軍訓																
	看護																
	附註																
操行成績	曠課																
	請假 病																
	請假 事																
	獎懲 獎																
	獎懲 懲																
	獎懲 事由																
	成績	乙		乙上													
	加分																
	扣分																
	實得																
結果	升級	升級		升級													
	留級																
	降級																
	隨班附讀																
	退學																

國立社會教育學院附屬中學

中部　　學籍片　　學號3555

相片	學生略歷	姓名	梁鳳台	性別	女	籍貫	江苏 省(市) 六合 縣(市)	
		入學時年齡	13 歲	生日	中華民國 年 月 日生			
		通訊處	暫時	柳葉街裔子巷2号				
			永久	江北划子口鎮仇恒新号路				
		入學前學歷	南京市第四区徐家巷中心校畢業					

家長或監護人	姓名	梁祖旦	性別	男	年齡	41	保證人	姓名	周漢儒	性別	男	年齡	43
	籍貫	江苏	職業	農	與學生關係	父女		籍貫	江苏	職業	商	與學生關係	親戚
	通訊處	(1)						通訊處	(1)				
		(2)							(2)				
		(3)							(3)				

學生在校動態	入學		35年9月 編入初中部一年級一學期 組	核准學籍文號 年 月 日 字第 號
	註冊日期	一上	35年9月 日	年 月 日
		一下	36年2月 日	年 月 日
		二上	年 月 日	年 月 日
		二下	年 月 日	年 月 日
		三上	年 月 日	年 月 日
		三下	年 月 日	年 月 日
	休學	第一次	年 月 日因 請求休學 年	
		第二次	年 月 日因 請求休學 年	
		第三次	年 月 日因 請求休學 年	
	復學	第一次	年 月 日請求復學	
		第二次	年 月 日請求復學	
		第三次	年 月 日請求復學	
	退學		年 月 日因 退學	
	畢業		年 月第 屆畢業證書 字第 號	
畢業後動態	升學	(1)	年 月升入	
		(2)	年 月升入	
		(3)	年 月升入	
	服務	(1)	年 月任	
		(2)	年 月任	
		(3)	年 月任	
		( )	年 月任	
		(5)	年 月任	
備註				

姓名 梁鳳台　　成績記錄　　學號 3555

項目	科目	第一學年 上學期 成績	第一學年 上學期 補考成績	第一學年 下學期 成績	第一學年 下學期 補考成績	第二學年 上學期 成績	第二學年 上學期 補考成績	第二學年 下學期 成績	第二學年 下學期 補考成績	第三學年 上學期 成績	第三學年 上學期 補考成績	第三學年 下學期 成績	第三學年 下學期 補考成績	各學期成績平均	各科畢業考試成績	畢業成績	備考
學業成績	公民	93			60												
	國文	68			70												
	英語	83			70												
	算術	79			62												
	代數																
	幾何																
	三角																
	歷史	76			60												
	地理	87			60												
	博(生物)物	74			60												
	化學																
	物理																
	生理衛生																
	音樂	79															
	圖畫	80															
	勞作	88															
	平均	80.7															
	扣分																
	實得																
	附註																
體育童(軍)成績	體育	70															
	童子軍	70															
	軍訓																
	看護																
	附註																
操行成績	曠課																
	請假 病																
	請假 事																
	獎懲 獎																
	獎懲 懲																
	獎懲 事由																
	成績	乙															
	加分																
	扣分																
	實得																
結果	升級 / 留級 / 降級 / 隨班附讀 / 退學	升級															

國立社會教育學院附屬中學

學籍片

初中部　　學號3253

相片	學生略歷	姓名	吳英虬	性別	男	籍貫	安徽省(市) 合肥縣(市)
		入學時年齡	14歲	生日	中華民國　年　月　日生		
		通訊處 暫時	南京常府街80号寧津如轉				
		通訊處 永久	合肥道千户巷16号田幼卅轉				
		入學前學歷	南京市私立安徽中學初一下肄業				

家長或監護人	姓名	吳曉珊	性別	男	年齡		
	籍貫	安徽	職業	軍	與學生關係	父子	
	通訊處	(1)					
		(2)					
		(3)					
保證人	姓名	寧津如	性別	男	年齡	26	
	籍貫	安徽	職業	商	與學生關係	表兄弟	
	通訊處	(1)					
		(2)					
		(3)					

學生在校動態	入學		35年9月　編入初中部二年級一學期　組	核准學籍文號　年　月　日　字第　號
	註冊日期	一上	年　月　日	年　月　日
		一下	年　月　日	年　月　日
		二上	35年9月　日	年　月　日
		二下	36年2月　日	年　月　日
		三上	年　月　日	年　月　日
		三下	年　月　日	年　月　日
	休學	第一次	年　月　日因　請求休學　年	
		第二次	年　月　日因　請求休學　年	
		第三次	年　月　日因　請求休學　年	
	復學	第一次	年　月　日請求復學	
		第二次	年　月　日請求復學	
		第三次	年　月　日請求復學	
	退學		年　月　日因　退學	
	畢業		年　月第　屆畢業證書　字第　號	
畢業後動態	升學	(1)	年　月升入	
		(2)	年　月升入	
		(3)	年　月升入	
	服務	(1)	年　月任	
		(2)	年　月任	
		(3)	年　月任	
		(4)	年　月任	
		(5)	年　月任	
備註				

姓名 吳英虬　　成績記錄　　學號 3253

項目	科目	第一學年 上學期 成績	第一學年 上學期 補考成績	第一學年 下學期 成績	第一學年 下學期 補考成績	第二學年 上學期 成績	第二學年 上學期 補考成績	第二學年 下學期 成績	第二學年 下學期 補考成績	第三學年 上學期 成績	第三學年 上學期 補考成績	第三學年 下學期 成績	第三學年 下學期 補考成績	各學期成績平均	各科畢業考試成績	畢業成績	備考
學業成績	公民					82		81									
	國文					60		73									
	英語					69		76									
	算術																
	代數					97		87									
	幾何																
	三角																
	歷史					89		82									
	地理					66		69									
	博(生物)物																
	化學					73		77									
	物理																
	生理衛生					81		73									
	音樂					73		75									
	圖畫					80		72									
	勞作					75		78									
	平均					76.6		76.6									
	扣分																
	實得																
	附註																
體(童軍)成績	體育					70		75									
	童子軍					82		68									
	軍訓																
	看護																
	附註																
操行成績	曠課																
	請假 病																
	請假 事																
	獎懲 獎																
	獎懲 懲																
	獎懲 事由																
	成績					乙		丙下									
	加分																
	扣分																
	實得																
結果	升級 留級 降級 隨班附讀 退學					升級		升級									

國立社會教育學院附屬中學

學籍片

初中部　　　　學號3256

相片	學生略歷	姓名	丁根原	性別	男	籍貫	山東省(市)日照縣(市)	
		入學時年齡	17歲	生日	中華民國　年　月　日生			
		通訊處	暫時	南京卅四標監察院職員宿舍11号				
			永久					
		入學前學歷						

家長或監護人	姓名	丁岐祥	性別	男	年齡	56			
	籍貫	山東	職業	政	與學生關係	父子			
	通訊處	(1)							
		(2)							
		(3)							
保證人	姓名	張目寒	性別	男	年齡	47			
	籍貫	安徽	職業	政	與學生關係	世誼			
	通訊處	(1)							
		(2)							
		(3)							

學生在校動態	入學		35年9月　編入初中部二年級一學期　組	核准學籍文號　年　月　日　字第　號
	註冊日期	一上	年　月　日	年　月　日
		一下	年　月　日	年　月　日
		二上	35年9月　日	年　月　日
		二下	36年2月　日	年　月　日
		三上	年　月　日	年　月　日
		三下	年　月　日	年　月　日
	休學	第一次	年　月　日因　請求休學　年	
		第二次	年　月　日因　請求休學　年	
		第三次	年　月　日因　請求休學　年	
	復學	第一次	年　月　日請求復學	
		第二次	年　月　日請求復學	
		第三次	年　月　日請求復學	
	退學		年　月　日因　退學	
	畢業		年　月第　屆畢業證書　字第　號	
畢業後動態	升學	(1)	年　月升入	
		(2)	年　月升入	
		(3)	年　月升入	
	服務	(1)	年　月任	
		(2)	年　月任	
		(3)	年　月任	
		(4)	年　月任	
		(5)	年　月任	
備註				

姓名 丁根原　　成績記錄　　學號 3256

項目	科目	第一學年				第二學年				第三學年				各學期成績平均	各科畢業考試成績	畢業成績	備考
		上學期		下學期		上學期		下學期		上學期		下學期					
		成績	補考成績	成績	補考成績	成績	補考成績	成績	補考成績	成績	補考成績	成績	補考成績				
學業成績	公民					96		73									
	國文					62		69.2									
	英語					60		70									
	算術																
	代數					72		76									
	幾何																
	三角																
	歷史					70		78									
	地理					66		80									
	博(生物)物																
	化學					71		75									
	物理																
	生理衛生					80		74									
	音樂					73		80									
	圖畫					80		78									
	勞作					80		75									
	平均					73.6		75.3									
	扣分																
	實得																
	附註																
體(童軍)成績	體育					81		77									
	童子軍					61		76									
	軍訓																
	看護																
	附註																
操行成績	曠課																
	請假 病																
	請假 事																
	獎懲 獎																
	獎懲 懲																
	獎懲 事由																
	成績					丙		丙上									
	加分																
	扣分																
	實得																
結果	升級 留級 降級 隨班附讀 退學					升級		升級									

國立社會教育學院附屬中學

初中部　　學籍片　　學號3266

相片	學生略歷	姓名	喬本鐵	性別	男	籍貫	山西省(市) 太谷縣(市)	
		入學時年齡	14歲	生日	中華民國　年　月　日生			
		通訊處	暫時	本市新街口1号				
			永久					
		入學前學歷	遷建區新店子小学畢業					

家長或監護人	姓名	喬榮昇	性別	男	年齡	47		
	籍貫	山西	職業		與學生關係			
	通訊處	(1)						
		(2)						
		(3)						
保證人	姓名	吳桂珍	性別	女	年齡	30		
	籍貫	山西	職業	政	與學生關係	親戚		
	通訊處	(1)						
		(2)						
		(3)						

學生在校動態	入學		34年8月　編入初中部一年級一學期　組	核准學籍文號　年　月　日　字第　號
	註冊日期	一上	34年8月　日	年　月　日
		一下	35年2月　日	年　月　日
		二上	35年9月　日	年　月　日
		二下	36年2月　日	年　月　日
		三上	年　月　日	年　月　日
		三下	年　月　日	年　月　日
	休學	第一次	年　月　日因　請求休學　年	
		第二次	年　月　日因　請求休學　年	
		第三次	年　月　日因　請求休學　年	
	復學	第一次	年　月　日請求復學	
		第二次	年　月　日請求復學	
		第三次	年　月　日請求復學	
	退學		年　月　日因　退學	
	畢業		年　月第　屆畢業證書　字第　號	
畢業後動態	升學	(1)	年　月升入	
		(2)	年　月升入	
		(3)	年　月升入	
	服務	(1)	年　月任	
		(2)	年　月任	
		(3)	年　月任	
		(4)	年　月任	
		(5)	年　月任	
備註				

姓名 喬本鉄　成績記錄　學號 3266

項目	科目	第一學年上學期成績	第一學年上學期補考成績	第一學年下學期成績	第一學年下學期補考成績	第二學年上學期成績	第二學年上學期補考成績	第二學年下學期成績	第二學年下學期補考成績	第三學年上學期成績	第三學年上學期補考成績	第三學年下學期成績	第三學年下學期補考成績	各學期成績平均	各科畢業考試成績	畢業成績	備考
學業成績	公民					81		87.5									
	國文					63		75									
	英語					27		52									
	算術																
	代數					71		52									
	幾何																
	三角																
	歷史					70		73									
	地理					58		64									
	博(生物)物																
	化學					57	60	73									
	物理																
	生理衛生					77		80									
	音樂					67		68									
	圖畫					80		75									
	勞作					75		70									
	平均					67.4		70									
	扣分																
	實得																
	附註																
體育(童子軍)成績	體育					71		80									
	童子軍					85		80									
	軍訓																
	看護																
	附註																
操行成績	曠課																
	請假 病																
	請假 事																
	獎懲 獎																
	獎懲 懲																
	獎懲 事由																
	成績					乙		丙下									
	加分																
	扣分																
	實得																
結果	升級																
	留級							留級									
	降級																
	隨班附讀					隨班附讀											
	退學																

國立社會教育學院附屬中學

高中部　　　　學籍片　　　　學號5506

相片	學生略歷	姓名	王大經	性別	男	籍貫	南京　省(市)　縣(市)
		入學時年齡	15歲	生日	中華民國　年　月　日生		
		通訊處 暫時					
		通訊處 永久	明瓦廊14号				
		入學前學歷	交通部重慶扶輪中学高二上肄業				

家長或監護人	姓名	王治平	性別		年齡	44	保證人	姓名	葉錫圻	性別	年齡 56
	籍貫		職業	商	與學生關係	父子		籍貫		職業 商	與學生關係 舅父
	通訊處	(1)						通訊處	(1)		
		(2)							(2)		
		(3)							(3)		

學生在校動態	入學		35年9月 編入高中部二年級一學期　組	核准學籍文號　年　月　日　字第　號
	註冊日期	一上	年　月　日	年　月　日
		一下	年　月　日	年　月　日
		二上	35年9月　日	年　月　日
		二下	36年2月　日	年　月　日
		三上	年　月　日	年　月　日
		三下	年　月　日	年　月　日
	休學	第一次	年　月　日因　請求休學　年	
		第二次	年　月　日因　請求休學　年	
		第三次	年　月　日因　請求休學　年	
	復學	第一次	年　月　日請求復學	
		第二次	年　月　日請求復學	
		第三次	年　月　日請求復學	
	退學		年　月　日因　退學	
	畢業		年　月第　屆畢業證書　字第　號	
畢業後動態	升學	(1)	年　月升入	
		(2)	年　月升入	
		(3)	年　月升入	
	服務	(1)	年　月任	
		(2)	年　月任	
		(3)	年　月任	
		(4)	年　月任	
		(5)	年　月任	
備註				

姓名 王大経 成績記錄 學號5506

項目	科目	第一學年 上學期 成績	第一學年 上學期 補考成績	第一學年 下學期 成績	第一學年 下學期 補考成績	第二學年 上學期 成績	第二學年 上學期 補考成績	第二學年 下學期 成績	第二學年 下學期 補考成績	第三學年 上學期 成績	第三學年 上學期 補考成績	第三學年 下學期 成績	第三學年 下學期 補考成績	各學期成績平均	各科畢業考試成績	畢業成績	備考
學業成績	公民					86		76.5									
	國文					78		76									
	英語					91		90									
	算術																
	代數							82									
	幾何					93											
	三角																
	歷史					85		88									
	地理					86		98									
	博(生物)物																
	化學					86		90									
	物理																
	生理衛生																
	音樂					72		88									
	圖畫																
	勞作																
	平均					84.6		86.1									
	扣分					1		1.8									
	實得					83.6											
	附註																
體育(童子軍)成績	體育					66		68									
	童子軍																
	軍訓					78											
	看護																
	附註																
操行成績	曠課																
	請假 病																
	請假 事																
	獎懲 獎																
	獎懲 懲																
	懲 事由																
	成績					乙		乙									
	加分																
	扣分																
	實得																
結果	升級 留級 降級 隨班附讀 退學					升級		升級									

國立社會教育學院附屬中學

高中部　　學　籍　片　　學號5504

相片	學生略歷	姓名	王克	性別	男	籍貫	江苏省(市)鎮江縣(市)	
		入學時年齡	16歲	生日	中華民國　年　月　日生			
		通訊處	暫時	南京成贤街68号内11号				
			永久					
		入學前學歷	國立第二中学六年制实驗班四年級第二期肄業					

家長或監護人	姓名	王懋勤	性別		年齡		
	籍貫		職業		與學生關係	父子	
	通訊處	(1)					
		(2)					
		(3)					
保證人	姓名		性別		年齡		
	籍貫		職業		與學生關係		
	通訊處	(1)					
		(2)					
		(3)					

學生在校動態	入學		35年9月　編入高中部二年級一學期　組	核准學籍文號　年　月　日　字第　號
	註冊日期	一上	年　月　日	年　月　日
		一下	年　月　日	年　月　日
		二上	35年9月　日	年　月　日
		二下	36年2月　日	年　月　日
		三上	年　月　日	年　月　日
		三下	年　月　日	年　月　日
	休學	第一次	年　月　日因　請求休學　年	
		第二次	年　月　日因　請求休學　年	
		第三次	年　月　日因　請求休學　年	
	復學	第一次	年　月　日請求復學	
		第二次	年　月　日請求復學	
		第三次	年　月　日請求復學	
	退學		年　月　日因　退學	
	畢業		年　月第　屆畢業證書　字第　號	
畢業後動態	升學	(1)	年　月升入	
		(2)	年　月升入	
		(3)	年　月升入	
	服務	(1)	年　月任	
		(2)	年　月任	
		(3)	年　月任	
		(4)	年　月任	
		(5)	年　月任	
備註				

姓名 王克　成績記錄　學號5504

項目	科目	第一學年 上學期 成績	第一學年 上學期 補考成績	第一學年 下學期 成績	第一學年 下學期 補考成績	第二學年 上學期 成績	第二學年 上學期 補考成績	第二學年 下學期 成績	第二學年 下學期 補考成績	第三學年 上學期 成績	第三學年 上學期 補考成績	第三學年 下學期 成績	第三學年 下學期 補考成績	各學期成績平均	各科畢業考試成績	畢業成績	備考
學業成績	公民					75		75.8									
	國文					64		77									
	英語					75		93									
	算術																
	代數							60									
	幾何					80											
	三角																
	歷史					80		91									
	地理					82		96.5									
	博(生物)物																
	化學					88		81									
	物理																
	生理衛生																
	音樂					76		88									
	圖畫																
	勞作																
	平均					77.5		85.1									
	扣分							1.5									
	實得																
	附註																
體育(童軍)成績	體育					80		80									
	童子軍																
	軍訓					91		·									
	看護																
	附註																
操行成績	曠課																
	請假 病																
	請假 事																
	獎懲 獎																
	獎懲 懲																
	獎懲 事由																
	成績					乙		乙									
	加分																
	扣分																
	實得																
結果	升級 留級 降級 隨班附讀 退學					升級		升級									

國立社會教育學院附屬中學

學籍片

高中部　　學號5503

相片	學生略歷		
	姓名	王元	性別 男　籍貫 江苏 省(市) 鎮江 縣(市)
	入學時年齡	17 歲	生日 中華民國　年　月　日生
	通訊處	暫時	南京成賢街68-11号
		永久	
	入學前學歷		國立第二中学六年制實驗班四年級第二期肄業

家長或監護人			保證人		
姓名	王懋勤	性別　年齡	姓名		性別　年齡
籍貫		職業　與學生關係 父子	籍貫		職業　與學生關係
通訊處	(1)		通訊處	(1)	
	(2)			(2)	
	(3)			(3)	

學生在校動態				
入學		35年9月 編入高中部二年級一學期　組	核准學籍文號	年　月　日　字第　號
註冊日期	一上	年　月　日		年　月　日
	一下	年　月　日		年　月　日
	二上	35年9月　日		年　月　日
	二下	36年2月　日		年　月　日
	三上	年　月　日		年　月　日
	三下	年　月　日		年　月　日
休學	第一次	年　月　日因　請求休學　年		
	第二次	年　月　日因　請求休學　年		
	第三次	年　月　日因　請求休學　年		
復學	第一次	年　月　日請求復學		
	第二次	年　月　日請求復學		
	第三次	年　月　日請求復學		
退學		年　月　日因　退學		
畢業		年　月第　屆畢業證書　字第　號		

畢業後動態			
升學	(1)	年　月升入	
	(2)	年　月升入	
	(3)	年　月升入	
服務	(1)	年　月任	
	(2)	年　月任	
	(3)	年　月任	
	(4)	年　月任	
	(5)	年　月任	

備註	

姓名王　元　成績記錄　學號5503

項目	科目	第一學年				第二學年				第三學年				各學期成績平均	各科畢業考試成績	畢業成績	備考
	學期	上學期		下學期		上學期		下學期		上學期		下學期					
	成績	成績	補考成績	成績	補考成績	成績	補考成績	成績	補考成績	成績	補考成績	成績	補考成績				
學	公民					81		87									
	國文					69		84									
	英語					82		87									
	算術																
	代數							77									
	幾何					95											
	三角																
業	歷史					81		88									
	地理					93		96									
	博(生物)物																
	化學					88		85									
	物理																
	生理衛生																
	音樂					76		90									
成	圖畫																
	勞作																
	平均					83.1		86									
	扣分																
	實得					83.1											
績	附註																
體童(軍)成績	體育					70		66									
	童子軍																
	軍訓					87											
	看護																
	附註																
操	曠課																
	請假 病																
	請假 事																
行	獎懲 獎																
	懲																
成	事由																
	成績					甲		甲									
	加分																
績	扣分																
	實得																
結	升級					升級		升級									
	留級																
	降級																
果	隨班附讀																
	退學																

國立社會教育學院附屬中學

高中部 學籍片 學號5502

相片	學生略歷	姓名 陳超英 性別 男 籍貫 廣東省(市) 新會縣(市)
		入學時年齡 16 歲 生日 中華民國 年 月 日生
		通訊處 暫時 南京珠江路594—7號
		通訊處 永久
		入學前學歷 國立第二華僑中學高一下肄業

家長或監護人		保證人	
姓名 陳蓋金 性別 年齡		姓名 性別 年齡	
籍貫 職業 政 與學生關係 父子		籍貫 職業 與學生關係	
通訊處 (1)僑務委員會 科員		通訊處 (1)	
(2)		(2)	
(3)		(3)	

學生在校動態			
入學	35年9月 編入高中部二年級一學期 組	核准學籍文號 年 月 日 字第 號	
註冊日期	一上	年 月 日	年 月 日
	一下	年 月 日	年 月 日
	二上	35年 9月 日	年 月 日
	二下	36年 2月 日	年 月 日
	三上	年 月 日	年 月 日
	三下	年 月 日	年 月 日
休學	第一次	年 月 日因 請求休學 年	
	第二次	年 月 日因 請求休學 年	
	第三次	年 月 日因 請求休學 年	
復學	第一次	年 月 日請求復學	
	第二次	年 月 日請求復學	
	第三次	年 月 日請求復學	
退學		年 月 日因 退學	
畢業		年 月第 屆畢業證書 字第 號	

畢業後動態		
升學	(1)	年 月升入
	(2)	年 月升入
	(3)	年 月升入
服務	(1)	年 月任
	(2)	年 月任
	(3)	年 月任
	(4)	年 月任
	(5)	年 月任

備註

姓名 陳超英　　成績記錄　　學號5502

項目	科目	第一學年				第二學年				第三學年				各學期成績平均	各科畢業考試成績	畢業成績	備考
		上學期		下學期		上學期		下學期		上學期		下學期					
		成績	補考成績	成績	補考成績	成績	補考成績	成績	補考成績	成績	補考成績	成績	補考成績				
學業成績	公民					67		79									
	國文					71		81									
	英語					73		79									
	算術																
	代數							85									
	幾何					97											
	三角																
	歷史					82		88									
	地理					84		96									
	博(生物)物																
	化學					88		85									
	物理																
	生理衛生																
	音樂					83		94									
	圖畫																
	勞作																
	平均					80.6		81.9									
	扣分																
	實得					80.6											
	附註																
體童(軍)成績	體育					72			72								
	童子軍																
	軍訓					78											
	看護																
	附註																
操行成績	曠課																
	請假 病																
	請假 事																
	獎懲 獎																
	獎懲 懲																
	獎懲 事由																
	成績					甲			甲下								
	加分																
	扣分																
	實得																
結果	升級 留級 降級 隨班附讀 退學					升級			升級								

·國立社會教育學院附屬中學

高中部　學籍片　學號5501

相片	學生略歷	姓名	趙麗華	性別	女	籍貫	浙江省(市) 杭州縣(市)
		入學時年齡	17歲	生日	中華民國　年　月　日生		
		通訊處	暫時	南京新街口郵匯局葉景郁轉			
			永久				
		入學前學歷	國立女師附中高一下肄業				

家長或監護人						保證人					
姓名	葉景郁	性別	女	年齡	58	姓名		性別		年齡	
籍貫		職業		與學生關係	母女	籍貫		職業		與學生關係	
通訊處	(1)					通訊處	(1)				
	(2)						(2)				
	(3)						(3)				

學生在校動態				
入學		35年9月 編入高中部二年級一學期　組	核准學籍文號	年　月　日　字第　號
註冊日期	一上	年　月　日		年　月　日
	一下	年　月　日		年　月　日
	二上	35年9月　日		年　月　日
	二下	36年2月　日		年　月　日
	三上	年　月　日		年　月　日
	三下	年　月　日		年　月　日
休學	第一次	年　月　日因　請求休學　年		
	第二次	年　月　日因　請求休學　年		
	第三次	年　月　日因　請求休學　年		
復學	第一次	年　月　日請求復學		
	第二次	年　月　日請求復學		
	第三次	年　月　日請求復學		
退學		年　月　日因　退學		
畢業		年　月第　屆畢業證書　字第　號		

畢業後動態		
升學	(1)	年　月升入
	(2)	年　月升入
	(3)	年　月升入
服務	(1)	年　月任
	(2)	年　月任
	(3)	年　月任
	(4)	年　月任
	(5)	年　月任

備註	

姓名 趙麗華 成績記錄 學號 5501

學年		第一學年				第二學年				第三學年				各學期成績平均	各科畢業考試成績	畢業成績	備考
學期		上學期		下學期		上學期		下學期		上學期		下學期					
項目	科目 成績	成績	補考成績	成績	補考成績	成績	補考成績	成績	補考成績	成績	補考成績	成績	補考成績				
學業成績	公民					84		88.4									
	國文					82		92									
	英語					94		93									
	算術																
	代數							70									
	幾何					89											
	三角																
	歷史					90		96									
	地理					87		97									
	博(生物)物																
	化學					92		86									
	物理																
	生理衛生																
	音樂					80		99									
	圖畫																
	勞作																
	平均					87.3		90.7									
	扣分							1.2									
	實得					87.3		89.5									
	附註																
體童(軍)成績	體育					68		72									
	童子軍																
	軍訓					87											
	看護																
	附註																
操行成績	曠課																
	請假 病																
	請假 事																
	獎懲 獎																
	獎懲 懲																
	獎懲 事由																
	成績					甲		甲									
	加扣分																
	實得																
結果	升級					升級		升級									
	留級																
	降級																
	隨班附讀																
	退學																

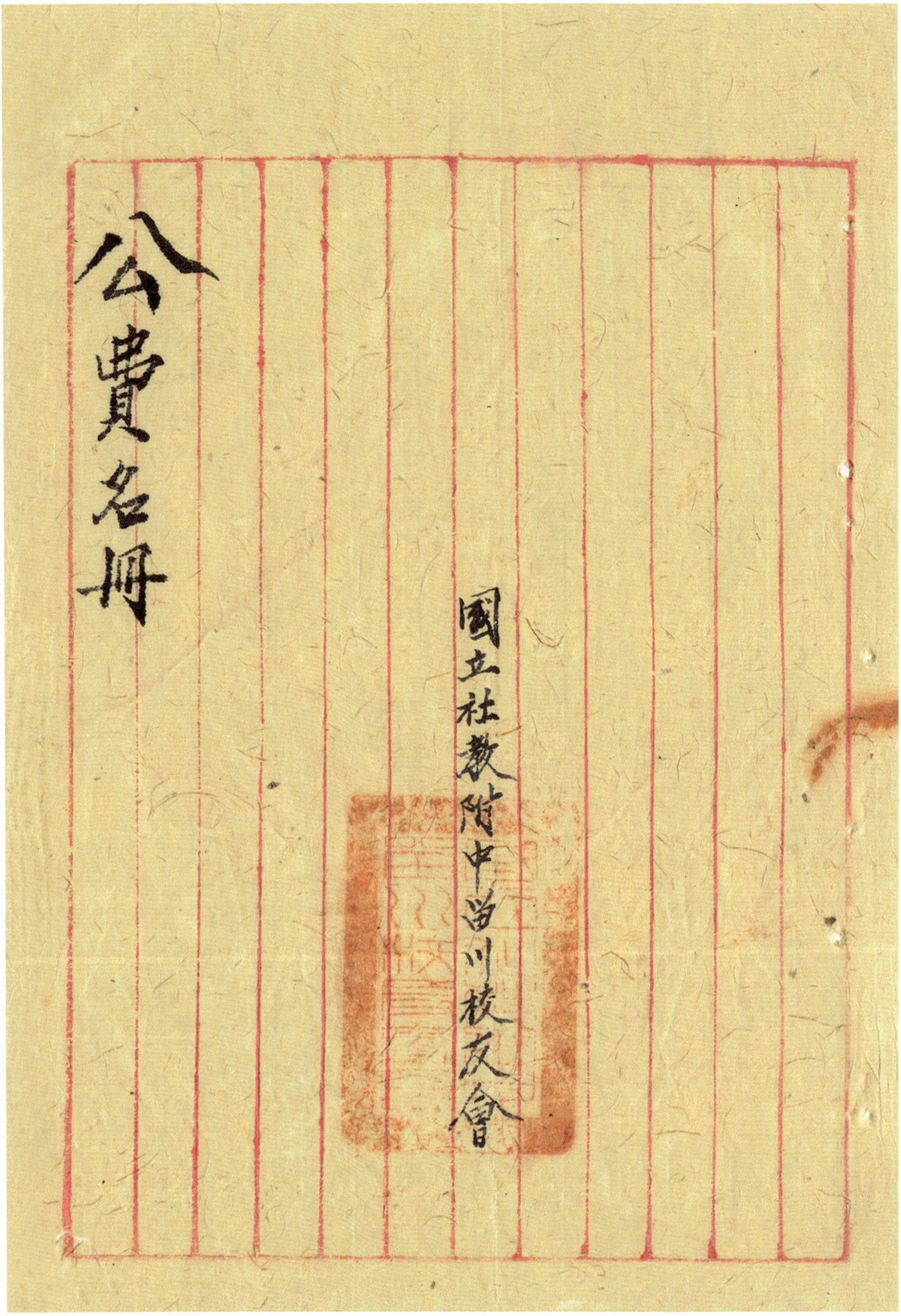

公費名冊

國立社教附中留川校友會

國立社會教育學院附屬中學留川公費生名冊（一九四六年）

檔號：1009-1-183

姓名	性別	籍貫	原肄業年級	費別	蓋章	備註
陳朝鏞	男	湖北廣濟	高一下	全	陳朝鏞印	
劉安明	〃	四川巴縣	〃	〃		
歐世弘	〃	〃	〃	〃		
劉澤林	〃	〃	〃	〃		
劉順源	〃	四川璧山	〃	半		
朱德箱	女	四川永川	高一上	全		
曹明	〃	湖南長沙	〃	〃		
陳履桂	〃	四川巴縣	〃	〃	陳履桂印	
蒲開玉	〃	〃	〃	〃		
徐素君	〃	四川安岳	〃	〃	徐素君印	
龍光學	〃	四川璧山	〃	〃		

周克成	男	四川巴縣	高一上	全
李餘玉	女	〃	〃	半
左臣濂	男	四川北碚	〃	全
楊澤生	〃	四川璧山	〃	〃
陳安湘	〃	四川巴縣	〃	〃
程汝樑	〃	四川璧山	〃	半
張榮顯	〃	〃	〃	全
呂祖文	〃	四川巴縣	〃	〃
傅鍾銳	〃	〃	〃	全
孫禕村	〃	四川璧山	〃	〃
王霖湑	〃	四川巴縣	〃	〃
程鎰芬	女	〃	初一上	少

傅淑容	女	四川巴縣	初三上	全
彭嗣文	〃	〃	〃	〃
瞿于玉	〃	〃	〃	〃
伍思九	〃	四川璧山	〃	〃
伍朝梅	〃	〃	〃	〃
蒲開素	〃	四川巴縣	〃	〃
李光容	〃	〃	〃	〃
謝嫻彬	〃	〃	〃	〃
任如玉	〃	河北束鹿	〃	〃
陳安蓮	〃	四川巴縣	〃	〃
王開義	男	〃	〃	〃
張柏芳	〃	〃	初二下	〃

钱發春	男	四川巴縣	初二下	全
吴昌文	〃	〃	〃	〃
胡澤泉	〃	湖北鄂城	〃	〃
徐昌言	女	四川璧山	〃	〃
王淑文	〃	江西九江	〃	〃
蔡佑芳	〃	湖北黄岡	〃	〃
何遂治	〃	四川巴縣	〃	〃
况浩儀	〃	〃	〃	半
李世璧	〃	〃	〃	全
彭康輝	〃	〃	〃	〃
曹潤秋	〃	湖北武昌	〃	〃
莫安利	〃	四川廣漢	〃	〃

艾啟碧	女	四川巴縣	初一上	半
徐國慶	〃	四川隆昌	〃	〃
龔賢惠	〃	四川巴縣	〃	全
傅世碧	〃	〃	〃	〃
朱應璧	〃	四川璧山	〃	〃
熊翠貞	〃	湖北鄂城	〃	半
劉英菊	〃	四川巴縣	〃	〃
徐世碧	〃	〃	〃	〃
甘鎮常	男	四川璧山	初三下	全
蔣光耀	〃	〃	〃	〃
劉順達	〃	〃	〃	〃
毛學徹	〃	湖北宜昌	〃	〃

戴安恒	男	四川壁山	初三下	半
甘錫儒	〃	〃	〃	全
龔永權	〃	〃	〃	半
賀廷幹	〃	〃	〃	全
黄麗英	女	湖北穀城	〃	〃
劉先修	〃	四川壁山	〃	〃
胡蜀碧	〃	四川銅梁	〃	〃
楊志潔	〃	四川巴縣	〃	〃
劉永碧	〃	四川壁山	〃	〃
張縈紫	〃	湖北鄂城	〃	〃
蕭成智	〃	四川巴縣	初三上	〃
石淑芳	〃	〃	〃	〃

△陳芳玲	女	四川璧山	初二下	全
徐治琨	〃	江蘇鎮江	〃	〃
劉景松	〃	江蘇南京	〃	〃
任昌文	男	四川武隆	初一下	半
傅國盛	〃	四川巴縣	初二下	全
游長泉	〃	四川璧山	高一上	全
彭純毅	〃	四川璧山	〃	全
吴大志	〃	四川璧山	〃	全
葉上品	〃	四川巴縣	〃	全
徐桂城	〃	四川巴縣	高一下	全
孫煜釗	〃	江苏無錫	初二下	全
張乾中	〃	四川銅梁	初三上	全

劉安府	〃	四川巴縣	初二上	半
黃仁福	〃	〃	初二下	全
劉本中	〃	四川銅梁	高一下	全
王國權	〃	四川巴縣	初二下	全
龍德至	〃	湖北蒲圻	初一下	全
何志強	〃	四川瀘縣	初三上	全
郭仕儀	〃	四川巴縣	初三上	全
何海瀾	〃	四川瀘縣	〃	〃
汪昌瑞	〃	江蘇武進	〃	〃
溫喜文	〃	四川巴縣	〃	全
謝　輝	〃	湖南長沙	初二上畢	全
周淑亨	女	四川巴縣	初三上	全

雷富田	男	四川璧山	初二下	全	
羅志毅	〃	四川巴縣	〃	〃	
吳月友	〃	〃	〃	〃	
范澤富	〃	湖北宜昌	初二上	〃	
吳光福	〃	四川璧山	〃	〃	
楊忠奎	〃	四川北碚	〃	〃	
王國英	女	山東	〃	〃	
丁淑清	〃	江蘇南京	〃	〃	
丁淑華	〃	〃	〃	〃	
易昌秀	〃	湖北宜昌	〃	〃	
陳家珍	〃	湖北廣濟	〃	〃	
張邦蘭	〃	四川巴縣	〃	〃	

古光玉	女	湖南湘陰	初二上	全
景明淑	〃	四川巴縣	〃	〃
羅可瑤	〃	四川璧山	〃	〃
李錄爵	男	四川巴縣	〃	〃
瞿德偉	〃	〃	〃	〃
徐啟倫	〃	四川璧山	〃	〃
張和平	〃	〃	〃	〃
張継成	〃	湖南岳陽	〃	〃
熊長富	〃	四川巴縣	初一下	〃
賈文理	〃	湖北自忠	〃	〃
傅鍾亞	〃	四川巴縣	〃	半
傅宗慶	〃	〃	〃	〃

葉金輝	男	安徽桐城	初一下	全
劉澤恩	〃	四川潼南	〃	〃
葉代紀	〃	四川巴縣	〃	半
楊建儒	〃	四川南江	〃	〃
葉上華	〃	湖北宜昌	〃	全
彭文淑	女	四川巴縣	〃	半
邱國祥	〃	〃	〃	全
李樹容	〃	四川璧山	〃	〃
竇緒明	〃	四川江北	〃	〃
張明善	〃	四川巴縣	〃	〃
陳霞玉	〃	〃	〃	半
王淑芳	〃	四川璧山	〃	全

杜菊芬	女	河北天津	初一下	全	杜菊芬印
孫道容	〃	四川巴縣	〃	〃	孫道容印
馮淑君	〃	〃	〃	〃	[印]
汪玉如	〃	江蘇武進	〃	〃	[印]
張世林	〃	四川璧山	〃	〃	[印]
張政銓	〃	四川巴縣	〃	〃	張政銓印
劉安玉	〃	〃	〃	半	[印]
彭期孝	〃	〃	〃	〃	[印]
曾紹珍	〃	〃	〃	全	[印]
何德長	男	〃	初一上	半	[印]
蒙裕生	〃	四川成都	〃	〃	[印]
榮廷重	〃	四川璧山	〃	全	[印]

艾啟祿	男	四川巴縣	初二下	全
王立章	女	山東	初二上	全
吳克鄭（郁）	〃	四川巴縣	初二上	全
徐世芬	〃	四川巴縣	初一上	全
馮影傑	七	四川巴県	初二下	全
邊秀玲	女	河北	初二上	全
陳郁文	男	湖北廣濟	高一下	全
陳安品	男	四川巴縣	初二上	全
衛代福	男	四川巴縣	初二上	全
張興祿	男	四川巴縣	高一下	全
徐克欧	男	廣東	初二上	全
龍克遠	〃	四川巴縣	初二下	全

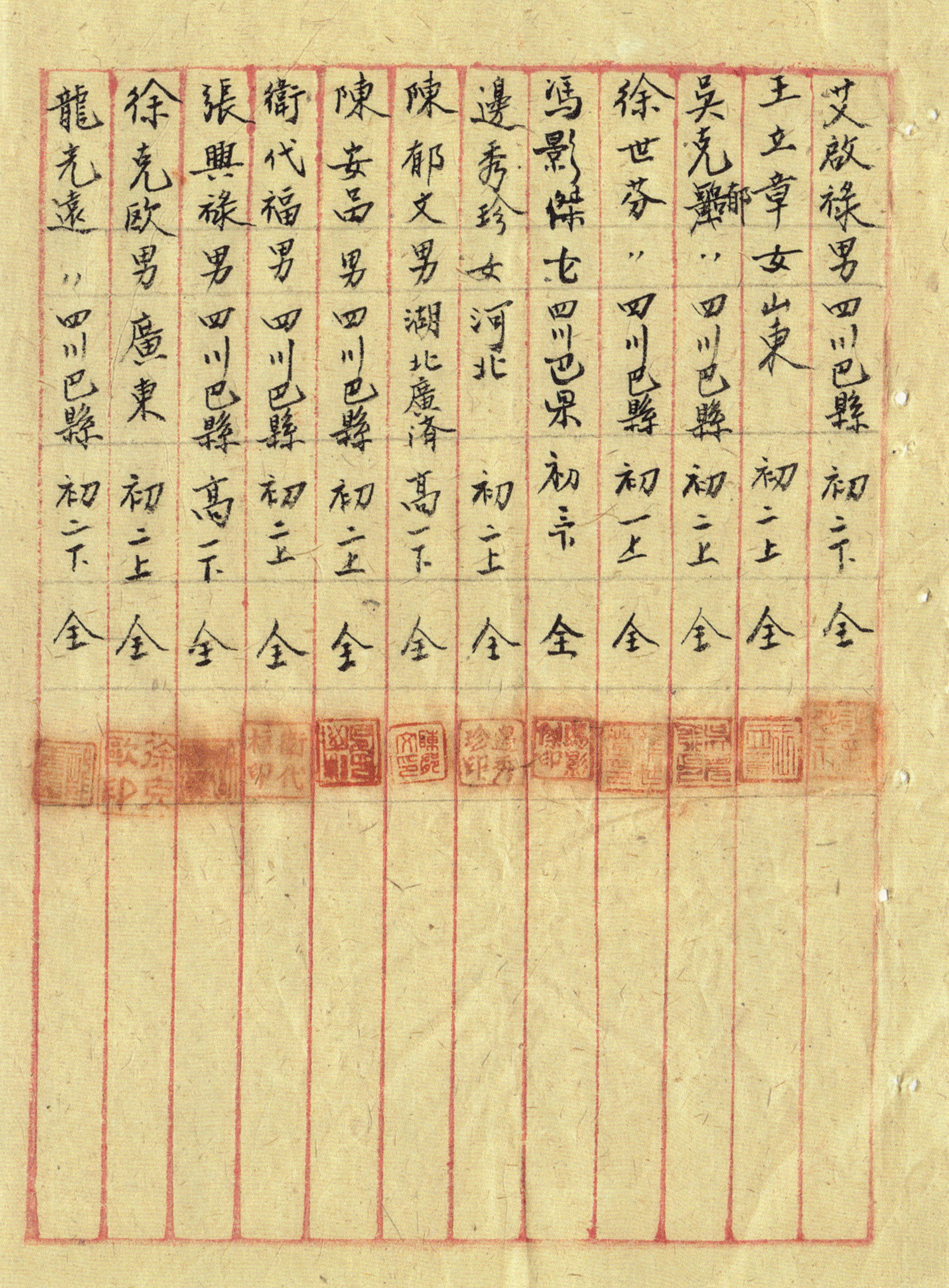

徐治琳	男	江蘇鎮江	初一下	全
吳達德	男	江蘇金谿	初二上	全
孫道倫	男	四川巴縣	初三上	全
陳安國	男	四川江北	初二下	全
鄭尚丙	男	四川巴縣	初三上	全
李永昇	男	湖北宜昌	初二上	全
馮鍵文	男	四川璧山	初二上	半
孫道旭	男	四川巴縣	初一下	半
程一國	男	四川巴縣	初一下	半
李文漢	男	湖北宜昌	初二上	全
賀瑤琴	男	四川巴縣	高一上	全
徐任印	男	〃 〃	初三下	半

白富尊	男	四川江津	高一下	仝
胡正遂	女	四川璧山	〃	〃
李長美	女	四川璧山	〃	〃
馬思榮	〃	〃	〃	〃
張代芬	〃	四川巴縣	〃	〃
林明珍	〃	湖北	初一下	〃
△呂祖國	男	四川巴縣	初三下	〃
葉盛青	女	湖北宜昌	初三下	〃
葉子鍵	男	〃	初二上	〃
朱安波	〃	〃	初一下	〃
許廷英	〃	四川巴縣	高一下	〃
周紀溥	〃	〃	初三上	〃

李朝海	男	遼寧錦西	初二上甲	全
陳亞玲	男	浙江鄞縣	初二上甲	全
吳朝璋	女	四川璧山	高一下	全
張樹泉	女	〃	〃	全
竇鑄餘	〃	四川江北	〃	半
冼浩琳	〃	四川巴縣	〃	半
龍光禮	〃	四川璧山	〃	全

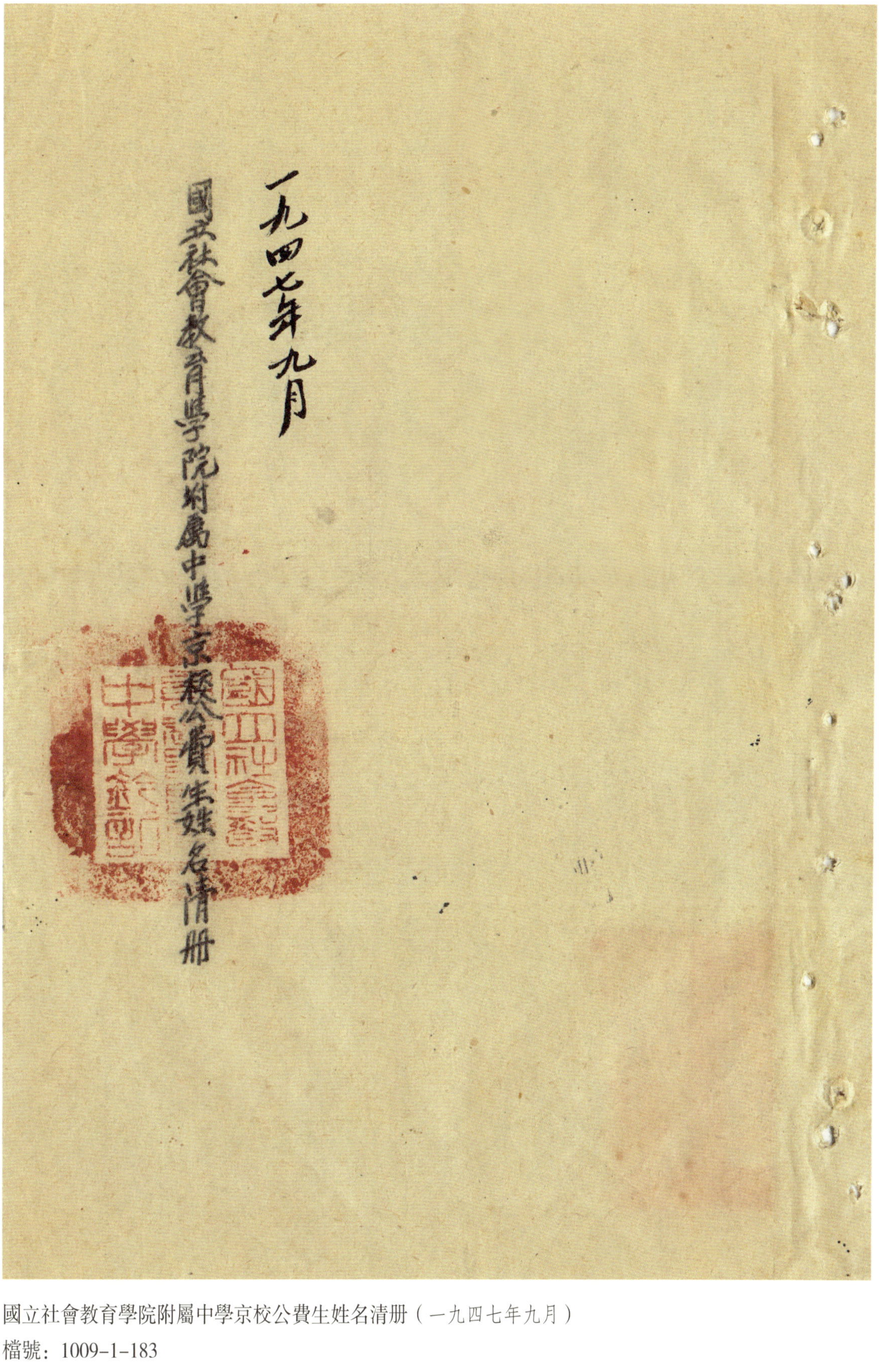
一九四七年九月
國立社會教育學院附屬中學京校公費生姓名清冊

國立社會教育學院附屬中學京校公費生姓名清冊（一九四七年九月）
檔號：1009-1-183

國立社會教育學院附屬中學公費生姓名清冊

學號	姓名	年級	種類
5510	曹國聰	高二	全
5513	黃仲明	〃	〃
5501	趙馨芸	〃	〃
5519	俞順炎	〃	〃
5521	張宗堯	〃	〃
5517	金言	〃	〃
5520	何積誌	〃	〃
5523	陳自達	〃	〃

5518	5520	5546	55[illegible]	5511	5512	5514	5513	5517	5534
徐秀曉	蕭佑志	彭祖馭	陳煜英	吳大銓	徐學恩	牛正風	葛祥雲	吳乃驥	孔德璜
〃	〃	〃	〃	〃	〃	〃	〃	〃	〃
〃	〃	〃	〃	〃	〃	〃	〃	〃	〃

5546	李浩群	√	√
550	桑鳴聲	√	√
5536	倪嘉瑛	√	√
5541	鄭林業	√	√
5717	劉滸倫	高一	√
5701	楊直	√	√
5703	王品行	√	√
5704	盧國松	√	√
5706	苗穎白	√	√
5707	朱继英	√	√

5747	5712	5715	5718	5719	5727	5759	5709	5733	5739
章荣嵂	殷家尼	方士昌	徐岩	時有為	鄧希宏	羅春梅	龍明釗	楊戊	毛荣

5744	李品遠	√	√
5746	施依蓮	√	√
5735	李華仁	√	√
5747	李仁慈	√	√
5741	李行恕	√	√
5720	金麟孫	√	√
5736	張殿銀	√	√
5733	羅時恒	√	×
5705	郭吉光	√	√
5713	沈慶林	√	√

5738	王永華	y	y
5741	彭邦杲	y	y
5746	楊宏暉	y	y
5755	劉佳華	y	y
5709	陳愛玲	y	y
5710	梁天白	y	y
	焦雲鴻	y	y
5646	曾梓瑜	y	y
3211	劉鴻梅	初二	y
6?1?	適中夫	1	y

號數	姓名		
3241	周舜龍	√	√
3262	胡國華	√	√
3239	劉端泉	√	、
3214	龔鉌	√	√
3233	孫秀生	√	√
3229	羅振英	√	√
3227	羅[illegible]英 毛銳	√	√
3230	柯子嵐	√	√
3209	昆楣	√	√
3221	劉慧英	√	√

833	1511	1429	1439	1546	1642	1909	3066	3278	3215
包小蕙	鄭健	李文鸞	陳定寶	殷興淇	陳慶曾	周叔仲	喬本鉄	余[illegible]	湯湘蘋
✓	✓	✓	✓	✓	✓	✓	✓	✓	✓
✓		✓		✓	✓	✓	✓	✓	✓

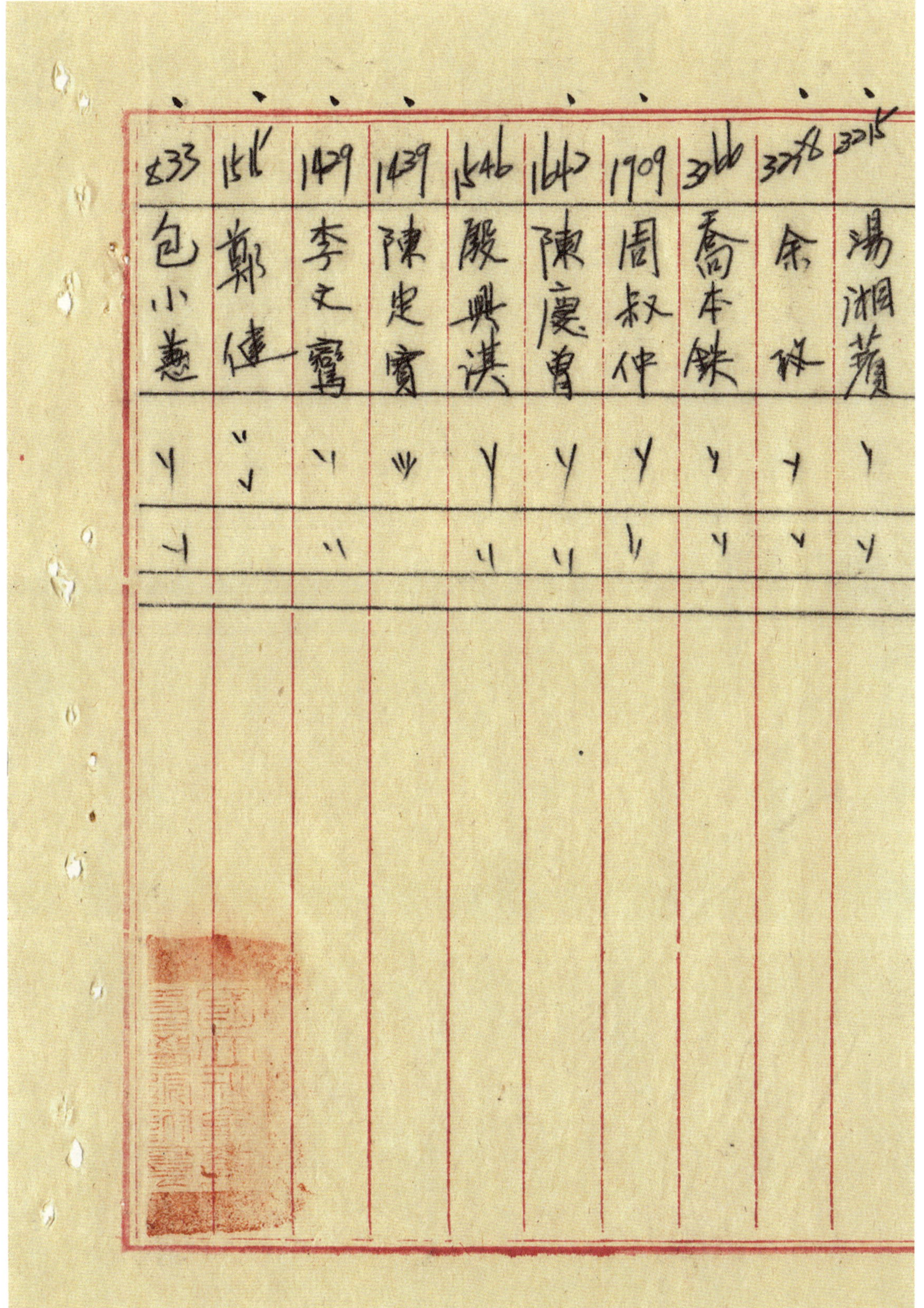

3206	王慧芬	v	v
3262	傅玲生	v	v
3216	鄭素琴	v	v
3265	徐競伯	v	v
268	陳曾澍	v	v
3263	胡素華	v	v
3218	楊維樸	v	v
3269	廖昉	v	v
3250	張遠東	v	v
	張遠岳	v	v

3219	周棣華	√	√
3225	滕家銓	√	√
3547	彭燕、韓初甲		√
3575	徐乾	√	√
3553	唐尔錦	√	√
3556	衛國寧	√	√
3622	陳開偉	√	√
3568	江浩	√	√
3546	劉昌毅	√	√
3519	王永金	√	√

3514	李壽孫	✓	✓
3675	陸良自	✓	✓
3630	侯蕃	✓	✓
3448	余平	✓	✓
3623	丁德懷	✓	✓
3627	侯俊卿	✓	✓
3580	謝志堅	✓	✓
3517	郝永憘	✓	✓
1610	伍啟昭	✓	✓
1506	王根寶	✓	✓

3507	高光璋	√	√
	李天英	√	√
	張素蘭	初乙	√
3523	汪杏秀	√	√
3501	唐玉珍	√	√
3506	宋荣華	√	√
3510	林漢民	√	√
3567	湯大山	√	√
3592	蔡雪梅	√	√
3594	黎雪芳	√	√

3517	劉默如	V	V
3538	賀郁雲		
3551	王祖英	V	V
3589	賀慧生	V	V
3572	徐以燕	V	V
3529	孫銘仙	V	V
3550	戚志賢	V	V
3572	龔方雁	V	V
3569	高樹誠	V	V
3563	王維衡	V	V

3641	杜淑清	✓	✓
3668	徐秋貞	✓	✓
3671	王鴻蘭	✓	✓
	李盼秀	✓	✓
3674	張儒睦	✓	✓
3690	羅吉子	✓	✓
3661	王瑞芝	✓	✓
3676	閔泳菱	✓	✓
3597	閔泳華	✓	✓
3598	閔泳懿	✓	✓

3443	金鈊孫	v	v	
3599	范文華	v	v	
5503	王元	高二		半 半
5506	王克	v		v
5532	錢德鈞	v		v
5509	劉漢東	v		v
5531	孫冠忠	v		v
5508	余文進	v		v
5515	嚴伯瑾	v		v
5526	陳燕萍	v		v 半

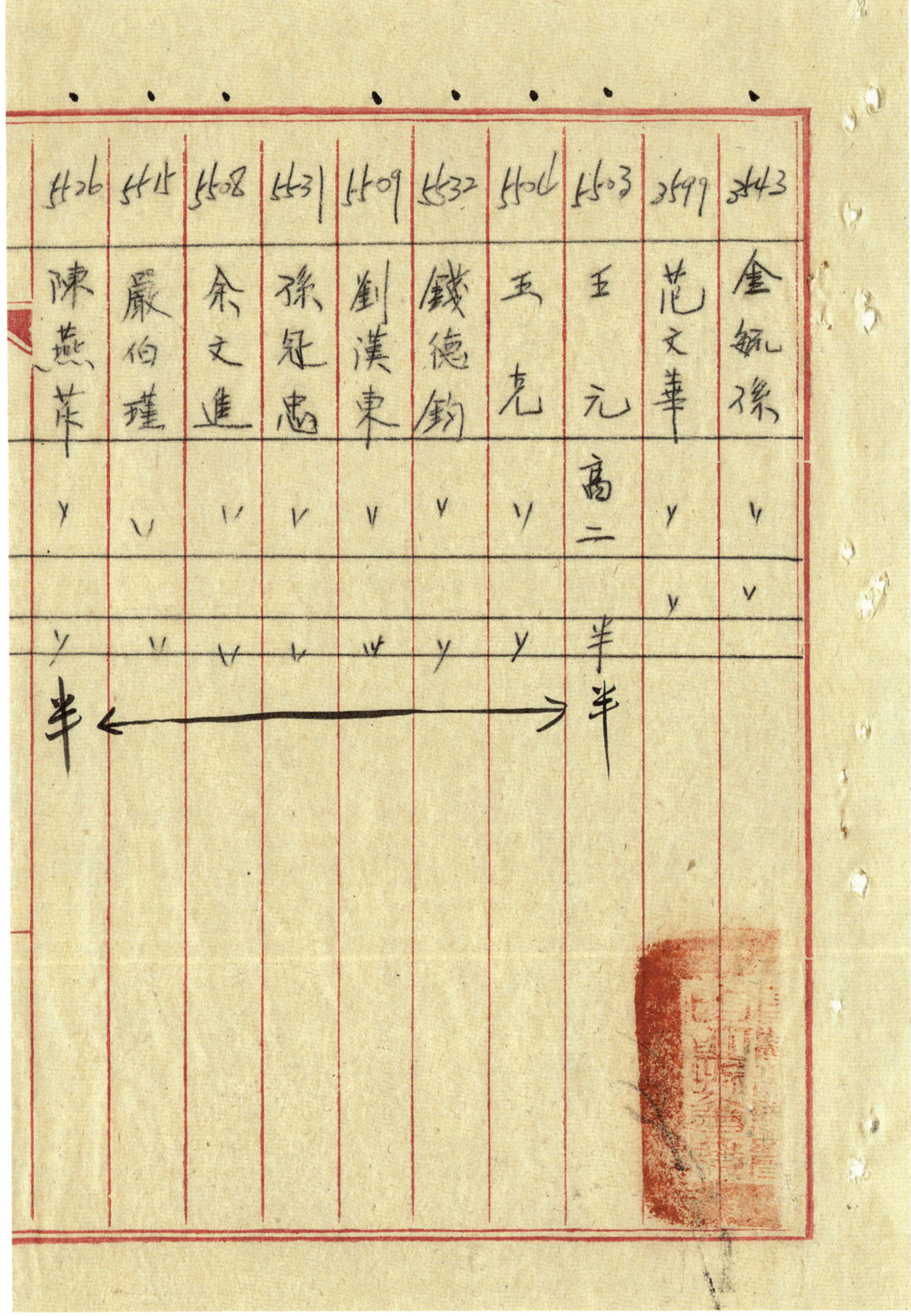

550	陳友道	∨	∨	半
5528	陳恩喜	∨	∨	半
5529	陳一鶚	∨	∨	半
5702	王葆權	高一	∨	半
5706	葉緒泰	∨	∨	半
5711	程民生	∨	∨	半
5714	牛廣錡	∨	∨	半
5716	胡光榮	∨	∨	半
5723	沈元良	∨	∨	半
5731	陳錫和	∨	∨	半

5742	劉曼姝	V		V	半
5740	蕭邦興	V		V	半
5712	蔡大博	V		V	半
3220	金翔民	初二		V	半
3256	丁根原	V		V	半
3247	吳之俊	V		V	半
3217	郭津生	V		V	半
3210	喻三民	V		V	半
3231	王恒進	V		V	半
3205	邰泉心	V		V	

3208	馬月波	Y		Y	半
3207	王之士	Y		Y	半
3206	王之交	Y		Y	半
3223	葉鵬孫	Y		Y	半
3226	陳大煌	Y		Y	半
3234	吉佩珣	V		V	
3266	潘本義	Y		Y	半
1527	王明華	Y		Y	
3244	方烈剛	Y		Y	
3566	吳寶和	甲初一		Y	半

3105	鄭化雨	Y	Y	半
3160	楊先景	V	Y	半
3570	張鳴翔	V	V	半
3108	何家書	V	V	半
3578	韓光俊	V	Y	
1537	王明華	V	Y	半
3573	張家梅	初一乙	Y	半
3581	邱思雲	V	Y	半
3577	徐衍瑤	V	V	半
3572	劉賢	Y	Y	半

重

3561	3545	3524	3585	3565	3518		3537		
郭蕎湛	朱如玲	洪斌	丁篤原	王瑞芝	陳京澗	陳佩南	劉蔚生	朱振華	陳寶
v	v	v	v	v	v	v	v	高二乙	初二丙
								全	v
v	v	v	v	v	v	v	v		
串	串		串		串	串	串		

蔡有方	高二乙
王廷挺	〃
任太璞	〃
葉恩沅	〃
朱世佑	〃
王魁章	高一甲
趙崇慶	〃
郭治華	〃
解啟華	高一丙
耿發揚	〃

該生十月份已轉入丹校

葉恩雯	〃
程國順	〃
周文俊	〃

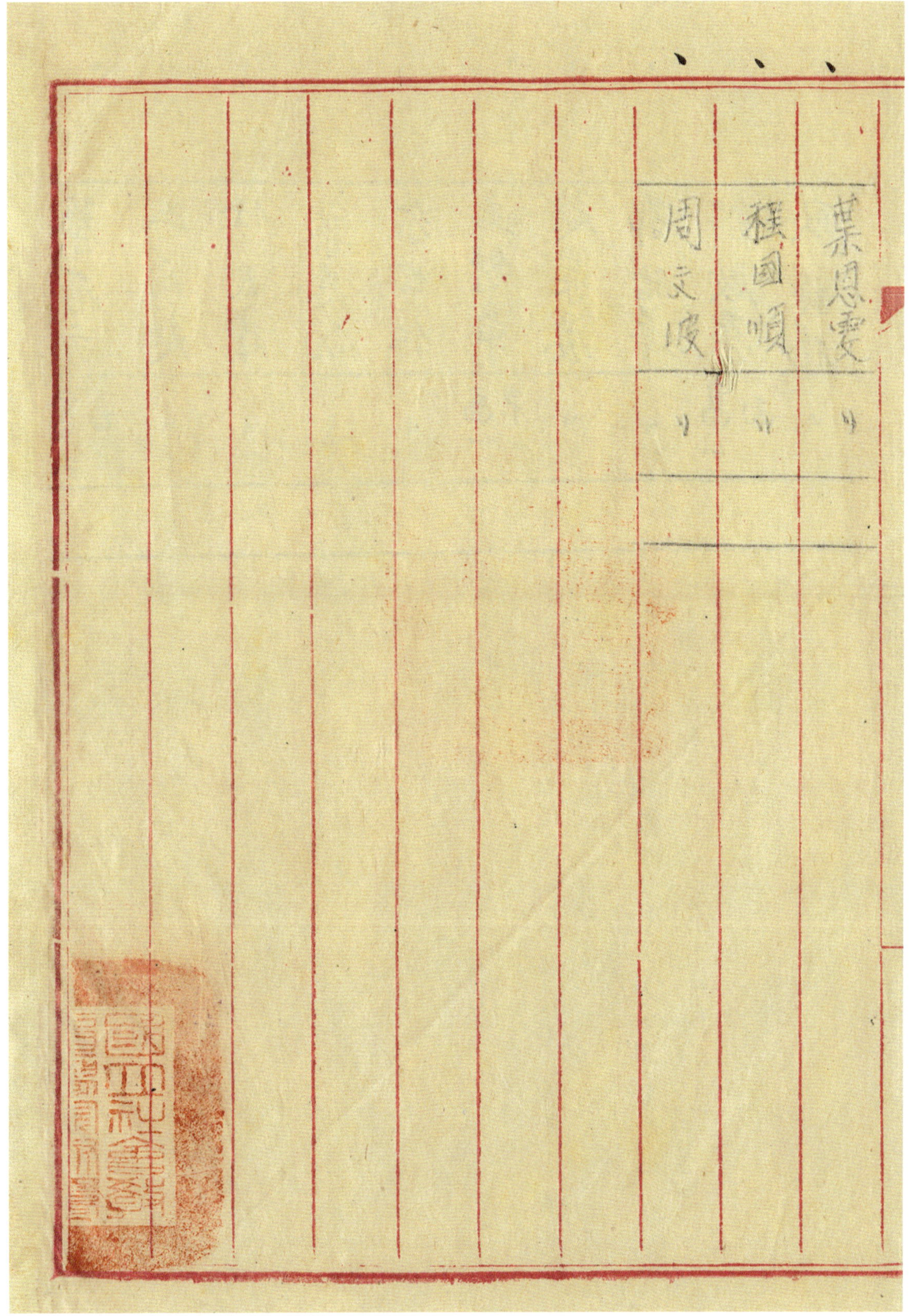

新任

監督人

卸任

具呈人

中華民國三十六年九月　日

該校呈請發給十月份公費名冊有下列若干人為本學期休學列

姜宗培　張永芳　謝德清　吳俊益

姚毓霖　劉永康　金秀書　饒集民　周志翔　劉行業　嚴德啟　陳孚和　林孝平　金寧　姚有根

馬靜　廖兆瑄　周允琦　宋明芝　饒家銓　黃皖錫　嚴守貞　汪惠芬　孫琳　徐克華　孫其蓁

徐鐘　陳逵曰升　楊士植　陳敏中　黃康彥　王垂克　金一張葉　張佩蘭——以上為全公費生

吳保平　丁爾斌　陳砺冬　藍毓華　陳慧君　俞啟瑞　孔德壎　林以德　王先達　蔣琳　侯佩生

徐勤蓀——以上為半公費生

（計十月份請領全公費一百七十六名 半公費□□□）

有占一共十月份冊有廿六人

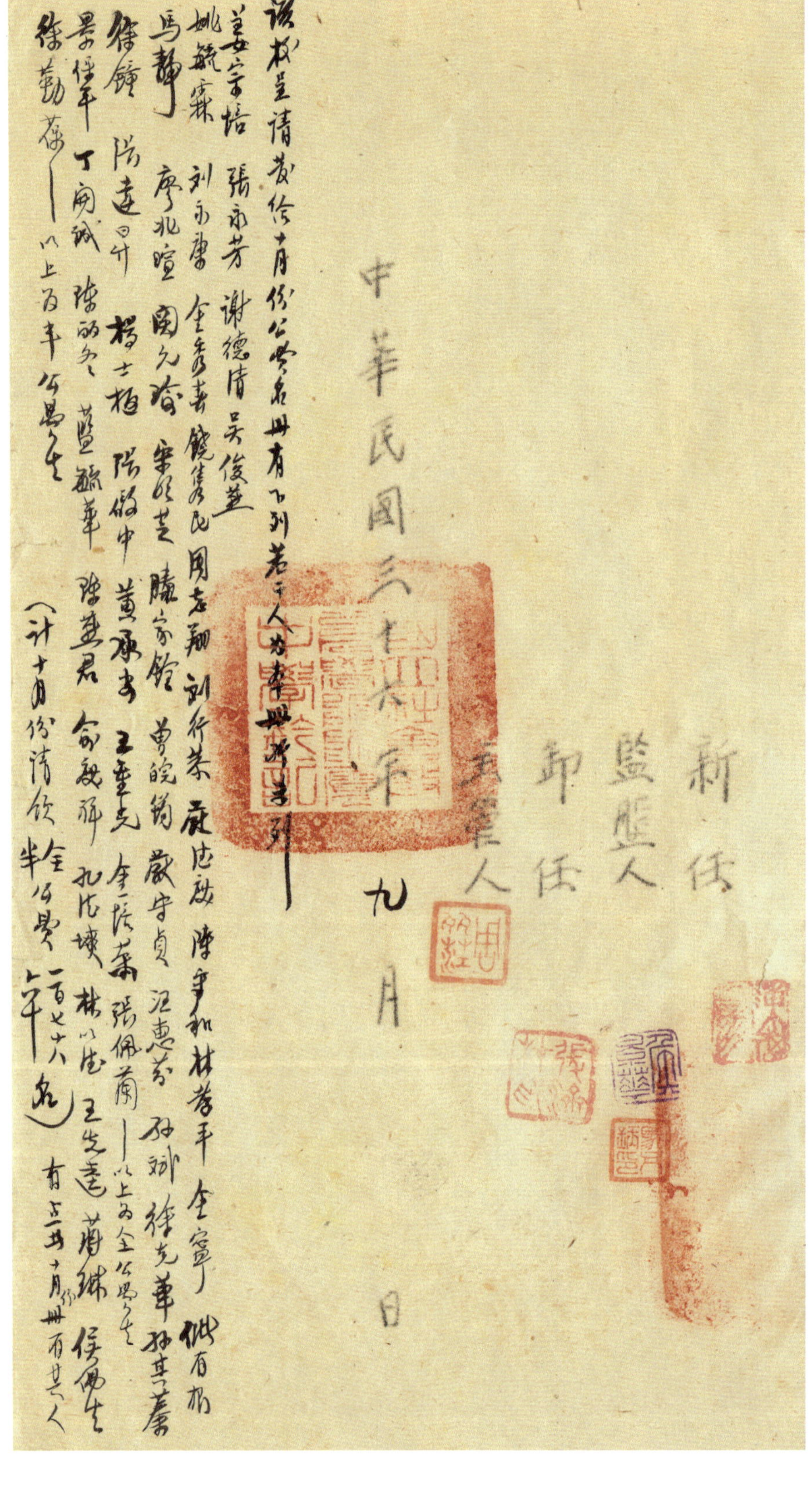

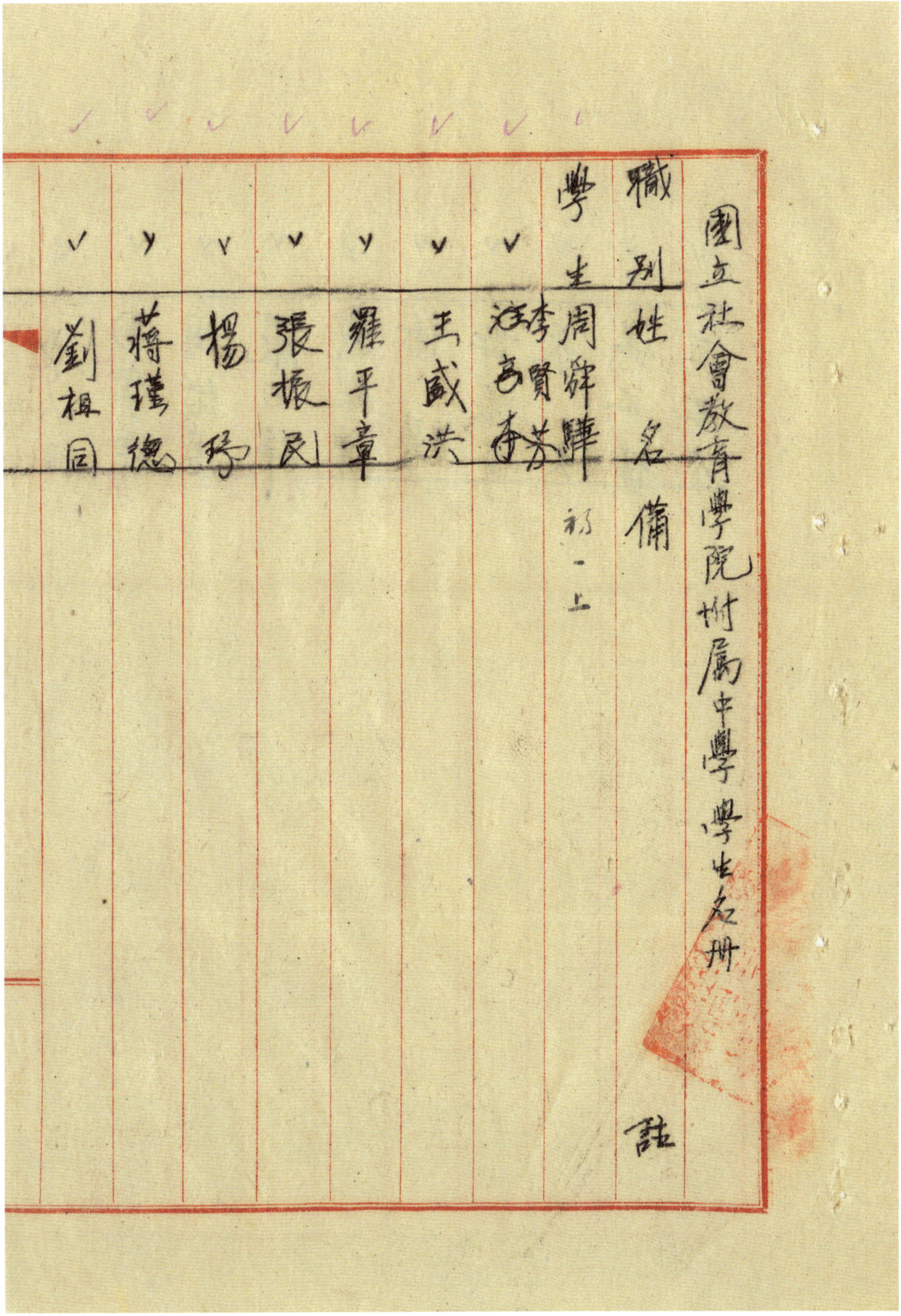

國立社會教育學院附屬中學學生名冊

職別	姓名	備註
學生	周舜驊	初一上
	李賢芬	
	王盛洪	
	羅平章	
	張振民	
	楊璆	
	蔣瑾德	
	劉相同	

國立社會教育學院附屬中學學生名冊（一九四七年九月）

檔號：1009-1-203

張以樞
南寧洋
周緒蓉
嚴大祥
戴樑棟
徐頤
許振奇
朱文
吳本樸
王世才

職別	姓名
學生	陸敞舜
	馬大瑞
	盧永高
	施建華
	喻賓
	張長業
	周篤文
	郭保光
	楊寧寧

孫仁湘
張政
王世鶴
郭康
王光一
李永明
楊瑛
李忠謀
張秀賢
蕭曉輝

職别	姓名
學生	劉安世
	劉本臻
	范秉賢
	王慶華
	張象蓉
	相自芬
	項經揚
	魏祖鵬
	趙之奎

曹貴乾
朱玫文
劉祥瑞
張象立
沈鳴澧
霍榮梓
汪寧華
黃學易
喬本鈞
梅逸人

國立社會教育學院附屬中學學生名冊

職別	姓名	備註
學生	劉昌毅	初二甲
〃	汪立本	
〃	侯俊卿	
〃	高光瑋	
〃	衛國寧	
〃	彭燕韓	
〃	陸良自	
〃	鄭化雨	

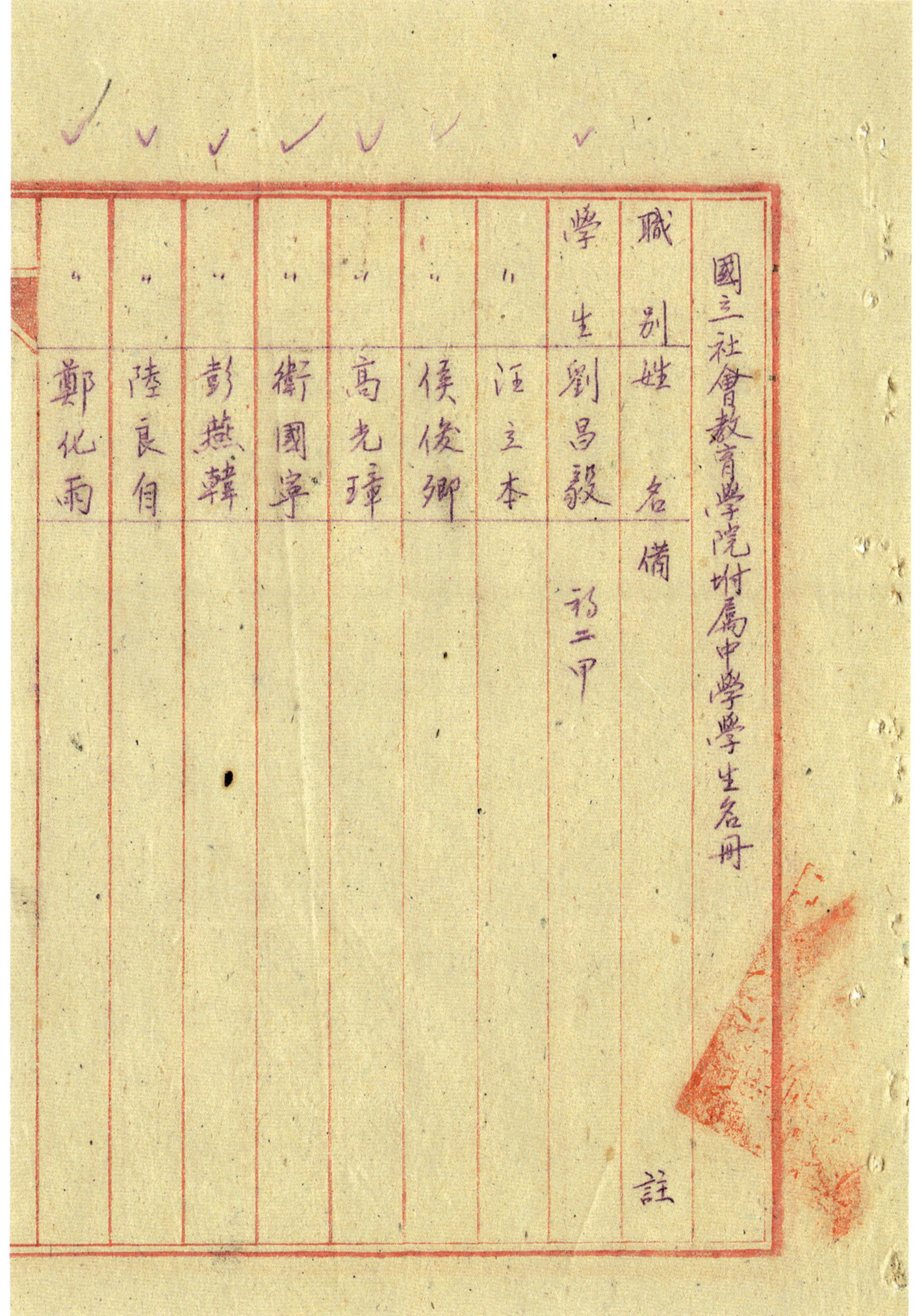

學生	〃	〃	〃	〃	〃	〃	〃	〃	〃
丁德懷	王永金	鄭家平	郝永愷	徐乾	國志頤	吴宝和	蘇永涛	戌中英	王明華

学生 張鳴翔 務二甲
〃 朱立仁
〃 黃志樑
〃 郁安財
〃 黃承安
〃 李壽孫
〃 鄧尔暢
〃 余平
〃 侯善
〃 陳南緯

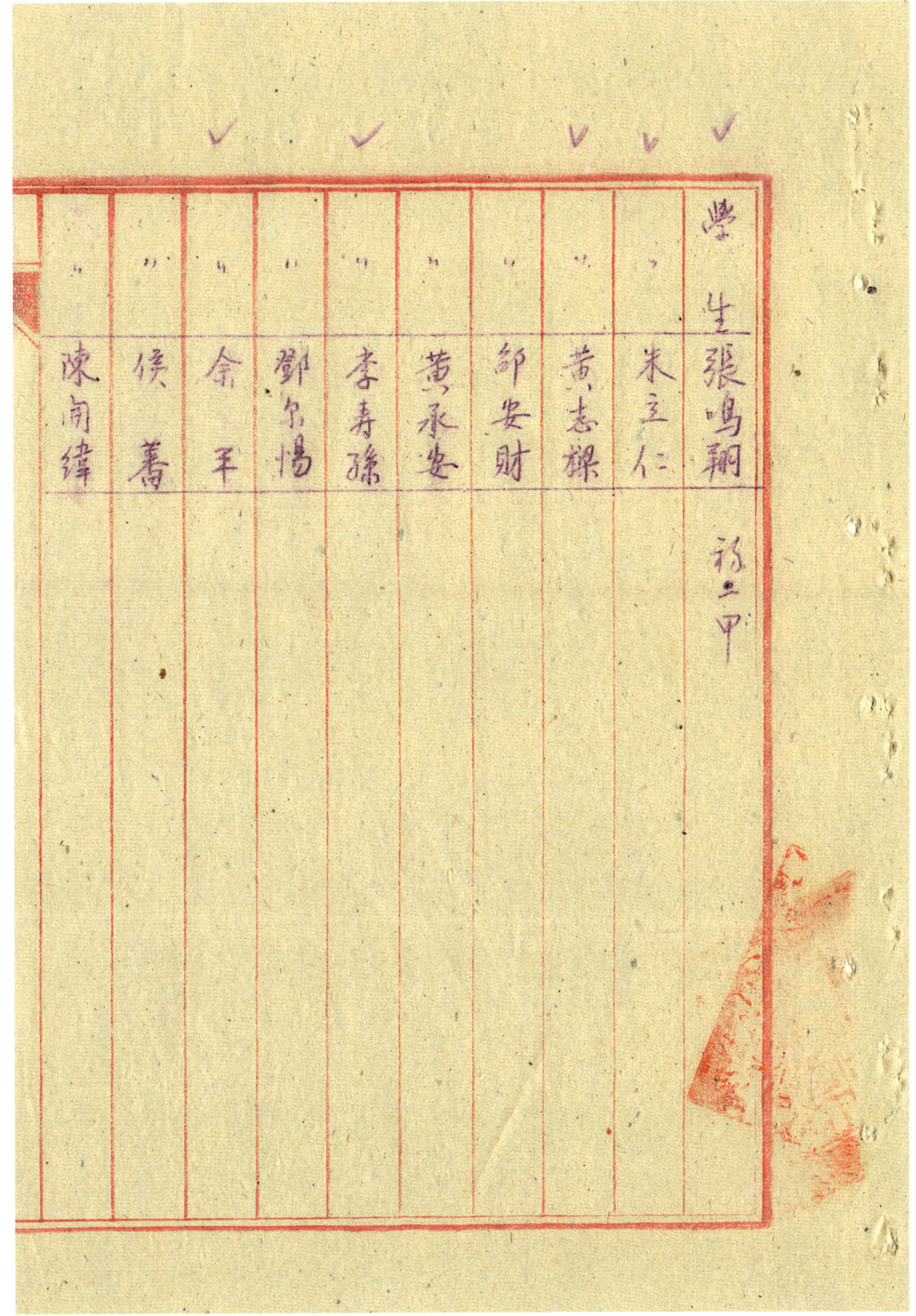

學生	唐東錦
〃	江浩
〃	林忠良
〃	楊光景
〃	韓光俊
〃	王根寶
〃	林忠培
〃	張啟濬
〃	李天英
〃	何家書

學生	沈秉文	
〃	謝志堅	
〃	計宇楨	
〃	饒玉文	
〃	陳健容	
〃	李　瑾	
〃	張宗鈞	
〃	曾振中	初二乙
〃	伍啟昭	
〃	王維新	

學生 杜淑清
〃 陳京润
〃 羅吉子
〃 張家梅
〃 劉默如
〃 王洪蘭
〃 金毓孫
〃 蔡佩儀
〃 唐玉珍
〃 張儒睦

學生	劉行儉	初二乙
〃	丁篤原	
〃	朱如玲	
〃	鄭養湛	
〃	劉蘭生	
〃	宋棠華	
〃	盛志鑾	
〃	高樹诚	
〃	龔方雅	
〃	湯大山	

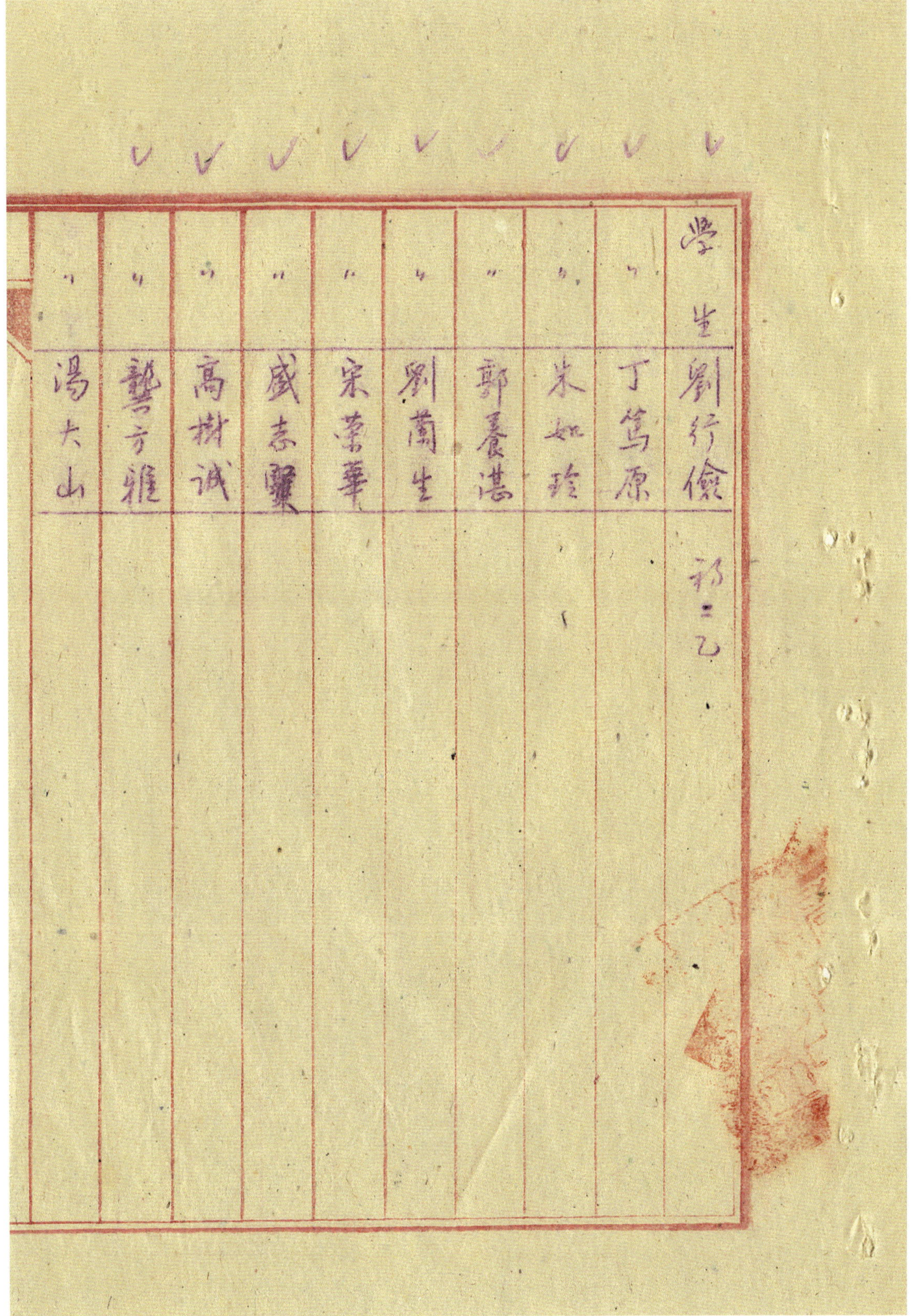

學生	陸美華
〃	邱思雲
〃	劉賢
〃	徐秋貞
〃	梁凤台
〃	林河民
〃	王建珍
〃	賀郁雲
〃	徐衍強
〃	孫銘仙

學生	賀慧生	初二乙
〃	王瑒之	
〃	徐以燕	
〃	胡麗華	
〃	黎雪芳	
〃	黎雪梅	
〃	孫秀生	
〃	王祖英	
〃	汪榕秀	
〃	侯雲鴻	

學生 陳梅君
〃 李明秀
〃 閔泳愛
〃 閔泳懿
〃 閔泳華
〃 范文華
〃 洪斌
〃 張素蘭
〃 陳佩南
〃 廖昉

學生 蔣祖康 初二乙
〃 柯子嵐 初三
〃 龔大畏
〃 王之友
〃 蔡佩芳
〃 滕家銓
〃 王明華
〃 全翔民
〃 殷興洪
〃 劉德健

學生　王慧芬
〃　馬月波
〃　劉瑞泉
〃　劉潤祥
〃　王之士
〃　蔣家正
〃　傅珍生
〃　吴樹榮
〃　邱泉心
〃　徐富崑

學生	鄭素琴	初二
〃	陳慶曾	
〃	徐競伯	
〃	鄭健	
〃	高祖燾	
〃	姚家龍	
〃	郭津生	
〃	劉慧英	
〃	陳天瑝	
〃	葉鵬孫	

學生 李文雋
〃 嚴聖武
〃 喻三民
〃 陳述曾
〃 陳曾樹
〃 包小惠
〃 饒逸苓
〃 潘本義
〃 陳定寶
〃 方烈剛

学生	周棣華
〃	龔鉥
〃	湯湘萍
〃	罷楣
〃	吴英虬
〃	喬本鉄
〃	丁根原
〃	趙中英
〃	毛銳
〃	王恒遊

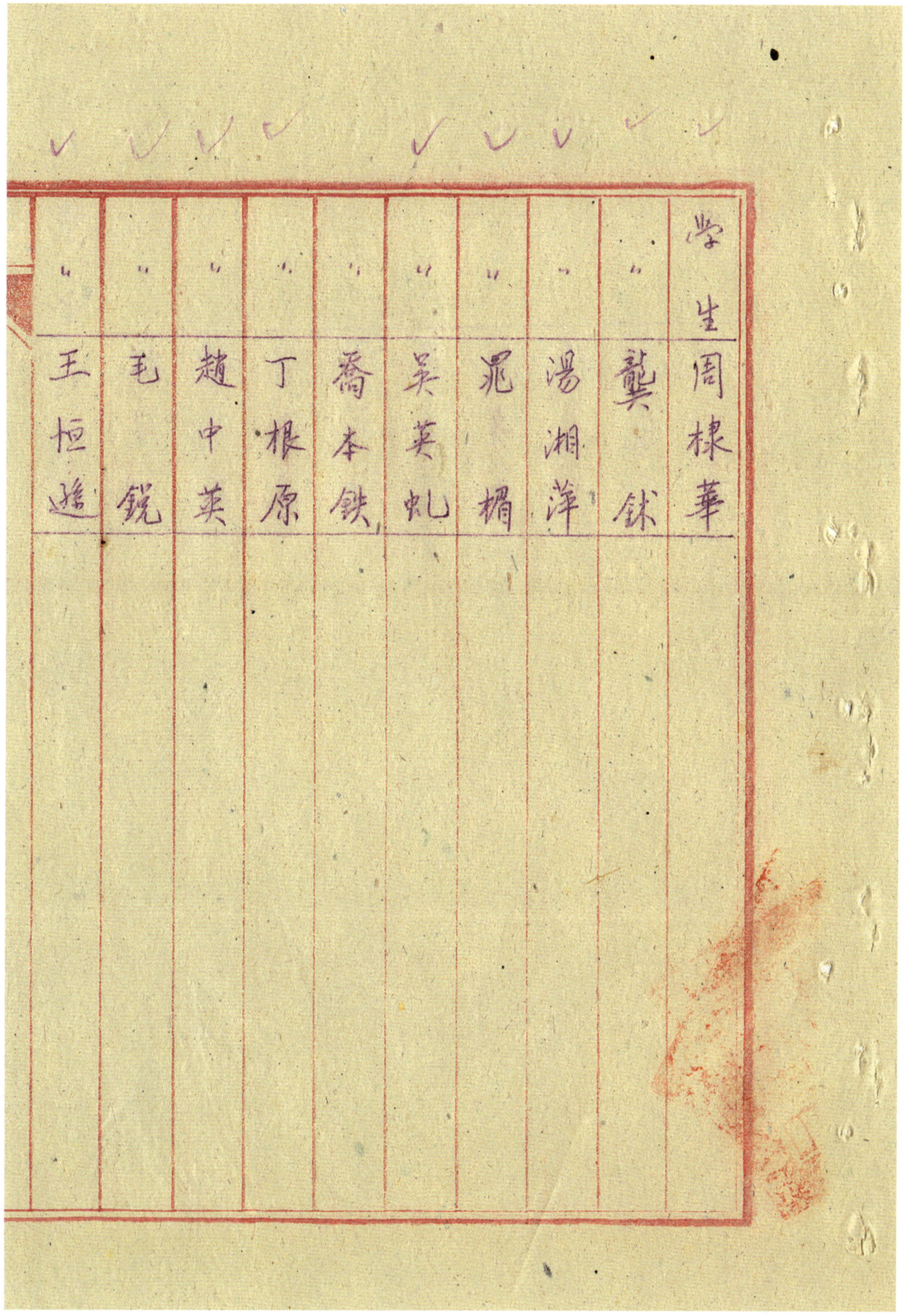

學生	劉鴻梅
〃	徐伍凤
〃	胡國華
〃	周舜龍
〃	周叔仲
〃	吳元俊
〃	劉耀唐
〃	張立民
〃	吳曉光
〃	余玫

學生	羅振英	初二
〃	吉佩洵	
〃	陶嶺南	
〃	李惠鈞	
〃	張遠東	
〃	張遠亞	
〃	楊維樸	
〃	廖昉	
〃	胡素華	
〃	張世溥	

職別	姓名
學生	朱家騆 高一
	許立行
	范雨生
	黃東昌
	耿美珠
	吳根黄
	孟濟群
	姚筠芬
	張賀務

職別	姓名
學生	萬恭樞
	朱安慶
	陳宗振
	施鵬飛
	蕭國萱
	余嘉誠
	胡保馨
	唐華
	王景容

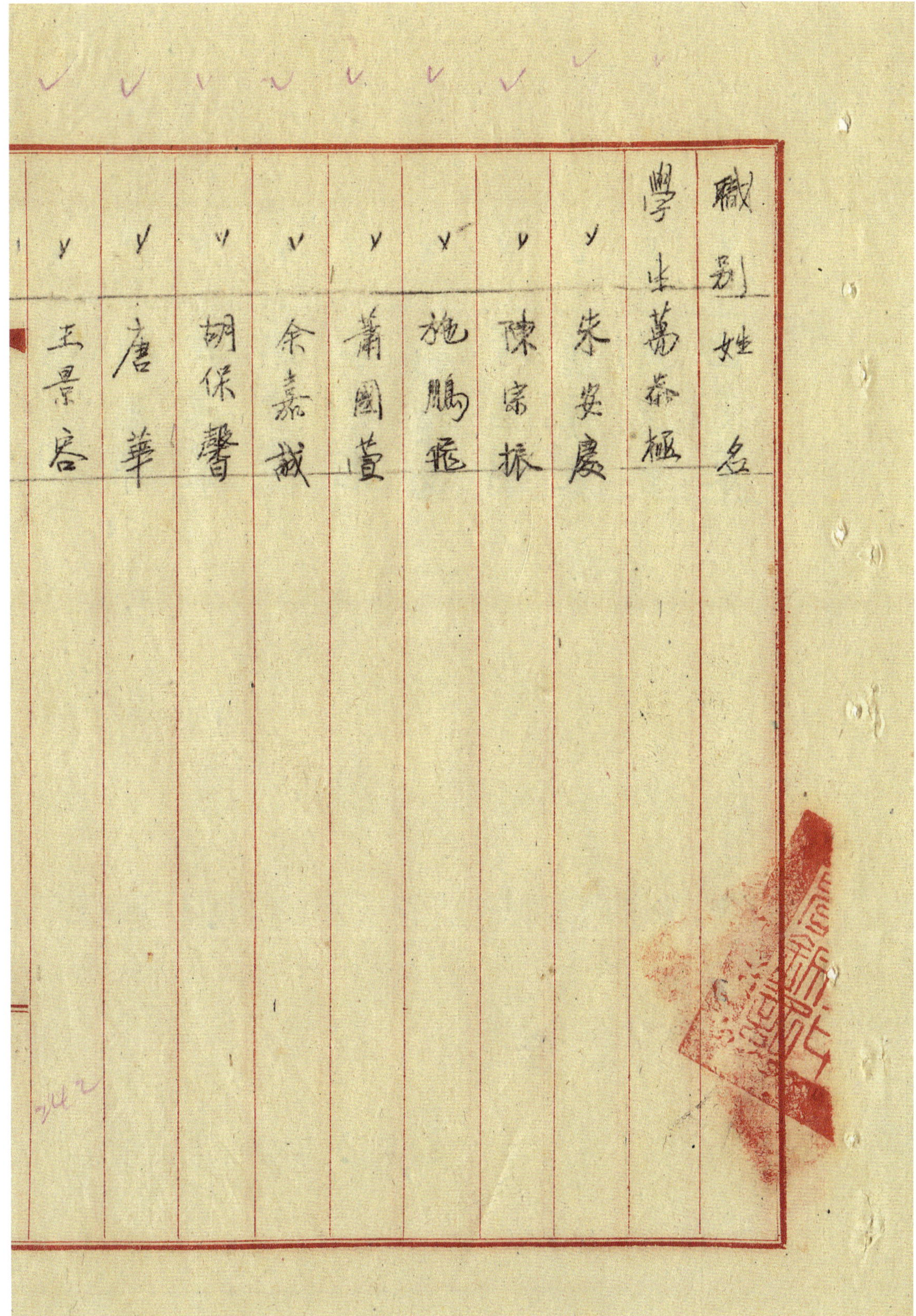

萬鈞
劉忠傳
陳震寰
陳梅君
王石光
邵耀南
李志明
唐湧泉
周連生
陸英萊

職別	姓名	
學生	張遠立	
	林孝平	V
	曹雲	V
	林以德	V
	劉行恭	V
	金寧	V
	王光達	V
	李正榮	X
	王声望	X

孔德埭
閔允瑜
馮·靜
嚴德慶
湯為誠
廖兆暄
俞慶祥
儲有根
張承基
宋明芝

職別	姓名
學生	盛安霞
〃	蔣琳
〃	陳燕君
〃	藍毓華
〃	吉人龍
〃	陳守知
〃	徐鎖龍
〃	趙中林
〃	麥佩芳

〃 寧兆溥
〃 徐彰文
〃 姚佩琪
學生 羅春梅 高二
學生 龍明釗 高二
〃 毛棠
〃 金麟孫

學生方士昌　高二
〃　盧國松
〃　梁天白
〃　楊適
〃　葉緒泰
〃　沈慶卅
〃　巫葆權
〃　王品珩
〃　李華仁
〃　王永華

学生

沈元表
張殿錕
徐　岩
殷家尼
羅時恒
楊　戊
蔡大博
彭邦果
時有為
程民生

學生牛廣錡 高二
〃 劉曼姝
〃 施依蓮
〃 朱繼英
〃 陳錫和
〃 郭吉光
〃 楊宏暉
〃 李品遠
〃 李存慈
〃 韋業嶧

學生 芮穎白
〃 陳愛珍
〃 鄧希宏
〃 汪華齡
〃 刘維華
〃 王愛華
〃 蕭邦興
〃 黃其鈞
〃 傅韶華
〃 曾祥瑜

學生	胡光榮	高二
〃	陳生龍	
〃	李存恕	
〃	錢公才	
〃	任雲鴻	
〃	劉濟倫	
〃	陳俊旋	
〃	孔德璜	高三
〃	陳超英	
〃	王大鍾	

學生	王元
〃	王克
〃	嚴伯瑾
〃	牛正風
〃	趙麗華
〃	曹國聰
〃	徐孝睦
〃	錢德鈞
〃	孫冠忠
〃	蒯兆影

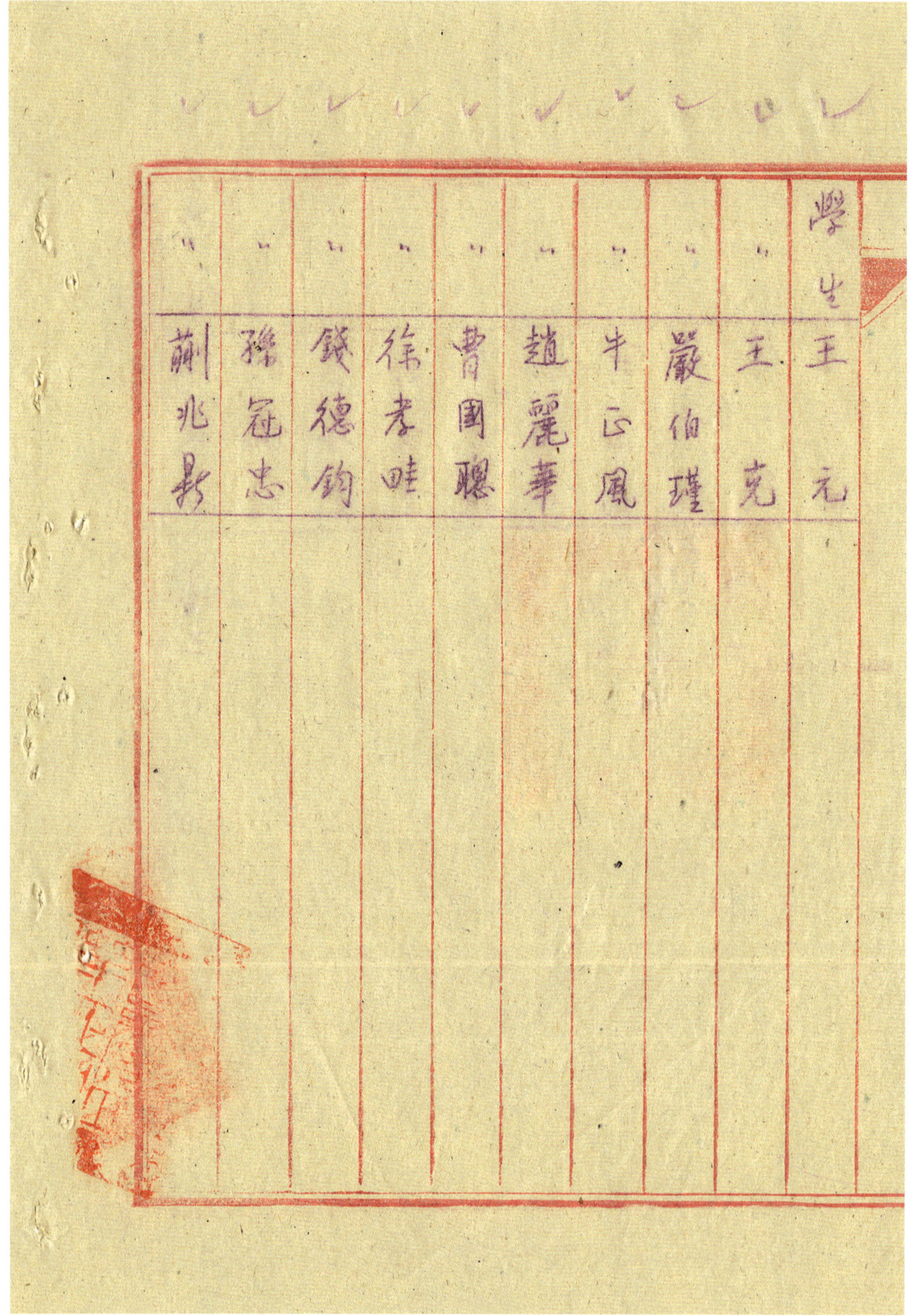

學生陳友道　高三

鄧競蘭

陳思善

鄭林業

王乃驥

易志寧

張帝堯

徐學烈

陳一鶚

陳自建

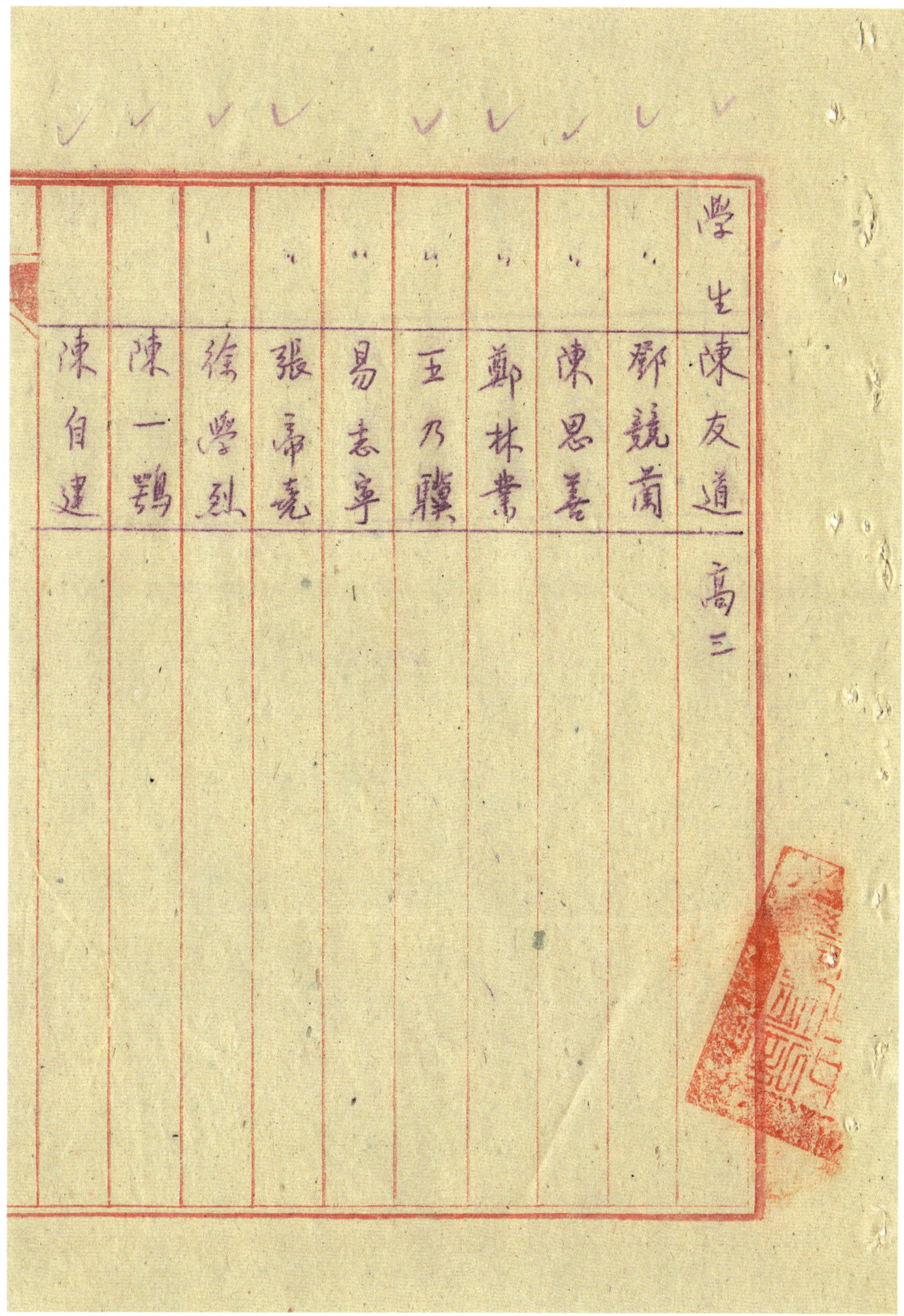

學生	俞順美
〃	陳燕芹
〃	倪嘉瑛
〃	葛祥雲
〃	趙志偉
〃	金言
〃	桑鳴聲
〃	何瓊璋
〃	趙世慶
〃	余文進

学生 劉漢東
蕭佑生
蔣承武
黄仲明
邱素行
林沅
彭祖政
李浩羣
史久瑋
顧億德

闞九東

李耕民

劉鏡

閻昌國

張先擢

沈格非

姜宗培

蔡有方

王延起

任太璞

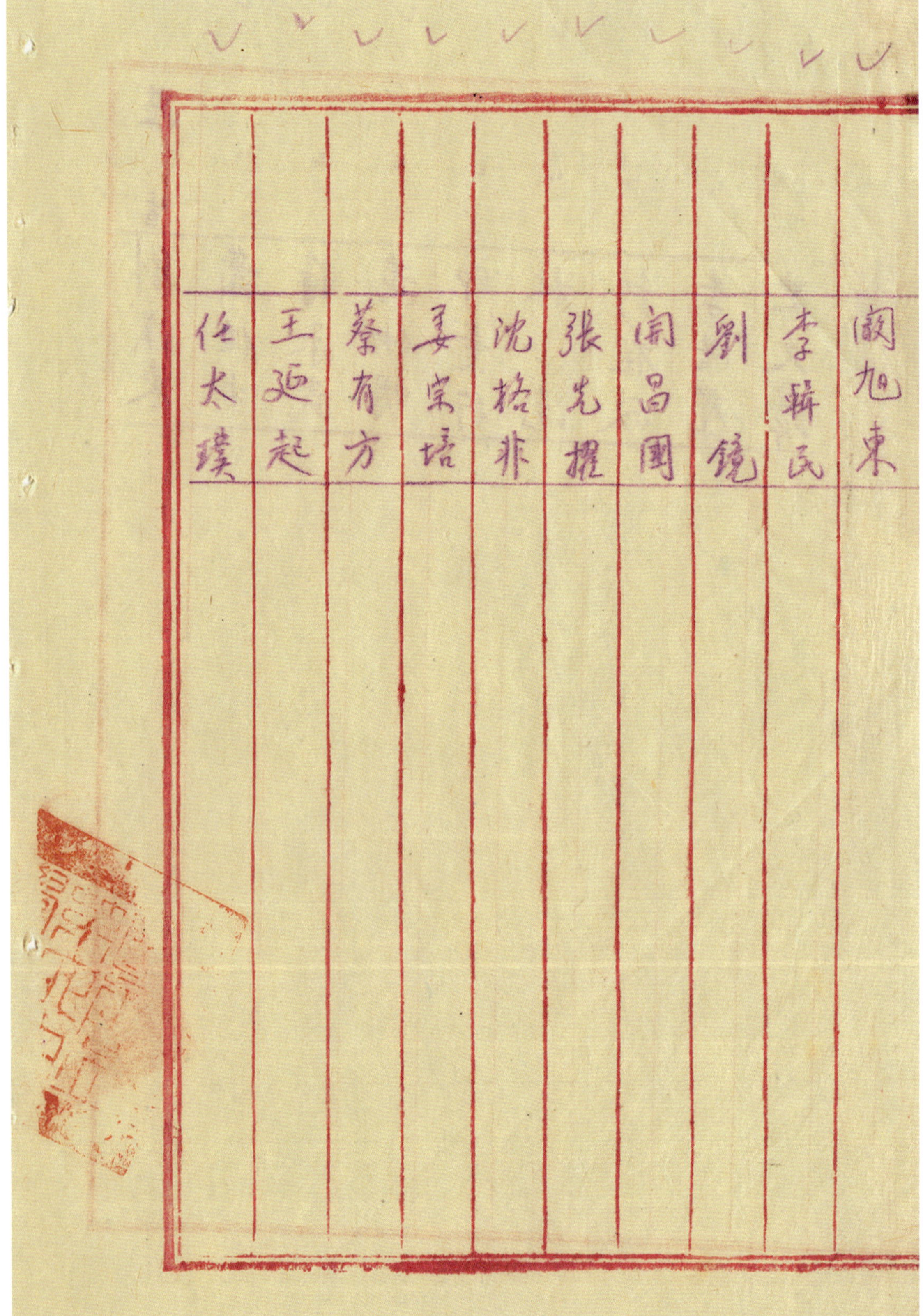

學生 萬慶坻
〃 孫其泰
〃 汪孝思
〃 曾皖筠
〃 汪惠芬
〃 嚴守貞
〃 孫斌
〃 陳实
〃 周文波
〃 金秀春

学生 饒贊民
〃 吴俊燕
〃 劉克萍
〃 劉永康
〃 孙法清
〃 吴保平
〃 李正統
〃 陳麗冬
〃 張永芳
〃 丁向識

学生	葉恩沅	
〃	朱世仁	
〃	朱振華	
〃	朱韻如	边區生
〃	李蜀康	〃
〃	郭鴻範	〃
〃	陳兆賢	〃
〃	徐　鍾	
〃	李卓瑤	
〃	李振坤	

周志翔
王魁章
趙崇慶
郭治華
解碧華
耿發揚
葉恩雯
程國順

以上員生共計肆佰陸拾壹名

中華民國三十六年九月　日

校長　陳祺龐

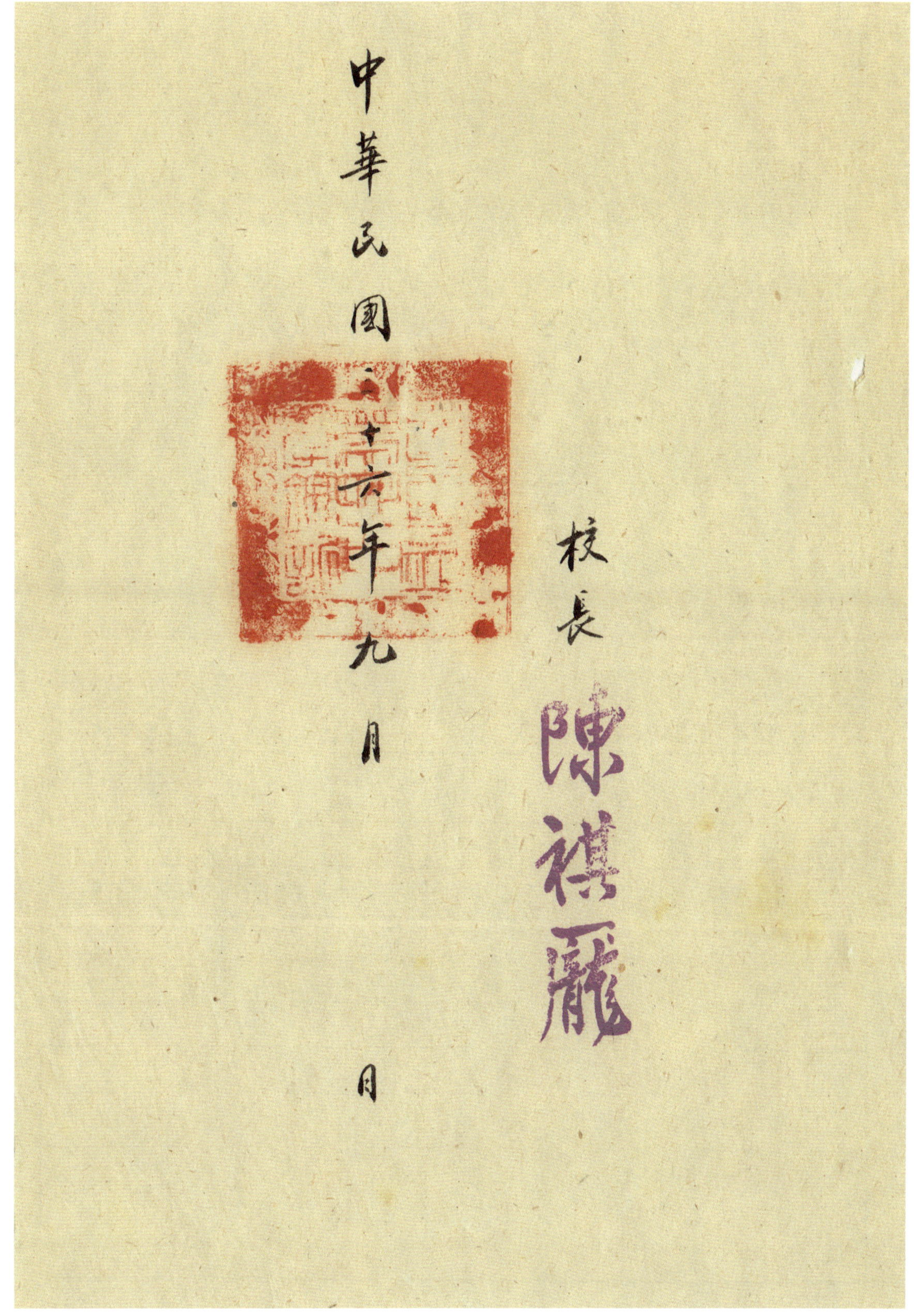

三十六年度第一學期初三甲註冊登記表

國立社會教育學院
附屬中學
教務處

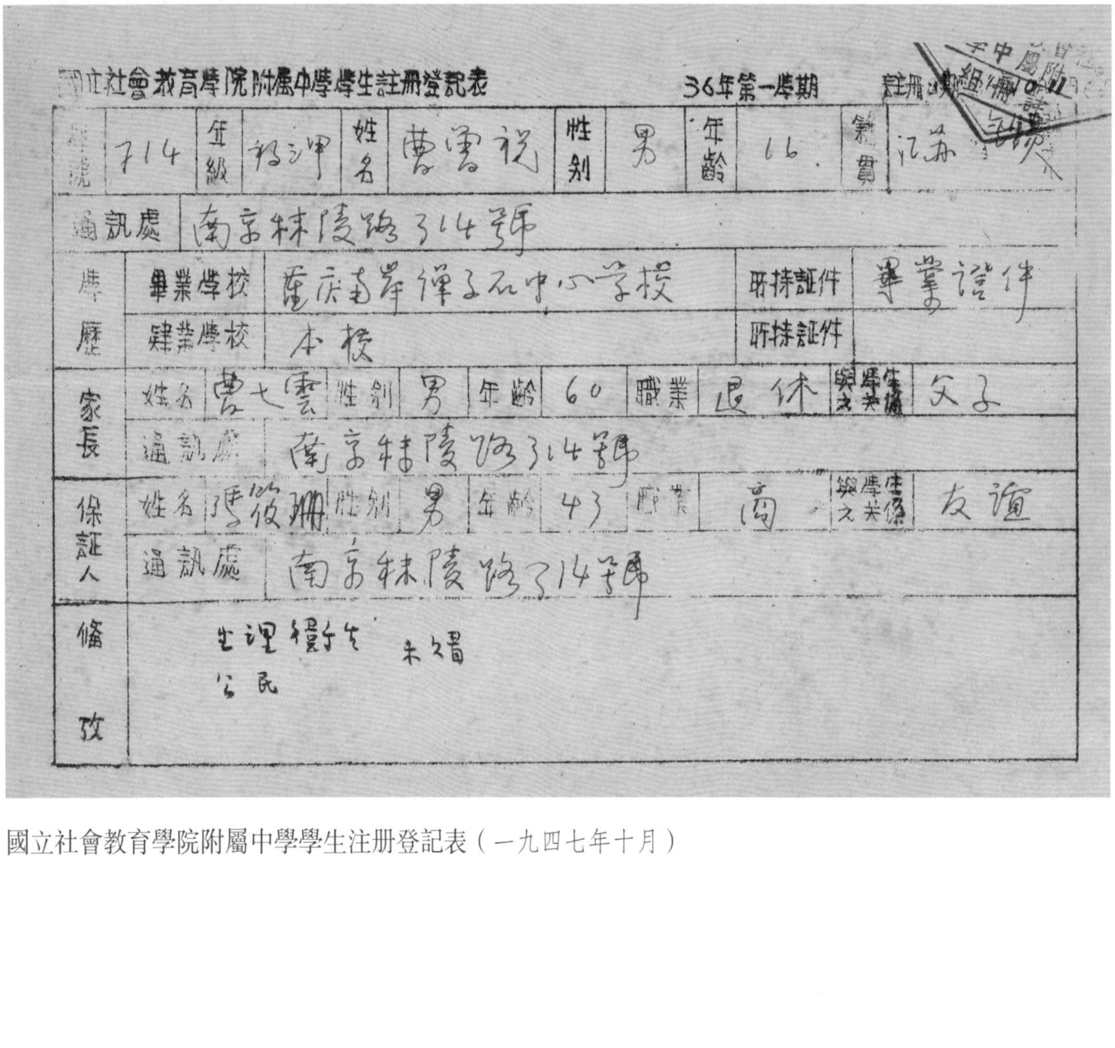
國立社會教育學院附屬中學學生註冊登記表　36年第一學期　註冊組

學號	714	年級	初三甲	姓名	曹雲祥	性別	男	年齡	16	籍貫	江蘇
通訊處	南京秣陵路714號										
學歷	畢業學校	重庆南岸弹子石中心学校						所持証件	畢業證件		
	肄業學校	本校						所持証件			
家長	姓名	曹七雲	性別	男	年齡	60	職業	退休	與學生之關係	父子	
	通訊處	南京秣陵路714號									
保証人	姓名	馮俊珊	性別	男	年齡	43	職業	商	與學生之關係	友誼	
	通訊處	南京秣陵路714號									
備考	生理衛生　未繳 公民										

國立社會教育學院附屬中學學生注册登記表（一九四七年十月）

國立社會教育學院附屬中學學生註冊登記表　36年第一學期　註冊日期36年10月9日

學號	911	年級	初三甲	姓名	汪漢	性別	男	年齡	十四
籍貫	縣市								
通訊處	本校								
學歷	畢業學校	教養院				所持證件			
	肄業學校	本校				所持證件	成績單		
家長	姓名	汪伯超	性別	女	年齡	四二	職業	教	與學生之關係：母子
	通訊處	南京市立一中							
保證人	姓名	孫毓華	性別	男	年齡	五十	職業	政	與學生之關係：友誼
	通訊處	本鎮西門大街62號							
備攷									

國立社會教育學院附屬中學註冊組

國立社會教育學院附屬中學學生註冊登記表　36年度第一學期　註冊日期36年10月11日

學號	1061	年級	初三甲	姓名	陳漢信	性別	男	年齡	15
籍貫	廣東省								
通訊處	本校								
學歷	畢業學校	湖北咸寧縣立中心小學				所持證件	畢業証		
	肄業學校	本校				所持證件	成績單		
家長	姓名	陳漢儒	性別	男	年齡	29	職業	工程	與學生之關係：兄弟
	通訊處	武昌八敦井30号							
保證人	姓名	周倩利	性別	男	年齡	35	職業	政	與學生之關係：親友
	通訊處	南京國防部新聞局							
備攷									

國立社會教育學院附屬中學註冊組

國立社會教育學院附屬中學學生註冊登記表　　36年度第一學期　　註冊日期36年10月11日

國立社會教育學院附屬中學註冊組

學號	1003	年級	初三甲	姓名	許作之	性別	男	年齡	15	籍貫	江蘇省鎮江市
通訊處	揚州 運司街 探花巷 6号										
學歷	畢業學校	璧山 城南中心小学							所持証件		
	肄業學校	本校							所持証件		
家長	姓名	許翊樗	性別	男	年齡	四十一	職業		與學生之关係	父子	
	通訊處	同上									
保証人	姓名	郭安仁	性別	男	年齡	四十	職業	軍	與學生之关係	叔侄	
	通訊處	南京延齡巷58号									
備攷	三5年旬允何 未婚										

國立社會教育學院附屬中學學生註冊登記表　　36年度第一學期　　註冊日期36年10月13日

國立社會教育學院附屬中學註冊組

學號	1026	年級	初三甲	姓名	欒韻生	性別	男	年齡	16	籍貫	湖北省武昌市
通訊處	本校										
學歷	畢業學校	重庆市金馬寺鎮中心學校							所持証件		
	肄業學校	本校							所持証件		
家長	姓名	欒樹屏	性別	男	年齡	40	職業	政	與學生之关係	父子	
	通訊處	重庆市凱旋路五十號									
保証人	姓名	周清和	性別	男	年齡	37	職業	軍	與學生之关係	親友	
	通訊處	京黃埔路國防部新聞局									
備攷											

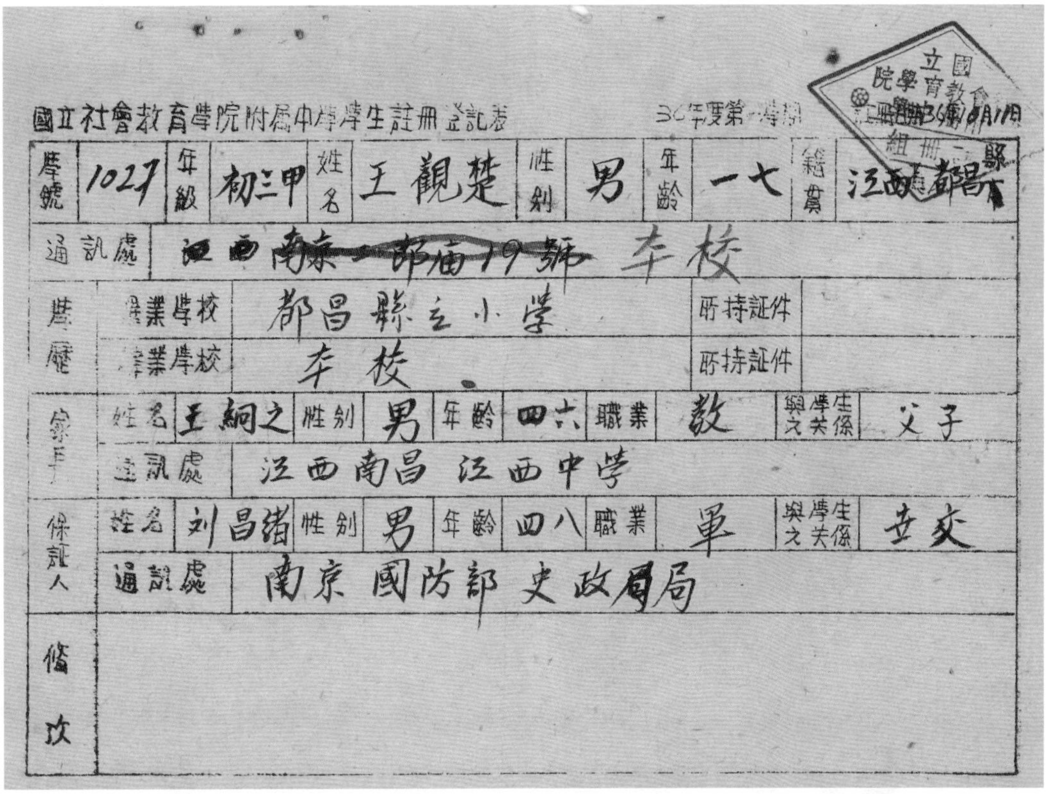

國立社會教育學院附屬中學學生註冊登記表　36年度第一學期

學號	1027	年級	初三甲	姓名	王觀楚	性別	男	年齡	一七	籍貫	江西都昌縣
通訊處	~~江西南京一部函19號~~ 本校										
學歷	畢業學校	都昌縣立小學						所持証件			
	肄業學校	本校						所持証件			
家長	姓名	王絅之	性別	男	年齡	四六	職業	教	與學生之关係	父子	
	通訊處	江西南昌 江西中學									
保証人	姓名	刘昌绪	性別	男	年齡	四八	職業	軍	與學生之关係	世交	
	通訊處	南京國防部史政局									
備攷											

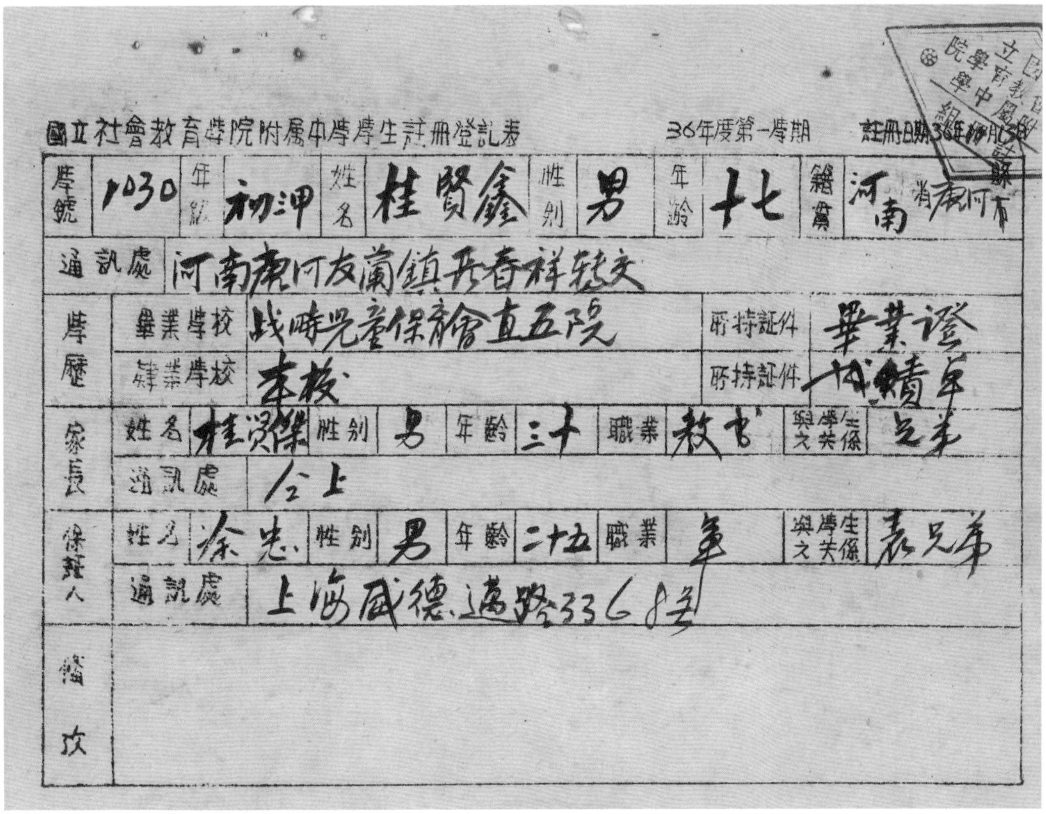

國立社會教育學院附屬中學學生註冊登記表　36年度第一學期　註冊日期36年

學號	1030	年級	初三甲	姓名	桂賢鑫	性別	男	年齡	十七	籍貫	河南省唐河縣
通訊處	河南唐河友蘭鎮丹春祥轉交										
學歷	畢業學校	战時兒童保育會直五院						所持証件	畢業證		
	肄業學校	本校						所持証件	成績單		
家長	姓名	桂贤傑	性別	男	年齡	三十	職業	教书	與學生之关係	兄弟	
	通訊處	仝上									
保証人	姓名	徐忠	性別	男	年齡	二十五	職業	軍	與學生之关係	表兄弟	
	通訊處	上海威德遠路336號									
備攷											

國立社會教育學院附屬中學學生註冊登記表　36年度第一學期　註冊日期36年10月　日

學號	1062	年級	初三甲	姓名	羅和民	性別	男	年齡	十七	籍貫	湖南省長沙市
通訊處	本校										
學歷	畢業學校	廣西桂林中央無線電廠子弟小学				所持證件					
	肄業學校	本校				所持證件					
家長	姓名	羅志和	性別	男	年齡	四九	職業	政	與學生之關係	父子	
	通訊處	湖北武昌大成路玉帶街12号									
保證人	姓名	曹湘東	性別	男	年齡	四五	職業	政	與學生之關係	世交	
	通訊處	南京中華路中國農民銀行總管處農貸處									
備考											

國立社會教育學院附屬中學學生註冊登記表　36年度第一學期　註冊日期36年10月

學號	1210	年級	初三甲	姓名	鄭學山	性別	男	年齡	15	籍貫	安徽省廬江
通訊處	本校										
學歷	畢業學校	四川重慶小龍坎樹人小学				所持證件	無				
	肄業學校	战地失学失業招训委员会第三训導所				所持證件	合格證				
家長	姓名	鄭道五	性別	男	年齡	五十	職業	農	與學生之關係	父子	
	通訊處	安徽巢湖轉三河南岸隆和油坊交即可也									
保證人	姓名	敖光華	性別	男	年齡	三十二	職業	軍	與學生之關係	友	
	通訊處	南京國防部副官處檔三科趙克純轉交									
備考											

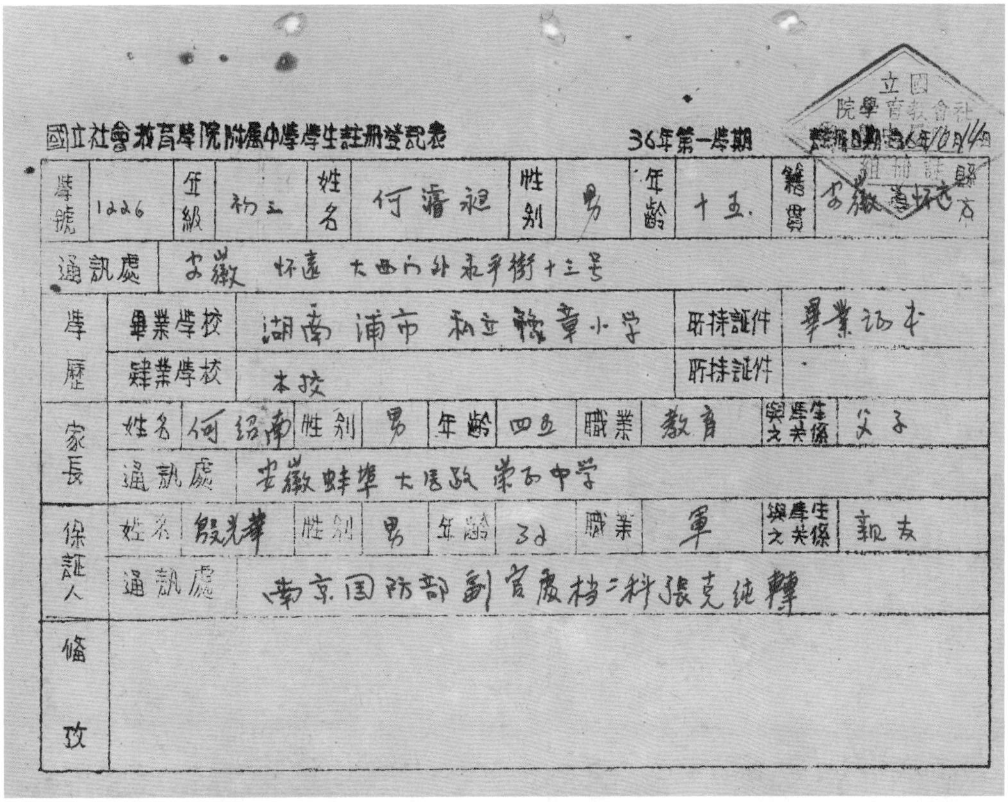

國立社會教育學院附屬中學學生註冊登記表　36年第一學期　註冊日期36年10月14日

學號	1226	年級	初三	姓名	何濬昶	性別	男	年齡	十五	籍貫	安徽懷遠縣
通訊處	安徽怀遠大西門外永平街十三号										
學歷	畢業學校	湖南浦市私立毓章小学						所持證件	畢業證書		
	肄業學校	本校						所持證件			
家長	姓名	何紹南	性別	男	年齡	四五	職業	教育	與學生之關係	父子	
	通訊處	安徽蚌埠大居路崇正中学									
保證人	姓名	殷光華	性別	男	年齡	32	職業	軍	與學生之關係	親友	
	通訊處	南京國防部副官處檔二科張克純轉									
備考											

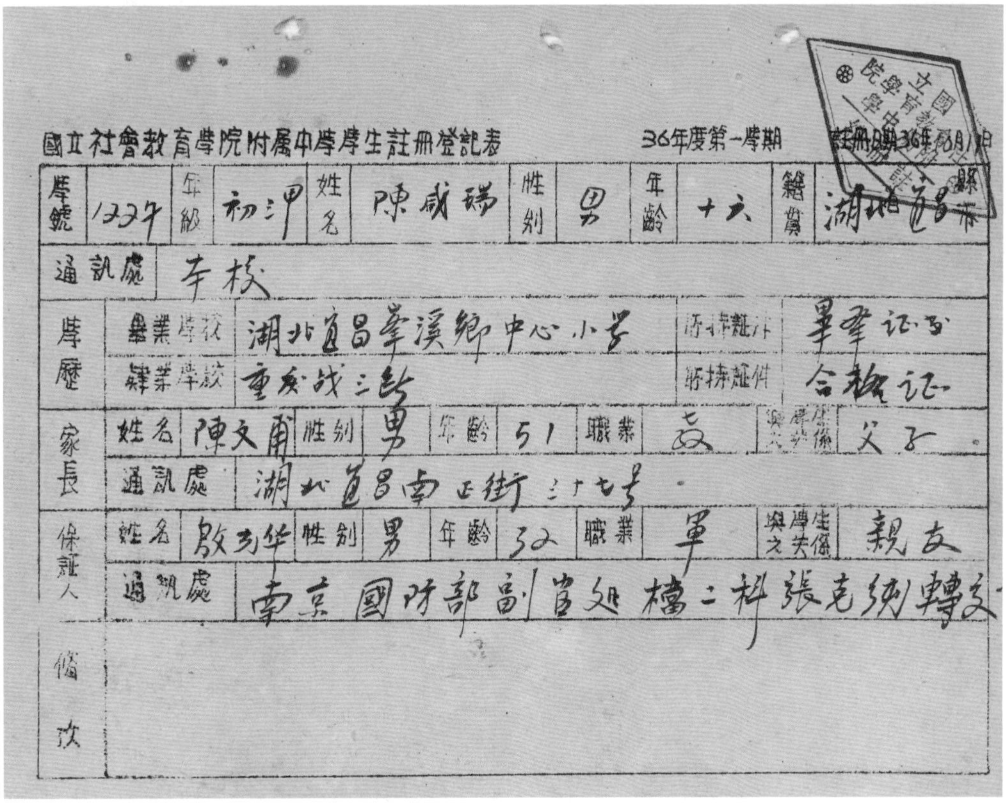

國立社會教育學院附屬中學學生註冊登記表　36年度第一學期　註冊日期36年9月1日

學號	1227	年級	初三甲	姓名	陳威瑞	性別	男	年齡	十六	籍貫	湖北宜昌縣
通訊處	本校										
學歷	畢業學校	湖北宜昌峯溪鄉中心小学						所持證件	畢業證書		
	肄業學校	重慶戰三校						所持證件	合格証		
家長	姓名	陳文甫	性別	男	年齡	51	職業	商	與學生之關係	父子	
	通訊處	湖北宜昌南正街三十七号									
保證人	姓名	殷光華	性別	男	年齡	32	職業	軍	與學生之關係	親友	
	通訊處	南京國防部副官處檔二科張克純轉交									
備考											

國立社會教育學院附屬中學學生註冊登記表　36年度第一學期　註冊日期36年1[illegible]

學號	1230	年級	初三甲	姓名	祂鶴翔	性別	男	年齡	十六	籍貫	鄂省鄂城縣
通訊處	南京經济部技術广 祂鶴齡轉本校										
學歷	畢業學校	桂林東江鎮中心小學				所持証件	畢業證				
	肄業學校	本校				所持証件					
家長	姓名	祂鶴齡	性別	男	年齡	23	職業	政	與學生之關係	兄弟	
	通訊處	南京經济部技術广									
保證人	姓名	曹相東	性別	男	年齡	46	職業	政	與學生之關係	朋友	
	通訊處	南京文愈巷81号									
備攷											

國立社會教育學院附屬中學學生註冊登記表　36年第一學期　註冊日期36年10月17日

學號	1231	年級	初三甲	姓名	盛和厚	性別	男	年齡	16.	籍貫	湖南省長沙市
通訊處	本校										
學歷	畢業學校	桂林市東附郭鄉中心小学				所持証件	畢業證書				
	肄業學校	本校				所持証件					
家長	姓名	盛子說	性別	男	年齡	40	職業	教	與學生之關係	叔侄	
	通訊處	湖南長沙新開鋪修業農校									
保證人	姓名	徐慶卿	性別	男	年齡	49	職業	軍校	與學生之關係	友誼	
	通訊處	南京、山[illegible]5號									
備攷											

國立社會教育學院附屬中學學生註冊登記表　36年度第一學期　註冊日期：36年10月13日

學號	1233	年級	初三甲	姓名	孫[illegible]璐	性別	男	年齡	17
籍貫	省南京市								
通訊處	本校								
學歷	畢業學校	軍政部第三被服廠員工子弟小學		所持證件					
	肄業學校	本校		所持證件					
家長	姓名	孫[illegible]	性別	男	年齡	49	職業	軍政	與學生之關係 父子
	通訊處	南京山[illegible]5號							
保證人	姓名	孫邦彥	性別	男	年齡	29	職業	商[illegible]	與學生之關係 叔侄
	通訊處	南京山[illegible]5號							
備攷									

國立社會教育學院附屬中學學生註冊登記表　36年度第一學期　註冊日期：36[illegible]

學號	1236	年級	初三甲	姓名	王少丞	性別	男	年齡	15
籍貫	湘省醴陵縣								
通訊處	湖南醴陵[illegible]王氏公祠								
學歷	畢業學校	第五子弟小學		所持證件					
	肄業學校	〃		所持證件					
家長	姓名	王坤明	性別	男	年齡	40	職業	軍	與學生之關係 父子
	通訊處	湖南株州兵工廠							
保證人	姓名	謝同生	性別	男	年齡	29	職業	軍	與學生之關係 同鄉
	通訊處	南京中華門43號							
備攷									

國立社會教育學院附屬中學學生註冊登記表　　36年度第一學期　　註冊日期36年10月1日

學號	1252	年級	初三甲	姓名	王國功	性別	男	年齡	十七	籍貫	河南省汝南縣
通訊處	本校										
學歷	畢業學校	湖南東安兒童教養院						所持證件	小学畢業証書		
	肄業學校	戰地第三訓導所						所持證件	合格証		
家長	姓名	王景田	性別	男	年齡	48	職業	農	與學生之關係	父子	
	通訊處	河南汝南細柳巷十八號									
保證人	姓名	殷光華	性別	男	年齡	三十二	職業	軍	與學生之關係	朋友	
	通訊處	南京國防部副官處檔二科張克純轉交									
備攷											

國立社會教育學院附屬中學學生註冊登記表　　36年第一學期　　註冊日期36年10月14日

學號	1243	年級	初三甲	姓名	張國銓	性別	男	年齡	17	籍貫	廣東省龍門
通訊處	廣東龍門麻榨圩仁生堂號										
學歷	畢業學校	麻榨東埔中心学校						所持證件			
	肄業學校	本校						所持證件			
家長	姓名	[illegible] 張斗輝	性別	男	年齡	四十	職業	空軍	與學生之關係	父子	
	通訊處	南京空軍總司令部號									
保證人	姓名	梁開明	性別	男	年齡	三十四	職業	空軍	與學生之關係	親友	
	通訊處	南京馬台街天福里三号									
備攷											

國立社會教育學院附屬中學學生註冊登記表　36年度第一學期　註冊日期：36年[illegible]

學號	1257	年級	初三甲	姓名	王建勳	性別	男	年齡	17	籍貫	河北省 北平 縣/市
通訊處	本校										
學歷	畢業學校	重庆金刚坡小学校						所持證件	畢業證書一張		
	肄業學校	本校						所持證件			
家長	姓名	王于氏	性別	女	年齡	48	職業	無	與學生之關係	母子	
	通訊處	南京國府文官處李福田先生轉									
保證人	姓名	李福田	性別	男	年齡	47	職業	政	與學生之關係	同鄉	
	通訊處	南京國府後板橋後村三号									
備考											

國立社會教育學院附屬中學註冊組

國立社會教育學院附屬中學學生註冊登記表　36年度第一學期　註冊日期：36年10月9日

學號	1265	年級	初三甲	姓名	孫月湘	性別	男	年齡	16	籍貫	湖南省 益陽 縣/市
通訊處	本校										
學歷	畢業學校	益陽桃江中心學校畢業 五卅中學肄業						所持證件			
	肄業學校	本校						所持證件	成績單		
家長	姓名	孫傳遠	性別	男	年齡	29	職業	軍	與學生之關係	兄弟	
	通訊處	南京孝陵衛 中訓團眷屬新村1012号									
保證人	姓名	吳東文	性別	男	年齡	29	職業	軍	與學生之關係	同鄉	
	通訊處	南京孝陵衛 中訓團眷屬新村913号									
備考	教科書 生理衛生 未購										

國立社會教育學院附屬中學註冊組

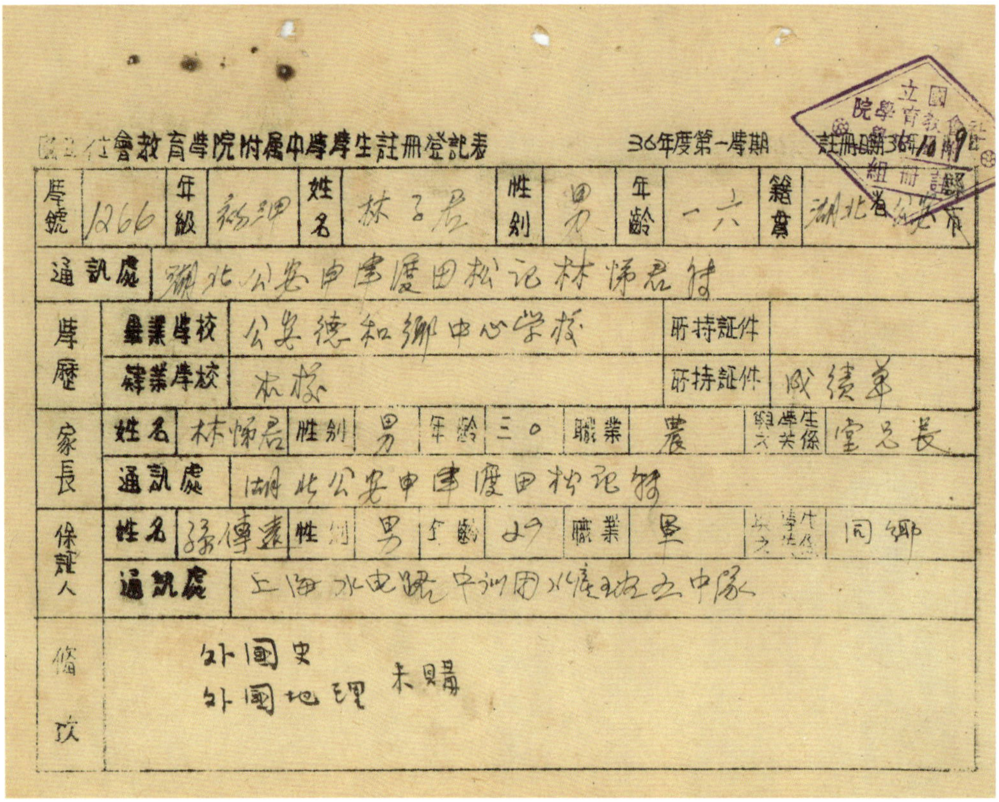

國立社會教育學院附屬中學學生註冊登記表　36年度第一學期　註冊日期 36年10月9日

國立社會教育學院附屬中學註冊組

學號	1266	年級	初二甲	姓名	林子君	性別	男	年齡	一六	籍貫	湖北省公安縣
通訊處	湖北公安申津渡田松记林悌君转										
學歷	畢業學校	公安德和鄉中心学校						所持證件			
	肄業學校	本校						所持證件	成績單		
家長	姓名	林悌君	性別	男	年齡	三〇	職業	農	與學生之關係	堂兄長	
	通訊處	湖北公安申津渡田松记转									
保證人	姓名	孫傳遠	性別	男	年齡	49	職業	軍	與學生之關係	同鄉	
	通訊處	上海水电路中洲田[illegible]中家									
備考	外國史 外國地理　未贖										

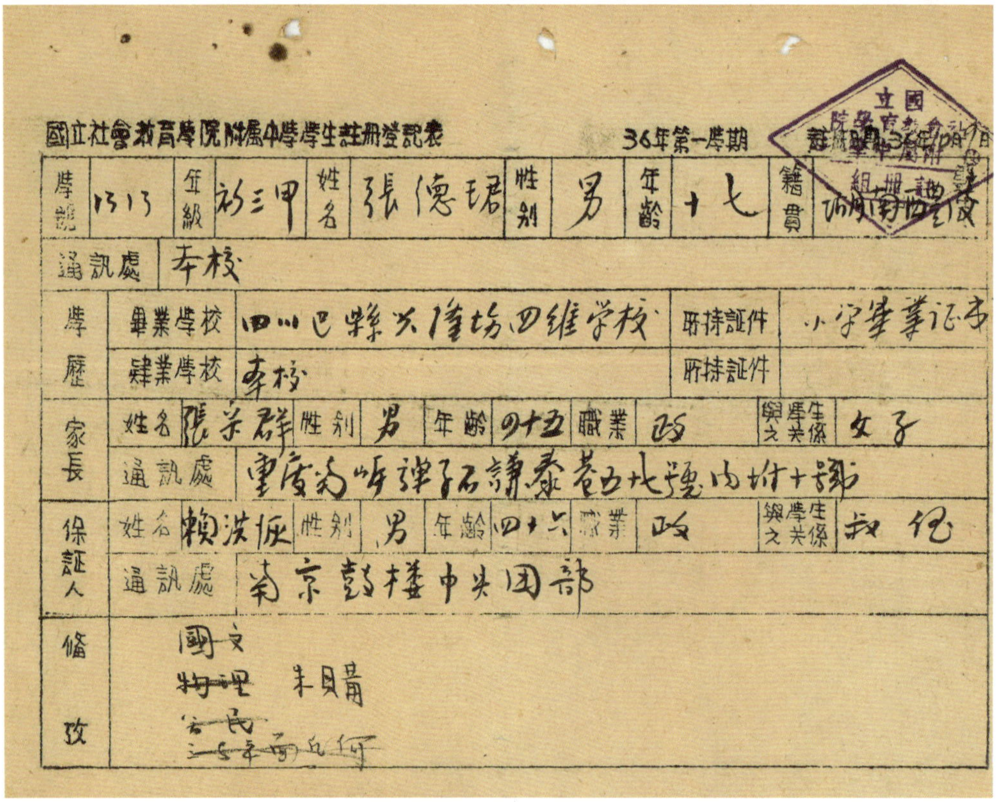

國立社會教育學院附屬中學學生註冊登記表　36年第一學期　註冊日期 36年10月7日

國立社會教育學院附屬中學註冊組

學號	1313	年級	初三甲	姓名	張德琚	性別	男	年齡	十七	籍貫	[illegible]
通訊處	本校										
學歷	畢業學校	四川巴縣[illegible]場四維学校						所持證件	小学畢業證書		
	肄業學校	本校						所持證件			
家長	姓名	張崇群	性別	男	年齡	四十五	職業	政	與學生之關係	父子	
	通訊處	重慶南岸彈子石謙泰巷五[illegible]十號									
保證人	姓名	賴淇振	性別	男	年齡	四十六	職業	政	與學生之關係	叔侄	
	通訊處	南京鼓樓中央团部									
備考	國文 ~~物理~~　未贖 ~~公民~~ ~~[illegible]~~										

國立社會教育學院附屬中學學生註冊登記表　36年度第一學期　註冊日期：36年[illegible]月13日

學號	1324	年級	初三甲	姓名	譚昌華	性別	男	年齡	十六
籍貫	鄂省遠安縣								
通訊處	湖北遠安縣洋坪鎮存仁復藥房交								
學歷	畢業學校	遠安縣洋沮鄉中心學校				所持証件	畢業証書		
	肄業學校	本校				所持証件			
家長	姓名	譚丹一	性別	男	年齡	三十九	職業	医药	與學生之關係：父子
	通訊處	湖北遠安縣洋坪鎮存仁復藥房交							
保証人	姓名	陳雲鵬	性別	男	年齡	二六	職業	警政	與學生之關係：親友
	通訊處	南京光華門外中央警官學校教務處交							
備攷									

國立社會教育學院附屬中學學生註冊登記表　36年第一學期　註冊日期：36年10月14日

學號	1339	年級	初三甲	姓名	樓小武	性別	男	年齡	16.
籍貫	浙江省[illegible]								
通訊處	杭州竹竿巷119號								
學歷	畢業學校	湖南衡陽嶺南小學				所持証件	畢業証		
	肄業學校	本校				所持証件			
家長	姓名	樓武倫	性別	男	年齡	56	職業	軍	與學生之關係：父子
	通訊處	杭州竹竿巷119號							
保証人	姓名	魏建明	性別	男	年齡	45 38	職業	教	與學生之關係：師
	通訊處	丹陽三思橋31號							
備攷									

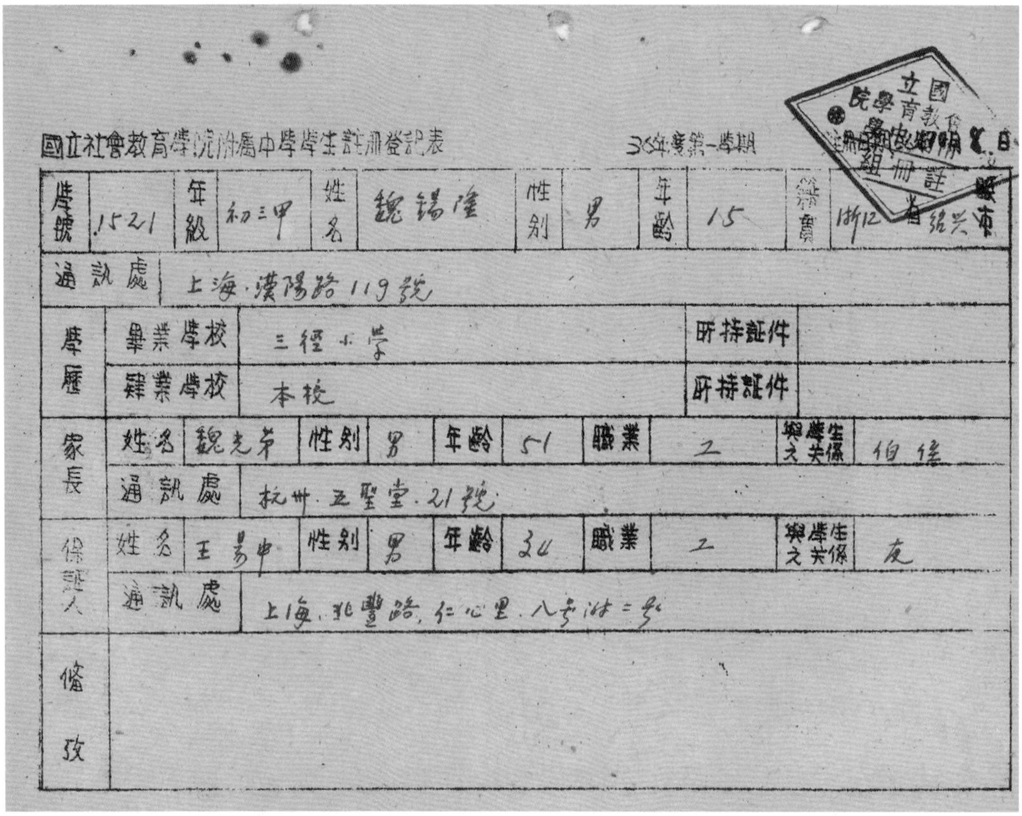

國立社會教育學院附屬中學學生註冊登記表　36年度第一學期　註冊日期　年　月　日

學號	1521	年級	初三甲	姓名	魏錫隆	性別	男	年齡	15	籍貫 浙江 省 紹興 縣
通訊處	上海·漢陽路119號									
學歷	畢業學校	三經小學						所持證件		
	肄業學校	本校						所持證件		
家長	姓名	魏光弟	性別	男	年齡	51	職業	工	與學生之关係	伯侄
	通訊處	杭州·五聖堂·21號								
保證人	姓名	王秀中	性別	男	年齡	34	職業	工	與學生之关係	友
	通訊處	上海·北豐路·仁心里·八号沐二号								
備考										

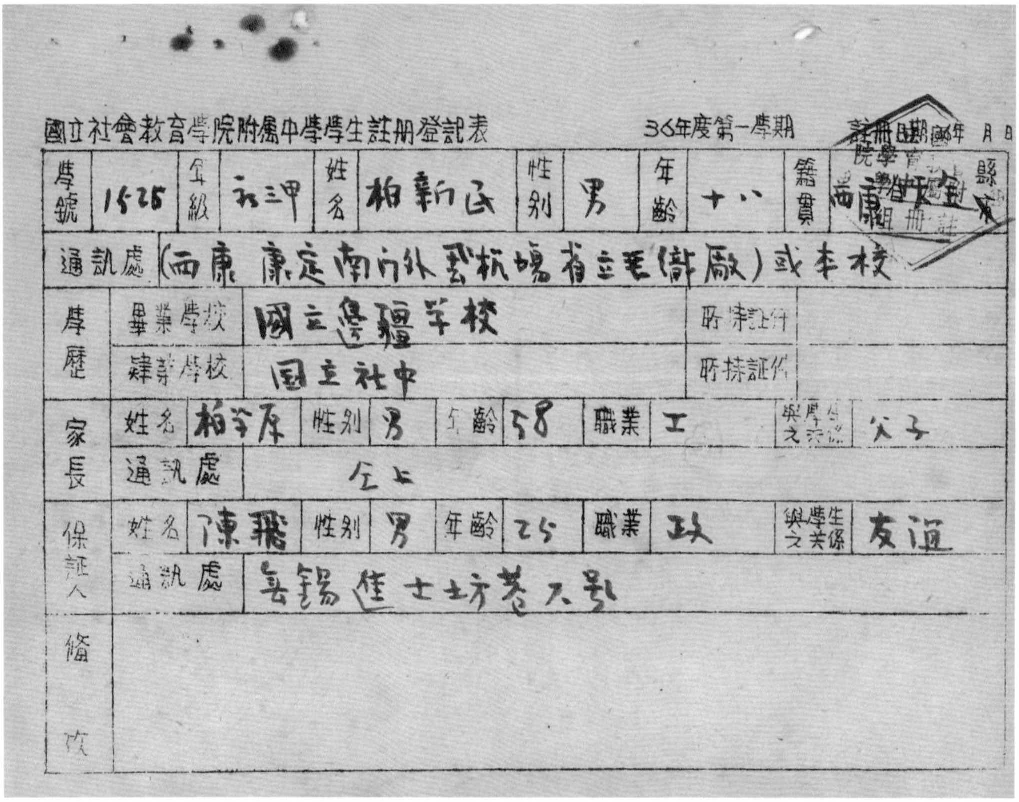

國立社會教育學院附屬中學學生註冊登記表　36年度第一學期　註冊日期36年　月　日

學號	1525	年級	初三甲	姓名	柏新民	性別	男	年齡	十八	籍貫 西康 省 縣
通訊處	(西康 康定南门外雲杉壩省立毛織廠)或本校									
學歷	畢業學校	國立邊疆學校						所持證件		
	肄業學校	國立社中						所持證件		
家長	姓名	柏子原	性別	男	年齡	58	職業	工	與學生之关係	父子
	通訊處	仝上								
保證人	姓名	陳飛	性別	男	年齡	25	職業	政	與學生之关係	友誼
	通訊處	無錫進士坊巷六號								
備考										

國立社會教育學院附屬中學學生註冊登記表　　36年第一學期　　註冊日期 36年11月14日

學號	1526	年級	初二甲	姓名	黃謙南	性別	男	年齡	15	籍貫	江苏省泰縣市
通訊處	本校										
學歷	畢業學校	都匀模範小学				所持證件	畢業証書				
	肄業學校	本校				所持證件					
家長	姓名	黃存元	性別	男	年齡	40	職業	工程	與學生之關係	父子	
	通訊處	安徽蚌埠轉四家庵淮南電廠									
保證人	姓名	陳飛	性別	男	年齡	25	職業	政	與學生之關係	友	
	通訊處	貴陽達士坊巷六號									
備攷											

國立社會教育學院附屬中學學生註冊登記表　　36年度第一學期　　註冊日期 36年10月11日

學號	1633	年級	初三甲	姓名	萬驤	性別	男	年齡	十五	籍貫	湖北省鄂城縣市
通訊處	南京大石桥農林部農經司萬科長邦和轉										
學歷	畢業學校	重庆市立還建巨面新店子小学				所持證件	畢業証書				
	肄業學校	本校				所持證件					
家長	姓名	萬邦和	性別	男	年齡	五十	職業	政	與學生之關係	父	
	通訊處	南京大石桥農林部農西經司萬邦和									
保證人	姓名	劉華伊	性別	男	年齡	三十六	職業	政	與學生之關係	世誼	
	通訊處	農林部農經司									
備攷	公民一書未購										

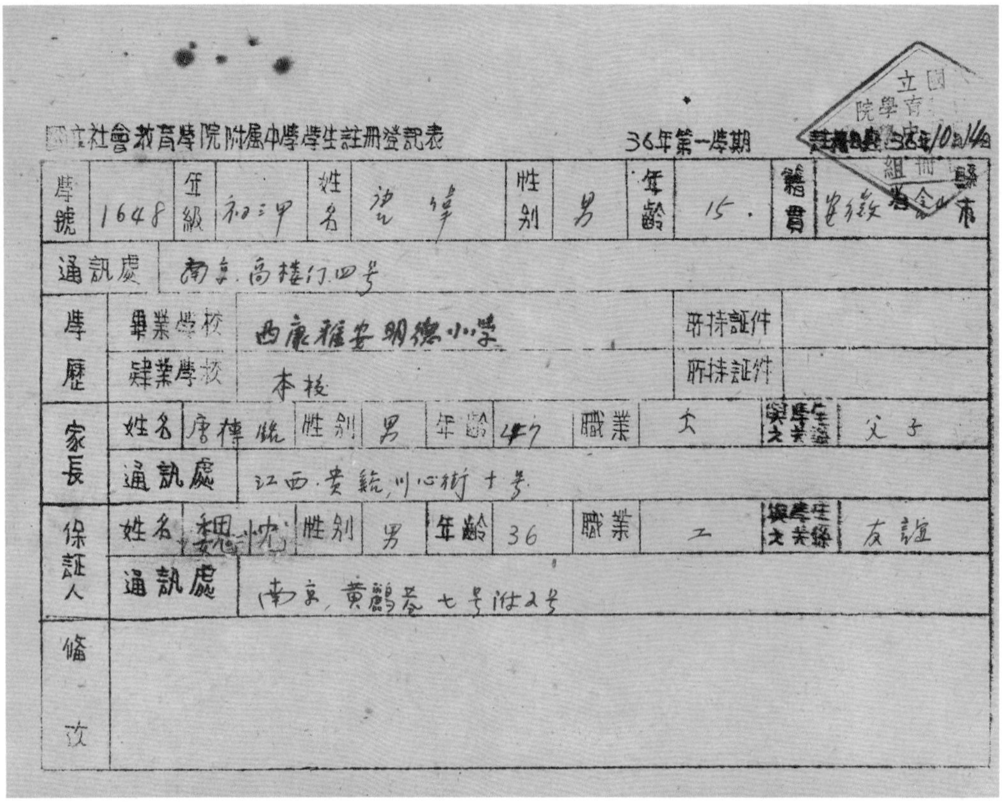

國立社會教育學院附屬中學學生註冊登記表　36年第一學期　註冊日期36年10月14日

學號	1648	年級	初三甲	姓名	[illegible]	性別	男	年齡	15	籍貫 安徽省[illegible]縣市
通訊處	南京.高楼门四号									
學歷	畢業學校	西康雅安明德小学						所持證件		
	肄業學校	本校						所持證件		
家長	姓名	唐棣铣	性別	男	年齡	47	職業	文	與學生之關係	父子
	通訊處	江西.贵谿,川心街十号								
保證人	姓名	魏[illegible]	性別	男	年齡	36	職業	工	與學生之關係	友誼
	通訊處	南京,黄鹤巷七号附2号								
備考										

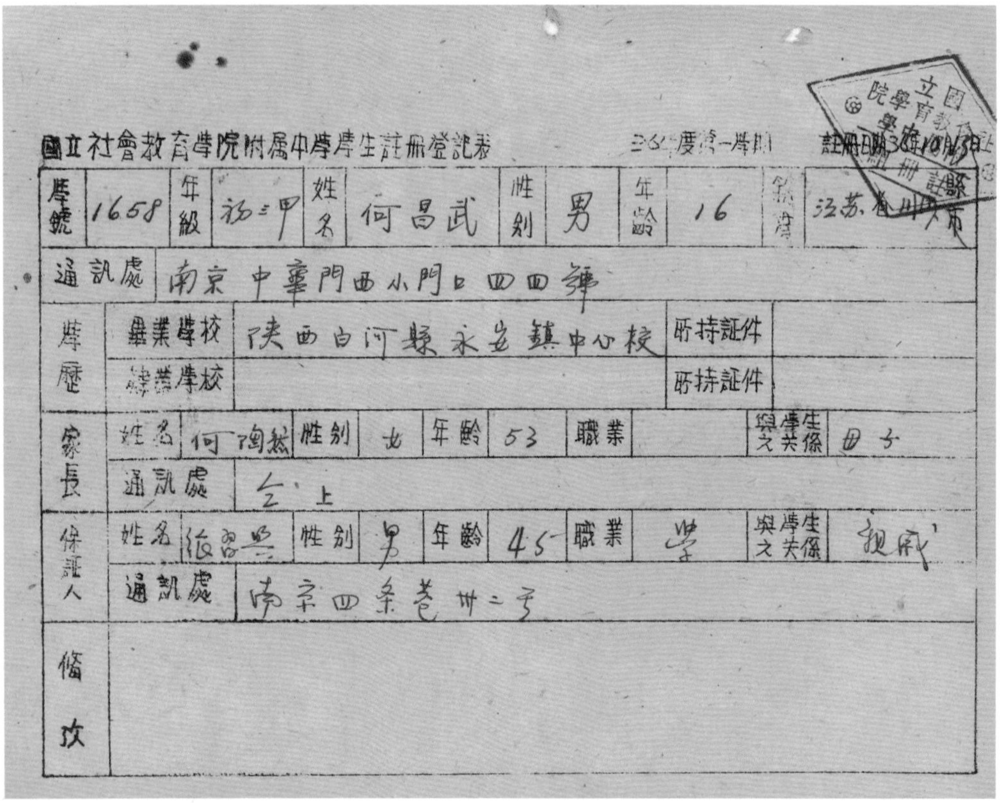

國立社會教育學院附屬中學學生註冊登記表　36年度第一學期　註冊日期36年10月13日

學號	1658	年級	初三甲	姓名	何昌武	性別	男	年齡	16	籍貫 江苏省[illegible]縣市
通訊處	南京中華門西小門口四四號									
學歷	畢業學校	陕西白河縣永安鎮中心校						所持證件		
	肄業學校							所持證件		
家長	姓名	何陶然	性別	女	年齡	53	職業		與學生之關係	母子
	通訊處	仝上								
保證人	姓名	[illegible]	性別	男	年齡	45	職業	学	與學生之關係	親戚
	通訊處	南京四条巷卅二号								
備考										

國立社會教育學院附屬中學學生註冊登記表　36年第一學期　註册日期 36年10月14

學號	1703	年級	初三甲	姓名	臧风眔	性别	男	年齡	十七
籍貫	山东菏泽县								
通訊處	本校								
學歷	畢業學校	山东菏泽城南小学				所持証件			
	肄業學校	本校				所持証件			
家長	姓名	臧璵	性别	男	年齡	四伍	職業	政	與學生之關係：父子
	通訊處	北平主務局							
保証人	姓名	赵广祥	性别	男	年齡	二十五	職業	学	與學生之關係：親友
	通訊處	南京中央大学							
備攷									

國立社會教育學院附屬中學學生註冊登記表　36年度第一學期　註册日期 36年10月15

國立社會教育學院附屬中學註冊組

學號	1906	年級	初三甲	姓名	殷克杰	性别	男	年齡	16
籍貫	皖省合肥市								
通訊處	皖合肥中山中路82号								
學歷	畢業學校	桂林中正小學				所持証件			
	肄業學校	本校				所持証件			
家長	姓名	李广顺	性别	女	年齡	41	職業	学	與學生之關係：母子
	通訊處	皖凤阳凤阳師範							
保証人	姓名	殷国之	性别	男	年齡	40	職業	工	與學生之關係：叔侄
	通訊處	南京中華門外第60兵工廠							
備攷									

國立社會教育學院附屬中學學生註冊登記表　　36年第一學期　　註冊日期：36年10月11日

（印：國立社會教育學院附屬中學註冊組）

學號	3301	年級	初三甲	姓名	陳榮庚	性別	男	年齡	十七	籍貫	江蘇省丹陽縣
通訊處	丹陽東外珥陵鎮西街陳永興糧行陳紀五										
學歷	畢業學校	珥陵小學畢業						所持證件			
	肄業學校	本校初二甲						所持證件			
家長	姓名	陳紀五	性別	男	年齡	二十九	職業	商	與學生之关係	父子	
	通訊處	丹陽珥陵鎮西街陳永興糧行									
保證人	姓名	吴選年	性別	男	年齡		職業	商	與學生之关係	親	
	通訊處	丹陽城内大源油號轉交吴選年									
備考											

國立社會教育學院附屬中學學生註冊登記表　　36年度第一學期　　註冊日期：36年[illegible]月8日

（印：國立社會教育學院附屬中學註冊組）

學號	3302	年級	初三甲	姓名	陳子正	性別	男	年齡	十四	籍貫	浙江省慈谿縣
通訊處	本校										
學歷	畢業學校	渝南岸黄桷埡篤行小學						所持證件	畢業証一件		
	肄業學校	國立第九中學						所持證件	轉學証一件		
家長	姓名	陳大武	性別	男	年齡	四十九	職業	政	與學生之关係	父子	
	通訊處	上海西光復路十八號第八倉庫									
保證人	姓名	姚鴻發	性別	男	年齡	四十五	職業	政	與學生之关係	親戚	
	通訊處	上海西光復路十八號第八倉庫									
備考											

國立社會教育學院附屬中學學生註冊登記表　36年度第一學期　註冊日期36年10月11日

國立社會教育學院附屬中學 註冊組

學號	3305	年級	初三甲	姓名	侯鎮寰	性別	男	年齡	十六	籍貫	安徽省滁縣
通訊處	安徽滁縣小畔坊北首二十八號侯大昌										
學歷	畢業學校	安徽省滁縣立模範小學						所持証件			
	肄業學校	安徽省滁州中学						所持証件			
家長	姓名	侯森甫	性別	男	年齡	五四歲	職業	商	與學生之关係	父子	
	通訊處	安徽滁縣小畔坊北首二十八號侯大昌									
保證人	姓名	魏一吾	性別	男	年齡	[illegible]歲	職業	政	與學生之关係	世誼	
	通訊處	南京教育部中等教育司林負									
備攷											

國立社會教育學院附屬中學學生註冊登記表　36年第一學期　註冊日期36年10月11日

國立社會教育學院附屬中學

學號	3306	年級	初三	姓名	束培[illegible]	性別	男	年齡	十六.	籍貫	江蘇省丹陽縣市
通訊處	丹陽寶塔弄四號										
學歷	畢業學校							所持証件			
	肄業學校	本校初中二						所持証件			
家長	姓名	束[illegible]	性別	男	年齡	三六	職業	商	與學生之关係	父	
	通訊處	丹陽寶塔弄四號									
保證人	姓名	張成銓	性別	男	年齡	二十二	職業	商	與學生之关係	友	
	通訊處	丹陽西門冬青巷二號									
備攷											

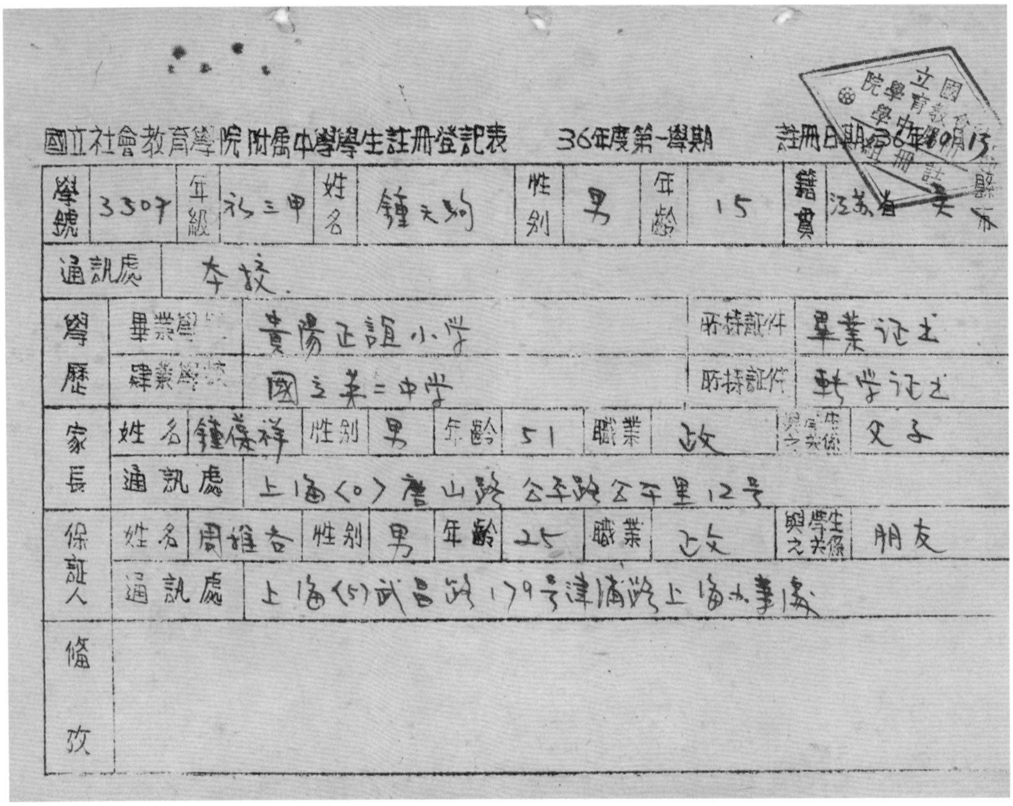

國立社會教育學院附屬中學學生註冊登記表　36年度第一學期　註冊日期36年9月13

學號	3307	年級	初三甲	姓名	鍾文駒	性別	男	年齡	15	籍貫	江蘇省吳縣
通訊處	本校										
學歷	畢業學校	貴陽正誼小学						所持證件	畢業证书		
	肄業學校	國立第二中学						所持證件	轉学证书		
家長	姓名	鍾偉祥	性別	男	年齡	51	職業	政	與學生之關係	父子	
	通訊處	上海(0)唐山路公平路公平里12号									
保證人	姓名	周維吉	性別	男	年齡	25	職業	政	與學生之關係	朋友	
	通訊處	上海(5)武昌路179号達浦路上海办事處									
備考											

國立社會教育學院附屬中學註冊組

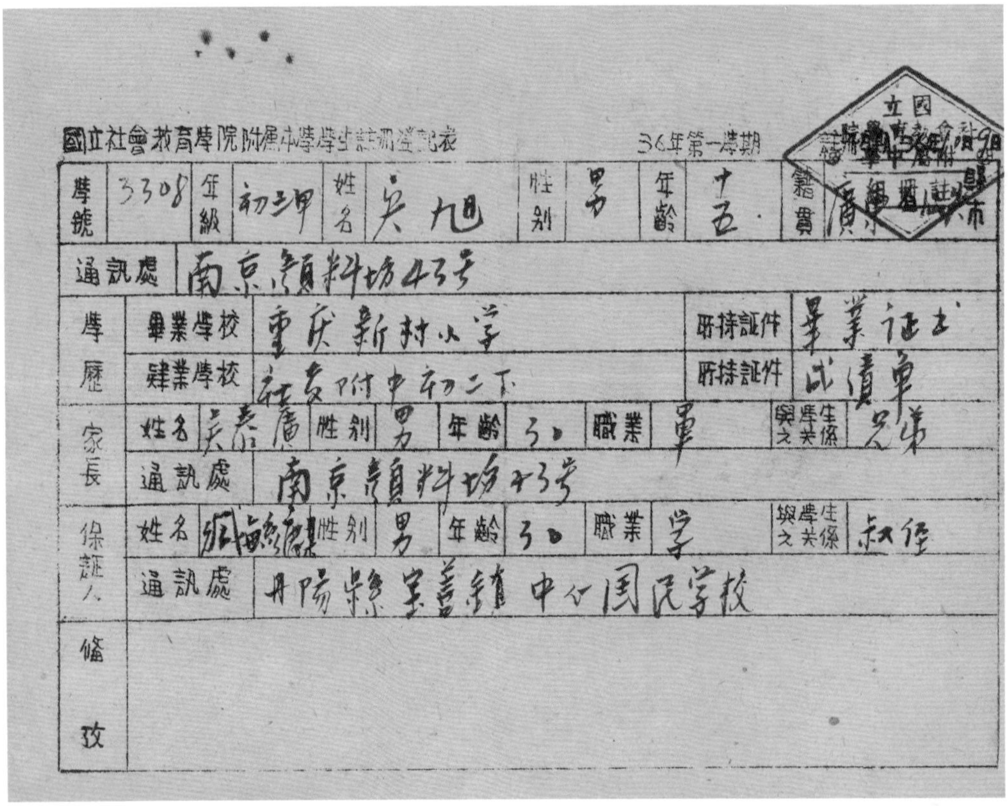

國立社會教育學院附屬中學學生註冊登記表　36年第一學期　註冊日期36年9月

學號	3308	年級	初三甲	姓名	吳旭	性別	男	年齡	十五	籍貫	廣東[illegible]市
通訊處	南京顏料坊43号										
學歷	畢業學校	重庆新村小学						所持證件	畢業证书		
	肄業學校	社教附中初二下						所持證件	成績单		
家長	姓名	吳泰庚	性別	男	年齡	50	職業	軍	與學生之關係	兄弟	
	通訊處	南京顏料坊43号									
保證人	姓名	[illegible]	性別	男	年齡	50	職業	学	與學生之關係	叔侄	
	通訊處	丹陽縣呂善鎮中心国民学校									
備考											

國立社會教育學院附屬中學註冊組

國立社會教育學院附屬中學學生註冊登記表　36年第一學期　註冊日期36年10月11日

學號	3310	年級	初三甲	姓名	郭南城	性別	男	年齡	十六	籍貫	山西省蔚縣
通訊處	本校										
學歷	畢業學校	新中國兒童學校							所持證件	畢業證	
	肄業學校	本校							所持證件	肄業單	
家長	姓名	郭樹棠	性別	男	年齡	五四	職業	小販	與學生之關係	伯侄	
	通訊處	山西蔚縣柏井巷十三號									
保證人	姓名	郭澤	性別	男	年齡	三十六	職業	軍	與學生之關係	親友	
	通訊處	暫住上海江灣路447號									
備考											

國立社會教育學院附屬中學 註冊組

國立社會教育學院附屬中學學生註冊登記表　36年度第一學期　註冊日期36年10月9日

學號	3313	年級	初二甲	姓名	胡熙慶	性別	男	年齡	十七	籍貫	江蘇省丹陽縣
通訊處	江蘇省丹陽縣西門大街112號										
學歷	畢業學校	丹陽白雲街中心學校							所持證件		
	肄業學校	本校							所持證件		
家長	姓名	胡何氏	性別	女	年齡	四十七	職業	家	與學生之關係	母子	
	通訊處	江蘇省丹陽縣西門大街112號									
保證人	姓名	卜振寧	性別	男	年齡	二十五	職業	電氣	與學生之關係	友誼	
	通訊處	江蘇丹陽新北門電燈公司									
備考	生理衛生一書未購										

國立社會教育學院附屬中學 註冊組

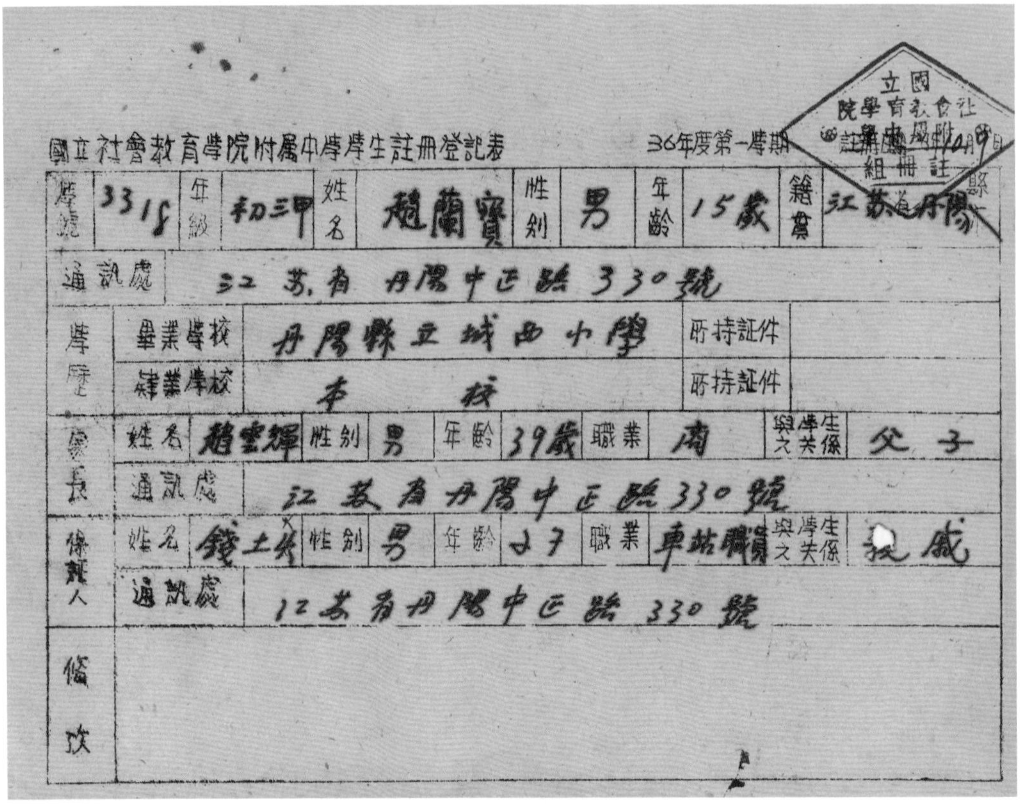
國立社會教育學院附屬中學學生註冊登記表　36年度第一學期

國立社會教育學院附屬中學註冊組　註冊日期 36年10月9日

學號	3318	年級	初三甲	姓名	趙蘭寶	性別	男	年齡	15歲	籍貫	江蘇省丹陽縣
通訊處	江蘇省丹陽中正路330號										
學歷	畢業學校	丹陽縣立城西小學				所持証件					
	肄業學校	本校				所持証件					
家長	姓名	趙雲輝	性別	男	年齡	39歲	職業	商	與學生之关係	父子	
	通訊處	江蘇省丹陽中正路330號									
保證人	姓名	錢土炎	性別	男	年齡	27	職業	車站職員	與學生之关係	親戚	
	通訊處	江蘇省丹陽中正路330號									
備考											

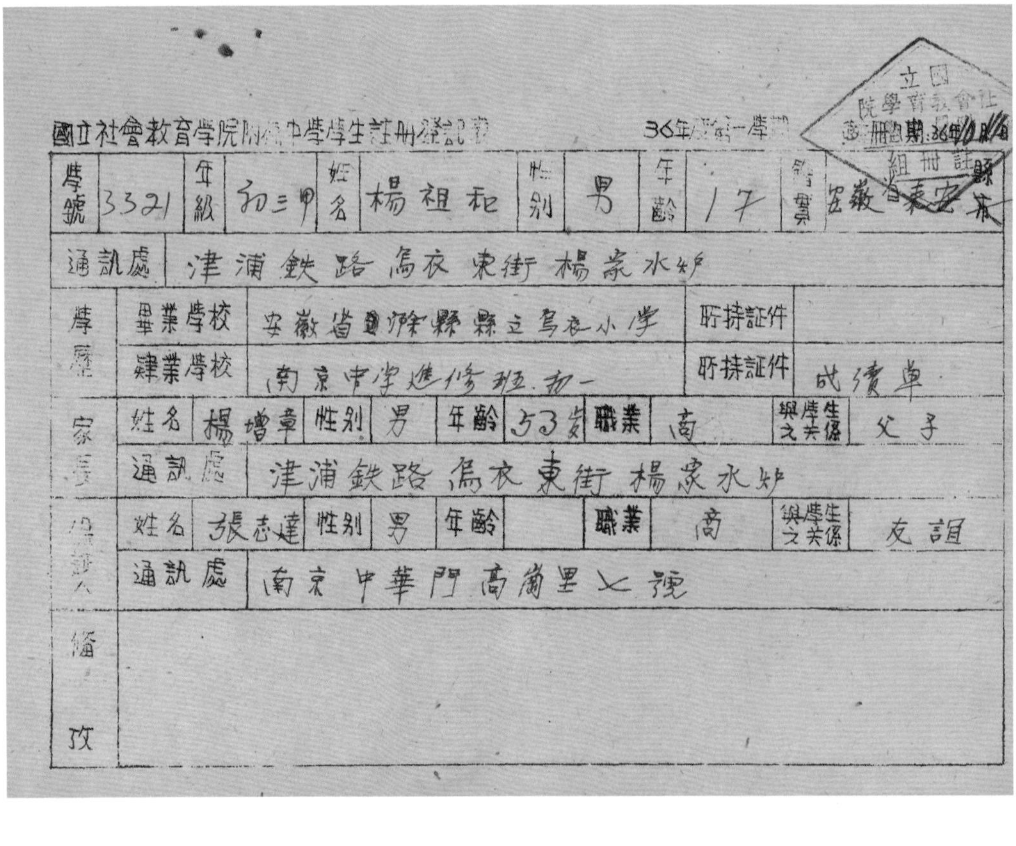
國立社會教育學院附屬中學學生註冊登記表　36年度第一學期

國立社會教育學院附屬中學註冊組　註冊日期 36年10月11日

學號	3321	年級	初三甲	姓名	楊祖和	性別	男	年齡	17	籍貫	安徽省來安縣
通訊處	津浦鐵路烏衣東街楊家水炉										
學歷	畢業學校	安徽省滁縣縣立烏衣小學				所持証件					
	肄業學校	南京中学進修班初一				所持証件	成績单				
家長	姓名	楊增章	性別	男	年齡	53歲	職業	商	與學生之关係	父子	
	通訊處	津浦鐵路烏衣東街楊家水炉									
保證人	姓名	張志達	性別	男	年齡		職業	商	與學生之关係	友誼	
	通訊處	南京中華門高崗里七號									
備考											

國立社會教育學院附屬中學學生註冊登記表　36年第一學期　註冊日期：36年

國立社會教育學院附屬中學註冊組

學號	3322	年級	初三甲	姓名	殷錦堂	性別	男	年齡	十七	籍貫	江苏省丹阳
通訊處	丹阳城内燕子恒源酒家										
學歷	畢業學校	丹阳城東小学畢業							所持證件	—	
	肄業學校	丹阳縣立初级中学一年级肄業							所持證件	—	
家長	姓名	殷三命	性別	男	年齡	五七	職業	教師	與學生之关係	父子	
	通訊處	丹阳城内燕子巷恒源酒家									
保證人	姓名	王润棠	性別	男	年齡	四十	職業	印刷局	與學生之关係	友	
	通訊處	贤桥东街福利印務局（丹阳）									
備考											

國立社會教育學院附屬中學學生註冊登記表　36年度第一學期　註冊日期：36年

國立社會教育學院附屬中學註冊組

學號	3324	年級	初三甲	姓名	周大濂	性別	男	年齡	十八	籍貫	安徽省盱眙縣
通訊處	津浦路明光民生街13号										
學歷	畢業學校	安徽盱眙縣立紫陽小学							所持證件	畢業证	
	肄業學校	本校							所持證件		
家長	姓名	周木林	性別	男	年齡	54	職業	農	與學生之关係	父子	
	通訊處	津浦路明光民生街13号									
保證人	姓名	江克亚	性別	男	年齡	52	職業	政	與學生之关係	师生	
	通訊處	南京淮海路三益里19号									
備考											

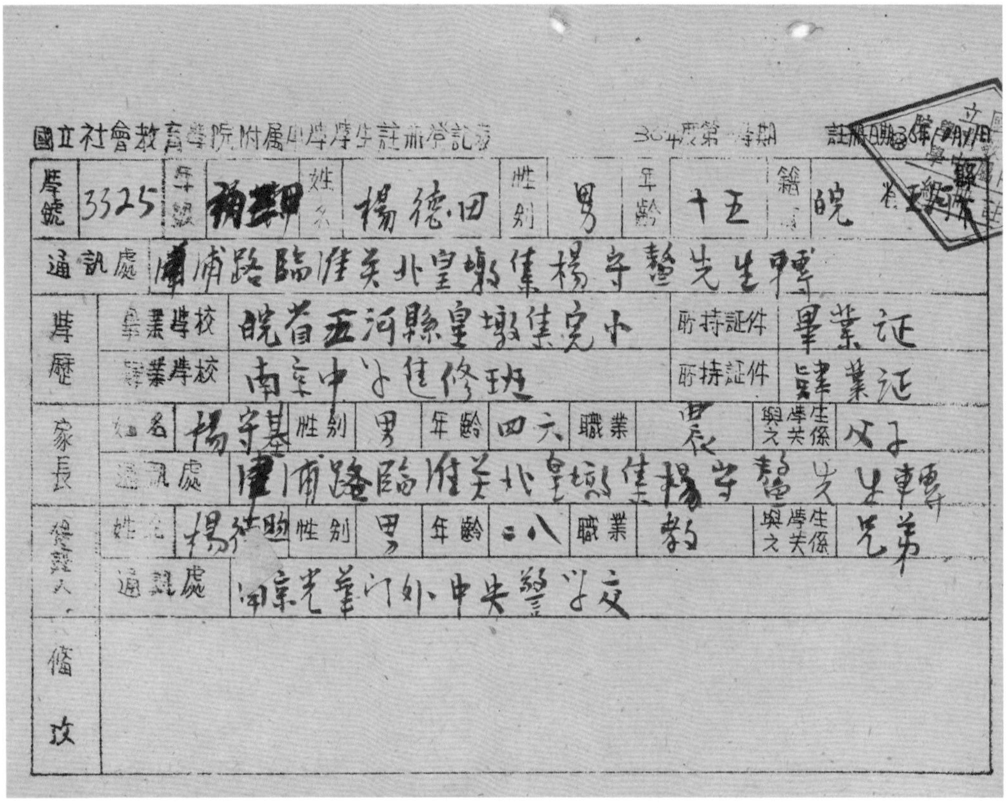

國立社會教育學院附屬中學學生註冊登記表　36年度第一學期　註冊日期36年

學號	3325	年級	[illegible]	姓名	楊德田	性別	男	年齡	十五	籍貫	皖省五河
通訊處	津浦路臨淮关北皇墩集楊守藝先生轉										
學歷	畢業學校	皖省五河縣皇墩集完小						所持證件	畢業証		
	肄業學校	南京中学進修班						所持證件	肄業証		
家長	姓名	楊守基	性別	男	年齡	四六	職業	農	與學生之关係	父子	
	通訊處	津浦路臨淮关北皇墩集楊守藝先生轉									
保證人	姓名	楊德[illegible]	性別	男	年齡	二八	職業	教	與學生之关係	兄弟	
	通訊處	南京光華门外中央警校									
備攷											

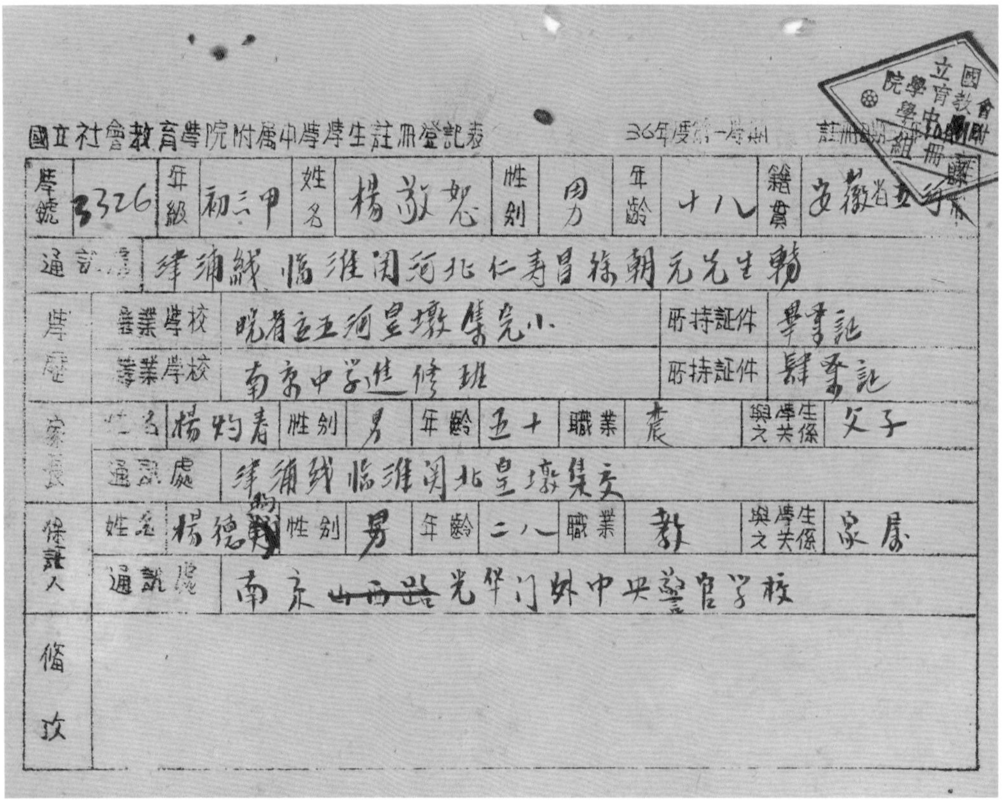

國立社會教育學院附屬中學學生註冊登記表　36年度第一學期　註冊日期

國立社會教育學院附屬中學註冊組

學號	3326	年級	初三甲	姓名	楊敬恕	性別	男	年齡	十八	籍貫	安徽省五河
通訊處	津浦綫臨淮関河北仁寿昌孫朝元先生轉										
學歷	畢業學校	皖省五河皇墩集完小						所持證件	畢業証		
	肄業學校	南京中学進修班						所持證件	肄業証		
家長	姓名	楊灼春	性別	男	年齡	五十	職業	農	與學生之关係	父子	
	通訊處	津浦线临淮関北皇墩集交									
保證人	姓名	楊德剛	性別	男	年齡	二八	職業	教	與學生之关係	家屬	
	通訊處	南京~~山西路~~光华门外中央警官学校									
備攷											

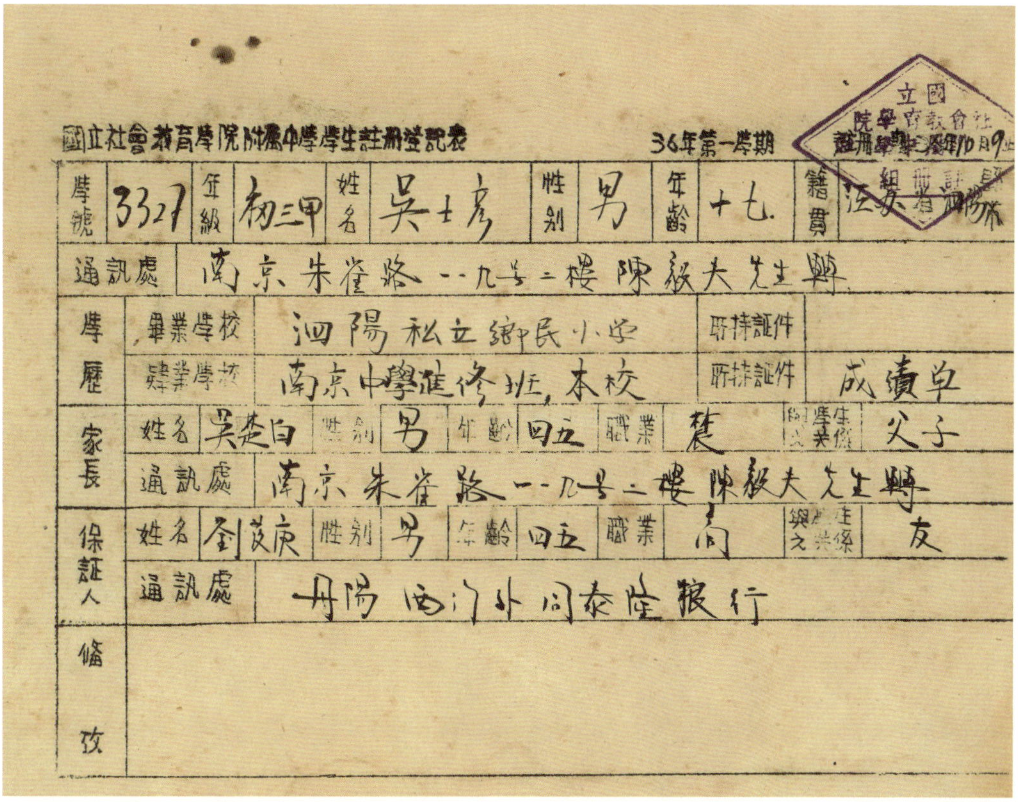

國立社會教育學院附屬中學學生註册登記表　36年第一學期

學號	3327	年級	初三甲	姓名	吴士彦	性别	男	年齡	十七	籍貫	江蘇省[illegible]
通訊處	南京朱雀路一一九号二樓陳叙夫先生轉										
學歷	畢業學校	泗陽私立鄉民小学				所持證件					
	肄業學校	南京中學進修班，本校				所持證件	成績单				
家長	姓名	吴楚白	性别	男	年齡	四五	職業	農	與學生之關係	父子	
	通訊處	南京朱雀路一一九号二樓陳叙夫先生轉									
保證人	姓名	劉友庚	性别	男	年齡	四五	職業	商	與學生之關係	友	
	通訊處	丹陽西门外同泰隆银行									
備考											

國立社會教育學院附中註册組　註册日期三六年10月9日

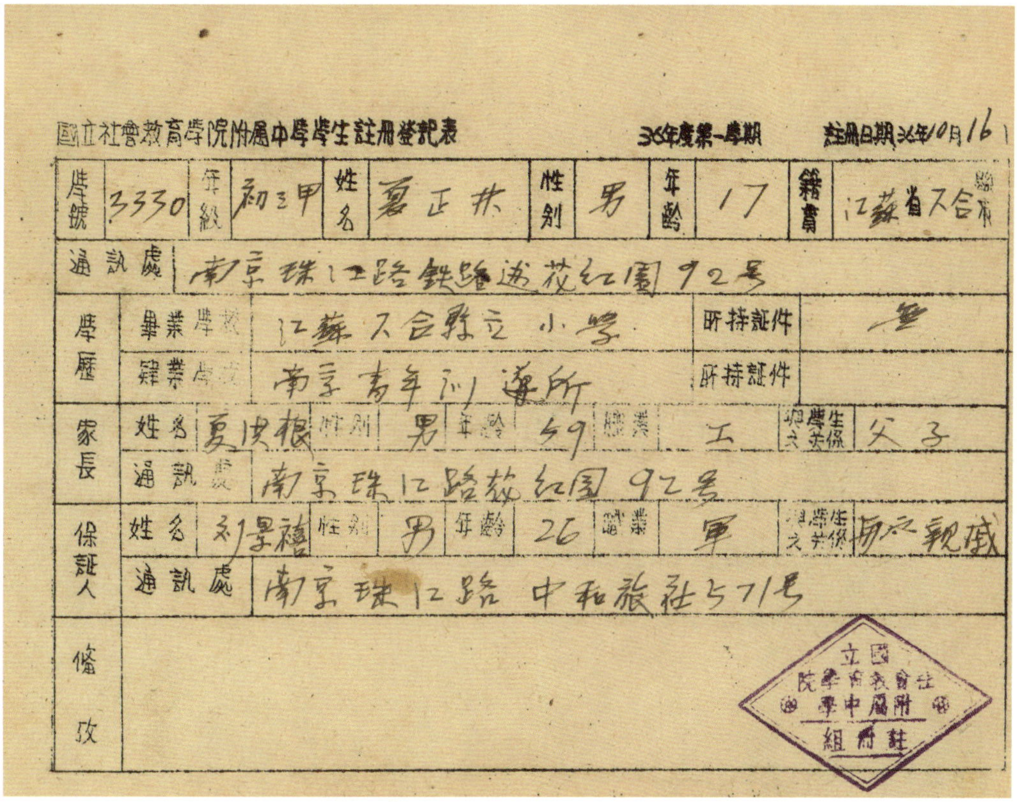

國立社會教育學院附屬中學學生註册登記表　36年度第一學期　註册日期36年10月16日

學號	3330	年級	初三甲	姓名	葛正林	性别	男	年齡	17	籍貫	江蘇省太倉縣
通訊處	南京珠江路鐵路邊花紅園92号										
學歷	畢業學校	江蘇太倉縣立小学				所持證件	無				
	肄業學校	南京青年訓導所				所持證件					
家長	姓名	夏洪根	性别	男	年齡	49	職業	工	與學生之關係	父子	
	通訊處	南京珠江路花紅园92号									
保證人	姓名	刘学禧	性别	男	年齡	26	職業	軍	與學生之關係	[illegible]親戚	
	通訊處	南京珠江路中和旅社571号									
備考											

國立社會教育學院附中註册組

國立社會教育學院附屬中學學生註冊登記表　　36年第一學期　　註册日期 36年10月14日

學號	3332	年級	初三甲	姓名	劉占山	性别	男	年齡	十七	籍貫	安徽省滁縣
通訊處	津浦線滁縣城内鮮魚巷益壽堂藥號轉交可也										
學歷	畢業學校	合定滁小学畢業						所持証件	肄業証书		
	肄業學校	南京中学進修班						所持証件			
家長	姓名	劉德義	性别	男	年齡	四十	職業	農	與學生之关係	父子	
	通訊處	津浦滁縣城内鮮魚巷益寿堂藥号轉可也									
保証人	姓名	王德壽	性别	男	年齡	三十八	職業	警	與學生之关係	親友	
	通訊處	南京昇州路糯米巷汀後交可也									
備考											

國立社會教育學院附屬中學學生註册登記表　　36年度第一學期　　註册日期 36年10月11日

學號	3333	年級	初三甲	姓名	李獻琳	性别	男	年齡	16	籍貫	安徽省嘉山縣
通訊處	安徽省嘉山縣自來橋										
學歷	畢業學校	嘉山縣立自來橋完小畢業						所持証件			
	肄業學校	教育部南京中學進修班						所持証件			
家長	姓名	李耕野	性别	男	年齡	44	職業	農	與學生之关係	叔侄	
	通訊處	安徽省嘉山縣自來橋									
保証人	姓名	沈光亞	性别	男	年齡	五十	職業	政	與學生之关係	師生	
	通訊處	南京淮海路三益里14號									
備考											

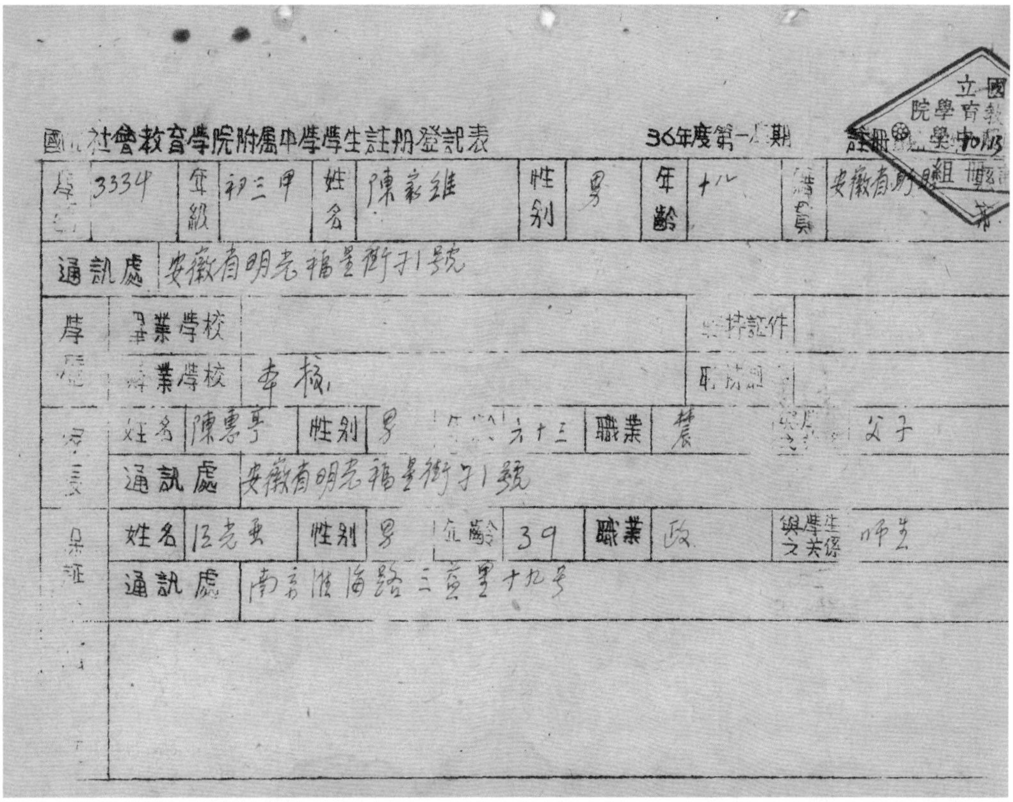

國立社會教育學院附屬中學學生註冊登記表　36年度第一學期　註冊號

學號	3334	年級	初三甲	姓名	陳家維	性別	男	年齡	十八	籍貫	安徽省肥[illegible]
通訊處	安徽省明光福星街71號										
學歷	畢業學校									所持證件	
	肄業學校	本校								所持證件	
家長	姓名	陳惠亭	性別	男	年齡	六十三	職業	農	與學生之關係	父子	
	通訊處	安徽省明光福星街71號									
保證人	姓名	江克岳	性別	男	年齡	39	職業	政	與學生之關係	師生	
	通訊處	南京淮海路三益里十九号									
備考											

國立社會教育學院附屬中學　註冊組

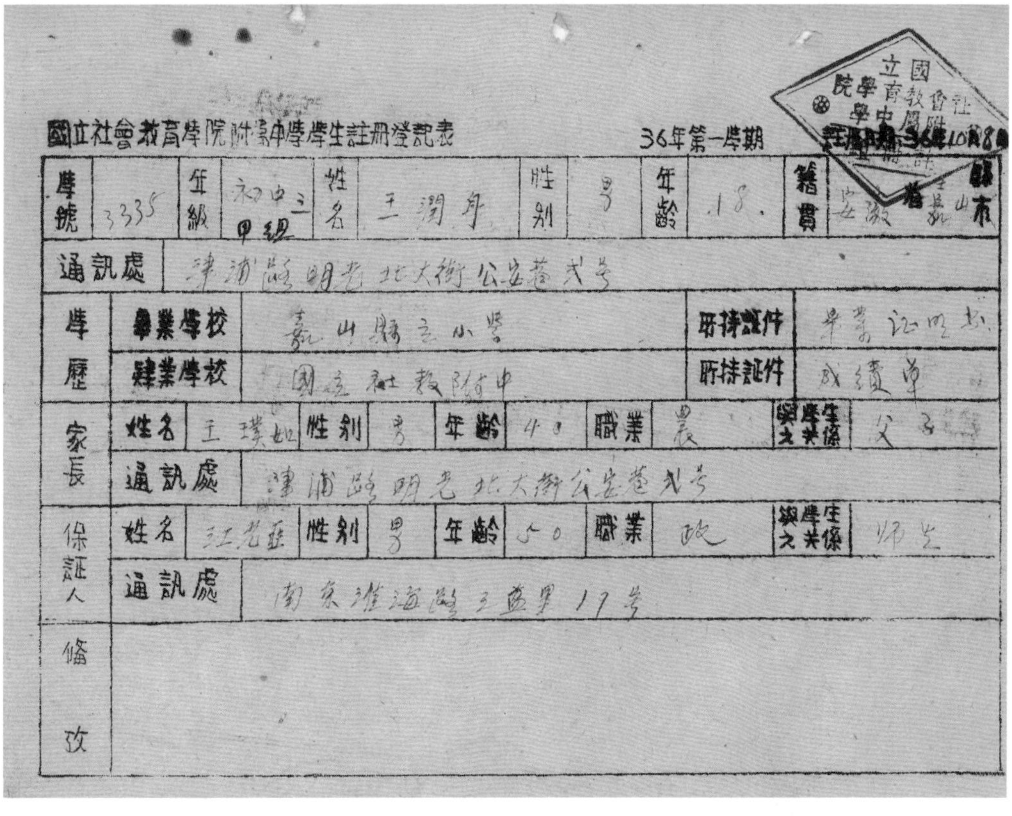

國立社會教育學院附屬中學學生註冊登記表　36年第一學期　註冊日期 36年10月8日

學號	3335	年級	初中三甲組	姓名	王潤舟	性別	男	年齡	18	籍貫	安徽省嘉山縣市
通訊處	津浦路明光北大街公安巷弍号										
學歷	畢業學校	嘉山縣立小學								所持證件	畢業證明書
	肄業學校	國立社教附中								所持證件	成績單
家長	姓名	王璞如	性別	男	年齡	43	職業	農	與學生之關係	父子	
	通訊處	津浦路明光北大街公安巷弍号									
保證人	姓名	江克岳	性別	男	年齡	50	職業	政	與學生之關係	師生	
	通訊處	南京淮海路三益里17号									
備考											

國立社會教育學院附屬中學　註冊組

國立社會教育學院附屬中學學生註冊登記表　36年度第一學期　註冊日期36年[illegible]

學號	3336	年級	初三甲	姓名	任志剛	性別	男	年齡	十七	籍貫	安徽省嘉山縣		
通訊處	津浦路張八嶺[illegible]街華光商號												
學歷	畢業學校	安徽省嘉山[illegible]小學								所持證件	小學畢業證書		
	肄業學校	國立社會教育學院附屬中學								所持證件	成績單		
家長	姓名	任[illegible]	性別	男	年齡	五十	職業	農	與學生之關係	父子			
	通訊處	津浦路張八嶺[illegible]街華光商號											
保證人	姓名	許[illegible]	性別	男	年齡	四十九	職業	教[illegible]	與學生之關係	父執			
	通訊處	南京丁家橋[illegible]街五號七二											
備考													

國立社會教育學院附屬中學學生註冊登記表　36年度第一學期　註冊日期36年[illegible]

學號	3337	年級	初三甲	姓名	戴玉璽	性別	男	年齡	十七	籍貫	安徽省五河縣		
通訊處	津浦線臨淮關北皇墩集郵政信櫃轉交												
學歷	畢業學校	安徽省立五河縣皇墩集完全小學校								所持證件	畢業證明書		
	肄業學校	南京中學進修班								所持證件	肄業證明書		
家長	姓名	戴竹亭	性別	男	年齡	四十三	職業	商	與學生之關係	父子			
	通訊處	津浦線臨淮關北皇墩集郵政信櫃轉交											
保證人	姓名	楊德煦	性別	男	年齡	二八	職業	警	與學生之關係	親戚			
	通訊處	南京光華門外中央警官學校											
備考	欠公民教科書												

國立社會教育學院附屬中學學生註冊登記表　　36年第一學期

學號	3345	年級	初三甲	姓名	戴尚賓	性別	男	年齡	十七	籍貫：江蘇省丹陽縣市
通訊處	江苏丹陽北河路陵掄巷陶宅後樓									
學歷	畢業學校	阜寧縣群策小学						所持證件	證件遺失	
	肄業學校	私立正則学校、社教附中						所持證件	成績單	
家長	姓名	戴禍慶	性別	男	年齡	四十	職業	國防部中央測量学校訓導處長	與學生之關係	父子
	通訊處	江苏丹陽北河路陵掄巷陶宅後樓								
保證人	姓名	徐崇爵	性別	男	年齡	四十八	職業	丹陽縣稅捐稽徵處長	與學生之關係	友誼
	通訊處	江蘇丹陽魚巷四號稅捐稽徵處								
備考										

國立社會教育學院附屬中學學生註冊登記表　　36年度第一學期

學號	3346	年級	初三甲	姓名	程榮祖	性別	男	年齡	十八	籍貫：皖省來安縣
通訊處	津浦路浦鎮東門相官集									
學歷	畢業學校	來安縣立相官中心國民学校						所持證件	畢業證書	
	肄業學校	南京中学進修班						所持證件	肄業證書	
家長	姓名	王福氏	性別	女	年齡	五十八	職業	農	與學生之關係	母子
	通訊處	津浦路浦鎮相官集								
保證人	姓名	汪之亜	性別	男	年齡	五十	職業	政	與學生之關係	师生
	通訊處	南京淮海路三益里十九號								
備考										

國立社會教育學院附屬中學學生註冊登記表　　36年度第一學期　　註冊日期36年10月15日

學號	3347	年級	初三甲	姓名	華保安	性別	男	年齡	十六	籍貫	江苏省[illegible]市
通訊處	南京中山東路165号興業建築師華企之轉										
學歷	畢業學校	湖南浦市陸軍通信兵第一团子弟学校						所持證件			
	肄業學校	貴州鰼水私立吉雲中学						所持證件	成績通知书		
家長	姓名	華企之	性別	男	年齡	三十八	職業	商	與學生之關係	父子	
	通訊處	南京中山東路165号興業建築師									
保證人	姓名	沈嘯寰	性別	男	年齡	二十九	職業	政	與學生之關係	戚屬	
	通訊處	南京三步兩橋14號或首都警察所秘書室									
備攷											

國立社會教育學院附屬中學學生註冊登記表　　36年度第一學期　　註冊日期36年10月15日

學號	3348	年級	初三甲	姓名	聶重建	性別	男	年齡	十四	籍貫	安徽省[illegible]市
通訊處	南京教育部總務司二科聶蓀軒轉交										
學歷	畢業學校	當塗縣立中心國民小学						所持證件			
	肄業學校	當塗縣立初級中学一年級						所持證件			
家長	姓名	聶蓀軒	性別	男	年齡	四二	職業	教育部	與學生之關係	父子	
	通訊處	南京教育部總務司第二科									
保證人	姓名	何大齡	性別	男	年齡	四〇	職業	教育部	與學生之關係	甥舅	
	通訊處	南京教育部中等司									
備攷											

國立社會教育學院附屬中學學生註冊登記表　36年度第一學期　註冊日期36年[illegible]月[illegible]日

學號	3349	年級	初[illegible]	姓名	楊振鐸	性別	男	年齡	十七	籍貫	河北省[illegible]縣
通訊處	南京五台山63号									
學歷	畢業學校	隴海路扶輪小学				所持證件	畢業証书			
	肄業學校	國立陝西中山中学初一				所持證件	轉学証书			
家長	姓名	楊炳文	性別	男	年齡	卅八	職業	警	與學生之關係	父子
	通訊處	南京五台山63号								
保證人	姓名	趙範生	性別	男	年齡	四二	職業	政	與學生之關係	師生
	通訊處	南京五台山一号								
備考										

國立社會教育學院附屬中學學生註冊登記表　36年度第一學期　註冊日期36年[illegible]月[illegible]日

學號	3352	年級	初中三年級甲組	姓名	諸葛信	性別	男	年齡	十七	籍貫	江蘇省丹陽縣
通訊處	丹陽訪仙橋天和棧									
學歷	畢業學校	丹陽縣訪仙橋中心國民小學校				所持證件	遺失			
	肄業學校	鎮江江蘇中學一年級 社教附中二年級				所持證件	成績單			
家長	姓名	諸葛錦	性別	男	年齡	五八	職業	商	與學生之關係	父子
	通訊處	丹陽訪仙橋天和棧								
保證人	姓名	戴揚[illegible]	性別	男	年齡	四十	職業	政	與學生之關係	友誼
	通訊處	丹陽北河路67號陶宅收轉								
備考										

國立社會教育學院附屬中學學生註冊登記表　　36年度第一學期　　註冊日期36年10月1日

學號	[illegible]	年級	初三	姓名	王慶貴	性別	男	年齡	16	籍貫	江西省贛縣
通訊處	本校										
學歷	畢業學校	孤兒院畢業						所持證件			
	肄業學校	戰青南昌戰時班（[illegible]）						所持證件			
家長	姓名	王慶海	性別	男	年齡	[illegible]	職業	[illegible]	與學生之關係	父子	
	通訊處	江西贛縣[illegible]路，41號									
保證人	姓名	曾廣貴	性別	男	年齡	42	職業	軍	與學生之關係	親友	
	通訊處	上海白賽仲路，3362號									
備考	其他各科定20日補考（國文、外國史地、生理衛生）										

國立社會教育學院附屬中學學生註冊登記表　　36年第一學期　　註冊日期36年10月1日

學號	3398	年級	初三甲	姓名	吳申智	性別	男	年齡	十七	籍貫	安徽省合肥市
通訊處	南京國立政治大學吳景賢先生轉										
學歷	畢業學校	戰時第八保育院						所持證件	畢業證書		
	肄業學校	國立第九中學						所持證件	轉學證書		
家長	姓名	吳景賢	性別	男	年齡	四十	職業	教	與學生之關係	父子	
	通訊處	南京國立政治大學									
保證人	姓名	陳東原	性別	男	年齡	四十八	職業	督學	與學生之關係	世交	
	通訊處	南京教育部教育通訊社									
備考											

國立社會教育學院附屬中學學生註册登記表　36年度第一學期　註册日期：36年10月

學號	3399	年級	初三甲	姓名	令狐昌臨	性別	男	年齡	十七	籍貫	貴州省桐梓縣
通訊處	貴州省桐梓縣中正北路建輝										
學歷	畢業學校	桐梓私立多[illegible]中心学校						所持証件	畢業証書		
	肄業學校	桐梓縣立初級中学						所持証件	轉学証明書		
家長	姓名	[illegible]	性別	男	年齡	三七	職業	政	與學生之關係	姻丈	
	通訊處	遼寧錦州上海路二九號北票阜新煤礦公司									
保證人	姓名	孫恩芳	性別	男	年齡	40	職業	政	與學生之關係	友誼	
	通訊處	南京宣傳部新聞事業處登記科									
備考											

國立社會教育學院附屬中學

國立社會教育學院附屬中學學生註册登記表　36年度第一學期　註册日期：36年10月25日

學號	3400	年級	初三甲	姓名	朱[illegible]瑞	性別	男	年齡	十八	籍貫	山東省魚台縣
通訊處	棲霞山社会教育学院王滄九先生轉交										
學歷	畢業學校	山東魚台縣立中学						所持証件			
	肄業學校							所持証件			
家長	姓名	朱興武	性別	男	年齡	四十	職業	教育	與學生之關係	父子	
	通訊處	山東省魚台縣谷亭鎮南大朱庄									
保證人	姓名	王傳鼎	性別	男	年齡	三十四	職業	教育	與學生之關係	叔侄	
	通訊處	棲霞山社会教育学院									
備考											

國立社會教育學院附屬中學註册組

國立社會教育學院附屬中學

肆 綜合

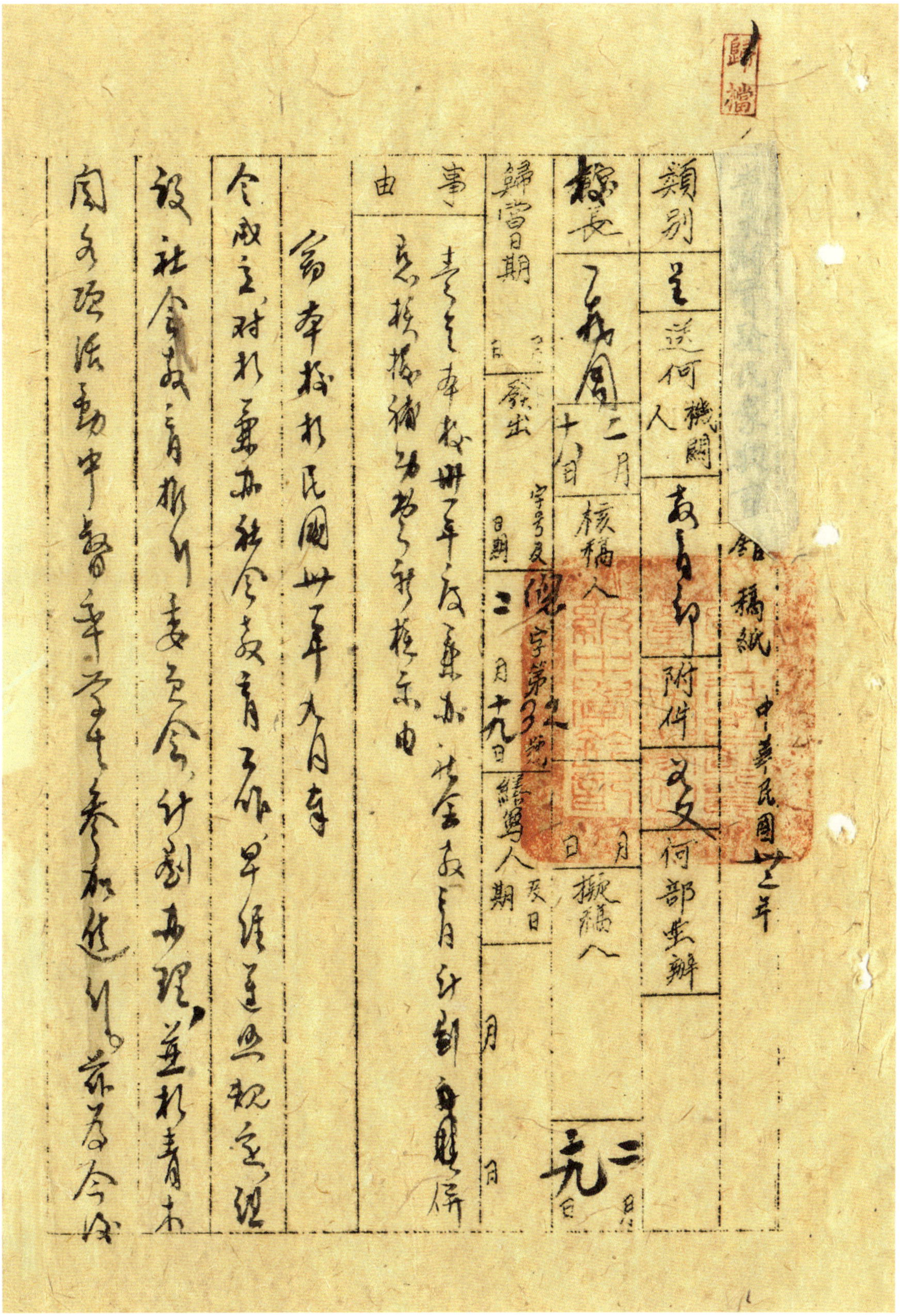

歸檔

類別 呈　送何人機關 教育部　附件　文 何部出辦

中華民國卅二年 稿紙

校長 二月十八日　核稿人　擬稿人 二月十九日

歸檔日期 年 月 日　發出日期 二月十九日　字號及 字第3號　繕寫人及日期

事由 呈送本校卅一年度兼辦社會教育計劃併懇核備為教育部核示由

竊本校於民國卅一年九月奉
令飭全對於兼辦社會教育工作早經遵照規定組
設社會教育推行委員會計劃辦理，並於青年
團各項活動中督率學生參加進行，茲奉令飭

關于一九四二年度兼辦社會教育的一組文件

國立社會教育學院附屬初級中學給教育部的呈文（一九四三年二月十九日）

附：一九四二年度兼辦社會教育計劃

檔號：1009-1-181

是項原應進行，茲前依批延見，補為訂定卅一年
度第一學期社會教育計劃，是否有當，理合備文賫
請
鈞部鑒核示遵。再本校班次甚少，經費拮据，
社會教育之推行甚不利，如有較大之經費不
易動，擬請
鈞部特別予以補助，俾便進行。應否一併核示，
實為公便。謹呈
教育部部長陳
附呈本校卅一年度第一學期社會教育計劃一份
（全銜）校長 王〇〇

月

国立社会教育学院附属初级中学实验社会教育计划　卅一年度

一、本校实施社会教育各项进行事宜依照本计划办理（遵照部颁各级学校办理社会教育办法之规定并参酌本校现况订定）

二、本校组设社会教育推行委员会，下分设计、执行、督导三部，其组织办法另定之。

三、本校实施社会教育之工作暂定为下列各项：

(一)话剧队
(二)歌咏队
(三)壁报
(四)谈话会
(五)民众教育指导

四、(一)话剧队　挑选学生组织之，由教师指导，十人为一组。

每月出演一次，其剧本以描写抗战实况激发民众抗敌。

工作事項

（二）歌詠隊　桃源學生組織之，俾吸引當地民眾參加（或對附近住戶），請教師一人負指導責任，每逢紀念節日出外歌詠一次，其歌詞以含有抗戰建國者爲主。

（三）壁報　每週由本班學生輪流擔任撰稿與編輯，請教師一二人負指導責任，每週出版一次，其內容以抗戰時事常識、國際知識、通俗文藝與抗戰漫畫爲主。

（四）陳列宣傳　桃源學生擔任宣傳，請教師二人負指導責任，其取材以服兵役之經驗與抗戰建國有關之政令爲主。

（五）民眾衛生指導　請教師一人負指導責任，隨時指導當地民眾對於家內外之清潔衛生，加以注意。

上項工作分別聘請教師兼負指導責任。

四、本校對於黨及政府之教育行政工作，應由政府之教育機關遵照法令規定之手續辦理施行。

五、本校對於黨務、政府之教育行政工作，應由政府委派專人依照工作月報表按月填報，以便考核。工作月報表另定之。每屆年終舉行考核。

六、本校對於軍界各界於政府之教育行政工作，[illegible]總。無論任何勞務當之。

七、本校於本年度經常費中學術研究費項下，撥列專款，參[illegible]教育之[illegible]業、專業[illegible]之推行，以利事功，並呈請教育部撥款補助。

八、本計劃經呈准教育部備案後施行。

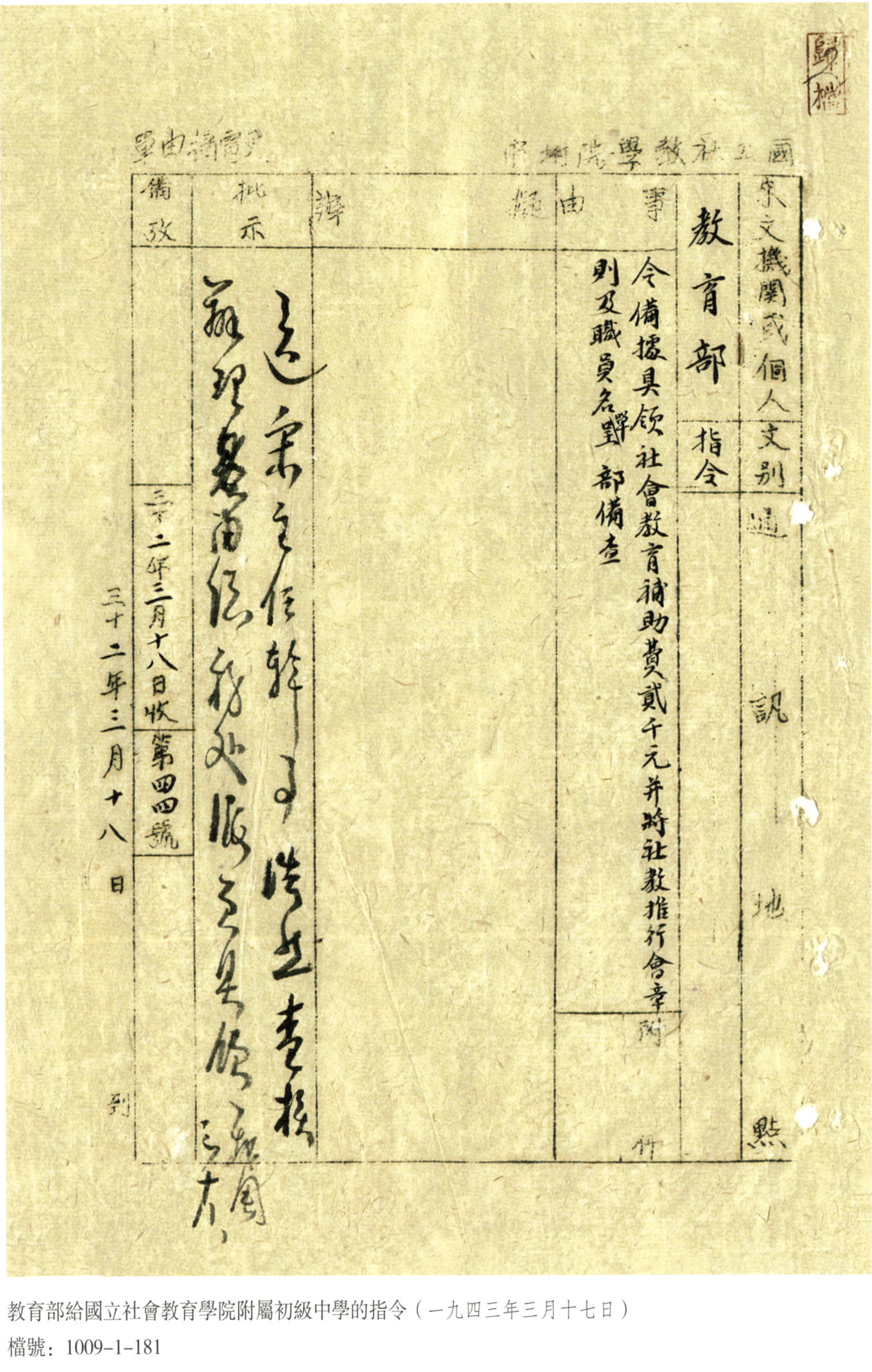
國立社教學院附中　收文摘由單

來文機關或個人：教育部
文別：指令
通訊地點：
事由：令備據具領社會教育補助費貳千元并將社教推行會章則及職員名冊部備查
附件：
擬辦：
批示：
備考：三十二年三月十八日收　第四四號
到：三十二年三月十八日

教育部給國立社會教育學院附屬初級中學的指令（一九四三年三月十七日）

檔號：1009-1-181

事由

教育部指令

令國立社會教育學院附屬初級中學

三十二年一月十九日總字第32號呈一件——為賫呈本校三十二年度兼辦社會計劃併乞核撥補助費祈核示由

呈件均悉。查該校兼辦社會教育計劃尚屬切實，准予補助貳仟元，仰備據來部具領，並將社會教育推行委員會章則及職員名單呈部備查為要。件存。此令。

中華民國三十二年三月十七日 社字 12800

中華民國三十　年　月　日收文　字　號

部長陳立夫

監印左仲

校對韓幼珊

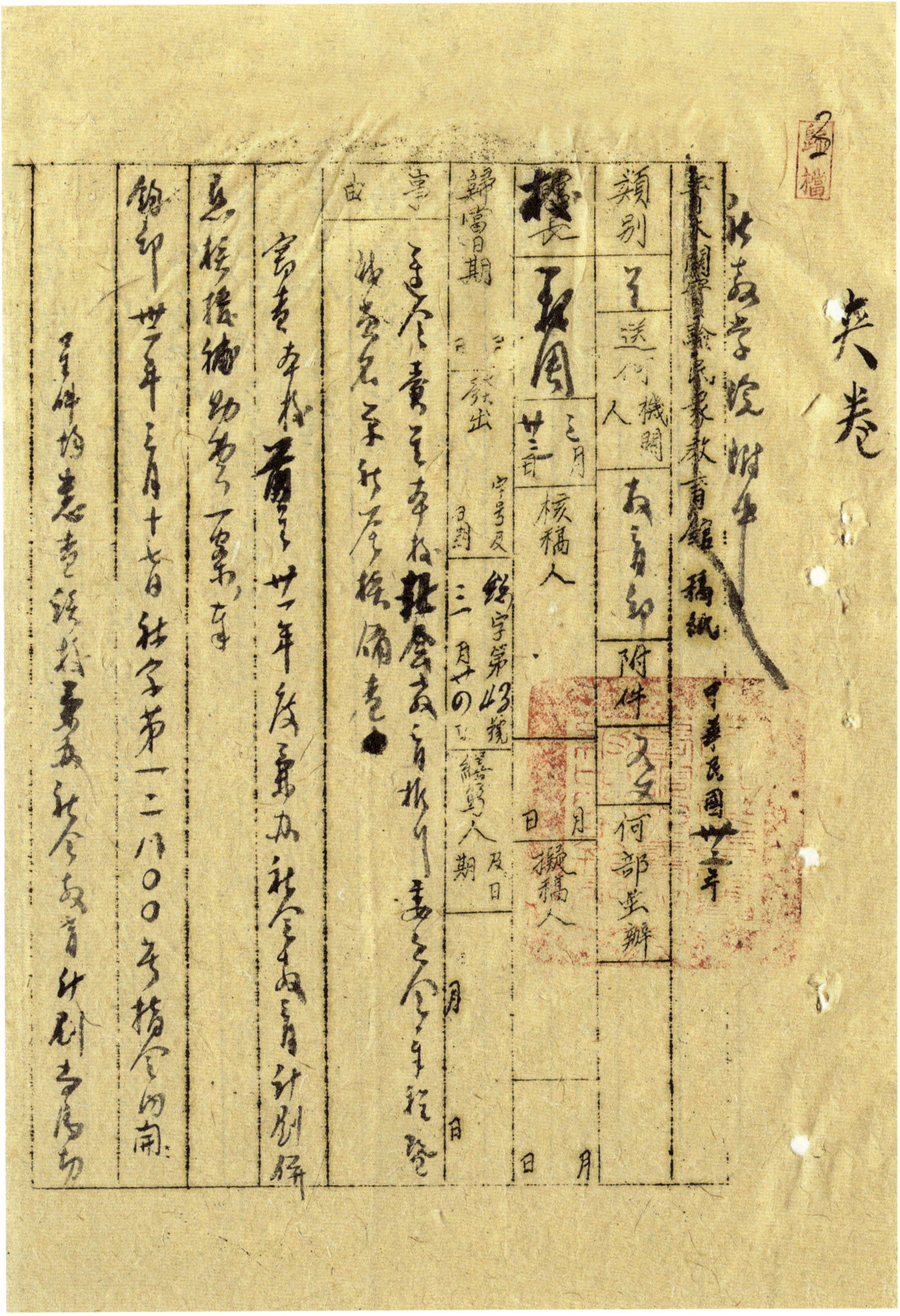

國立社會教育學院附屬初級中學給教育部的呈文（一九四三年三月二十四日）

附：社會教育推行委員會章程及職員名單

檔號：1009-1-181

案准宁海防戒严司令部卸備城專都县应并由本令教
育机关妥为保管所有卷宗及职员学生等印信书籍要
件存此令
世因奉此，自应遵办。兹经检呈本校新令教育机关
妥为保管经及职员学生等要件
钧部鉴核
签核备查 谨呈
教育部部长陈
附呈本校新令教育机关妥为保管清册
清册一份
（全衔）校长 王〇〇

附件

國立社会教育学院附属初級中学社会教育推行委員会章程

第一條　本章程根據教育部頒發各級学校社会教育推行委員会組織綱要第六條甲項之規定訂定之。

第二條　本会定名為國立社会教育学院附属初級中学社会教育推行委員会

第三條　本会設委員十一人由校長就教導主任總務主任各級導師及本会主任幹事聘任之並以校長為主席教導主任為副主席

第四條　本会設主任幹事一人由校長就教職員中遴聘充任商承校長處理日常事務設幹事及助理幹事若干人由校長聘派教職員或学生充任之

第五條　本会職掌如左

一、擬訂兼办社会教育計劃
二、規劃兼办社会教育经費及編製預決算
三、支配教職員實施兼办社会教育指導工作
四、組織支配並指導学生参加社会教育工作
五、联络當地有関機関團体及個人協同進行
六、規劃関於办理社会教育之学識技能等訓練事宜
七、考查教職員学生办理社会教育成績
八、研究兼办社会教育之實際問題
九、編製兼办社会教育之概况及工作報告

第六條　本会每月至少舉行会議一次由主席召集之
第七條　本会经費由学術研究費内支並得呈請教育部補助之
第八條　本会办事細則另訂之

第九條　本章程自呈請教育部核准後施行

職員名單

主席　王義周　副主席　史漢濤

委員　王義周　史漢濤　夏勳中　丁淑容　陳孝隆

葉青久　沙光中　李蕙蘭　宋浩然　劉天啟

年維民

主任幹事　宋浩然

幹事　梁鴻倫　王如玉　馮淑惠　張逸　葛淑芳

助理幹事　孔繼孚　李廷龍　姚錫年　孔永昭　孔慶柏

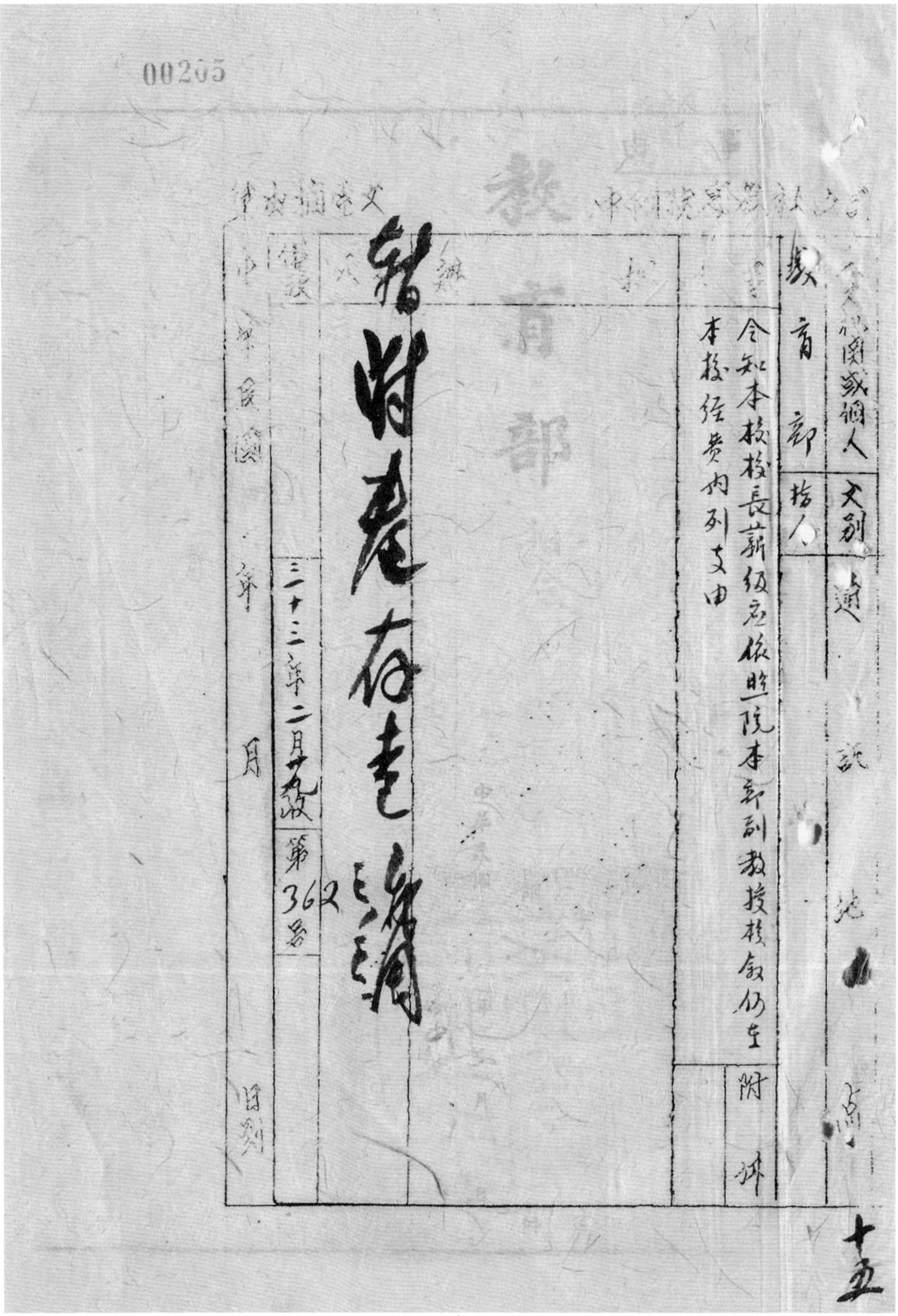

00205

教育部 指令

令知本校校長薪級應依照院本部副教授核叙仍在本校經費内列支由

三十三年二月廿五發

第362号

教育部爲該校校長薪級應依照院本部副教授核叙，仍在該校經費内列支給國立社會教育學院附屬中學校長王義周的指令（一九四四年二月二十五日）

檔號：1009-1-194

中華民國三十　年　月　日收文　字　號

事由

教育部指令

令國立社會教育學院附屬中學校長王義周

卅二年捷字第一八三号呈請核定校長薪級由

呈悉。查該員係以該院副教授本職兼任校長應由院依照規定核敘本職薪俸仍在附中經費內列支除分令該院外仰即知照。此令。

部長 陳立夫

中華民國卅三年二月　日發　附件　字　號

09509

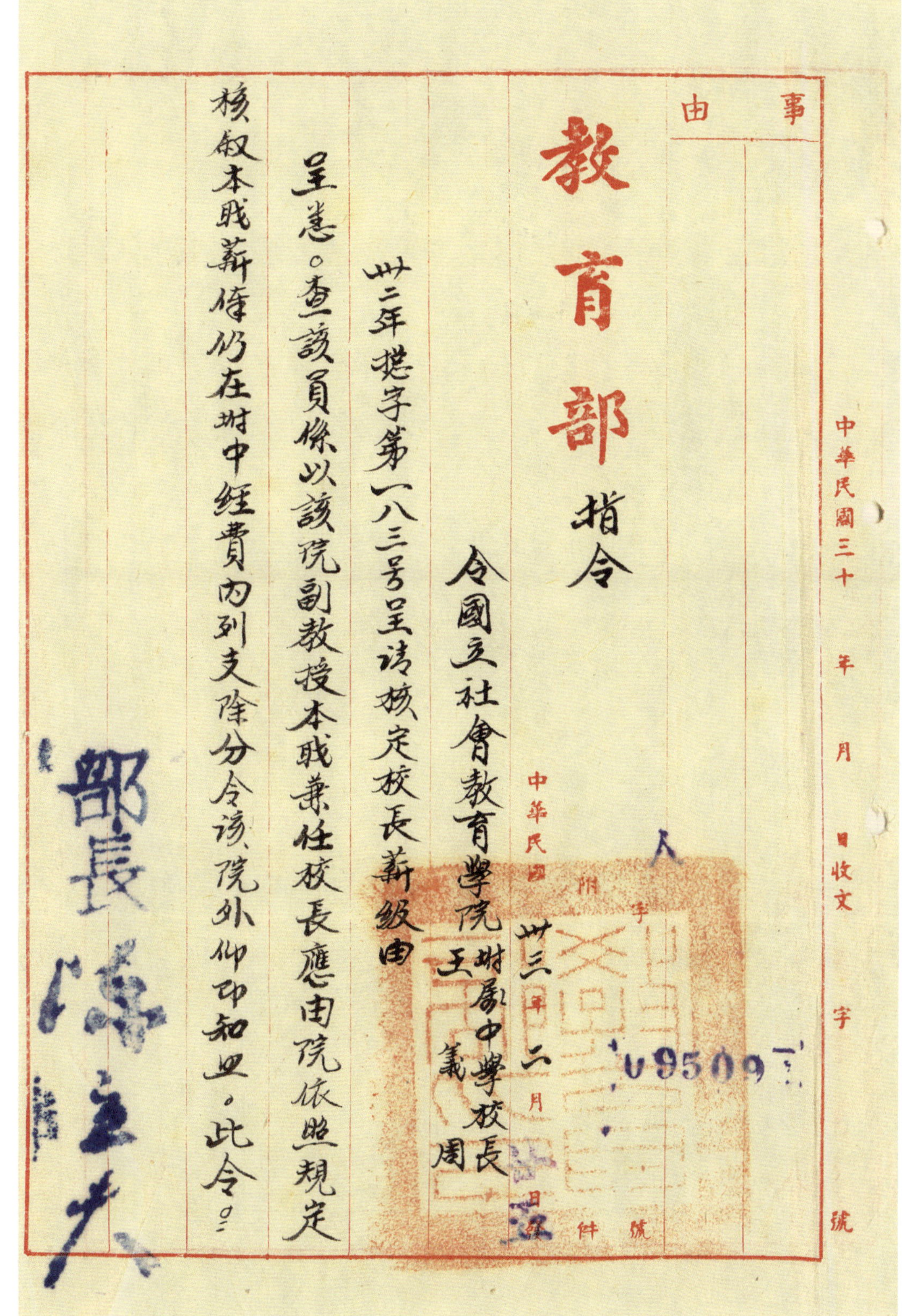

監印 左仲

校對 林肅生

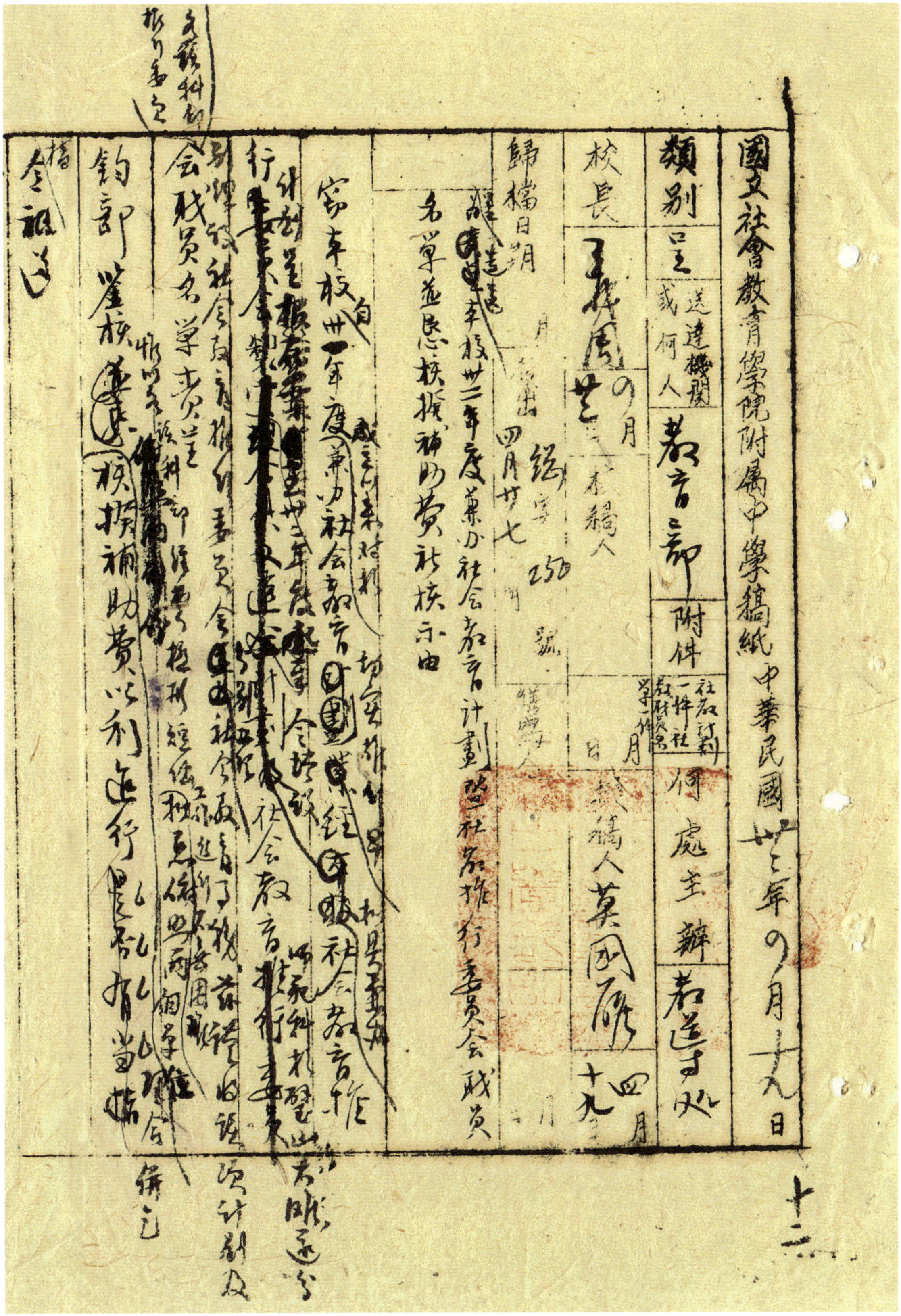

關于一九四三年度兼辦社會教育計劃及申請核撥補助費的一組文件

國立社會教育學院附屬中學給教育部的呈文及附件（一九四四年四月二十七日）

檔號：1009-1-181

謹呈

教育部部長陳

計呈本校卅二年度社會教育計劃暨社會教育推行委員會職員名單各一份

（全銜）校長〇〇〇

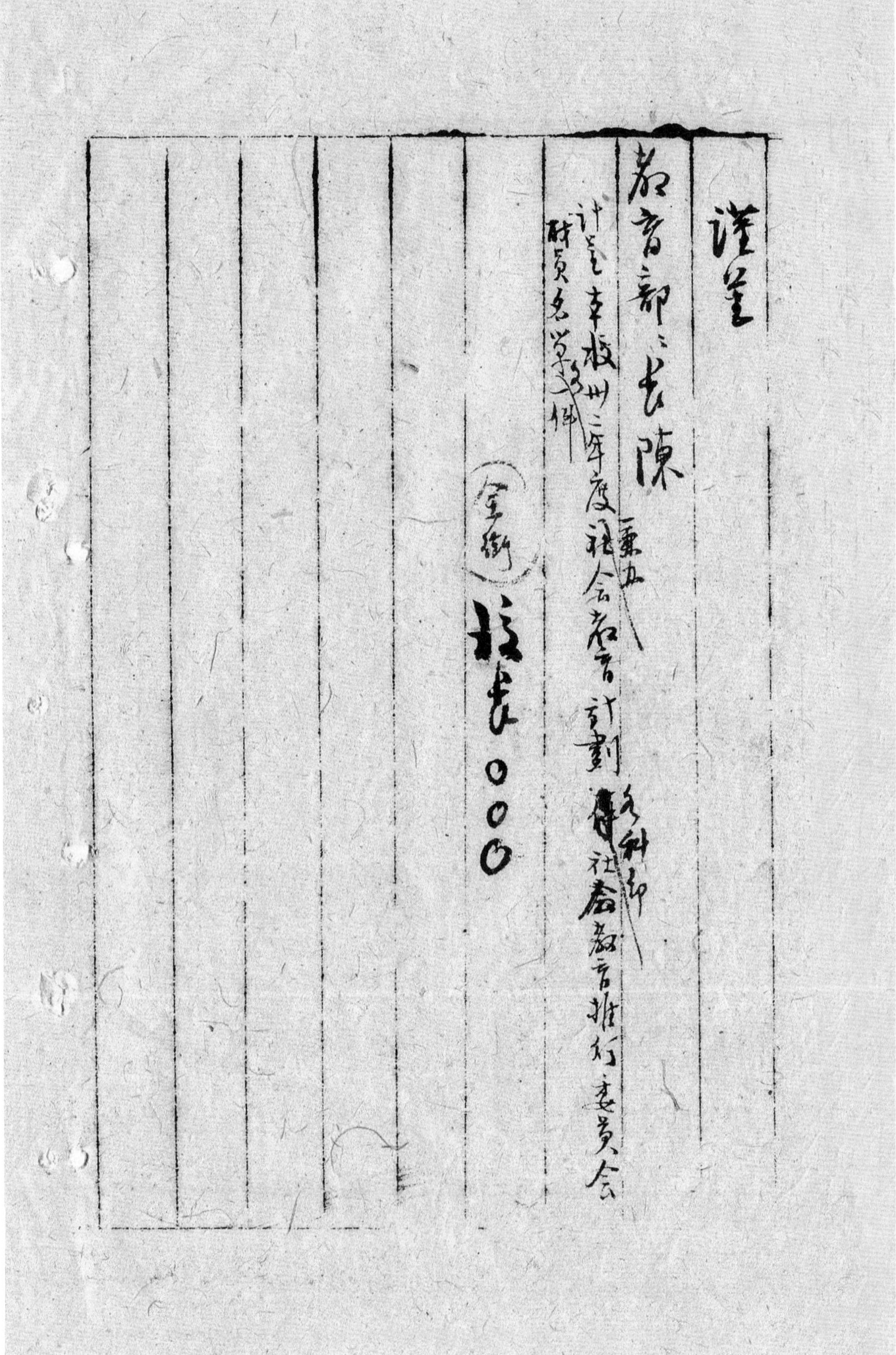

（全銜）卅二年度兼辦社會教育計劃

一、本計劃遵照部頒各級學校兼辦社會教育辦法之規定並參酌本校現況訂定之

二、本校組設社會教育推行委員會下分設計推行督導三部其組織規程另訂之

三、本校兼辦之社會教育工作暫定為下列各項

（一）話劇隊 挑選學生組織之每月表演一次其劇本以描寫抗戰實況激發民眾抗敵情緒為主

（二）歌詠隊 挑選學生組織之儘量吸引當地民眾參加遇紀念節日或特殊宣傳時出外歌詠一次其歌詞以含有抗戰建國意義者為主

（三）壁報 由各班學生輪流担任撰稿及編輯每週出版一次其內容以戰時常識國內外戰況通俗文藝與漫畫為主

附（一）一九四三年度兼辦社會教育計劃

（四）政令宣传 抽选学生担任随时出外宣传中央政府材以役政粮政兵政禁政及与抗敌建国有关之各项政令为主

（五）民众卫生指导 指派各地学生随时指导各本村民众对于个人及公共卫生加以注意每月作工作报告须交本校社会教育推行委员会查核

（六）慰问抗属 务派学生携带信笺信封到附近乡镇征属家庭慰问之

（七）设抗属代笔处 代抗属缮写信件给出征军人并津贴纸笔 抽选学生轮流担任

（八）设民众学校 选派学生担任扫除两乡文盲

上列各项工作分别聘请教师兼负指导之责

四、本校举办之社会教育各项工作应由社会教育推行委员会规定行事历按照实施

五、本校举办之社会教育各项工作应由各该负责人依照工作月报表按月填报以凭考核其工作月报表另订之

六、本校举办之社会教育各项工作每学期举行考绩一次并分别予以奖惩 其奖惩办法另订之

七、本校办理社会教育其办公费事业活动费及主任薪津等款统由本年度预算学术研究费项下开支并呈请教部酌予补助

八、本计划经呈准教育部备案后施行

（全銜）社會教育師範科社會教育推行委員會職員名單

主任委員 王敬周 副主任委員 李宗唐

委員 王敬周 謝業唐 劉似達 安香宗 胡通 陸德

劉子揚

主任幹事 劉子揚

幹事 張際高 杜士英 黃衛華 何瓊芳 孫克琪

王銳

附（二）社會教育推行委員會職員名單

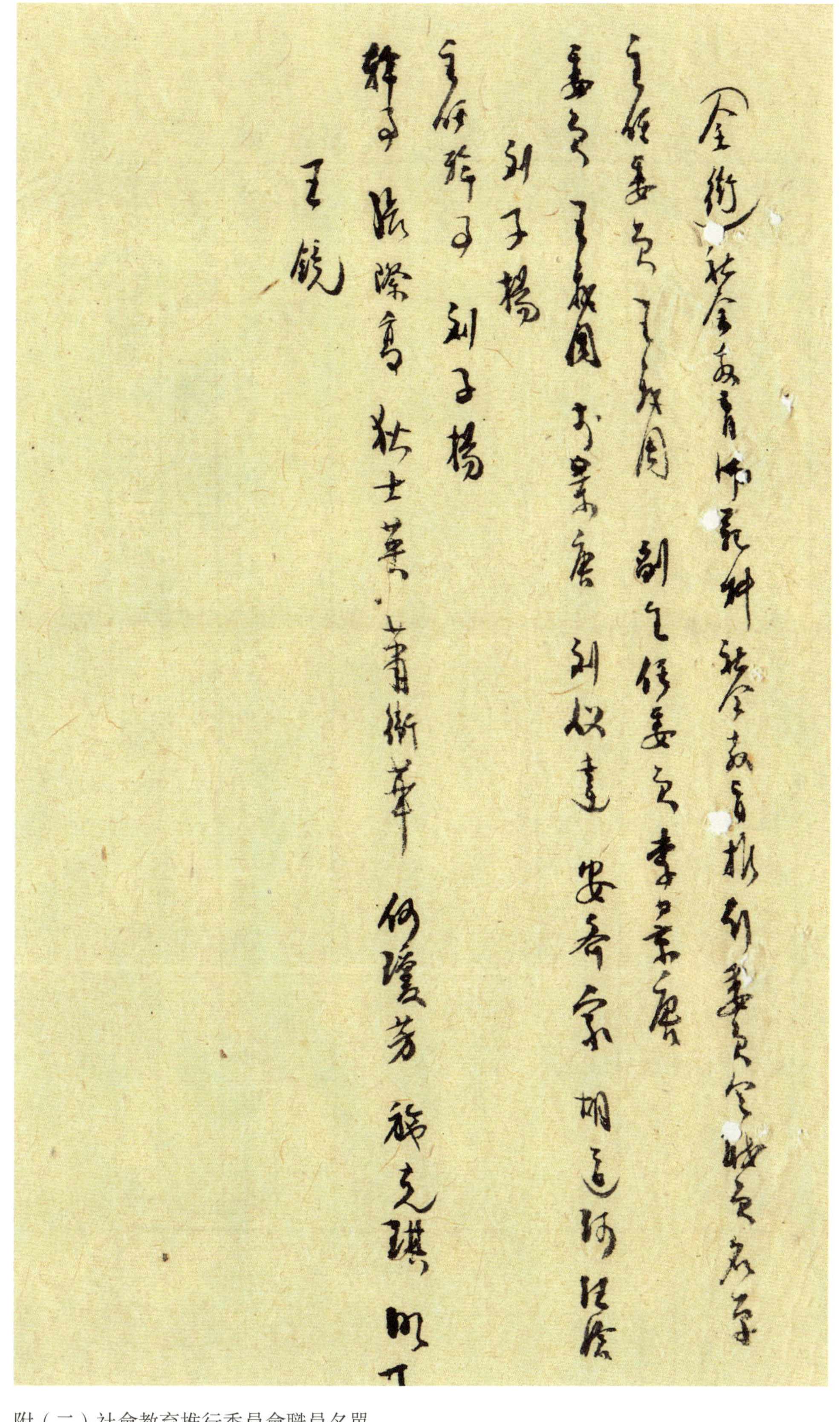

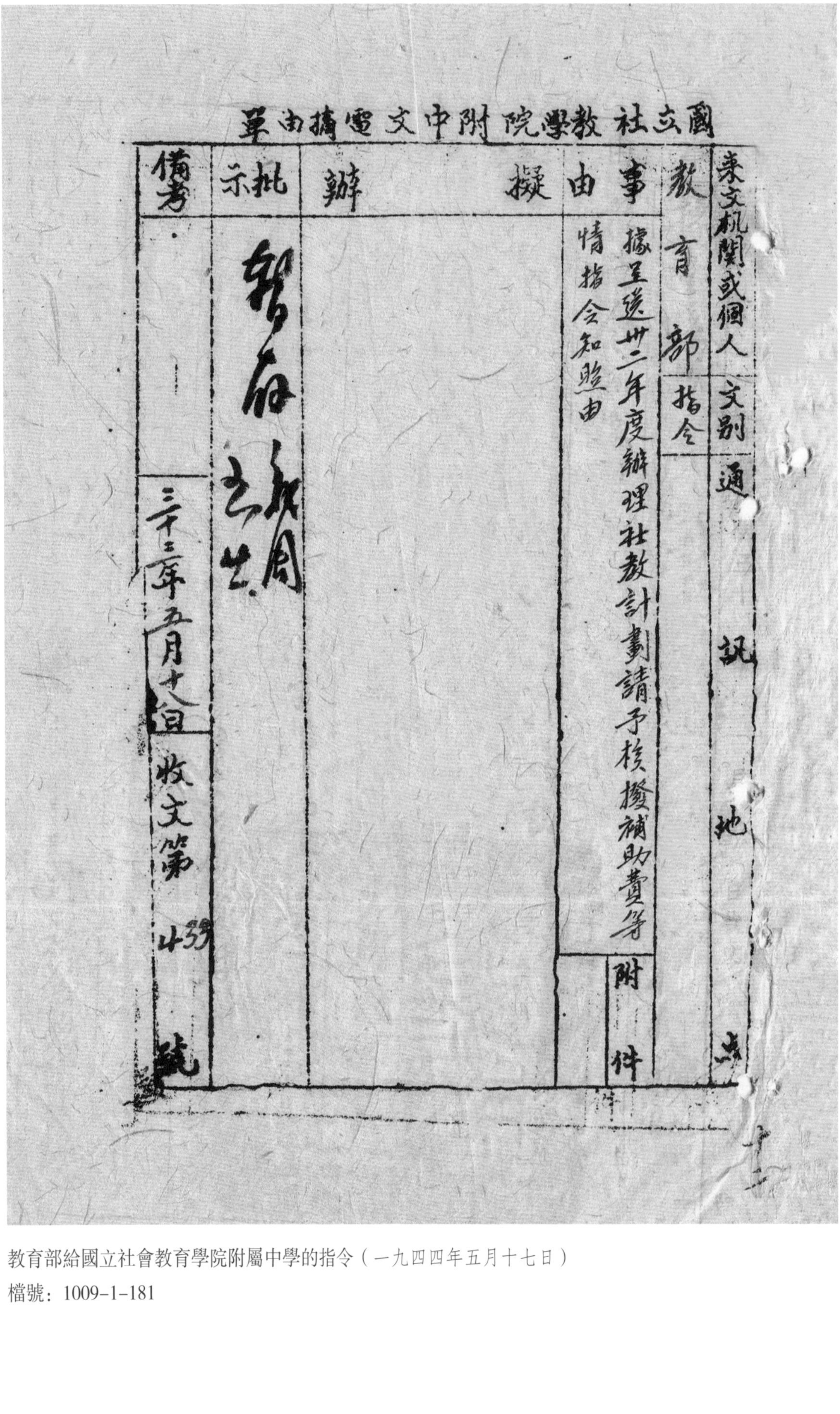

國立社教學院附中文電摘由單

來文機關或個人	教育部
文別	指令
通訊地點	
事由	據呈送卅二年度辦理社教計劃請予核撥補助費等情指令知照由
附件	
擬辦	
批示	暫存 [illegible]
備考	三十三年五月十八日 收文第439號

教育部給國立社會教育學院附屬中學的指令（一九四四年五月十七日）

檔號：1009-1-181

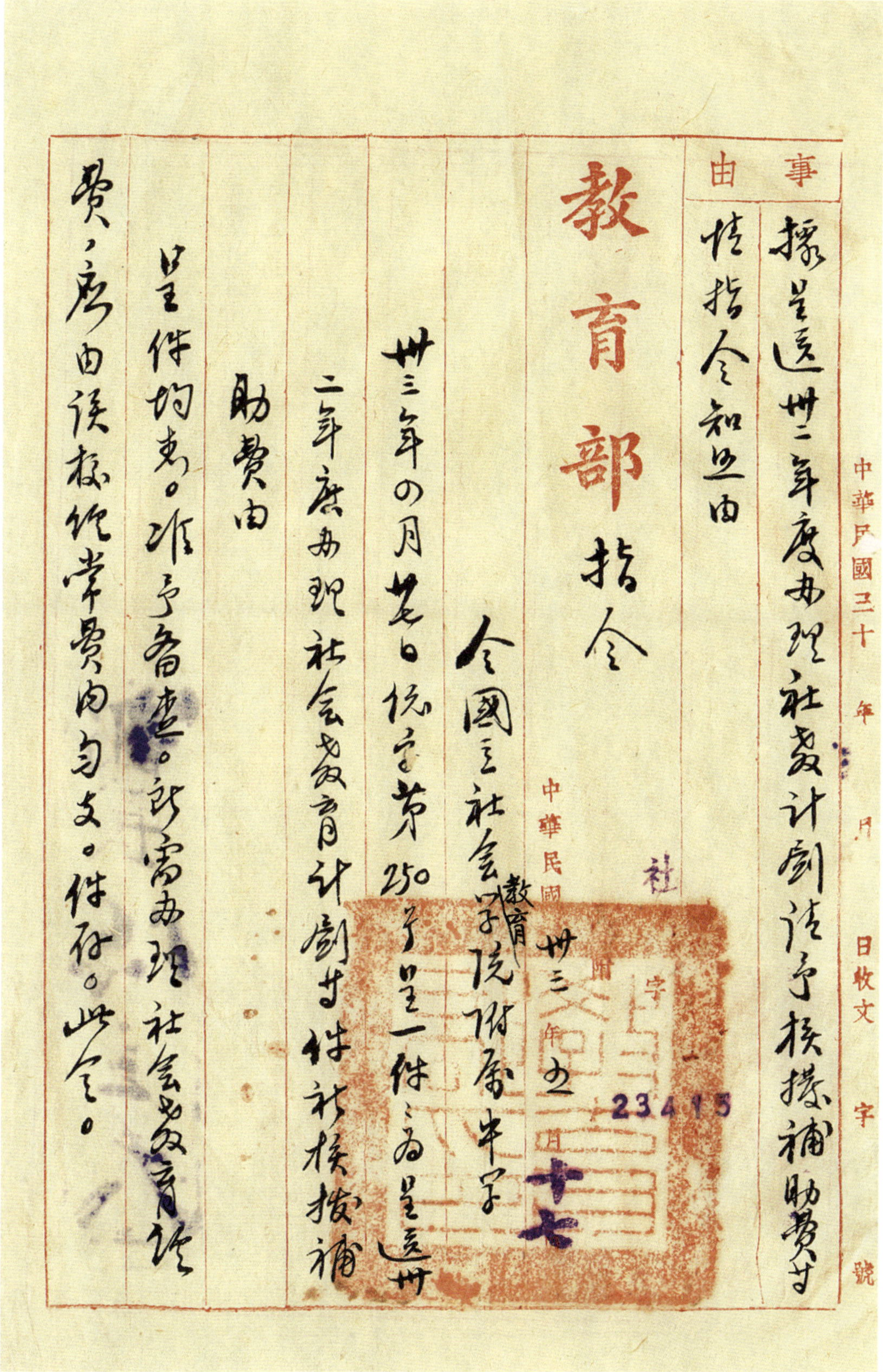

事由：據呈送卅二年度辦理社教計劃請予核撥補助費並請指令知照由

教育部指令

令國立社會教育學院附屬中學

卅三年四月廿日院字第250號呈一件，為呈送卅二年度辦理社會教育計劃書件，請核撥補助費由。

呈件均悉。准予備查。所需辦理社會教育經費，應由該校經常費內勻支。件存。此令。

部長陳立夫

監印左仲

校對梅肅堂

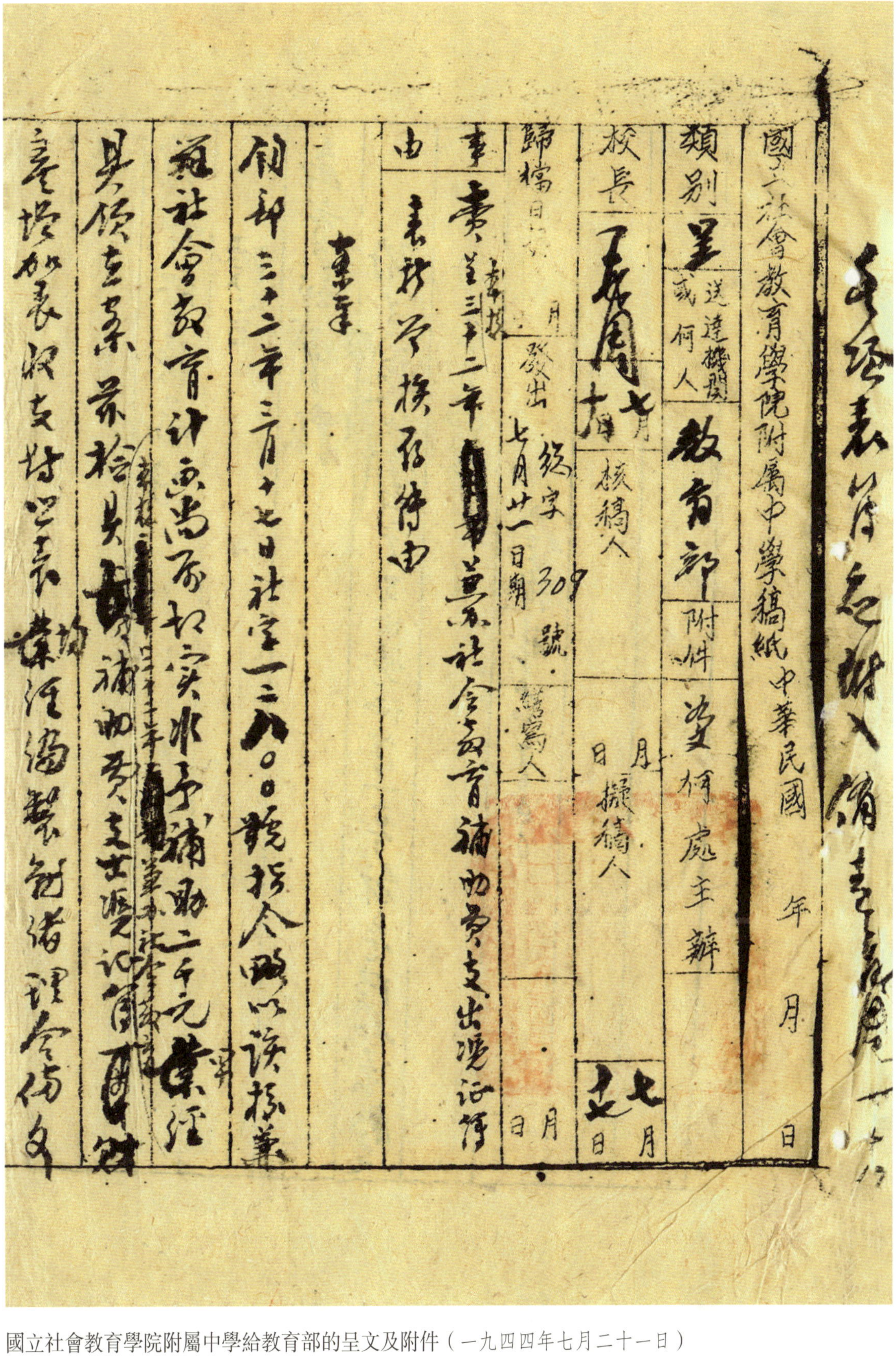

國立社會教育學院附屬中學稿紙 中華民國 年 月 日
類別 呈
送達機關或何人 教育部
附件
交何處主辦
校長
核稿人
擬稿人 七月 日
歸檔日期 月
發出 七月廿一日
字 309 號
繕寫人 月 日
事由

國立社會教育學院附屬中學給教育部的呈文及附件（一九四四年七月二十一日）

檔號：1009-1-181

贵馆。

领部咨核存转。

请查

教育部部长陈

附呈南京市社会教育支出预计算一本，敬希核加表核定

计表式四份

全衔校长王

十一

社

國立社會教育學院附屬初級中學

財產增加表

中華民國三十六年度 月份

名稱	增加事由	編號：字	編號：號	單位	數量	單位價值	金額	單據號數	備考
抗戰獨幕劇選	學生演話劇用	圖	376—380	本	5	1100	5500	出1	
抗戰獨幕劇選	〃	〃	381	本	1	1100	1100	出2	
雙手萬能	學生演劇佈景用	器	659—660	盞	2	13500	27000	器1	
小黑板	社會講演用	器	661—662	塊	2	20000	40000	〃2	
合計							73600		

校長　　總務主任　　庶務員

附（一）財產增加表

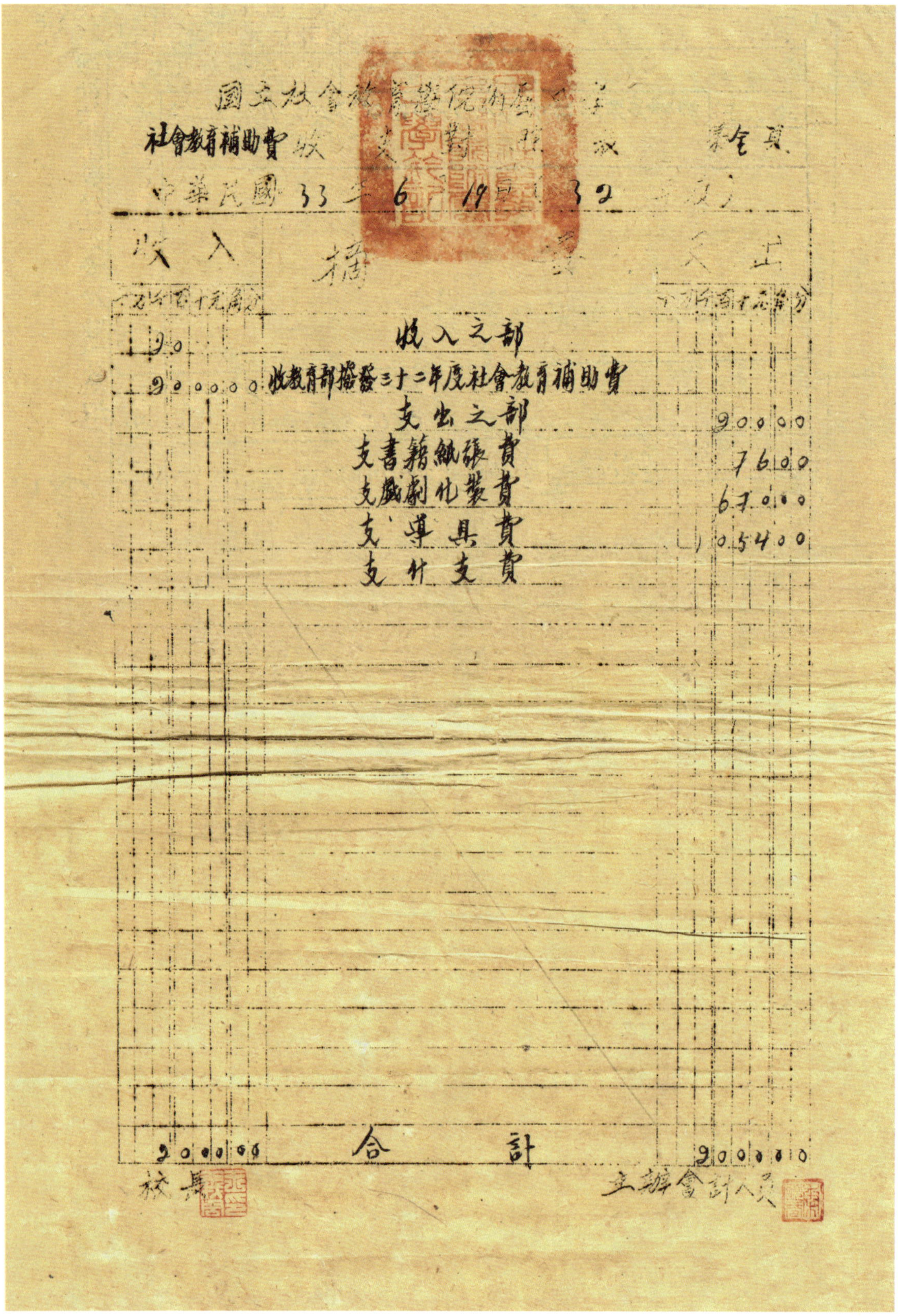

國立社會教育學院附屬小學

社會教育補助費收支對照表　第　頁　全　頁

中華民國33年6月19日 32

收入（十萬千百十元角分）	摘要	支出（十萬千百十元角分）
90	收入之部	
900000	收教育部撥發三十二年度社會教育補助費	
	支出之部	90000
	支書籍紙張費	7600
	支戲劇化裝費	67000
	支導具費	105400
	支什支費	
900000	合計	900000

校長　　　　主辦會計人員

附（二）社會教育補助費收支對照表

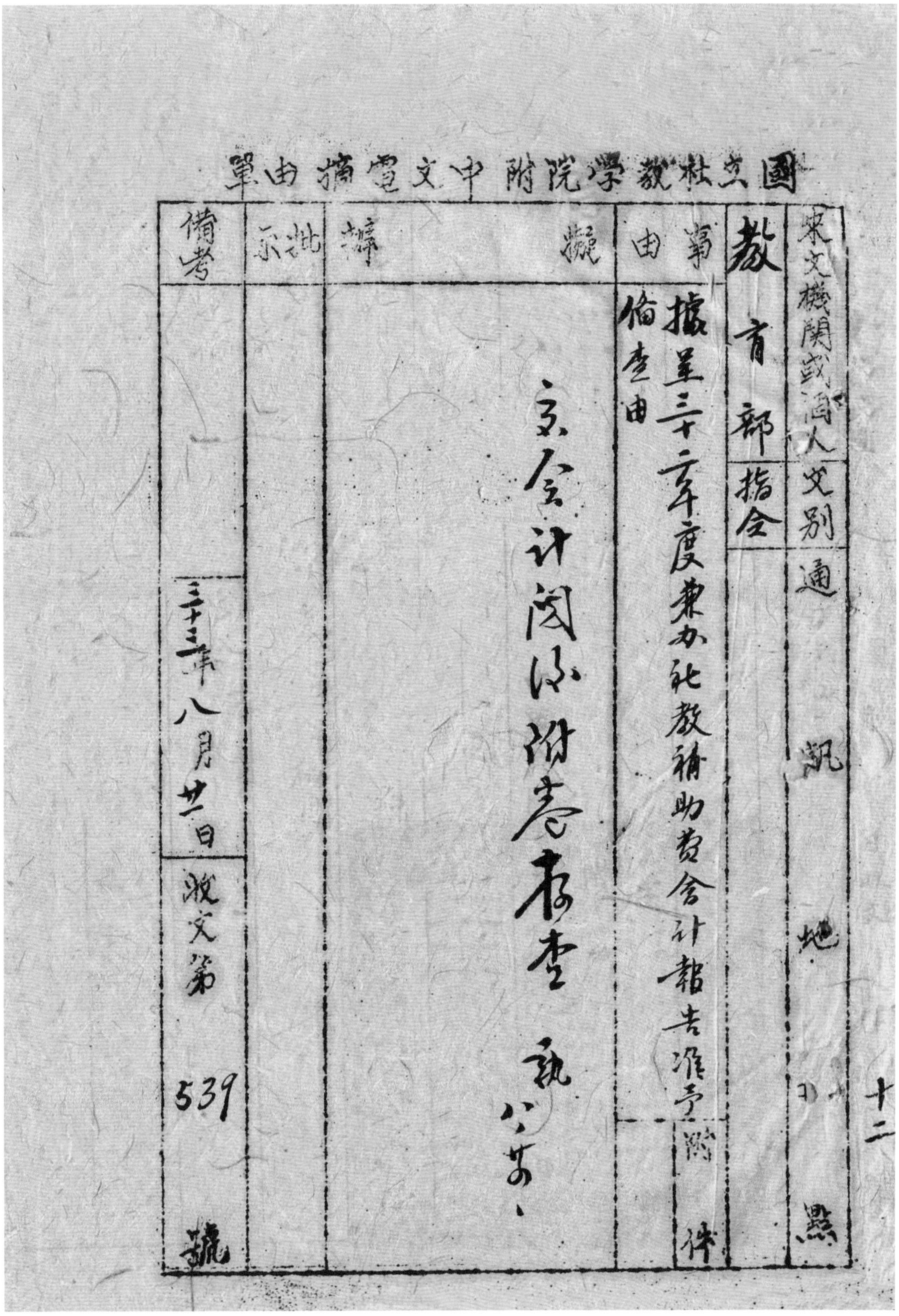

國立社教學院附中文電摘由單

來文機關或個人：教育部
文別：指令
通訊地點：
事由：據呈三十二年度東方社教補助費會計報告准予備查由
附件：
擬辦：交會計閱後附卷存查 執 八廿二
批示：
辦法：
備考：三十三年八月廿一日 收文第539號
十二

教育部給國立社會教育學院附屬中學的指令（一九四四年八月十八日）

檔號：1009-1-181

事由：據呈三十二年度社教補助費會計報告准予備查由。

教育部指令

中華民國三十三年八月十八日發

會字第40253號

令國立社會教育學院附屬中學

三十三年七月二十一日社字第三〇九號呈一件，為呈送三十二年度社會教育補助費會計報告祈鑒核由。

呈件均悉。准予備查。此令。

部長 陳立夫

監印 左竹

校對 梅肅棠

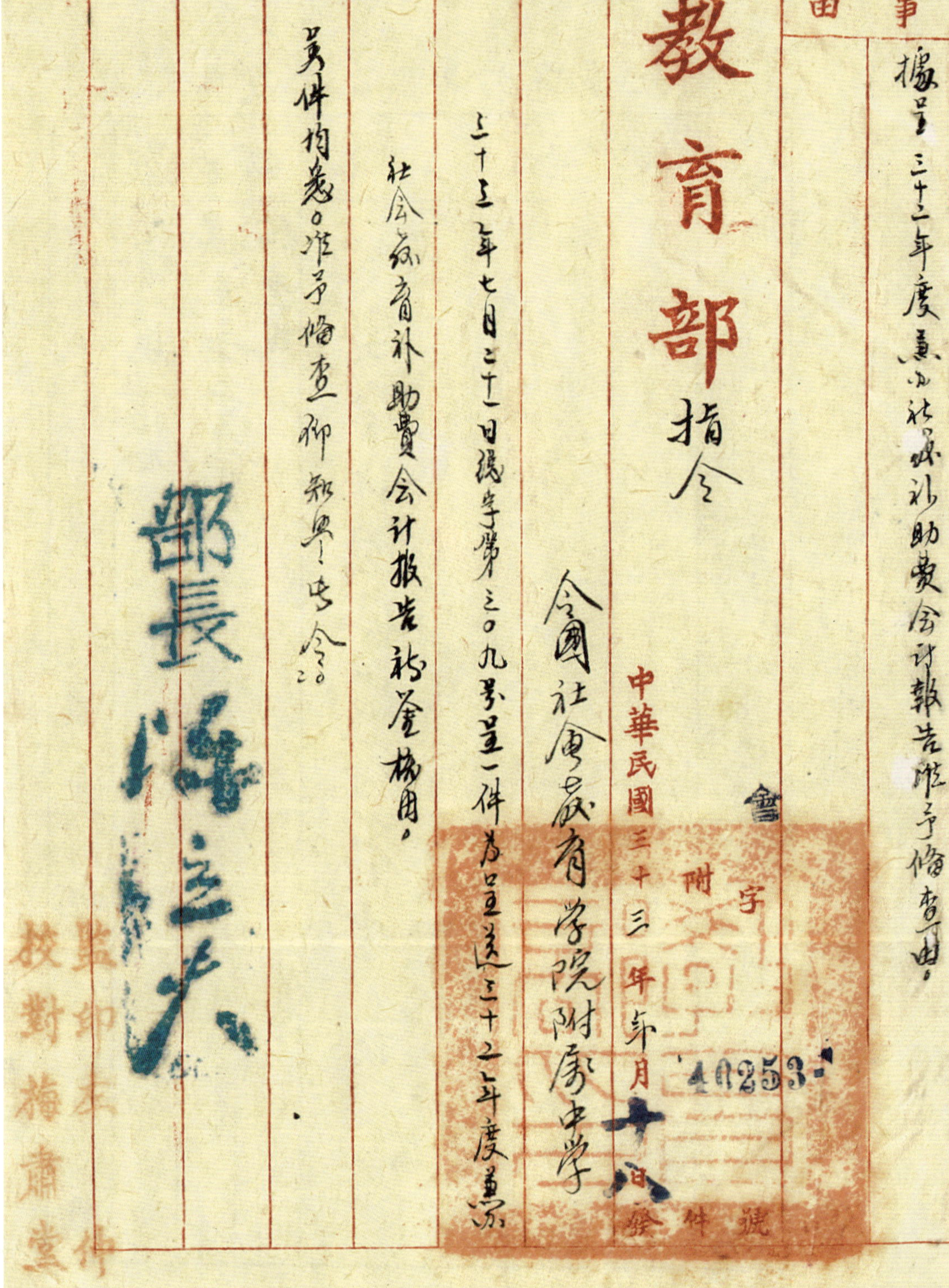

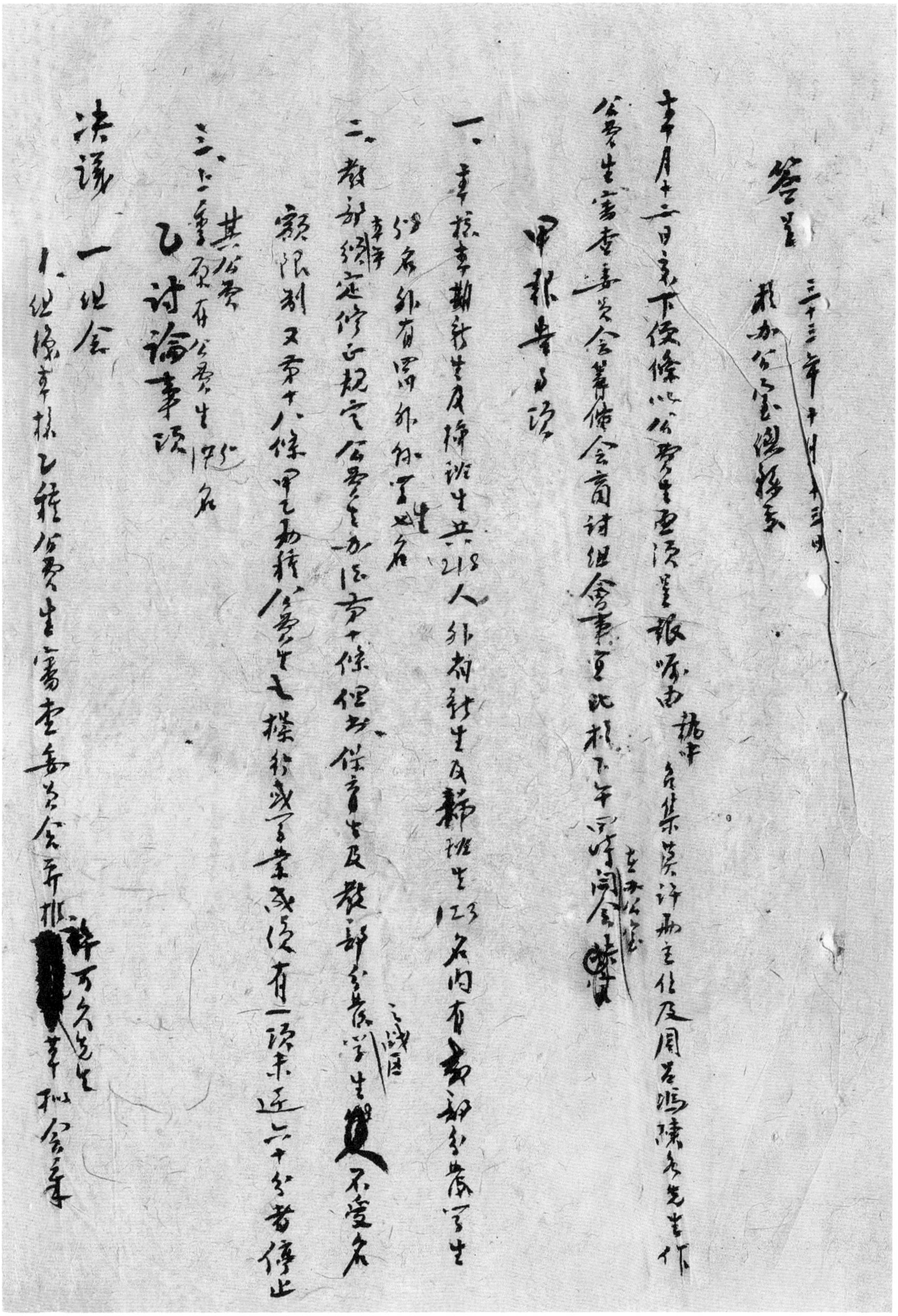

事務課主任夏執中爲公費生事項呈報及公費生審查委員會籌備會商討組會事宜給校長的簽呈

（一九四四年十月十三日）

檔號：1009-1-214

1、以校長三十一年十級第師院秘務辦理學生貸金會計處為公費生事

查無

二、首付原則

本校新生及特班生共有218名除奉教部分發之戰區生48名（內有公費名非戰區生）實有160名以占全數之七十分公費生之規定應有公費生112名

此項本籍新生因家境困難由本生本鄉保公所證明或自行申請者有四十三名經審核並只有107名亦不難通過規定比額之43名中就學行兩方面作初步之審查凡學行兩優不甚劣而操行平庸者淘去九名可以列報共98名

按照修正規定公費生辦法第十條之規定以本校舊生上學期學業成績在大專人士因其大多數來自戰區姑予寬容列報惟就個別以甄去從其於學行兩方面加以深切淘汰

申請公費之舊生會核與前院規定……以上。申請公費之舊生會核上項……以資……前經公費……依……謹呈……

事務組長執中謹簽

校長

此上

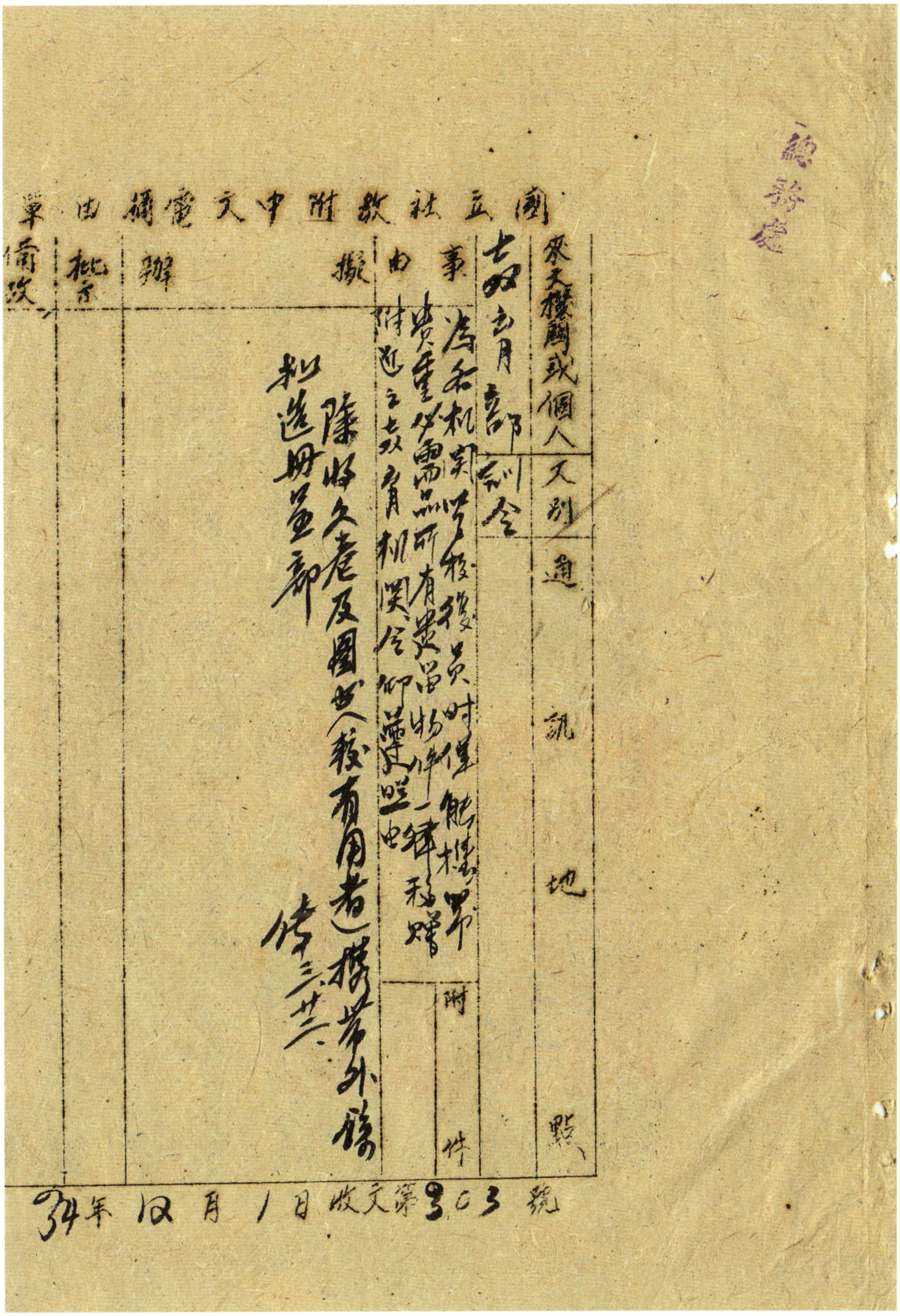

國立社教附中文電摘由單

來文機關或個人	文別	通訊地點
卅四十一月 部	訓令	

事由：為各機關學校復員時僅能攜帶貴重必需品所有遺留物件一律移贈附近之當地教育機關令仰遵照由

附件

擬辦：除收文卷及圖書（較有用者）攜帶外，餘擬造冊呈部　傅 三廿二

批示

備考

34年 11月 1日 收文第503號

教育部關于各機關學校復員時僅能攜帶貴重必需品，所有遺留物件一律移贈附近之當地教育機關的訓令

（一九四五年十一月二十日）

檔號：1009-1-181

事由 為各机関學校復員時僅能攜帶貴重必需品所有遺留物件一律移贈附近之當地教育机関令仰遵照由

教育部訓令 秘字第 58831 號

中華民國卅四年十一月貳拾日

令 [illegible]教育學院附屬中學

查教育復員期中各机関與學校遷移費用為數甚鉅當此戰後瘡痍未復物力艱難之會交通工具又缺乏將来各該校經核准復員遷移時所能攜帶之公物數量應有嚴格之限制僅能限於攜帶比較貴重及必需之物品即員生行李亦須減少至最低限度否則不僅攜帶困難抑且運輸所費或較新置為昂殊不經濟凡不便攜帶

而遺留之物件一律造冊呈部候另令處置免增加運輸負担以節公帑除分行外合亟令仰遵照此令。

部長 朱家驊

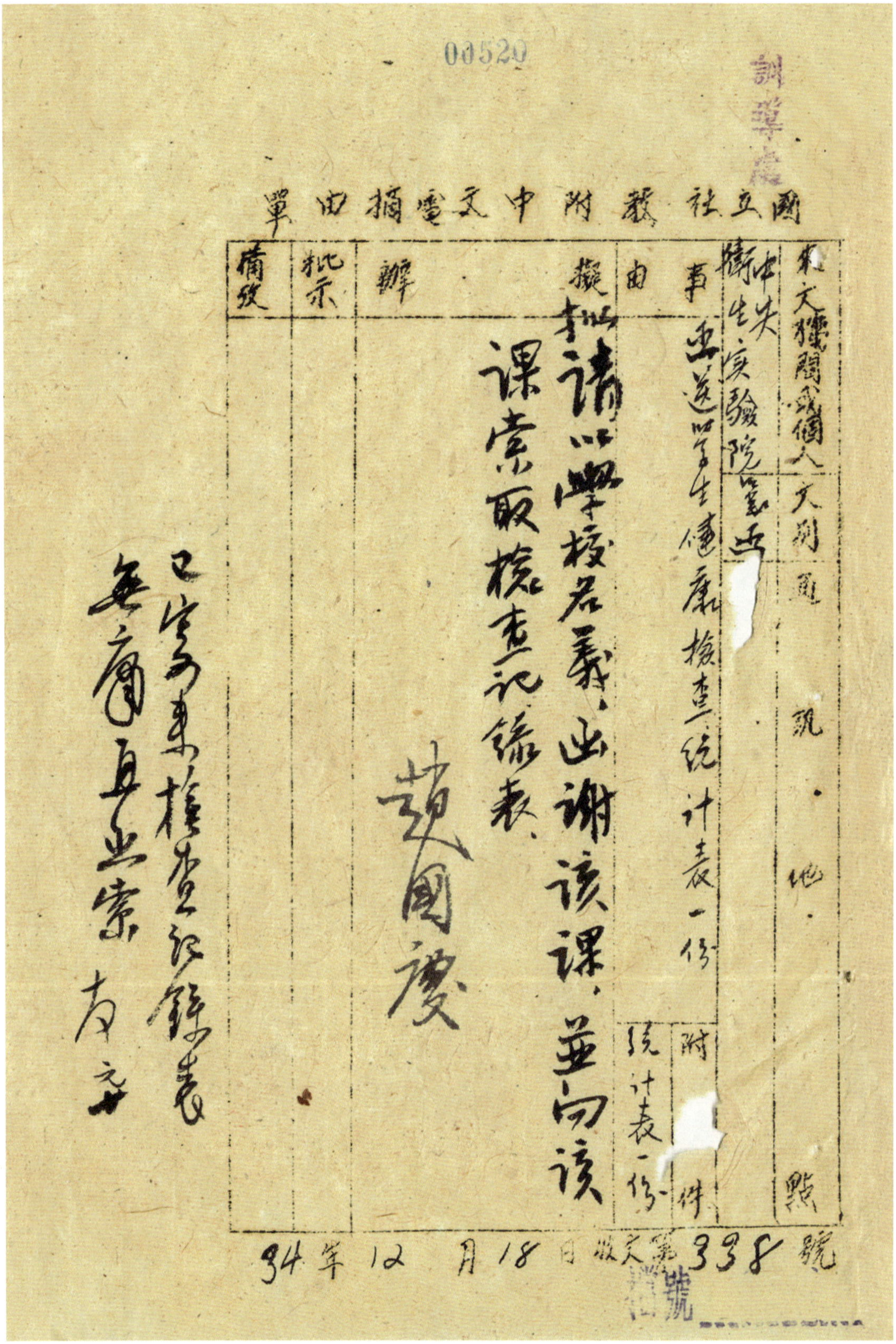
00520

訓導處

國立社教附中文電摘由單

來文機關或個人	文別	號	地	附	事由	擬辦	批示	備考
中央衛生實驗院	函			統計表一份	函送學生健康檢查統計表一份	擬請以學校名義函謝該課，並向該課索取檢查記錄表、 趙國慶	已寄來檢查記錄表 無庸再函索 有文	

34年12月18日收文第338號

中央衛生實驗院爲送學生健康檢查統計表給國立社會教育學院附屬中學的箋函

（一九四五年十二月十五日）

附：青木關各校學生健康檢查結果統計表

檔號：1009-1-188

中央衛生實驗院沙磁衛生實驗區用箋

字第　　號第　　頁

逕啟者：青木關各校學生健康檢查結果業已統計完畢，茲隨函附上統計表壹份，敬請

查收爲荷

此致

社教附中

附各校學生健康檢查結果統計表乙份

沙磁衛生實驗區學校衛生股

啟

中華民國卅四年十二月十五日

丁4(192×272公厘)合印

1.本校檢查人數
2.缺点之%
3.缺点之種目
4.也區最高缺点之%（中推因此缺=附小）
5.統的百分數 84%

青木關各校學生健康檢查結果統計 卅四年十一月

學名校稱	受檢查人數			有缺点人數			有缺点者%			缺点分類																				缺点總例數
	男	女	合計	男	女	合計	男	女	合計	營養	發育	頭皮膚	視力	听力	砂眼	其他眼病	耳病	鼻病	扁桃腺	牙病	淋巴腺	甲狀腺	循環器	呼吸器	脾	疝氣	包莖	畸形外科	其他	
中大附中高中部	436	—	436	359	—	359	82.34	—	82.34	49	2	26	28	11	141	41	6	4	36	180	48	1	21	11	1	4	48	11	0	669
中大附中初中部	216	—	216	192	—	192	88.89	—	88.89	41	4	24（21）	21	17	58	9	2	5	24	110	25	0	2	5	6	4	104	1	0	459
中大附中女中部	—	415	415	—	332	332	—	80.00	80.00	28	3	52	46	66	74	10	1	13	26	201	7	2	4	3	10	0	0	0	0	546
社教附中男生部	485	—	485	400	—	400	82.29	—	82.29	73	17	44	32	8	125	7	2	8	51	191	65	0	5	11	2	13	110	0	0	764
社教附中女生部	—	263	263	—	201	201	—	76.43	76.43	49	4	31	57	5	89	13	4	17	44	123	9	5	4	7	1	0	0	0	0	462
勞作師範	130	80	210	113	57	170	87.78	71.25	80.95	19	2	25	19	10	72	11	1	4	6	88	25	0	4	2	10	3	35	0	0	336
童軍師範	64	38	102	54	29	83	84.38	76.32	81.37	17	1	14	8	0	34	2	1	0	7	51	9	0	1	3	1	0	13	0	1	163
音樂院院本部	7	7	14	7	5	12	100.00	35.71	85.71	1	0	0	2	1	3	0	0	1	0	9	1	0	0	0	0	0	2	0	0	20
音樂院幼年班	133	—	133	109	—	119	81.95	—	81.95	27	2	35	10	10	60	4	2	20	13	43	15	2	1	0	0	1	48	1	0	294
上海音專	18	18	36	17	14	31	94.44	77.78	86.39	7	0	1	7	0	5	3	1	4	1	23	3	1	0	0	0	0	4	0	0	60
社教附小校本部	119	90	209	102	73	175	85.79	81.11	83.73	100	8	9	7	9	28	1	3	43	40	2	0	2	3	2	0	0	33	0	0	286
社教附小第一分校	322	239	561	306	217	523	95.03	90.79	93.23	303	52	12	37	7	186	29	10	171	130	269	19	0	9	13	10	8	84	3	0	1352
社教附小第二分校	119	46	165	119	40	159	100.00	86.96	96.36	90	14	7	0	0	66	11	5	63	40	63	1	0	3	4	5	9	32	0	3	416
幼稚園	55	47	102	43	37	80	78.18	78.38	78.43	19	0	3	0	0	11	1	1	18	29	38	0	0	1	0	0	0	13	0	0	134
總計	2104	1243	3347	1831	1005	2836	87.02	80.85	84.73	823	109	278	274	142	952	142	39	371	447	1391	227	13	58	61	46	42	526	16	4	5961
缺点百分率										24.59	3.26	8.31	8.86	4.78	28.44	4.25	1.16	11.09	13.36	41.56	6.78	0.38	1.73	1.82	1.37	1.25	28.73	0.48	0.12	

附註：
1. 視力及听力二項小學低年部及幼稚園学生未檢查受檢查者共計2969人
2. 包莖缺点仅限男生共檢查2104人

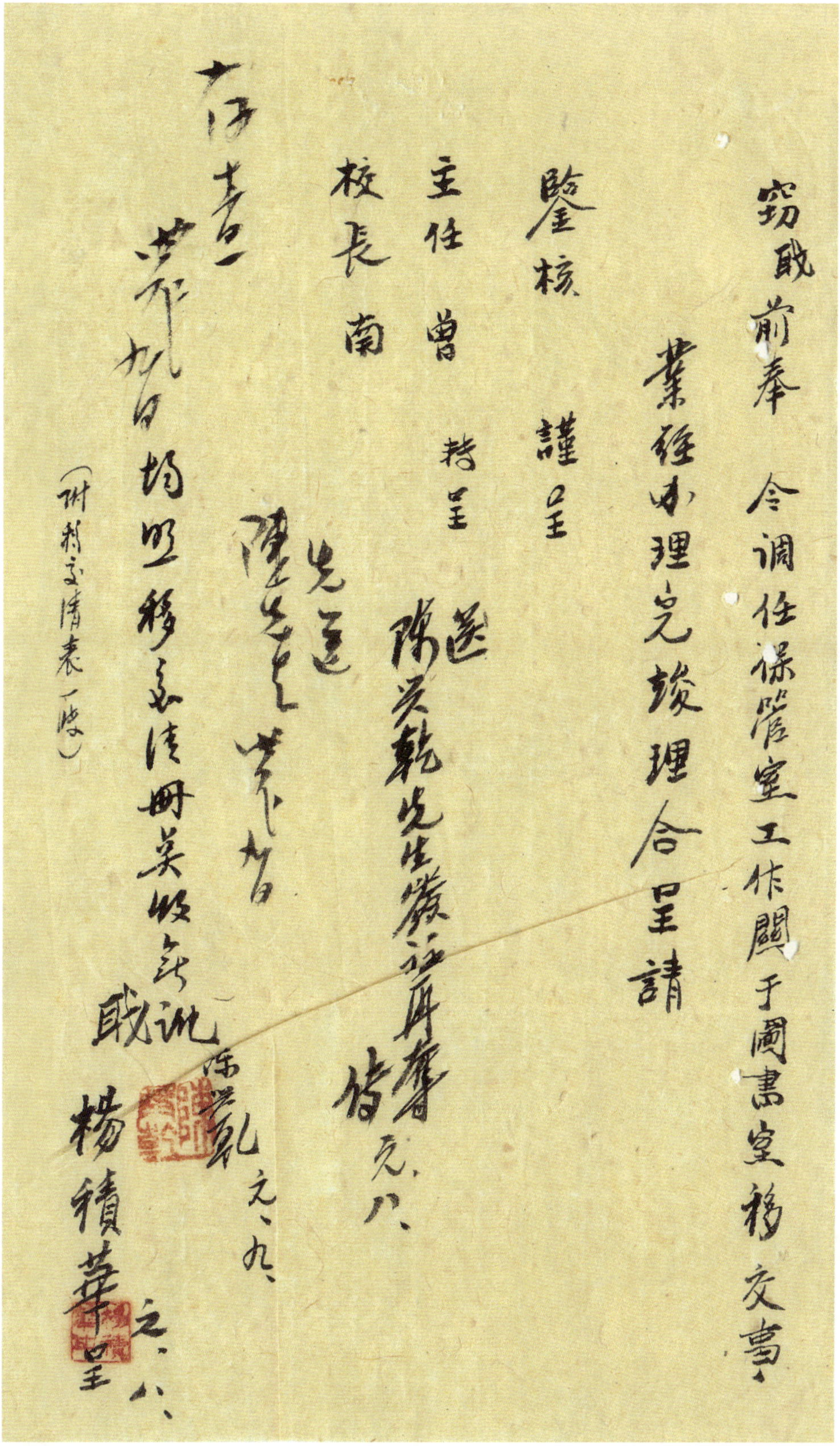

竊職前奉　令調任保管室工作，關于圖書室移交事，業經辦理完竣，理合呈請
鑒核　謹呈
主任曾　轉呈
校長南
送陳炎乾先生簽注再奪　俊　元、八
先送陳先生
楊照移交清冊點收無訛　陳炎乾　元、九
存查
職　楊積華呈　元、八
（附移交清表一件）

職員楊積華關于移交圖書室的簽呈（一九四六年一月八日）

附：移交清表

檔號：1009-1-183

品名	数量	实收	备考
图书	一一九八(本)	二〇〇	一一九八本内未除前任桑先生遗失数之若干本、未登记者亦在内、
未登记书图	五六(本)	五六	
杂志	一五三(本)	五八	
化学仪器	一五(种)	十五	另造清册
物理仪器	三三(种)	三三	〃 〃
生物仪器	二六(种)	二六	〃 〃
生物标本	六二(种)	六一	〃 〃
化学药品	二八(种)	五八	〃 〃
各科挂图	一三八(帧)	一三八	
日本投降照片	六(帧)	六	
名人挂像	四(帧)	二〇	
鎗	六(把)	六	

圖書室印	一（方）	一	
圖書記登冊	三（本）	三	
〃〃分類目録	一（本）	一	
〃〃清冊	一（本）	一	
理化儀器清冊	二（本）	二	
借書冊	三（本）	三	
借書条	二（[illegible]）	二	
移交人		盖章	
新任人		〃〃	
監盤人		〃〃	

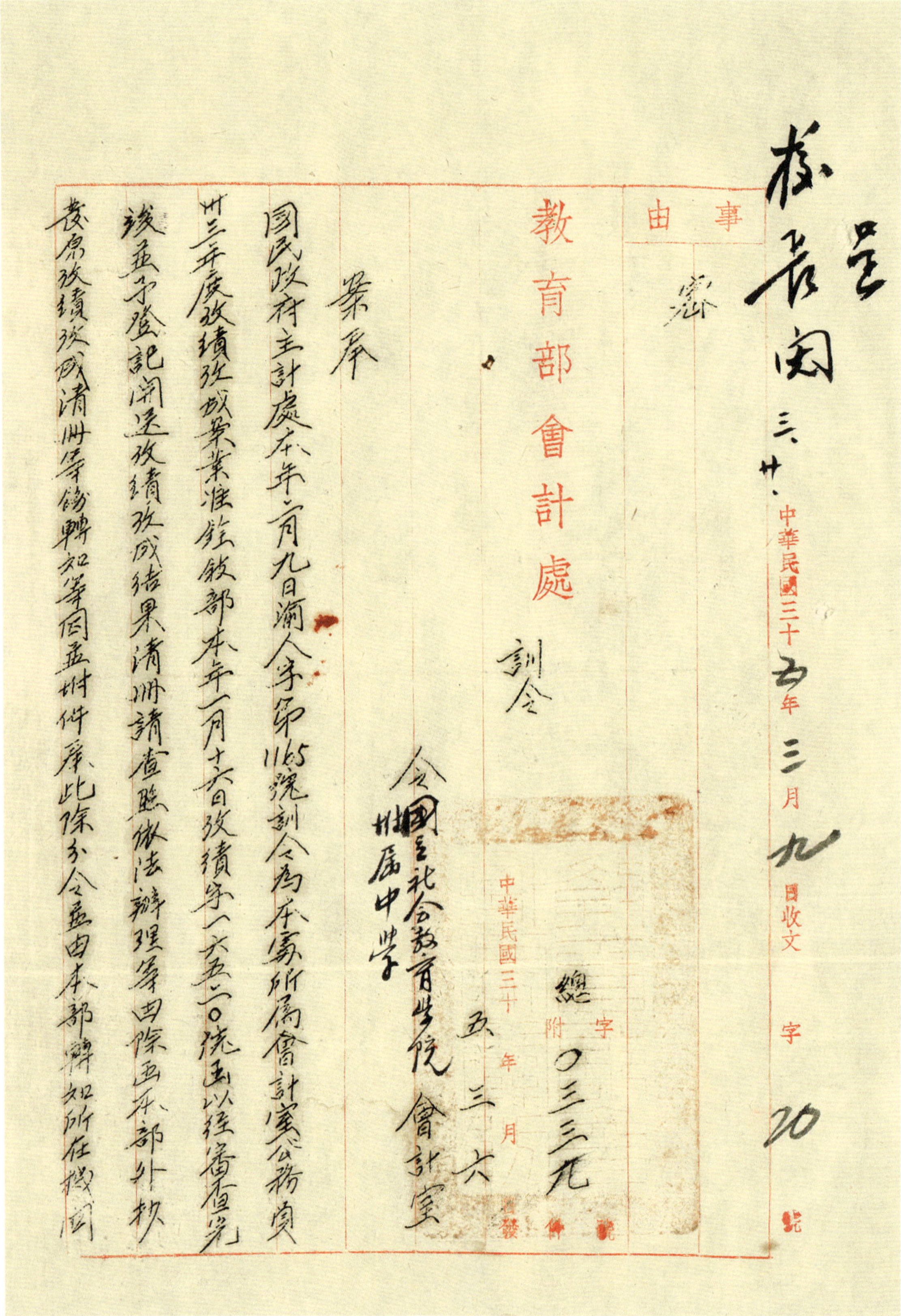

校長閱 三、廿、

中華民國三十五年三月九日收文 字 20 號

事由

教育部會計處 訓令

令國立社會教育學院附屬中學會計室

中華民國三十五年三月六日發 總字 〇三三九號 附件

案奉

國民政府主計處本年二月九日渝人字第1165號訓令爲本處所屬會計室公務員卅三年度考績考成案業准銓敘部本年一月十六日考績字一六五二〇號函以經審查完竣並予登記開送考績考成結果清冊請查照依法辦理等由除函承部外抄發原考績考成清冊等飭轉知等因並附件奉此除分令並由本部轉知所在機關

教育部會計處關于抄發所屬會計室公務員考績考成結果清單轉知所屬機關給國立社會教育學院附屬中學的訓令（一九四六年三月六日）

附：國立社會教育學院附屬中學會計室公務員一九四四年度考績及考成結果清單

檔號：1009-1-182

學校外合將該室公務員考績考成結果列表清單轉仰知照至是項考績考成結果均自卅四年一月份起照案執行（其已調職人員如未向原職機關支領得向現職機關照補薪津）合併飭知此令

附國民政府主計處教育部會計處所屬國立社會教育學院附屬中學會計室公務員卅三年度考績及考成結果清單

姓名	職務	官等	合格或不合格	獎懲	備考
郝當儒	國立社會教育學院附屬中學會計主任	委任待遇	合格	晉敘委任玖級待遇俸貳〇〇元	該員以國立同濟大學會計室佐理員原職卅三年考績結果如上

會計長 廖國[illegible]

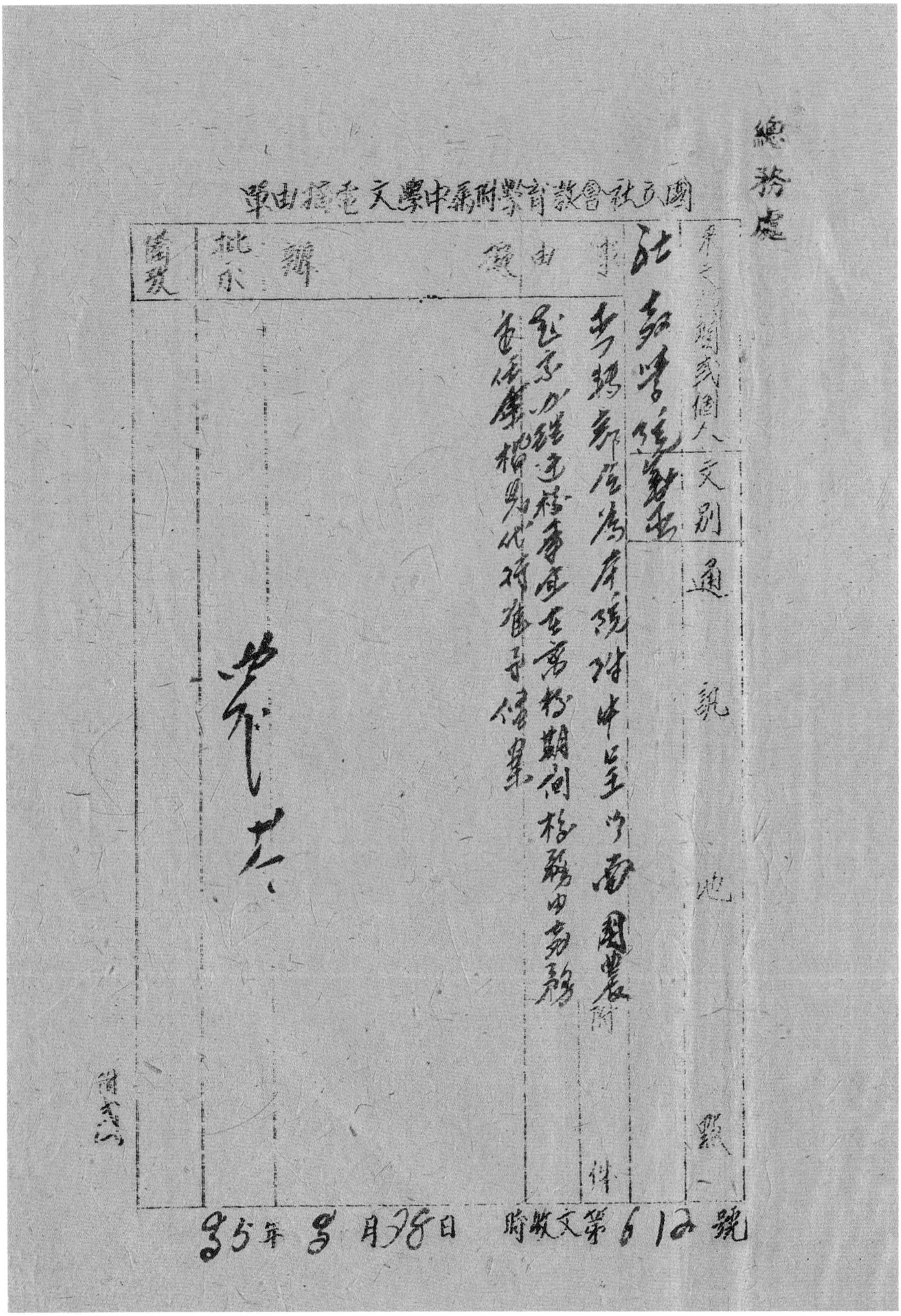

總務處

國立社會教育學院附屬中學文電摘由單

來文機關或個人：社教學院

文別：通訊

地點：

件數：

事由：奉轉部令為本院附中呈以南國農赴京辦理遷校事宜在離校期間校務由教務主任余楷先代行准予備案

擬辦：

批示：

備考：

35年3月28日 收文第612號

國立社會教育學院轉教育部訓令爲本院附中南國農赴京辦理遷校事宜，在離校期間校務由教務主任余楷先代行準予備案給附屬中學的箋函（一九四六年三月二十六日）

附：教育部訓令

檔號：1009-1-194

國立社會教育學院用箋

兹檢送
教育部卅五年三月十九日渝中字第15715號
訓令一件[illegible]　併希
查照爲荷
此致
本院附中

國立社會教育學院章

啓　三月廿六日

消費合作社製

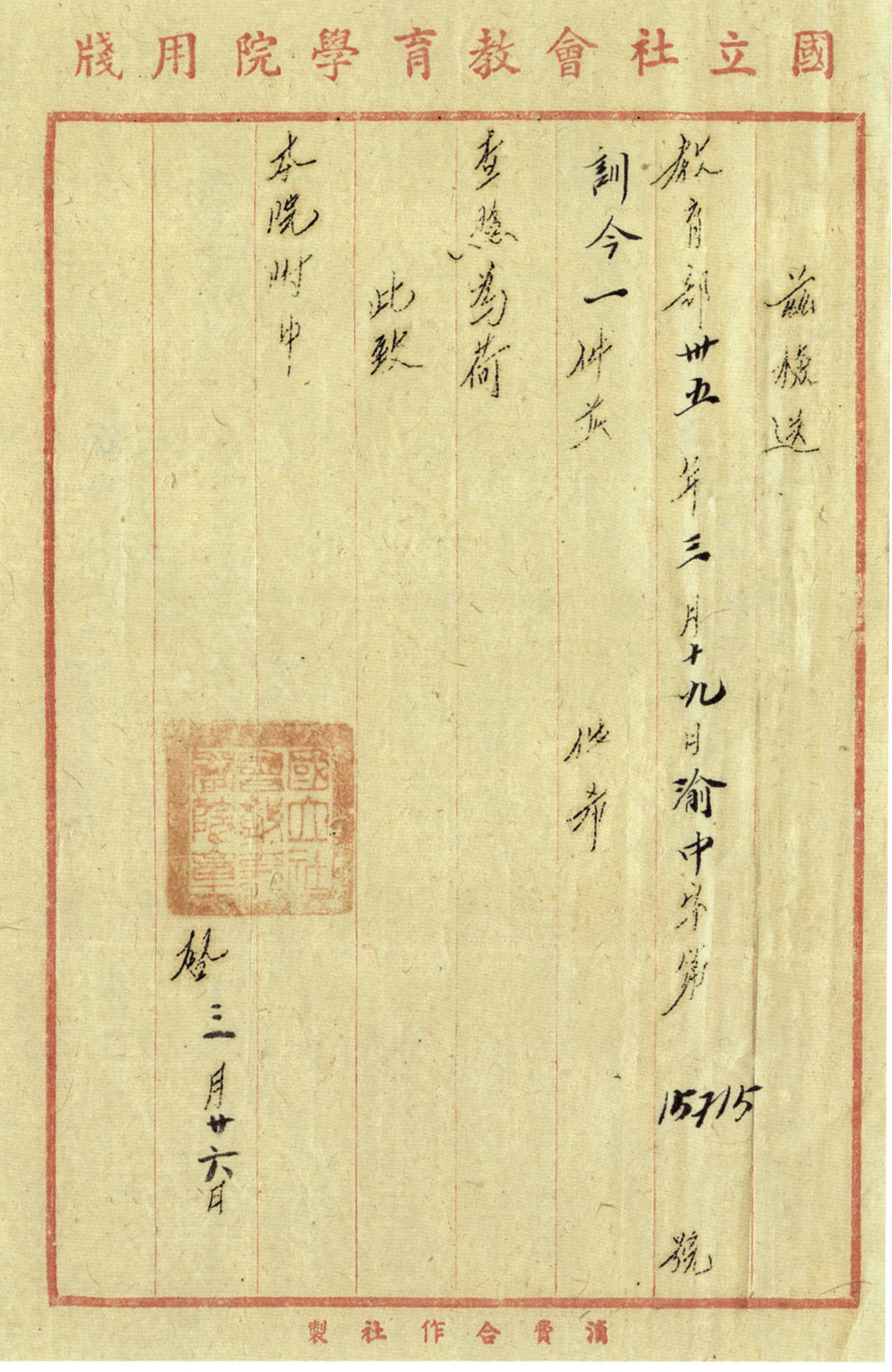

教育部 訓令

中華民國卅五年三月廿二日收

發文 157:15

附

中華民國卅五年三月

事由：為本院附中呈以南校長國農赴京辦理遷校事宜在遷校期間校務由教務主任俞楷先代行准予備案由

擬辦

批示

令國立社會教育學院

據該院附中本年二月四日呈以南校長國農於本月四日赴京辦理遷校事

收文社字第1183號

宜在離校期間校務由教務主任余楷先代行等情准予備案嗣後該校來文應呈由該院轉呈其有時間性之公文尤應從早呈核免失時效併仰飭遵此令。

部長 朱家驊

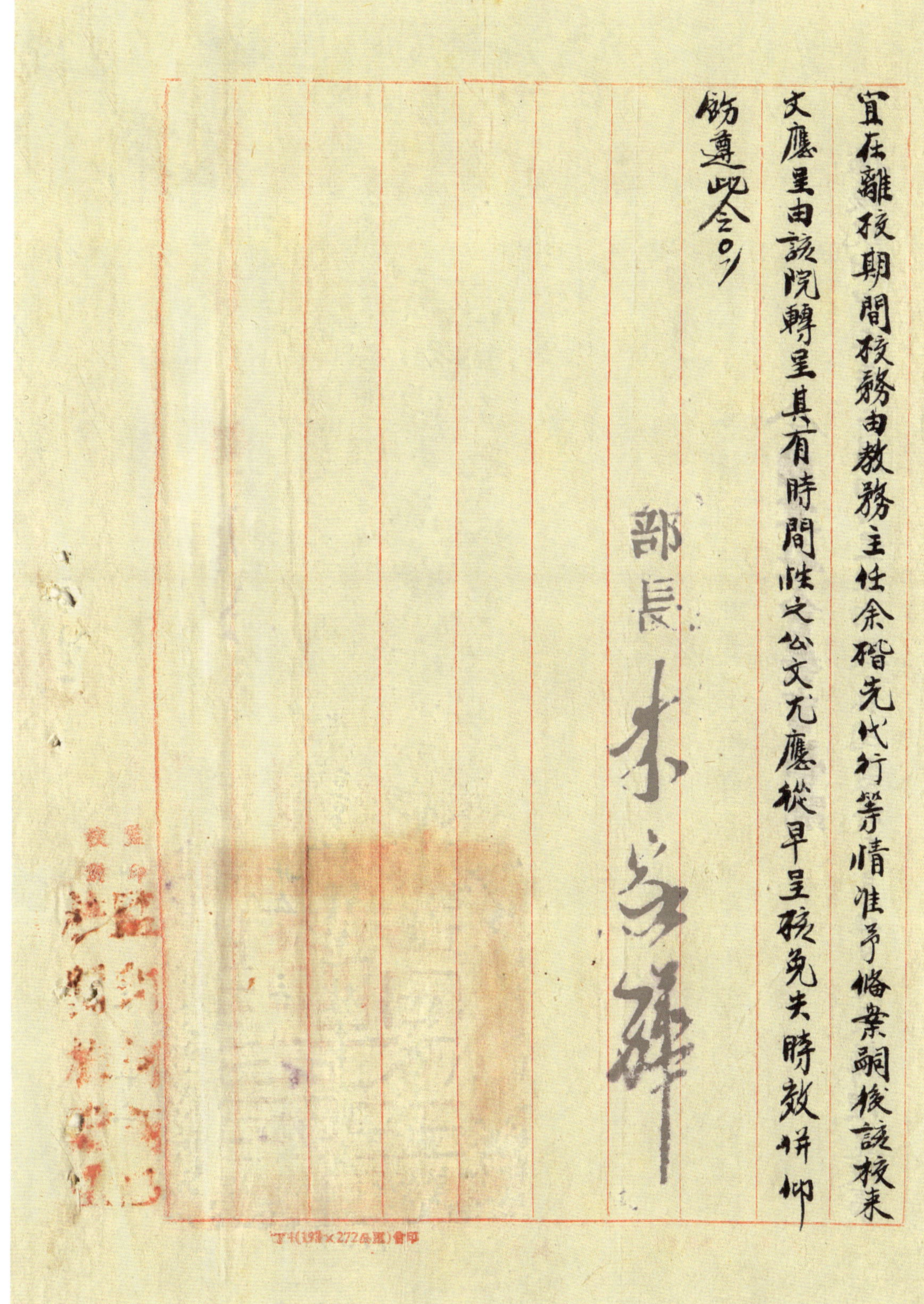

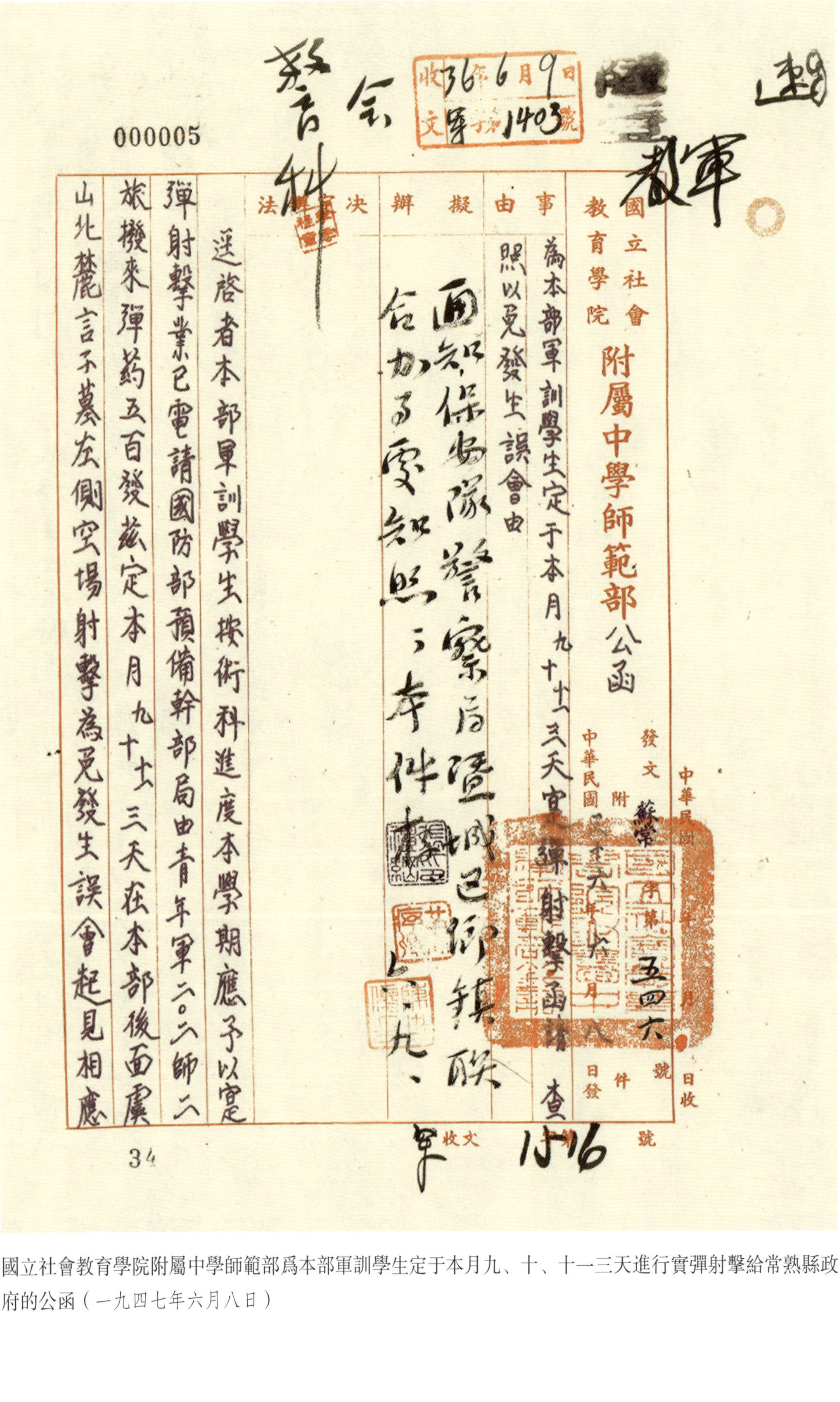
000005

收文 36年6月9日 第1403號

國立社會教育學院附屬中學師範部公函

事由：為本部軍訓學生定于本月九、十、十一三天實彈射擊函請查照以免發生誤會由

擬辦：函知保安隊警察局暨城區鄉鎮聯合辦事處知照。奉件存。六、九、

逕啟者：本部軍訓學生按術科進度，本學期應予以寔彈射擊，業已電請國防部預備幹部局由青年軍二〇六師六旅撥來彈藥五百發，茲定本月九、十、十一三天在本部後面虞山北麓言子墓左側空場射擊，為免發生誤會起見，相應

發文 蘇常字第五四六號 中華民國三十六年六月八日發

34

國立社會教育學院附屬中學師範部爲本部軍訓學生定于本月九、十、十一三天進行實彈射擊給常熟縣政府的公函（一九四七年六月八日）

函達請煩
查照為荷
此致
常熟縣政府

兼主任 石聯星

臨時校址：江蘇常熟

1946,9——500

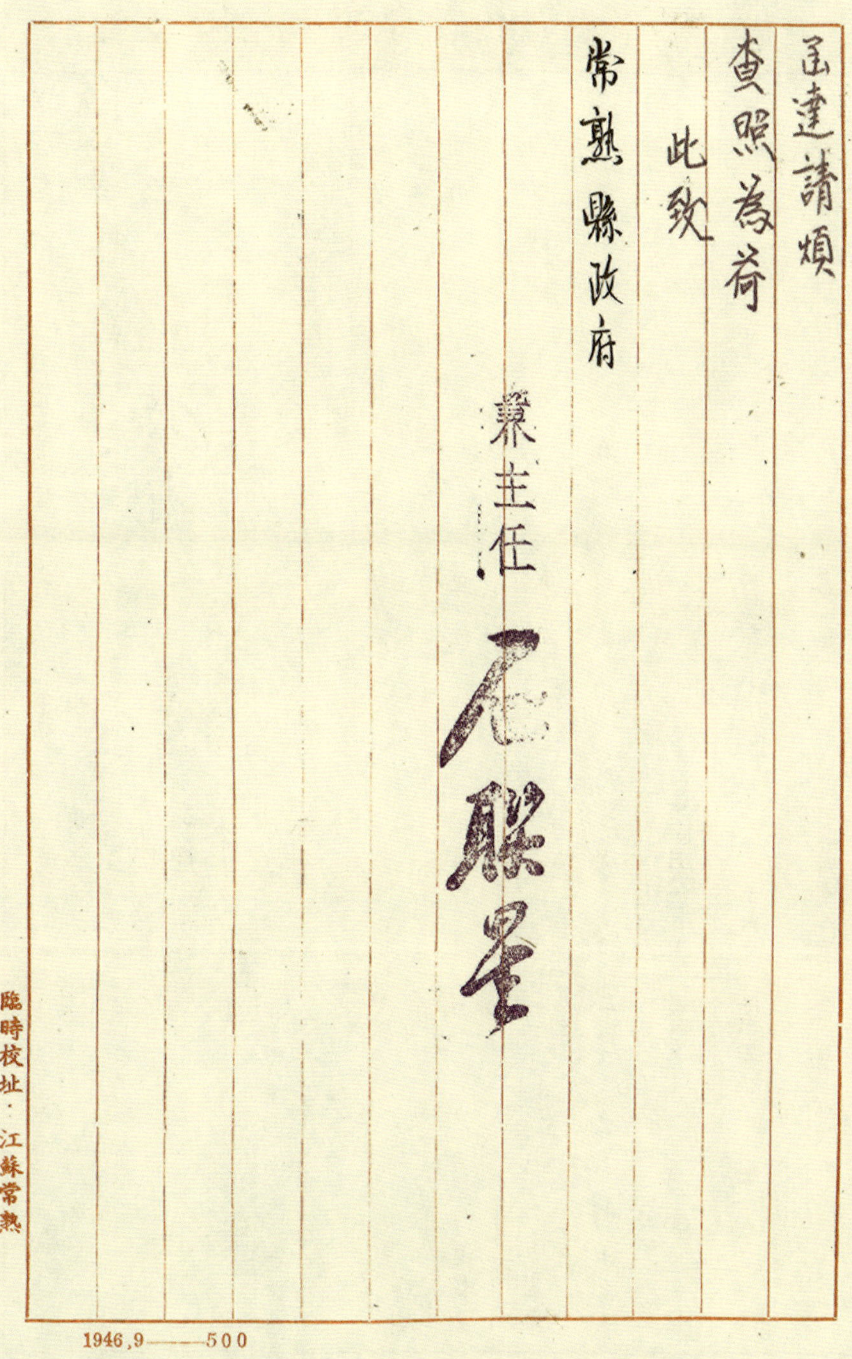

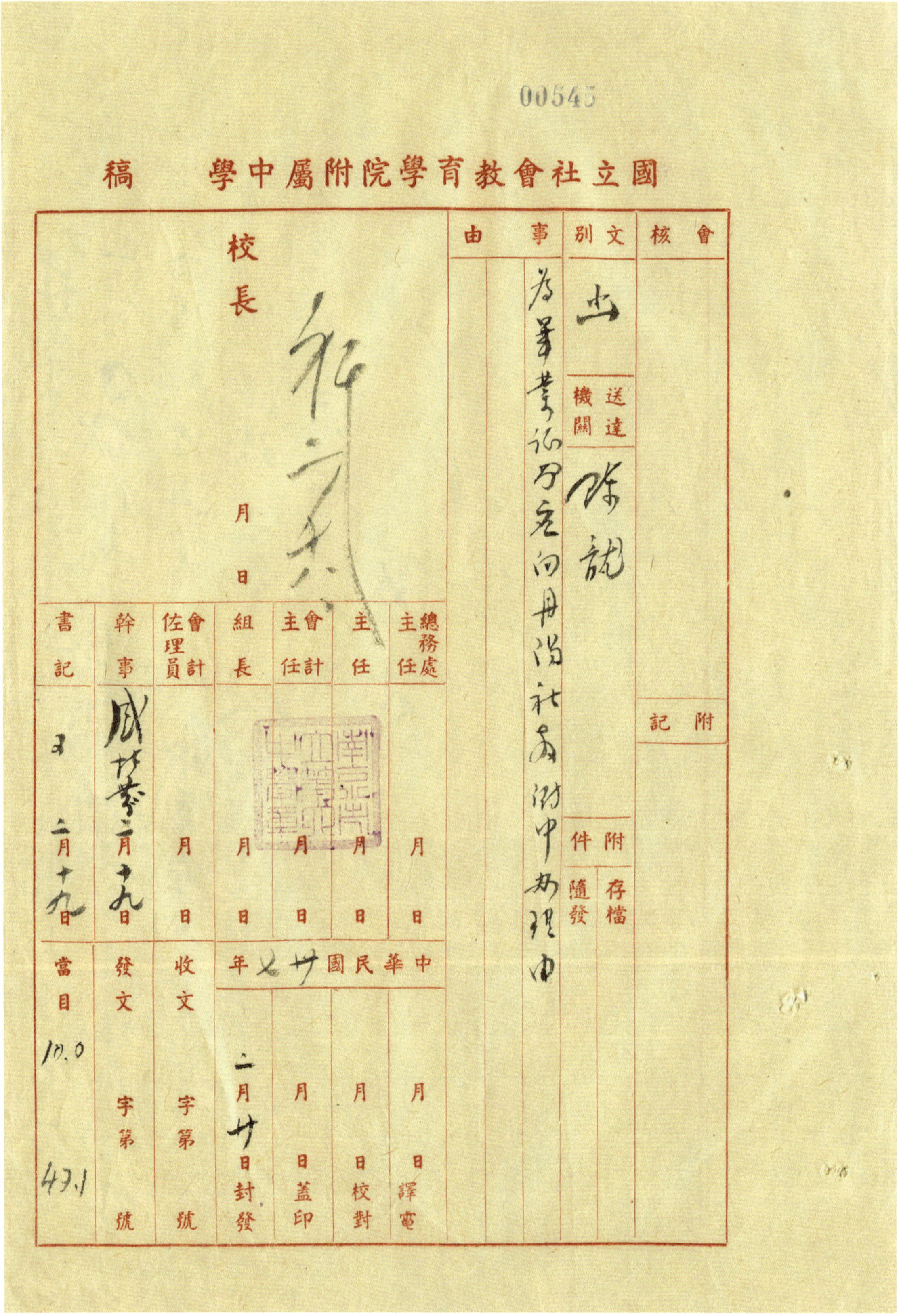

國立社會教育學院附屬中學　稿

00545

會核	文別	事由
	出	為畢業證明書應向丹陽社教附中辦理由

送達機關：陳龍

附記

附件：存檔　隨發

校長

總務處主任	主任	會計主任	組長	會計佐理員	幹事	書記
月　日	月　日	月　日	月　日	月　日	二月十九日	二月十九日

中華民國卅七年　二月廿日封發

當日 10.0　431

南京市立第六中學爲畢業證書應向丹陽國立社會教育學院附屬中學辦理給學生陳龍的復函

（一九四八年二月二十日）

檔號：1009-1-208

一月十七日

逕啟者接准貴校來函為畢業證書

一節社友附中丹陽校現存本校由君逕向該校

所有各畢業生等件本校並未接收

辦理特此奉復

此致

陳誠君

林

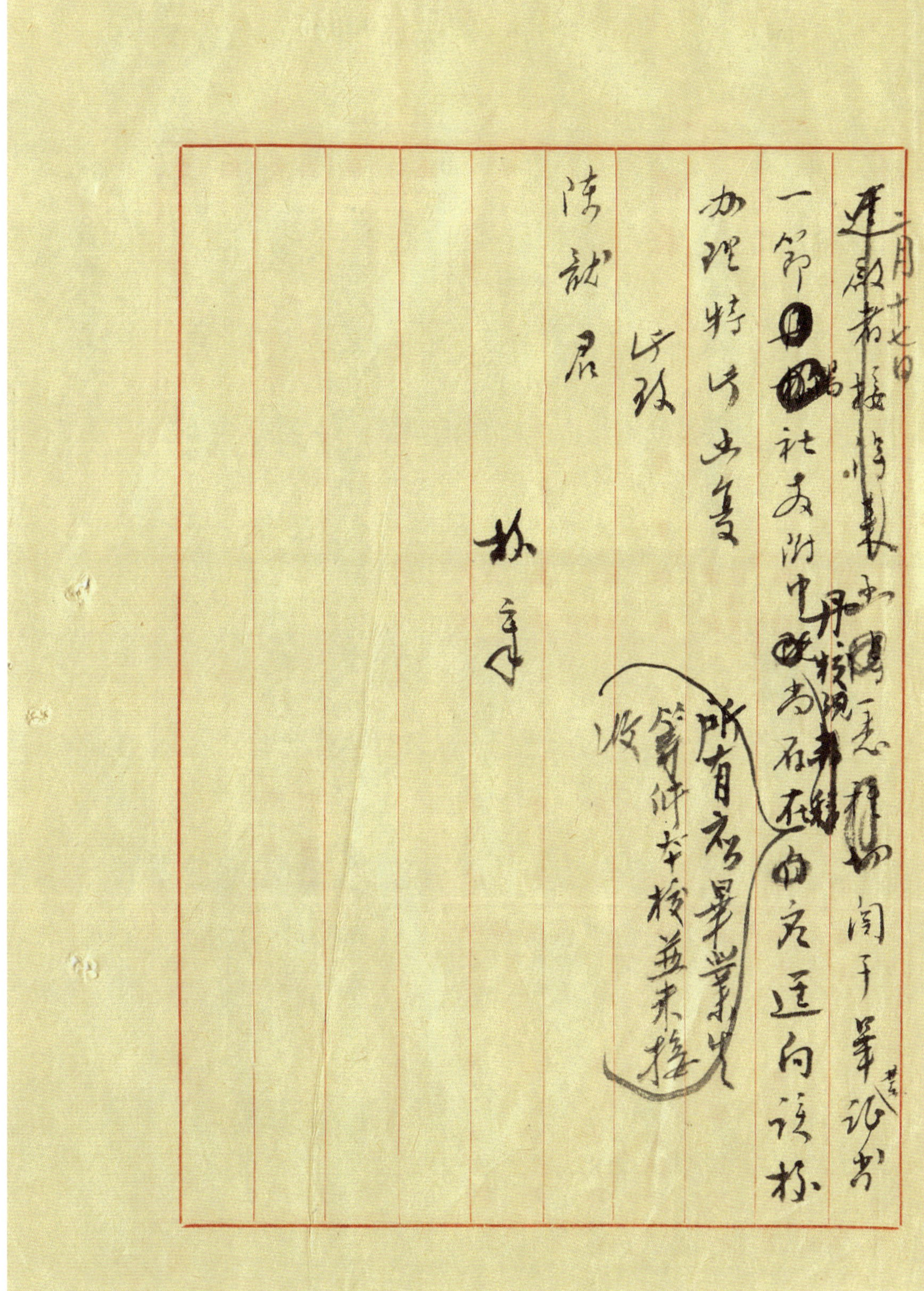

00201

教字第 59 號 五六收

照借

國立社會教育學院附屬師範公函

事由：為派學生水吉闓前来 貴館洽借鉄餅標槍 至希 惠允由

擬辦

決定辦法

逕啓者本部學生於本月底舉行競技賽拟向
貴館借用鉄餅標槍各一兹特派學生水吉闓前来
貴館面洽至希
惠允無任感荷

中華民國三十七年五月六日

發文蘇常字第三八號

附件

中華民國 年 月 日收

文收 字第 號

95

國立社會教育學院附屬師範爲派學生前來洽借鐵餅、標槍等給常熟縣民教館的公函

（一九四八年五月六日）

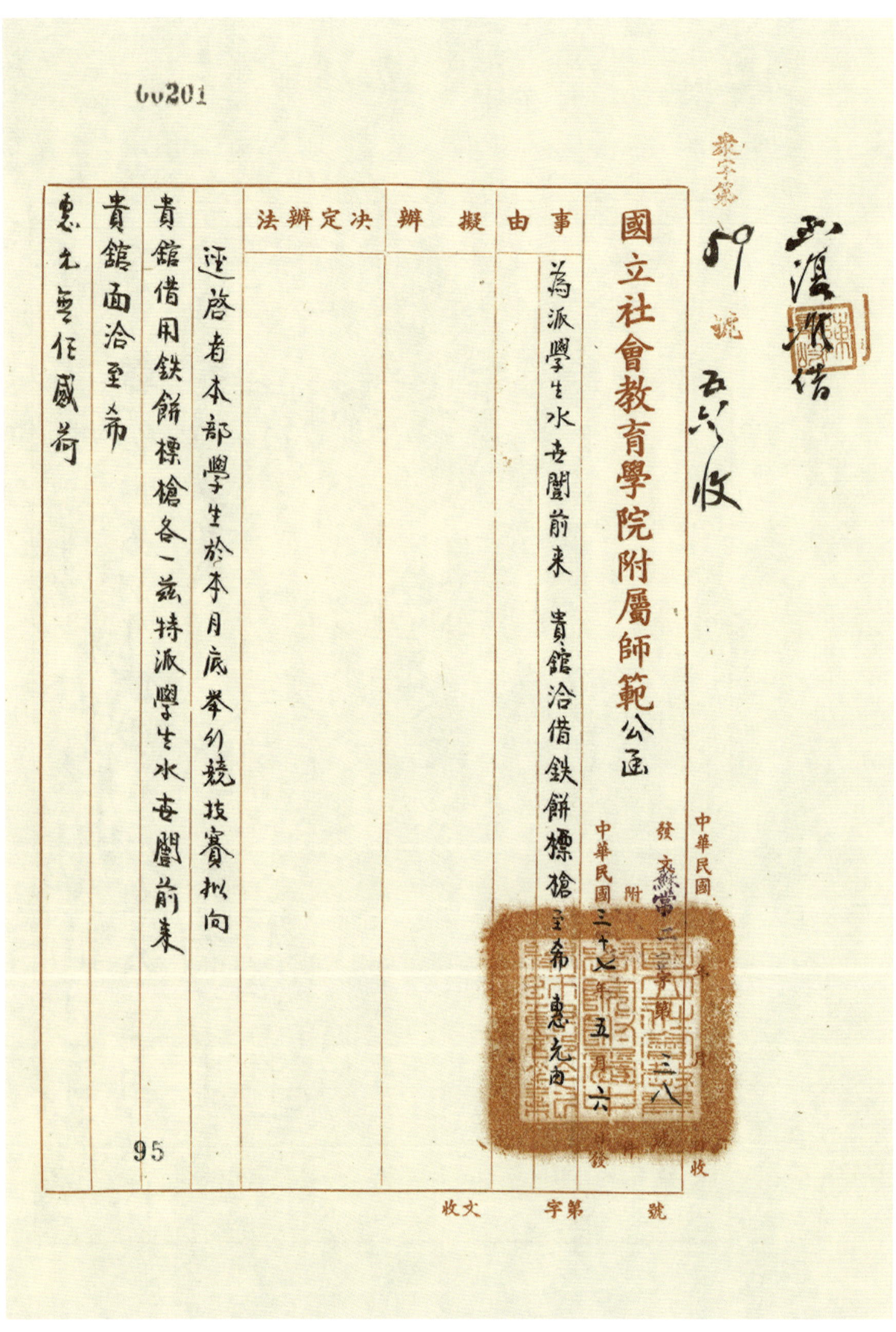

此致

常熟縣民教館

兼主任石聯星

臨時校址：江蘇常熟城内

1946，9——1000

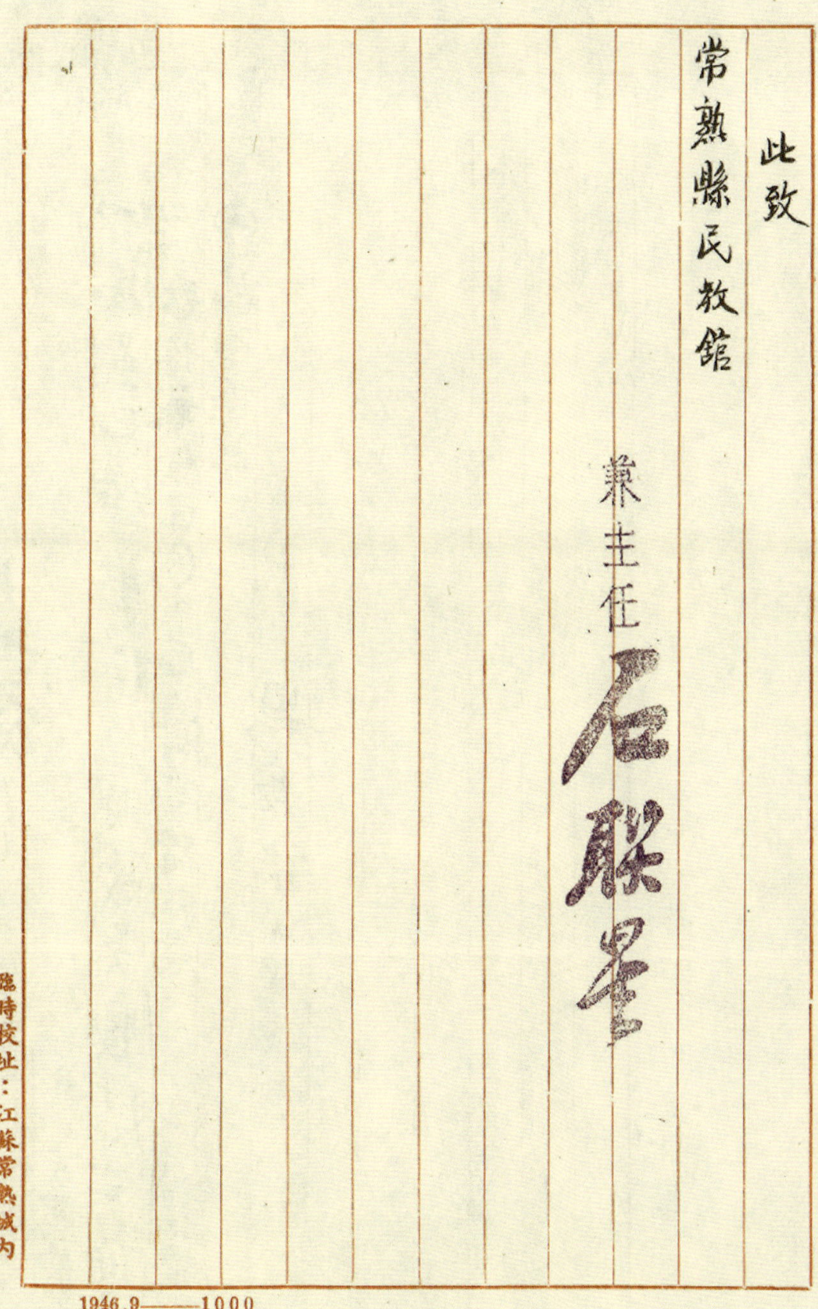

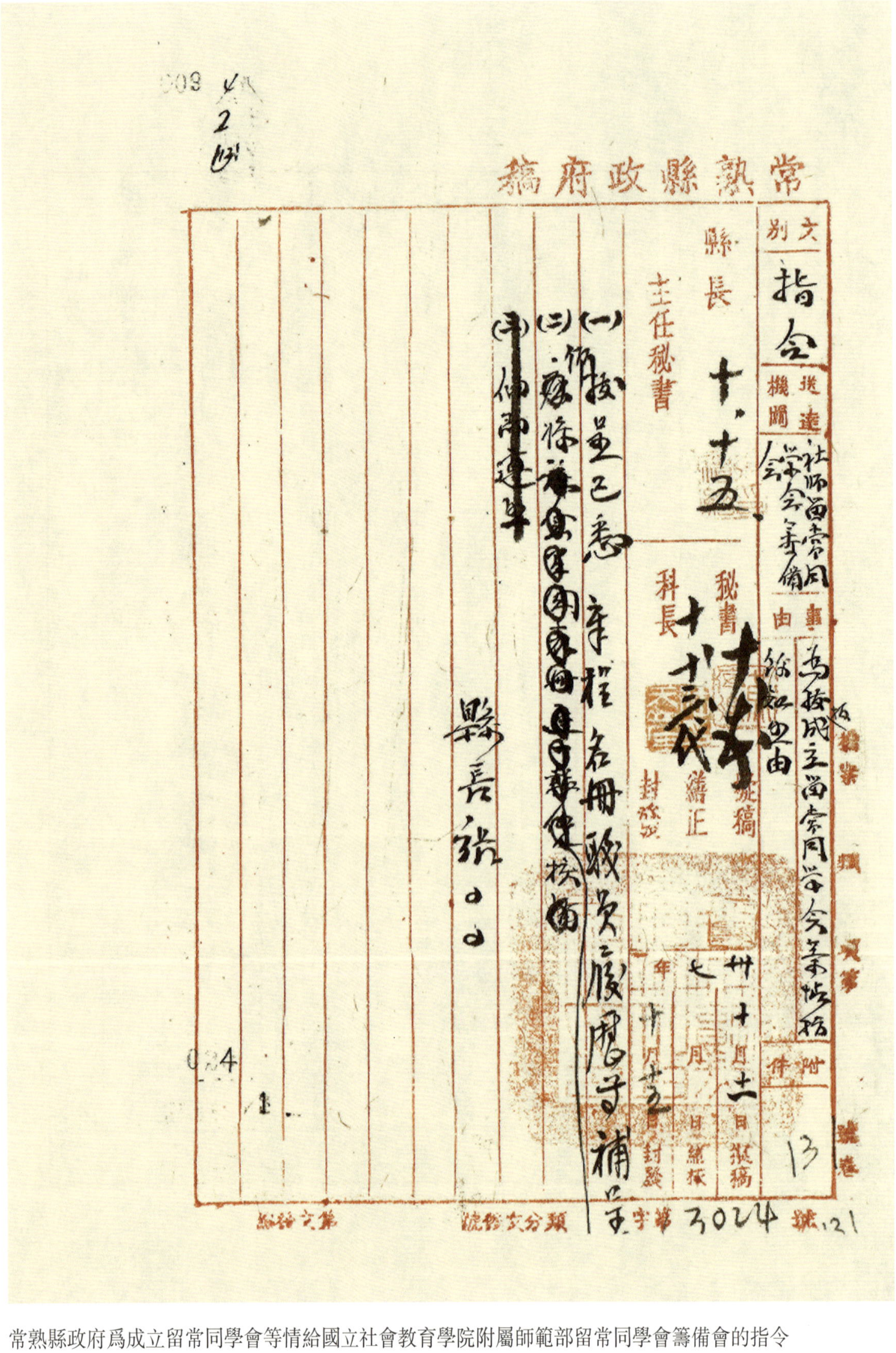

常熟縣政府爲成立留常同學會等情給國立社會教育學院附屬師範部留常同學會籌備會的指令

（一九四八年十月十五日）

附：原呈

收文 37年10月9日 字第4609號

存三

移社会科主办

十九

敬呈者：母校（社師）自本學期改為江蘇省教育廳接辦後所有校友聯繫問題失去重心留常校友數十餘人為聯絡感情砥礪學行並積極力促復校計決成立國立社師留常同學會並定於本月十日下午二時假山景園舉行成立大會屆時懇請

鈞座派員前來指導無任感禱

謹呈

常熟縣縣長 張

國立社會教育學院附屬師範部留常同學會籌備會 呈

00010
00

25

後記

一九三七年七月，抗日戰争全面爆發，大片國土淪喪，數以十萬計的青少年學生離開家鄉，跟隨學校、師長向西南、西北撤退。由于校方經費拮据，師生衣食無着，情况十分危急。爲了解决這一難題，國民政府采取緊急措施，從一九三七年十二月開始，教育部着手籌建專爲接收淪陷區、戰區流亡學生的國立中學。抗戰初期，國立中學以省冠名，如國立山東中學、國立甘肅中學等。從一九三九年四月起，教育部决定國立中學不再以省、市來命名，而改按成立時間的先後順序，以數字排序命名，共成立了二十二所國立中學。此後，又陸續成立了國立華僑中學、國立中山中學和國立女子中學，以及國立大學的附屬中學等，國立社會教育學院附屬中學即是其中之一。

『一九四二年九月奉部令創辦于四川青木關，成立定名爲國立社會教育學院附屬中學，設初中部共三個班。一九四三年增設師範部，一九四五年七月增設高中部。一九四六年八月奉令遷京，因校舍狹小暫分京、丹二處。京校設初中一年級甲、乙兩班，二、三年級各一班，高中一、二、三年級各一班。丹校設初中一、二年級各兩班，三年級三班，高中一年級三班，二年級兩班，三年級一班。以上共二十班，均爲普通科。師範部另遷常熟。』由此形成了一校三址辦學的局面。

抗戰勝利後，根據全國教育善後會議决定，中等教育仍由地方辦理。自一九四七年開始，國立社會教育學院附屬中學南京校區與其他學校合并成立南京市立第六中學，國立社會教育學院附屬中學丹陽分校改名爲江蘇省立丹陽中學（即現在的江蘇省丹陽高級中學），國立社會教育學院附屬中學師範部搬遷到蘇州，與其他學校合并成立江蘇省立蘇州師範學校。

本書由南京市檔案館與江蘇省丹陽高級中學、常熟市檔案館、丹陽市檔案館聯合編纂。南京市檔案館朱美華、王青等同志在檔案數據審核、提供等方面給予大力支持，在此一并感謝！

編者